萬物之源

科學與聖經的結合

艾里爾 A. 羅斯◎著
鄧 婷、郭 慧、毛文傑◎譯

時兆雜誌社 編印

國家圖書出版品預行編目資料

萬物之源：科學與聖經的結合 / 艾里爾 A. 羅
斯 著；鄧婷，郭慧，毛文傑 譯. -- 初版. --
臺北市：時兆雜誌，2003[民 92]
面： 24.1 × 16.7 公分
譯自： Origins
ISBN 957-29162-2-X(精裝)

1. 聖經 - 專題研究 2. 宗教與科學 3. 生命
論

241.01 92019354

萬物之源

作　　者：艾里爾 A. 羅斯　博士
譯　　者：鄧 婷、郭 慧、毛文傑
出 版 者：時兆雜誌社
發 行 者：時兆雜誌社
出版地址：105 台北市八德路 2 段 410 巷 5 弄 1 號 2 樓
聯絡電話：(02)2772-6420 , 2752-1322
傳　　眞：(02)2740-1448
網　　址：**www.stpa.org**
電子郵件：stpa@ms22.hinet.net
印　　刷：旭良文具印刷有限公司
出版日期：2003 年 11 月 初版

SIGNS OF THE TIMES PUBLISHING ASSOCIATION

ISBN 957-29162-2-X （精裝）

Printed in Taiwan

萬物之源——科學與聖經的結合

謹以此書獻給
雷諾、拉里和約翰；
以及創造主所造的一切傑作。

目錄

第六部 總 結

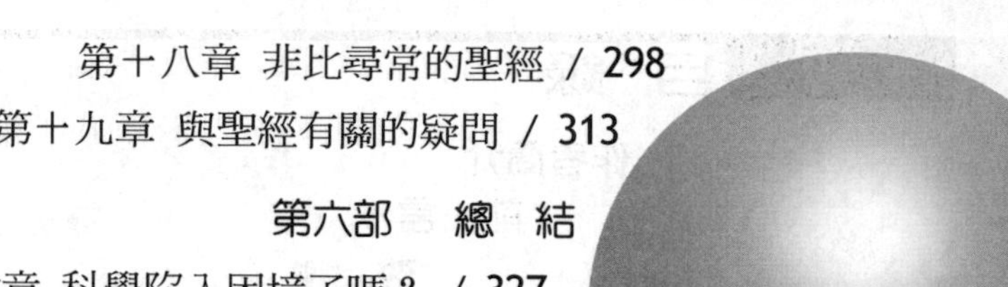

簡介

本書作者——艾里爾 A. 羅斯(Ariel A. Roth)生於瑞士的日內瓦，在歐洲、加勒比海和北美長大。曾獲密西根大學生物學碩士學位和動物學博士學位，並在加州大學的不同學院，學習地質學、數學、放射生物學。

作者曾在多所學院和大學任職，是幾個不同學術團體的成員。在結束安德魯斯大學和羅瑪林達大學生物系主任的職務之後，又出任加州羅瑪林達地區，地球科學研究協會會長。23年來，他一直擔任《起源》雜誌的編輯。

作者曾從事太平洋和加勒比海的無脊椎動物、化石和珊瑚礁的研究，並調查光和色素，對珊瑚礁生長速度的影響。作者在生物學領域的各類研究，得到美國幾個政府機構的資助，包括全國衛生研究所和國家海洋氣象局。

作者一直是美國進化論及創造論論壇的活躍份子，曾在加州、俄勒岡、阿肯色等州，擔任顧問和法庭證人。並就創造論與進化論之爭的重要領域，多次組織並領導，到澳大利亞、紐西蘭、歐洲和北美，作古生物學和地質學實地考察。此外，他在科學刊物和大衆雜誌上，發表過100餘篇文章，並有上千篇學術報告，在全世界廣泛流傳。

前　言

有人認爲，想把科學和聖經聯繫起來，是不可能的事情。但該書正向這個「不可能」提出挑戰。它力求說明，科學和聖經並非如通常所臆想的那樣二分法。科學和聖經，的確是相得益彰的。

在關於科學和聖經眞實性的討論中，焦點往往集中在一個特殊的主題上。例如生命如何自生？聖經中所記載的生命的起源，是否眞實？然而，起源問題包羅萬象，它幾乎關係到萬物的來源。一個廣泛的問題，需要一個寬闊的探索範圍作基礎。本書力求對這一不斷發展的領域，作一介紹。我們往往輕信某些「人云亦云」的專家，這些所謂的專家，根據流行一時的說法，表達了自己的「世界觀」，而沒有機會，對經常被視爲當然的，更廣闊的領域作過評估。我們往往從狹隘的資料中，得到進一步的結論，卻沒有意識到，自己正是盲目排外所造成的偏見之受害者。同一座城市，社會學家和建築師看待它的角度，是不同的，儘管他們看到的是，城市的同一部分。這簡明的探討，試圖以更加綜合的觀點，透過評估以科學資料和聖經爲基礎所作的種種解釋，來使所討論的主題「專門化」。然而，在我試圖全方位闡述這個大題目時，基於現實原因，迫使我不得不選擇有限的幾個主題來討論。我選擇了最重要的課題，即那些對科學和聖經最具挑戰性的話題。問題是從諸多的角度提出的。本書從歷史的衝突開始，繼而涉及生物學、古生物學及地質學的各種解釋，隨後便是科學、聖經的評論，以及聖經創造論和科學進化論之間的折衷觀點。還有很多其他的主題，我本來很想強調，但遺憾的是，一個人不可能寫盡天下萬物，況且，我不這樣做，很多讀者還感激不盡呢！

這本書的前提之一，便是眞理應該合乎情理。換句話說，眞理要經得起調查研究；而且這種調查研究，應該非常全面，對所提出的問題有意義。人性有一個令人失望的弱點，那便是我們相信自己想要相信的，完全不顧資料上所說的。這就是爲何在我們追尋眞理的過程中，避免依賴臆測，並特別注意可以找到的，最確鑿的觀點，是如此重要。作爲一名兢兢業業的科學家，我嚴肅地對待科學。作爲珍視意義和宗教的人，我同樣認眞地對待聖經。

最近，出版了許多攻擊創造論，進化論或相關觀點的書籍。在本書中，我嘗試一種更具建設性的結合，這在書的第二部分，似乎更可行。同時，我特別關注批評性的評估。在已出版的大多數關於此一主題的論著中，地質學都被忽略了。對這一被忽略的領域，我也考慮要去塡補。

本書經常把問題集中，在科學和宗教的交叉點上。讀者不久就會發現，這些籠統的術語，諸如科學和宗教，可能有多種用法。這也許難以理解，但準確的理解，對於問題的討論，是很重要的。爲了區分專業術語，我對它們在文章中的確切用法，進行了確認。

書中許多結論，並不是主要的。主要目的是請讀者在所給資料的基礎上，對這些結論作評估，而不以先入爲主之見來評估。我們不能單靠認同舊觀念來建立新觀念。書中有幾章(尤其是第4、8、10和14章)都涉及相當專業化的主題。我已經盡可能地使它們顯得通俗易懂，但恐怕理解起來，仍舊有一定的困難。這些章節非常重要，但有些讀者或許走捷徑，直接讀每章的結論，然後便轉去讀簡單些的話題。

這本書，以公允的態度來看問題嗎？確實不偏不倚嗎？不幸的，是答案也許是否定的。我已作了相當的努力，來公正地對待這些資料，並特別注意那些最可信的資料，但誰又敢聲稱自己完全擺脫了偏見的束縛？至於對資料的解釋，我不能宣稱我對每一個觀點，都做出十分準確的解釋。本書不是流行觀點縱覽。然而，在很多領域，與下定論時所需要的資訊相比，我們的資訊，實在太貧乏了。

當一本新書到手，我先做的一件事，就是去看書的最後一章，判斷作者的觀點。如果您還沒有這樣做過，那麼我可以省掉您這一道程序。我的結論是：有比通常所想更多的科學資訊，來證明聖經。然而，也有相當多的科學資料，被用來證明進化論。進化論的世界觀，是有侷限性的，許多問題懸而未決，其中包括生存的意義。在我看來，總體來說，創造論比進化論能解釋更多問題。試圖把進化論和創造論相結合的起源的觀點(21章)，也不盡如人意。這些觀點缺少定義，缺乏科學或聖經上的確認，或缺乏來自其他任何資訊的確認。

我知道，那些與我意見相左的人，可能覺得我的方法，讓人難受，如果是這樣，請接受我誠摯的歉意！這必將促使我不斷學習、溝通，爲挖掘人類知識寶藏做出貢獻。同時，我們更加需要彼此學習。

艾里爾 A. 羅斯
羅瑪林達，加州

致　謝

謹向與我有過廣泛、深入的探討，並給予我無法評估的幫助的各位朋友，致上由衷的謝意！謹向我的學生、尤其是研究生班的學生，表示感謝！他們始終是我文思泉湧的泉源。謹向 Robert Brown 、Arthur Chadwick、Harold Coffin、Jim Gibson、David Rhys和Clyde Webster頗具價值的眞知灼見，表示特別的感謝。Katherine Ching 提供的無窮無盡的參考資料，給了我格外的幫助，在此特別向她表示感謝！並一併感謝地球科學研究協會，多年來給我的大力支持。

接下來，謹向爲全部或部分初稿，提出寶貴意見的Earl Aagaard、John Baldwin、David Cowles、Paul Giem、Thomas Goodwin、George Javor、Karen Jensen、Elaine Kennedy、Glenn Morton、Bill Mundy、George Reid、William Shea 和 Randy Younker致以深切的謝意！以上諸位，不爲書中可能出現的錯誤，或者書中任何觀點和偏見，承擔任何責任。我本人承擔全部責任。

鑑於生物學話題，占了本書的大部分篇幅，參考書目按照 Style Manual Committee, Council of Biology Editors. 1994. Scientific style and format: the CBE manual for authors, editors, and publishers. 6th ed. Cambridge and New York: Cambridge University Press 中所規定的標準排列。

第一部　千頭萬緒的問題

第一章　一個揮之不去的問題

我們熱切希望讓真理為我們而戰，
並真誠地希望，我們能勇敢地捍衛真理。

——惠特尼[1]

俄勒岡州立法會議的教育委員會，正在首府塞倫，舉行一次公開聽證會。大廳裏的人擠得水泄不通，其他四個會議室，也擠滿了許多有興趣的旁觀者。聽證會對俄勒岡公立學校教授創造論進行討論。民眾普遍贊成學校教授創造論和進化論。而目前，一種要求協調這兩種觀點的新法令，也正在孕育之中。

我在此會議中指出創造論和進化論之間的爭論重點，並不在於事實本身，而在於對事實有不同的解釋。進化論和創造論者，都能接受相關的科學資料。但對於這些資料，他們卻有不同的解釋。譬如說，進化論者認爲不同種類的動物和植物，在細胞結構、生物化學和構造方面之所以相似，是因爲牠們都是由一個共同的祖先進化而來的。然而，同樣的資料，對於創造論者而言，這些都是獨一的創造者——上帝，所留下的痕跡。

經過幾小時的爭辯，主席作了最後的評論。他指出，實際上對於這一問題，根本不必爭論，因爲創造論在一百多年前，就已經被科學所擊敗。他認爲衝突早已化解。他所說的，不免讓我們中間的一些人，產生疑問：那就是爲什麼還要舉行這次聽證會。對創造論主要發言人的我而言，那種挫敗感是那麼令人難以忘懷！這次會議，再一次喚醒我對創造論基本哲學的強烈情結。這個問題，在一百年前，沒有解決，至今，問題的嚴重性，也絲毫沒有減輕的跡象。近兩個世紀以來，科學解釋，與聖經之間就存在著這公開的衝突。這也一直都是人類最難解的思想與智慧的戰爭之一。口舌和筆桿是這場戰爭的工具。這個問題，對我們的影響是：我們基本的世界觀；我們之所以生存的理由；以及我們對未來的希望。這實在是一個不容忽視的問題。

■ 一個令人困擾的問題：科學與聖經，孰是孰非？

科學——也許稱得上是人類最偉大的智慧結晶——理所當然地，也應當受到適度的尊重。當一位科學家，發表一項聲明時，人們也許不懂得他所說的，但他卻可能得到人們的信任。通常，法庭和商業廣告，都以科學檢驗結果來做決斷。科學與技術的結合，為我們帶來了電腦、登月艙和遺傳工程。在這方面，科學的確成功了。[2]因此我們不必在此贅述，科學的偉大成就。

權威科學界普遍贊同宇宙和生命是自然進化而來的觀點，而設計者上帝的觀念，卻被質疑或忽略。這就使得科學界，和那些相信聖經所記載地球歷史的人，發生了衝突。許多人認為在此歷史啓示中，記載著「上帝是萬物的創造者」。並且，信徒也從中領悟到現實的意義。相比之下，自然進化論（非超自然論）有淡化現實，並向機械論發展的趨勢，用莎士比亞的話來說，生命就成了「一個由白癡所講的故事，嘈雜又憤怒、卻意味著一無所有。」[3]

儘管科學如此強大，但就影響而言，沒有一本書，敢與聖經相提並論。[4]據估計，到1975年為止，全球共出版25億本聖經，大約每年出版四千四百萬本。這一記錄，遠遠超過它的競爭者《毛澤東語錄》的發行量，它的發行量僅達到8億。在公開市場上，聖經的競爭者還有《通向永生的眞理》(發行量超過1億本)、《吉尼斯世界記錄》(發行量超過7000萬本)。[5]現在聖經比任何普通書籍的發行量多17倍。並且聖經的新約、舊約和各卷書，經常出版單行本，這使聖經的絕對優勢，大大提高。

科學和聖經衝突的一段重要插曲，就是十八世紀的啓蒙運動。在那段時期，思想活動擺脫了傳統的宗教信仰和聖經的束縛。啓蒙運動，既沒有解決人類和萬物的起源，這個最基本的問題，也沒有削弱聖經的力量。在過去的兩個世紀中，針對聖經的爭論，時而激烈，時而緩和。然而在這些衝突的背後，聖經卻依然是世界上最暢銷的書籍。如果聖經是本娛樂性的刊物，那麼我們也許可以解釋，它為什麼那樣受歡迎；但它不但不是，而且在其中不時有一些，甚至嚴厲尖刻的警示。它之所以受歡迎，至少根源於它的坦白、直率和豐富的意義所帶來的確信。

毫無疑問，科學和聖經的共識和分歧，必然會導致它們之間的辯駁。許多人都想知道，到底哪一個，才是最可信的眞理源頭。這個問題，將在接下來的幾章中，以不同的方式來討論。

有些根本性的起源問題，比如說，上帝的起源或宇宙的起源，有時只能進行無休止的爭論，因爲，我們幾乎找不到任何論據和決定性的答案。對於這些，目前因缺乏證據而有爭議性的問題，我們無須再追尋答案。我們將要討論的重點是：自然科學的進化論，和聖經中的創造論中的相對確實性。在這兩種模式上都可找到更多的論據。所以，在這方面的研究頗具潛力。

曾有人指出，創造論和進化論，都是建立在信心的基礎上，兩者都無法被證明。就某種程度上而言，這是正確的，因爲兩者都描述了，過去那些獨一無二又難於驗證和評估的事情。但如果我們的信仰，有憑有據，它將更令人信服。我們必須實踐信心。播下一粒種子或乘坐飛機時，我們需要這樣的信心。我們相信眞理將會得勝。但是，這種信心建基於過去的經驗上。同樣地，有關生命起源問題的答案，不應該只是建立在盲目的信仰之上。聖經和科學，孰對孰錯？對於這個令人困擾的問題，我們已獲得許多的證據。

■ 爭論不絕於耳[6]

在進化論思想盛行的幾個世紀中，1859 年，達爾文（Charles Darwin）發表的《物種起源》，又稱《物競天擇》，堪稱爲一個重要的轉捩點。這本書強調實際進化上，伴隨著一種潛在的機制——自然選擇——通過它來產生更高級的生命形式。最初人們對此書的評價衆說紛紜、褒貶不一，然而幾十年後，大多數科學家，甚至一些神學家，開始接受進化論的某些思想。當然，也有許多人，對達爾文進化論，持反對態度，特別是一些神學家和生物學家，包括普林斯頓大學，那些對進化論，和創造論持折衷態度的著名學者。

在二十世紀早期的英格蘭，進化論受到有組織的反抗，然而最強烈的對抗，都是在美國發展起來的。在那個時期，普賴斯（George McCready Price 1870－1963）這位最具影響力的創造論主義者，他著書立說，來直接抨擊進化論，並對用來解說進化發展的地質堆積柱（geologic column）這個觀念提出挑戰。

在二十世紀20年代，掀起了一股創造論的思潮。美國有好幾個州，甚至通過立法，禁止在公立學校教授進化論。其中之一，就是世界矚目的「司科普斯案」[7]（有時也被稱爲「猴子案」）（圖1.1）。司科普斯，這位田納西州戴頓小鎮的生物教師，因爲教授進化論，而被指控爲犯罪，其後又因學術性問題，被宣告無罪釋放。被告和原告雙方，都聲稱他們贏了，但人們的思想幾乎沒有受到任何影響。緊隨其後，只出現了與之相關的書籍、話劇和動畫。實際上，其根本問題，與其說是探討司科普斯有否違法，還不如說這是進化論與創造論孰對孰錯的論戰。在1968年，美國最高法院宣佈：那些禁止學校教授進化論的法令是違背憲法

圖片 1.1

美國田納西州戴頓小鎮，在著名的「司科普斯案」中擁擠的法庭。律師丹諾正在申訴其理念。

的。這一宣佈，並不是建立在進化論和創造論，孰對孰錯的基礎上，而是建立在美國憲法所要求的，政教分離的基礎上。美國沒有法定的國家宗教，所以，法院認爲，禁止教授進化論，容易讓人認爲，國家有規定某種宗教信仰的傾向，這就違背了，政教分離的原則。

在針對田納西州，反進化論法令的這場爭論之後，有一段相對平靜的時期，直到60年代，這種平靜才被打破。一些學者，預見傳統的聖經觀念必將消亡。1964年，歷史學家哈利伯頓預言「創造論將永遠不可能得到復興。」[8]哈佛大學神學家考夫曼於1971年這樣寫到「……聖經對西方人來說，已經不再是絕對的權威了。它在我們中間，已經成爲一個偉大的古董……只能在極少數被隔離的口袋裏——就算有這些，也注定會很快地永遠消失——聖經才有那曾享譽整個西方文化世界的權威和意義。」[9]當然，對聖經和創造論將滅亡的預言，並沒有成爲事實，美國本身更是例外。

在二十世紀七、八十年代，保守派福音教會，迅速發展起來，而越來越多的自由主義教派的信徒流失，甚至達數以百萬計。很快地，創造論因得力於以下幾項因素，其發展趨勢比以往任何時候都快：(1)許多父母對於那些由政府資助，編寫完好的中學生物教科書，感到憤慨。這些生物書，重點強調了一些尙有爭議的問題，比如說性教育和進化論。父母們認爲這些話題，冒犯了他們。(2)由懷特肯和莫里斯這兩位創造論者，所著的《創世紀洪水》一書，[10]部分內容與普賴斯的觀點一致。此書發行量極廣，並受到宗教保守派的熱烈支持。(3)南加州，兩名很有勢力的家庭婦女亞格瑞伍和舒瑞兒說服加州教育局，宣佈創造論與進化論，地位平等。(最後的裁決，後來被修改了)。[11]因爲加州，堪稱是美國最具影響力的一個州，所以該一行動，鼓勵了其他幾個州紛紛仿效，很多立法機構，試圖使創造論和進化論平起平坐。隨後的幾年，幾十個與該問題有關的法令提案，陸續被呈遞到美國各州的立法機關。[12]

致使爭論之火，越燃越旺的主要問題之一，就是科學不涉及道德，很多人察覺到，進化論對於與道德標準密切相關的聖經，無疑是一個挑戰。正因爲如此，教授進化論，就理所當然地被認爲是，在挑戰傳統的行爲準則。這並不是說科學家就是不道德的。他們中的許多人，都堪稱爲公正嚴謹的傑出典範。但是，道德與科學、進化論學說無關，所以，當進化論被當成凌駕於聖經，和聖經所宣揚的道德之上的權威，而在課堂上宣講時，父母們就感到憂心忡忡。就1900年到1977年間，美國中學生物書中，創造論和進化論內容含量的研究顯示：即使是進化論占支配地位，但兩者所占的篇幅，都有增長的趨勢。[13]更有意思的是，著名的創造論者戈許周遊美國，在很多大學觀衆面前與進化論者辯論，並多次獲勝。[14]

當美國最高法院判決：不能禁止進化論時，創造論者便另闢蹊徑，那便是鼓勵學校，同時教授創造論和進化論。然而這種方式在1987年，再一次被美國最高法院禁止，原因就是前面提到的，按照憲法要求，在宗教問題上，政府必須保持中立。但法院卻又確實允許在公立學校，在支持進化論和反對進化論兩種科學觀點中，可以任選其一教授給學生。這就激勵創造論者提出了，淡化創造論宗教色彩的「科學的創造論主義」。但進化論者聲稱，創造論不是一門科學，按照政教分離的原則，應該禁止公立學校在科學課程上，教授創造論。

幾十年來，由於受到最高法院判決的強烈影響，這場爭論發生著戲劇性的變化。二十世紀二十年代，當進化論受禁時，進化論者呼籲學術自由，以求進化論被接受。到了八十年代，當創造論者期望被接受時，不再是進化論者，而是創造論者，高呼學術自由的口號了。現在，這場戰爭從州立法機關，轉移到了各地教育委員會，和在美國擁有極大自主權的教師中間。這些老師左右爲難。因爲有的家長，隨時準備控告，公立學校的教育系統，安排了宗教課程，而另外一些家長，卻又不希望自己孩子的宗教信仰，因接受反宗教的科學而泯滅。一位老師曾說到，當他教進化論時，他一定會收齊所有學生的筆記和作業等，那樣，家長就不知道，他到底在教些甚麼了。[15]

有時，這場戰爭的激烈程度，幾乎超乎信仰的範疇。創造論者往往不去檢驗事實，就作出種種謬論，包括杜撰達爾文臨死之際，承認聖經是眞實性的故事。[16]而進化論者，又反唇相譏，稱創造論者是「自吹自播的騙子」[17]並說了許多其他誹謗之辭。在與一位創造論者爭辯時，一位澳大利亞地質學家，戴上絕緣手套，拿著一根帶電的電線，邀請他的對手，試試電刑的滋味。[18]這一切所造成的公衆影響，反而促成了創造論在全世界的廣泛傳播。這個現象，不僅在美國和英格蘭存在。在其他幾十個國家，特別是在歐洲和遠東，都已經成立創造論協會，較具代表性的是澳大利亞、南美和非洲。[19]

美國曾進行有關人類起源的民意調查，結果使創造論者和進化論者雙方都感到震驚！[20]因爲調查顯示，幾乎只有10%的公衆，接受進化論（即沒有上帝），而占半數左右的人，相信創造是不到1萬年前的事情，其餘則保持中立（圖表1.1）。這使得學術界，特別是那些贊同進化論的科學家，深感憂慮。有些科學家甚而感到十分困惑；進化論教育已進行有一個多世紀，爲什麼只有這麼少的人，相信它的理論。我聽說有些科學家們，對於他們拙劣的推銷能力，感到憂慮，並提出要改進他們的教學方法。依我看來，問題不在於他們的推銷能力如何，科學家們其實都是好教師，進化論在課本中也闡述得很清楚。問題在於他們的產品不易銷售。人們很難相信人類和自己身邊所有複雜的生命形式，以及地球和充分支撐它的宇宙，都是自然形成的。同時因爲我們有思維、感情、希望、憂慮、和其他許多人性特質，這些，絕不可能是由一個簡單的，機械的進化過程所企及的。所有這些都成爲起源之戰的導火線。

■ 烽煙四起

科學與聖經之間，眞有戰事發生嗎？如果衝突根本就不存在，那我

圖表 1.1

起　源	1982	1991	1993
上帝在1萬年以內創造了人類	44	47	47
人類已有幾百萬年的發展史，但上帝引導了這一過程	38	40	35
人類已有幾百萬年的發展史。上帝從未介入。	9	9	11
無觀點	9	4	7

圖表1.1是美國成人對起源的觀點，數字爲1982, 1991, 1993年蓋洛普民意調查所得的百分比

們就沒必要盡力去解決它。提到這一點，觀點有極大的改變，這個問題跟聖經與科學，孰對孰錯，十分接近。如果其中一方被證明是錯的，那麼衝突也就不復存在了。有人認爲，宗教在科學的權威下退縮了，因此，就沒有衝突了。但對於那些信仰上帝，相信聖經權威的人，這種說法卻不被接受。有人想從科學資料和聖經中，斷章取義，試圖來解決這場衝突，以此否定兩者的權威性。甚至還有另外一些人，想通過否定科學和聖經的可靠性，或重要性，來化解這場衝突，他們認爲科學和聖經，對生存和意義等重要問題，都束手無策。

虛浮做作的辯論，和模稜兩可的術語，使這個問題越來越混淆了。哈佛大學著名的進化論學家古爾德否認在科學與宗教（不指聖經）之間存有戰爭，因爲「科學針對的是現實，而宗教針對的，是人類的道德世界。」[21]歷史學家李文斯敦也贊同他的觀點：「這場戰爭（科學與宗教之間），已由一批歷史上的修正主義者，經由準確的辯論而解決了。」[22]歷史學家經常譴責一個世紀之前出版的，象徵這場戰爭的兩本重要的書，即德雷珀所著的《宗教與科學的衝突史》，和懷特所著的《科學與基督教神學戰爭史》。[23]

德雷珀背棄了家族的傳統信仰，出版了一本廣受歡迎的書。書中強調教會，特別是羅馬天主教會，是科學的大敵。同時，他也特別指出科學與宗教間的對立，是非常重要的——實際上堪稱「所有問題中最重要的一項。」[24]懷特同樣也是他所受的宗教教育的叛逆者。作爲康奈爾大學，美國第一所世俗大學的首任校長，他面對宗教界的強烈對抗。但他一直強調德雷珀的理論，那就是宗教，特別是神學使眞理窒息。

德雷珀和懷特，在強調自己的論點時，都指出中世紀的教會，認爲地球是平的。有趣的是指控教會的錯誤，本身就是一種錯誤。因爲中世紀的教會，並不相信地球是平的；[25]然而，這一指控，卻在很大程度上，幫了他們強化了「宗教是錯誤的」這種印象。德雷珀和懷特，製造了「一個以協商而非以證據爲基礎的虛假知識體。」[26]地球是扁平的謬論，不僅在美國，甚至在英國的教科書中，都廣爲流傳過。哥倫布（Christopher Columbus）被描述成一位敢於反抗教會教條，航行發現美洲大陸，而沒從扁平的地球表面邊緣，掉下去的大英雄。幸運的是，有人正努力糾正歷史記載中這種錯誤的說法；但是，這一流行已久的謬論，仍不乏追隨者。

許多時候，我們都在沈思或指責別人的錯誤，來安慰自己。著名的歐洲哲學家，維特根斯坦這樣概括這一歷史趨勢；他說：「一個時代誤解另一個時代；一個小的時代，以它自己惡劣的方式，去誤解其他所有的時代。」[27]「地球是平的」這種陳舊迂腐的說法，讓我們不禁認爲與前人相比，我們的想法是多麼先進，但是，這也正證明我們所知甚少。聖巴巴拉加州大學的歷史學家，拉塞爾極具洞察力地評論說「認爲『我們』的見解，比古代文化優越的想法，實際上是最固執的種族優越論的殘餘變相。」[28]在創造論與進化論的爭執中，我們有必要洞察，我們有假想我們的見解優越的偏見。正如德雷珀和懷特所證明的，我們對於古代思想的藐視，可能會導致我們走上離奇而錯誤的道路。雖然，承認我們在知識上的先進，確實代表著進步，但我也要提醒大家，我們駁斥過去的癖性，也將同時暗示我們現在的信心，很有可能在不久的將來，被認爲是愚蠢的。我們今天所認爲進步的眞理，很可能會被後人判定是錯誤的。

我們再回到，科學家與宗教之間是否眞的有爭論，這個問題上來。沒有精確的術語定義，這場爭戰就不容易解決。最近出版名爲《上帝是創造論者嗎？》(Is God a Creationist ?)[29]的書中聲稱，上帝不是一位創造論者，因爲創造論不是一個聖經概念！一些相信是上帝花很長時間創造生命的人，自稱是「創造論者」，但這既不是聖經的創造概念，也不是一般人對「創造論者」這個術語的認識。您通過改變術語的定義來消除這場戰爭，這就類似於通過合法化來消除犯罪一樣。但實際上犯罪問題依然存在。重新爲術語下定義，也是很膚淺的。您不可能藉著給屠夫和素食者換個名字，就可以讓他們和睦相處。在解決科學與聖經這一問題上，同樣的術語，卻以各種混淆的方式，被重新下定義著。比如說，懷特認爲科學可以與宗教和解，但決不可能與神學和解。類似的還有一些人接受一個宗教形式，卻否認聖經的正當性，即使聖經已經是西方世界的重要基礎。宗教這個術語，有種種含義，範圍可以從「崇拜上帝」到

「獻身於世俗」。迄今，我們幾乎找不到精準一致的術語學。但鬆散的術語學不能解決那超乎語義學的衝突。

雖然德雷珀和懷特對「扁平的地球」這一概念判斷錯誤，但他們認爲科學與宗教，尤其是科學與聖經，存有爭論的觀點，有可能是對的。歷史上不乏這樣對抗的例子，特別是普遍的科學進化論思想，和聖經的創造論之間的衝突，毫無疑問是存在的。該書多次提到這一衝突。贊成進化論的康奈爾大學生物歷史學家普洛文對這一衝突的某些環節，作了極具洞察力的評論，他說：「科學家與宗教領袖攜手共戰，抵制在公立學校講授創造論。」而這一局面已經在美國形成了。

宗教自由主義的領袖和神學家們，宣稱宗教和進化是可以相容共存的。要達到這不可能的境界，可以經由兩條途徑：首先，他們放棄了「上帝存在於這個世界」的傳統說法，有些人甚至變成無神論者。其次，他們完全拒絕去理解現代進化論生態學，只相信進化論是一個有目的的過程而已。

「現在我們面對的，是無神論的進化論者和認爲進化論過程完全是謬論的自由主義神學家，還有ACLU(美國國內自由聯合會)和壓制創造論者的最高法院。公立學校所教授的進化論生物學，沒有顯示任何生命推動力的證據。這也深深地令創造論者不安。然而在法庭上，科學家聲稱，進化論生態學與任何合理的宗教並行不悖。這種觀點，也爲自由主義神學家和宗教領袖們所支持。創造論者不但不能使他們的『創造科學論』走上課堂，亦無力說服法庭相信，進化論在任何重要方面都與宗教相悖；這樣，法庭的宗教觀點就受到嚴重的誤導。難怪創造論者(幾近人口的半數！)受到沈重打擊，期望給他們自己的觀點一個公平的位置，或者至少免遭進化論的攻擊。」[30]

毫無疑問，衝突是存在的。經常是進化論者和自由主義神學家站在一邊，否定聖經創造論的眞實性，而創造論者和保守派神學家，站在另一邊唱對臺戲。論戰總是圍繞在聖經還是科學，何者更具有權威性。這一問題又迅速地引發了其他許多具體的問題。比如說：「聖經記載的創造是虛構的嗎？進化論只是一個學說嗎？聖經中的創造是否存有其他解釋？創造論與進化論是否存有和解的可能？在接下來的幾章中，這一系列的複雜問題，將會從不同的角度加以闡述。

■ 什麼是創造論和進化論？

在接下來的幾章中，細節會越來越多，許多概念也將越來越清晰。這對澄清一些基本觀點是有很大的幫助。

通常我們以聖經的模式來理解「創造」一詞。在有關創造的記載中，全能的上帝爲生命準備好了地球，然後又在一天24小時的六天內，創造了各樣有生命的活物，每天有晚上，有早晨。不到「一萬年」的說法與「石器時代」不符，並且也與世界各地所發現的岩畫，洞穴壁畫相背。據人類早期的聖經年代表來看，這一創造發生在不到1萬年前；然而，聖經並沒有直接寫明創造的精確日期。有一些創造論者，相信宇宙，也是在萬物被造的那個星期被造出來的，然而也有一些人認爲，宇宙在那之前便早已存在，但只有這個適合人類生存的世界，是在那個星期裏創造出來的。聖經的記載比較著重在生命的創造以及那些對生命很重要的因素，比如說光、空氣和土地。與這一創造相聯繫的，是世界性的大災難——創世記洪水——它埋葬了許多生命，並形成了現在地球岩層中的化石。這次洪水爲近期創造論者，提供了化石的證據，嚴格說來，也爲聖經創造論思想，奠定了相當重要的基礎。[31]

「演化論」(進化論)有多種含義。有人把它等同於生命體中，大小和顏色等方面一些可見的細微變化。然而，創造論者和進化論者，都把這些看作是普通生物體的變化。該術語一般是指生命形式，從簡單上升到複雜。這一概念的延伸，則包含生物的起源和宇宙的發展。對生命起源而言，這是一個機械的方式。通常上帝不會參與其中成爲一個解釋的因素。根據我們對因果關係的正常理解，是自然而然地發展了。進化論認爲，宇宙在幾十億年前自然形成。簡單的生命也在那個時候自然發生，然後逐漸進化成今日許多高級的生命形式，特別是在後來的幾十億年中。當然還有許多其他說法。[32]

在創造論與進化論這兩大觀點之間，還存在著其他各種各樣的折衷的觀點。他們自稱爲「有神進化論」，「漸進式創造論」或者「自然神進化論」；這些模式反對單純的機械思想，比如說進化論，他們認爲生命的進化過程，通常都有某種神明相助，但他們不贊同，近期創造論所宣揚的聖經記載。這些觀點，將在第21章予以討論。

■ 衝突和準確

古希臘哲學家中，最具傳奇色彩的人，首推西諾普的戴奧眞尼斯了。這位西元前4世紀想像力豐富，天資聰穎的人曾全力以赴地傳揚「道德是唯一的善」犬儒哲學。他的信仰往往伴隨著極端的苦行主義。關於他的故事有很多。有些顯然是虛構的；但不管怎樣，這些故事，證明了傳統與理想之間，存在著極大的落差。據說，戴奧眞尼斯在看到一個男孩用手捧水喝後，就把他最後的一項財產——碗——也丟掉了。他從安居殼中的蝸牛，得到啓發，因而就住在一個借來的木桶裏。當亞歷山大大帝提議，要給他所要的一切（這個建議的風險顯然小多了）時，他辛辣地諷刺了亞歷山大大帝。他說，他唯一的要求，便是亞歷山大大帝最好走開，不要擋了他的陽光。關於戴奧眞尼斯最著名的故事之一，就是他在光天化日之下，提著點燃的燈籠，徒勞無功地尋找一位誠實的人。

戴奧眞尼斯在世的話，能在創造論者與進化論者中，找出誠實的人嗎？我們不容易評估誰不誠實，因爲我們不能識透他人的動機。我們每一個人往往無意中就會犯錯，這也就是所謂的誠實的錯誤。但是，當我們研究自身的起源時，這一主題，竟與我們的身分和感情是如此密切相關，致使我們很難客觀地對待它。種種假想，影響了我們的思維。誠然，我們必須寬容其他的觀點，但是，在這場爭辯中，存在著如此多的錯誤資訊，我們應該確定，我們的分析，乃基於正確資訊之上。以下兩個記載說明了謹愼地評估資訊是多麼重要。

幾年前，許多報刊和大衆媒體都在報導，關於「丟失一天」的故事。[33]這篇報導聲稱：馬里蘭州綠帶，戈達德太空飛行中心的一群科學家，藉由時間來研究行星的位置。他們意外發現古代歷史資料和期望値之間，竟存在有差距。因此，科學家放棄使用電腦來進行資料處理。在按聖經中的「約書亞的長日子」進行修改後，[34]兩者資料幾乎完全吻合。他們再度根據希西家王的日晷前進的日影，向後退了十「度」，[35]再次修改後，結果完全一致。

後來，經調查表明，這篇報導讓人大失所望。報導這一事件的人，竟想不起最初的資料來自何處，似乎戈達德太空飛行中心，也沒人捲入這場戲劇性的計算事件中。就好像這件事從未發生過。有人試圖透過強調「正當的目的和動機」，來爲製造這不朽事件的人開脫。但也有人指出不必小題大做，因爲很多相信聖經絕對準確無誤的人，都不能接受這個故事。但不管怎樣，這個小插曲，使得聖經的捍衛者，面臨尷尬的處境。

二十世紀二十年代，道森和伍德瓦德宣稱，在英格蘭南部的薩西克斯郡（Sussex）發現了，至今聞名的皮爾當猿人遺址。[36] 皮爾當人的頭骨，作爲人類與更低級生命形式之間進化中間物之一。這一頭骨顯然是人類的，但它的下顎更像猿猴，這與當時流行的大腦領導人類進化發展的觀點，不謀而合。一些研究者也報導說，原始個體頭蓋骨的特點，與現代的人很相近。大約四十年以後，三位著名的人類學家，宣告皮爾當頭骨是一個大騙局。那個頭骨的下顎，被塗上特別的顏色，牙齒經過加工以與人頭蓋骨相配。氟技術推算出的相對日期表明，其下顎比頭蓋骨年輕。

有人曾努力爲「皮爾當事件」辯護。他們說，有人懷疑過皮爾當發現的眞實性，這不足爲怪。（但是，至少在一段時期內，皮爾當頭骨，在人類提出的進化樹上，佔有一席之地。）而對於進化論的捍衛者來說，這一事件也足以讓他們尷尬不已。

我們不願深究細察，這兩段插曲中任何一個的具體動機。但它們確確實實地發生了，而且在相當長一段時間內，還被創造論或進化論的支持者，當作無可辯駁的事實。這眞是既讓人難堪，又意味深長。這兩件事提醒我們盲目地相信某件事是對的，可能會導致錯誤。我們應該避免這一點。眞理絕對不需要錯誤來支持。而且，我們個人的觀點也未必正確。不管我們喜歡與否，眞理就是眞理。

以上報導的這些事件發人深省：它們暗示現代的戴奧眞尼斯和他的那盞燈，勢必要做漫長的探索。有人企圖發明「資料」以證明自己的世界觀，但這只能使衝突更白熱化。要避免受騙上當，就不要過於輕信某些事件，當然要能夠做到這樣，也並非易事。

■ 結 論

科學是人類最成功的智慧結晶之一。聖經也同樣受到高度尊敬，它是迄今為止被最多人認可的書。反宗教的科學家，許久以來，一直在宣揚漫長的、逐漸進化的生命起源模式，而聖經宣稱上帝不久之前創造了萬物。探索這兩種生命起源模式的過程頗為有趣，其中也有爭議和欺騙。科學家們提出各種方案，來協調這兩種基本模式，但效果不彰，那些令人糊塗的定義，更成了絆腳石。許多人都很想知道，關於起源的最終眞理，究竟是來自科學，還是來自聖經。當然，這些問題，不可能只有一個簡單的答案。

■ 參考文獻：

1. Whately R. 1825. On the love of truth. In: Mencken HL, editor. 1960. A new dictionary of quotations on historical principles from ancient and modern sources. New York: Alfred A. Knopf, p. 1223.
2. This will be discussed at length in chapter 16.
3. Shakespeare W. Macbeth 5. 5. 26-28.
4. See chapter 18 for some further details.
5. Most figures are from Guinness: (a) McFarlan D, editor. 1990. Guinness book of world records 1990. 29th ed. New York: Bantam Books, p. 197; (b) Young MC, editor. 1994. Guinness book of records 1995. 34th ed. New York: Facts on File, p. 142. Also, information from Guinness Publishing, Ltd., and the American Bible Society.
6. The literature discussing the issue is almost endless. For a bibliographical introduction, see: (a) Livingstone DN. 1987. Evangelicals and the Darwinian controversies: a bibliographical introduction. Evangelical Studies Bulletin 4(2):1-10. A few others, among many good references, include: (b) Larson EJ. 1985. Trial and error: the American controversy over creation and evolution. Oxford: Oxford University Press; (c) Livingstone DN. 1987. Darwin's forgotten defenders: the encounter between evangelical theology and evolutionary thought. Grand Rapids: Wm. B. Eerdmans Pub. Co. (d) Marsden, GM. 1983. Creation versus evolution: no middle way. Nature 305:571-574; (e) Numbers RL. 1982. Creationism in 20th-century America. Science 218:538-544; (f) Numbers RL. 1992. The creationists: the evolution of scientific creationism. New York: Alfred A. Knopf; (g) Scott EC. 1994. The struggle for the schools. Natural History 193(7):10-13.
7. See chapter 19 for additional details.
8. Halliburton R, Jr. 1964. The adoption of Arkansas' anti-evolution law. Arkansas Historical Quarterly 23:271-283.
9. Kaufman GD. 1971. What shall we do with the Bible? Interpretation: A Journal of Bible and Theology 25:95-112.
10. Whitcomb JC, Jr., Morris HM. 1961. The Genesis flood: the biblical record and its scientific implications. Philadelphia: Presbyterian and Reformed Pub. Co.
11. For some further information, see: (a) Brand LR. 1975. Textbook hearing in California. Origins 2:98, 99. (b) Ching K. 1975. The Cupertino story. Origins 2:42, 43; (c) Ching K. 1977. Appeal for equality. Origins 4:93; (d) Ching K. 1978. Creation and the law. Origins 5:47, 48; (e)

Dwyer BL. 1974. California science textbook controversy. Origins 1:29-34; (f) Ford JR. 1976. An update on the teaching of creation in California. Origins 3:46, 47; (g) Holden C, ed. Random samples: Alabama schools disclaim evolution. Science 270:1305.
12. Bailey LR. 1993. Genesis, creation, and creationism. New York: Paulist Press, pp. 202-204.
13. (a) Brande S. 1984. Scientific validity of proposed public education materials for balanced treatment of creationism and evolution in elementary science classrooms of Alabama. In: Walker KR, editor. The evolution-creation controversy: perspectives on religion, philosophy, science and education: a handbook. The Paleontological Society Special Publication No. 1. Knoxville: University of Tennessee, pp. 141-155; (b) Skoog G. 1979. Topic of evolution in secondary school biology textbooks: 1900-1977. Science Education 63(5):621-640.
14. For samples of the argumentation, see: (a) Coffin HG. 1979. Creationism: is it a viable alternative to evolution as a theory of origins? Yes. Liberty 74(2):10, 12, 13, 23, 24 (rebuttal on pp. 24, 25); (b) Mayer WV. 1978. Creation concepts should not be taught in public schools. Liberty 73(5):3-7, (rebuttal on pp. 28, 29); (c) Roth AA. 1978. Creation concepts should be taught in public schools. Liberty 73(5):3, 24-27 (rebuttal on p. 28); (d) Valentine JW. 1979. Creationism: is it a viable alternative to evolution as a theory of origins? No. Liberty 74(2):11, 14, 15 (rebuttal on pp. 25, 26).
15. See: Scott (note 6g).
16. (a) Moore J. 1994. The Darwin legend. Grand Rapids: Baker Books; (b) Rusch WH, Sr., Klotz JW. 1988. Did Charles Darwin become a Christian? Norcross, Ga: Creation Research Society Books; (c) Roth AA. 1995. "Retro-progressing." Origins 22:3-7.
17. Frazier WJ. 1984. Partial catastrophism and pick and choose empiricism: the science of "creationist" geology. In: Walker, pp. 50-65 (note 13a).
18. (a) [Anonymous]. 1988. Evolutionist debater descends to all-time low. Acts and Facts 17(6):3, 5; (b) Numbers 1992, p. 333 (note 6f).
19. See: (a) Numbers 1982 (note 6e); (b) Numbers 1992, pp. 319-339 (note 6f).
20. For further details and interpretations, see: Roth AA. 1991. Creation holding its own. Origins 18:51, 52.
21. Gould SJ. 1992. Impeaching a self-appointed judge. Book review of: Johnson PE. 1991. Darwin on trial. Scientific American 267(1):118-121.
22. Livingstone (note 6a), p. 1. In his book *Darwin's Forgotten Defenders* (note 6c) Livingstone gives six references challenging the warfare image.
23. (a) Draper JW. 1875. History of the conflict between religion and science. New York: D. Appleton & Co.; (b) White AD. 1896. A history of the warfare of science with theology in Christendom. 2 vols. New York: Dover Publications, 1960 reprint. For background information regarding Draper and White, I am indebted especially to: (c) Lindberg DC, Numbers RL. 1986. Beyond war and peace: a reappraisal of the encounter between Christianity and science. Church History 55:338-354; (d) Lindberg DC, Numbers RL, editors. 1986. God and nature: historical essays on the encounter between Christianity and science. Berkeley and Los Angeles: University of California Press, pp. 1-18; (e) Russell JB. 1991. Inventing the flat earth: Columbus and modern historians. New York: Praeger Publishers, pp. 36-49.
24. Draper, p. vii (note 23a).
25. (a) Gould SJ. 1994. The persistently flat earth. Natural History 103(3):12-19; (b) Lindberg and Numbers 1986 (note 23c); (c) Russell, pp. 13-26 (note 23e).
26. Russell, p. 44 (note 23e).
27. (a) Wittgenstein L. 1980. Culture and value. Winch P, translator; von Wright GH, Nyman H, editors. Chicago: University of Chicago Press, pp. 86/86e. Translation of: Vermischte Bermerkungen. See also: (b) Kemp A. 1991. The estrangement of the past: a study in the origins of modern historical consciousness. Oxford: Oxford University Press, pp. 177, 178.
28. Russell, p. 76 (note 23e).
29. Frye RM, editor. 1983. Is God a creationist? The religious case against creation-science. New York: Scribner's.

30. Provine WB. 1987. Review of: Larson EJ. 1985. Trial and error: the American controversy over creation and evolution. Academe 73(1):50-52.
31. Chapters 10, 12, 19, and 21 discuss additional information on creation concepts.
32. Further discussion of the evolutionary concept can be found in chapters 4, 5, 8, and 11.
33. For some details, see: Hill H, Harrell I. 1974. How to live like a king's kid. South Plainfield, N.J.: Bridge Publishing, pp. 65-77.
34. Joshua 10:13.
35. 2 Kings 20:9-11.
36. Recent reviews of this much-discussed incident are: (a) Blinderman C. 1986. The Piltdown inquest. Buffalo: Prometheus Books; (b) Walsh JE. 1996. Unraveling Piltdown: the scientific fraud of the century and its solution. New York: Random House.

第二章 思維的方式

起初它是荒謬的；接著帶有些許疑慮；
最終我們將全面瞭解它！[1]

服飾的改變使人類生活豐富多彩。我記得，僅僅是窄窄的領帶，也曾流行一時。不久以後，時髦的領帶必須達到相當的寬度；然後，各種寬度的領帶，也都爲人們接受；但大多數人已經學會，保存他們的老式領帶，而爲下次的流行做好準備。思想也遵循了同樣的模式。某些關於飲食得體的禮儀，或者藝術的觀點，曾經風靡一時，最終將被其他形式所輪換替代。哲學思想也表現出相同的模式。不同的觀點，在不同的時間和地域，也是普遍存在的。有例爲證：自然主義——否認超自然現象；有神論——信仰上帝；以及不可知論——對基本問題的回答是「我不知道」。我們可以加上專制主義、泛靈論、宿命論、辯證唯物主義、經驗論、泛神論、多元論、理性主義等等。這些「思想流派」中的任何一項，均擁有或曾經擁有一些追隨者。當我們在決定各種概念的證據時，我們應該把這種心智上群衆認同的模式銘記在心。優勢的思想可以改變，但卻不能改變眞理。三個例子，可以闡述時尚思維的含意。我們應當記住！正因爲人類的思想會隨時間而有所改變，所以，我們沒有理由放棄對眞理的追求。因爲眞理是客觀存在的，這在本書的最後章節中，會做更深入的剖析。

■ 大陸漂移學說

我曾聽我的物理地質學教授講過，大西洋東西兩海岸的「七巧板」配對。他說在這個世紀初期，一個名叫韋格納的人主張，在很早以前，南北美洲是和歐洲、非洲相連的，它們中間並不存有大西洋。後來大陸漂移開了(圖2.1)。這想法很有趣，而教授說，當時無人多加關注此事。沒想

圖片 2.1

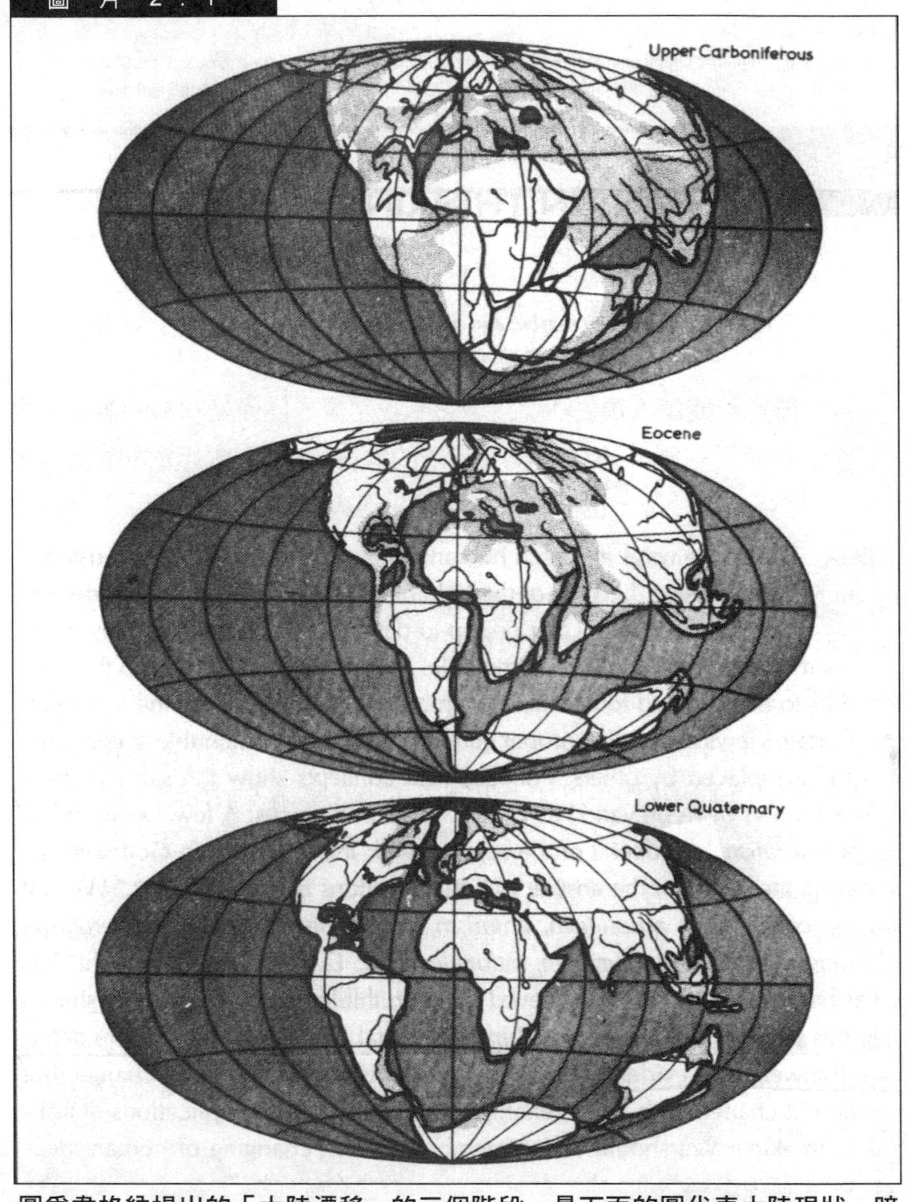

圖為韋格納提出的「大陸漂移」的三個階段。最下面的圖代表大陸現狀。暗部為海洋，打點的部分為大陸的淺海，亮部為乾地。儘管這個基本概念已被接受，仍有人建議，有些細節方面仍需要修改。見參考文獻2

到在這六年中，地質學界，已經一改當年全盤否定的說法，而幾乎全部接受韋格納的思想。

這個「新」觀點，爲地質思想注入了強有力的、統一的、有活力的因素。它的出現，帶來了大陸山脈及海底構造這些新的概念。地質學教材需要重寫。生活中經歷這樣大的思想轉變，既令 人激動不已，又不得不冷靜沈思。激動不已，是因爲如此多的新思想和不同的解釋，讓人應接不暇；認眞沈思，是因爲讓人詫異：那些現在還被嘲笑的觀念，怎麼會突然變得如教條一樣被人接受。

韋格納(Alfred Wegener 1880－1930)提出大陸漂移說之初，盛行一時，但這並非獨家之言，其觀念來自地球在受冷時會收縮，山脈則是地層表面的橫向壓縮的結果。這與蘋果在喪失水分時，表面出現的褶皺，具有相似之處。韋格納提出了一系列的證據來闡述，地球除自身的收縮外，大陸陸塊也在地球表面移動。[2]在衆多的論證中，他更指出：歐洲的阿爾卑斯山脈，巨大且有褶皺的表層(「岩冪」)，已橫向移動數公里。面對如此龐大的山脈，單純的收縮，根本無法解釋這個現象。同時，在大西洋的另一邊，也發現了大量相似的岩石類型，這些論點的意思是說：在很久以前，也許這些海岸陸塊是相連的。

韋格納出生於德國，[3]他的主要興趣還不在大陸的漂移上，儘管爲探討這一觀點，他曾出版了四個版本的書。他最初是一個氣象學家和北極探險者，而後者恰恰使他命歸黃泉。他的兩個同事，駐紮在靠近格陵蘭島冰帽中心的一個叫「亞斯麥特」「中冰」的觀測站上，他們需要過冬的補給。因爲某些難以克服的問題，包括設備的故障等，他同事中許多人都放棄了。氣溫下降到-122℉(-50℃)，而他和另兩位同事卻乘坐狗拉雪橇，沿格陵蘭島西海岸，穿行250英里(400公里)，最終在1930年秋天到達了亞斯麥特。然而，路途中他們不得不丟棄所有儲備。他們三個打算撐過這個冬天，但韋格納和另一個同事，卻在試圖返回海岸時不幸遇難。僅在亞斯麥特休息了一天後，兩人在11月1日，韋格納50歲生日這天，打道回府。第二年春天，韋格納的屍體，在去海岸的途中被發現了。他的同事把他掩埋了，並用他的雪橇做了標記。那位年僅22歲的同事，卻再也找不到了。韋格納很可能因心力衰竭而死於帳篷中。他的墳墓長眠在格陵蘭島冰帽，一個6公尺高(20英尺)的十字架，在冰天雪地中巍然聳立。

當韋格納去世時，他的大陸漂移學說，沒有幾個支持者，卻有一大群的反對者，尤其是在北美洲。這些反對者，經常憤怒地聲討並侮辱韋格納的觀點。1926年，韋格納參加了在紐約舉辦的國際討論會，來探討這一課題，他的思想受到與會者的普遍敵視。「美國地理學家的『大槍』站在對立立場，採取了連珠炮似的射擊」。[4]一些人指責韋格納無視事實且自我陶醉。而後的幾年中，對大陸漂移思想的冷嘲熱諷更爲加劇。誰要是對此觀點表示支持，那就會使他的科學名譽掃地。[5]或許正因爲對此思想如此關注和反對，才顯示出它眞正的價值和無窮的力量。因爲無足輕重的威脅和毫無意義的假設，不會引起這麼多的注意。

在二十世紀五六十年代，有些研究者開始收集到與大陸漂移學說相符合的新資料，一些科學家，甚至也敢提倡韋格納的思想了。特別重要的是：一些新資料表明，過去地球磁極的改變，已使得南北方位顚倒了多次。顚倒的模式能得到檢測，這是因爲當火山岩石冷卻，並在海底形成山脈時，已獲取了地球的磁力。爲使這些論據達成一致，地質學家指出，地球表面覆蓋著巨大的運動板塊，它們沿著山脊一側在地下形成，同時在另一側，順著深溝被大地所吸收。這些板塊就像巨大而寬闊的傳送帶，在地球表面緩慢運轉，從而導致在其上的大陸漂移，[6]這就是板塊構造論。

雖然缺乏移動板塊的理想途徑，但令人驚奇的是，在數十年的抵制後，地質學界，竟以非比尋常的速度與熱情，接納了這一思想。在五年之內，那些不相信板塊構造和因該構造而引起大陸漂移的學者，都將會面臨被排斥的危險。但是，始終還是有一些人持反對意見。記得在支持板塊構造論的書評中，一位地質學家評論說，他不敢確定出版商應否將此書列入非小說的行列！[7]有人採用曲解的方法提出「本書不能與書評對抗」[8]這樣的回應。板塊構造論贏了。如今，僅有很固執的少數群體，在懷疑這個權威的觀點。[9]地球縮小的觀點，已不再被接受，[10]而地球可能會膨脹的觀點，也僅僅得到一些有限的支持。[11]

現在，韋格納因爲早於自己那個年代三、四十年就先預見，而當之無愧地成爲科學史上的英雄。但遺憾的是他未能親眼看到聽見，關於他的理論所引起的爭議，都已被接受了，科學界對他的態度也有了180度的轉變。許多人驚奇，爲什麼他會有如此的遠見卓識，而爲什麼最初科學家們卻不接受他。有些人說是因爲那時證據還不夠充分，才會招致了如此長時間的敵視，[12]但卻未說明，爲什麼後來又被接受的論據。也有人指出他的思想，在當時是太先進了，他們不能接受地質改變的說法，尤其是那些由災變導致的改變。更有甚者，認爲韋格納假設的大西洋開裂，與聖經中挪亞大洪水聯繫起來，是多數地質學家想迴避的話題。[13]更有一些人提出，正因爲韋格納是一個氣象學家，而不是地質學界的一員，職業性的優越感，讓有些人抵制他的觀點。[14]很可能上述所有觀點，都是促成當時局面的原因。我們很難挑戰既定的觀點。但是，事實正如板塊結構論所證明的：當事情最終被接納時，必定是勢不可擋。

■ 煉金術

煉金術(圖2.2)則是另一個早期被廣泛接受的權威觀點，而後卻遭到摒棄的例子。[15]煉金術，初衷是試圖釋放宇宙的某些要素。煉金家嘗試將賤金屬，如鐵、鉛熔煉爲金，這是實際應用的過程。現在因爲煉金術聲名狼藉，很少有人意識到它的基本思想，有可敬的理性基礎。正是因爲可以從天然的赤鐵礦中，煉出純鐵，所以人們才推測到，或許也可以從相關的天然物質，如鐵、鉛等中提煉出金子。同時，亞里士多德提出四個基本要素——土、氣、水和火——能夠互相轉化；那爲什麼不能試著將鉛變成金子呢？在某種意義上，早期的煉金者，是眞正的科學家。既然自然已經把它們製造出來，他們爲何不能以同樣的方式，來製造金子呢？

煉金術很快就和神秘主義有了聯繫。研究不僅只局限於對金子的尋求，甚至發展到怎樣延年益壽，乃至於長生不老。煉金術可分爲兩大類——實際的煉金術和神秘的煉金術，後者引起極大的推測，有時猜測模糊費解。術士們，想找到一種或多種未知物質，或稱爲「點金石」，或「長生不老藥」(「萬應靈藥」)，它們能生成金子，並可使人長生不老。這種探尋浪費了許多熱情。

圖片 2.2

煉金家和他的實驗室

煉金術有悠久的歷史。在西方，西元一世紀左右的地中海東部沿岸地區，它就出現了。在多個世紀前，也已被中國所接受。後來西元五世紀出現於印度。那時，因爲與神秘主義傾向混淆，西方世界中的煉金術暫時衰退了。大量傑出的阿拉伯煉金家，孜孜不倦地探索了許多世紀。煉金術於中世紀傳到了歐洲，並享有極高的尊崇。國王和貴族經常資助一些煉金士，並提供設備齊全的實驗室，以期能增加他們的財富。或許，大多數受過教育的人，相信元素嬗變的煉金術原理，擁護者包括大名鼎鼎的阿奎那（Thomas Aquinas）、培根（Roger Bacon）、馬格納斯（Albert Magnus）、牛頓（Isaac Newton）、以及赫赫有名的醫師帕拉切爾蘇斯（Paracelsus）和魯道夫二世（Emperor Rudolf Ⅱ）。甚至伊麗莎白一世（Queen Elizabeth Ⅰ）曾雇用過幾位煉金家。教皇卜尼法斯八世(Pope Boniface Ⅷ)也曾慷慨資助煉金術，但教皇約翰二十二世（Pope John XXII）則下令將之取締。煉金術實際上流傳了將近2000年，儘管在如此漫長的歲月裏，沒有任何一位煉金家能將賤金屬變成金子！

把一些捏造的故事，講得天花亂墜，並且樂此不疲的冒充者，曾讓煉金家煩惱不已。這些冒充者，煉不出任何金子，所以總是提心吊膽，唯恐引起贊助人大發烈怒，自己便小命難保。他們不惜行詭詐欺騙，玩弄把戲。比如說，他們把一根中空的鐵棒，塡滿金粉，底部用蠟裹住。用鐵棒來攪煉金爐時，蠟就熔化，金粉就露出來，好像被煉出的黃金一樣。這些僞造者，敗壞了煉金術的名聲，而誠實的煉金家，卻不得不隱姓埋名，秘密工作。

到了十七世紀，生產各種有用的化學品，也被列入煉金術範圍內，可是這時人們對「點金石」，倒顯得不那麼熱衷了。而其中許多新的發現，卻奠定了現代化學的基礎。出乎意料之外的是，利用賤金屬來煉金，現在是一個很普通的過程。用粒子加速器和核反應爐，可產生大量其他元素；然而，這樣來製造金子，因太昂貴而不值得去做。用普通的化學方法使賤金屬變成金子——享譽將近2,000年盛行的煉金術思想——現在銷聲匿跡了。煉金術所表明的是拙劣的科學，而化學的成功，所描繪的是美好的科學。

巫師大搜捕

盛行的思想模式，並不僅只局限於科學領域上的追求。在1459年的法國，一群常在夜晚到偏僻處所，敬拜上帝的虔誠信徒，被控告與魔鬼聯合。據傳聞在那些隱密的地方，魔鬼現身吩咐他們，只要那些信徒許諾，順服魔鬼，就可得到金錢和食物。[16]當局逮捕了那些信徒，包括德高望重的市民和一些弱智的婦女。他們被釘在肢刑架上，遭受非人的折磨。拷打者利用酷刑逼供。有一些人招供了，卻使其他人受到牽連。有時那些新的被告者，竟是那些拷問者的私敵！雖然有些人賠了一大筆錢後，得以虎口脫險，大部分人被處以絞刑或火刑。三十二年後，巴黎國會作了一次調查，然後宣佈取消那些判決，但爲時已晚。

這一事件發生在搜捕女巫狂熱的早期，一種執拗的惡魔般的思想，統治著歐洲長達三個世紀之久。[17]在這股喪心病狂的熱潮中，任何被認爲與魔鬼相關的人士，都被抓出來受刑罰。許多人就這樣被活活燒死、絞死、斬首、甚至被碾碎。任何災禍比如說莊稼歉收、猝亡、黑死病（鼠疫），這些猖獗一時的不幸，都被嫁禍於巫師頭上。

有一群婦女，其中幾個還非常年輕，被一些可靠的證人，指控晚上到橡樹下跳降靈舞。其中幾位丈夫辯護說，那時他們的妻子正在家呆著，但那些指控者卻說魔鬼蒙蔽了他們，呆在家裏的，只不過是他們妻子的幽靈而已。這一解釋，把這些丈夫們都弄得一頭霧水，而他們的妻子就被判處火刑。[18]在這時，有人自願肩負起尋找與魔鬼有聯繫的人的使命。據說有一位告發者，吹噓自己在15年內判罪並燒死了近900個巫師。[19] 上絞架或燒死的不僅只有人，還包括豬、狗、貓，甚至還有公雞。這一狂潮如洪水猛獸一般，勢不可擋。任何膽敢否認自己罪狀的人，最後都受盡折磨直到他們承認爲止。幾乎沒有人膽敢對這些暴力行爲表示不滿，唯恐自己也被判死刑。這一狂潮，竟席捲德國、奧地利、法國和瑞士，並蔓延到英格蘭、俄國，甚至跨過大西洋到達美國。沒人知道，到底有多少人受害；因爲記載也不全。有人估計，最高可達900萬人。[20] 至少也有幾十萬人。

這種野蠻的思想，不但證明了某些公認觀點的主觀性，而且也解釋了他們的潛在危害性。在公認與正確之間，實存有一條巨大的鴻溝。我們不能單憑流行的觀點來判別對錯。科學和聖經絕不會因爲被大衆接受，就是眞實的。在確定眞理時，也需要一併考慮其他因素。無庸置疑，心理學和社會學，在人類信以爲眞的許多觀念中建立、普及和流傳上，扮演著一極爲重要的角色。

■ 定論和眞理

對於科學，一般人都會認爲：它謹慎而平穩地摧毀了無知，在知識的前線戰場上大獲全勝。這個在某種程度上，已被科學家們都認可的觀點，卻在 1962 年隨著庫漢(Jhomas Kuhn)的《科學的革命性結構》[21]（The Structure of Scientific Revolution）一書的發表而遭遇到極大的挑戰。這本極具影響力的書，很快又引發了另一場爭議。它對權威和所謂「準確無誤」的科學提出了質疑。[22]

庫漢指出科學並非代表客觀知識的累積，而是指那些廣泛被接受的觀念下更恰當的資料。這些觀念是「爲某一時期提供典型問題和解決方法」。[23]庫漢稱這些思想觀點爲「定論」（Paradigms）。它們是眞是假都還不能確定，但卻被當作爲事實而被接受。就這樣，它們把注意力集中在那些與定論相一致的結論上，並限制在定論之外的任何革新。其中一些例子包括板塊構造論和災變說。[24]這些觀念使庫漢所稱的「標準科學」受到限制，使科學家們解釋資料時受到這些公認定論的限制。有時，我們也會改變定論，那也就是庫漢所說的「科學的革命」。板塊創造論得到學者認同，就是一次科學的革命。庫漢進一步強調，如果一位科學家不把他的結論，置於可接受的定論範圍之內，那麼很有可能就會被當作「形而上學」，或問題太多而被摒棄。這種態度，造成定論長此不變的傾向。一般而言，當個人的觀點與流行的觀點保持一致時，通常會感到更安全。因此，定論就得到了支持。從這個觀點來看，我們最好要用這個格言來提醒自己：如果我們總是跟隨潮流，就不可能有進步。所以從一種定論變化到另一種定論，總是太難，[25]因爲我們要克服太多心智上的惰性。

庫漢並未因提出定論的改變是一種「轉變經驗」，而獲得科學界的青睞。[26]他同時也對科學中珍貴的進步思想提出挑戰，他說：「更確切的說，我們必須放棄那或許明確、或許含蓄的說法，認爲定論的變化，使科學家和那些向他們學習的人，離眞理越來越近。」[27]換句話說，一種新的定論也可能帶領我們遠離眞理。

雖然仍有一些誹謗者，但定論觀念已被廣泛接受，並且不僅僅應用於科學方面，甚而還深入到神學的範疇。「定論」一詞，代表一種被廣泛接受的優勢觀念，凡是受過教育的人，人人皆知。

庫漢的思想引起了極大轟動，甚至是改革，尤其是在歷史、哲學和科學社會學領域方面。許多社會學家，發現社會學往往在很大的層面上支配著科學所引發的問題以及答案。[28]科學家能控制調整自己所提出的問題和他們能接受的答案，這個觀點與科學家所具有的，把科學當作「探求眞理的領域」的形象不符，但是社會學，對科學領域的巨大影響，這種說法已得到普遍贊同。

不言而喻，當科學界的這種群體行爲，在定論內發揮作用或該行爲在定論間轉變時，就科學家們個人而言，這正好暴露了他們缺少獨立見解。不管怎樣，總體上說，科學的確是向眞理邁進。一路上錯誤的定論在所難免，但當我們在建立觀念的時候，併入更多自然的資料時，我們必將會越來越接近眞理。

改變定論的傳奇故事告訴我們，如果我們希望獲得眞理，就需要更深入地研究探討。我想下面兩種方法，可以避免我們被普遍的觀點所征服。(1)我們應該更加練習培養獨立思考的能力。這可能威脅到我們對社會認可的渴望，但對那些庸庸碌碌的知識分子，無異是當頭棒喝。(2)在評估一種定論時，在決定可接受的基準上，我們應更加深思熟慮。有確鑿的證據，也有一些拙劣的資料。有確定的結論，也有推測性的結論。「除了有假定，也有建立在假定之上的假定」。這使得評估的工作既費心、又費力，但這卻是必須做的。為了確定那一個觀點是對的，我們必須一絲不苟地評估每一項有爭議性的觀點的根基是甚麼，以免受到「輿論」的不良影響。

■ 真理——岌岌可危的物種

目前流行的思維方式，就是懷疑一切，或者對多數問題無定見。不幸的是，許多開闊的思想所顯露的卻非常空洞。多少次我們耳聞問題的兩面，卻總見不到結論。在學術追求中，我們往往因提出幾個可能的觀點就沾沾自喜，沈溺在一廣泛的定論中，而摸索不到最後的結論。有太多的時候，我們的研究，都是以諸多的可能草草結束。而那些傳統的、具有諷刺意味的「可能」則堂而皇之地成為典型博士論文的最終結論。當我們認識到定論的試驗性本質，應可鼓舞我們放棄必要的評價，而去懷疑一切。當然我們也可以放棄追求眞理；但這樣做的話，未免倍感索然寡味、幼稚、偷懶、貧乏和無趣了。

著名的法國作家莫里哀(moli'ere)應國王路易十四的要求，創作了諷刺性喜劇《被逼的婚姻》(The Forced Marriage)，[29] 並獲得極大的讚賞。甚至這位法國當代最富有的國王都時常參與表演。這部喜劇揭示了人性的弱點，既詼諧幽默、又富教育性。故事中，一位富有上了年紀的紳士，一直在思索他是否應該娶那位只愛他財富的年輕小姐。他徵求了好幾個人的意見，其中包括兩位哲學家。第一位哲學家是個經驗主義者，他念念不忘自己的觀點、哲學和術語方面的定義，這位可憐的紳士，因為無法與他分享生活中的苦惱。因而失望地離去，尋求另一位懷疑論者的忠告。

紳士自報家門，並告知這位哲學家，他此次來訪的目的；哪知這位哲學家隨之答道：「請你改變你這種說話的方式。我們的哲學是禁止我們下任何定論，要用懷疑一切的語氣來說話，並隨時中止我們的判斷。因此，你不應該說，我來了，而應該說我好像來了。」接下來，便是討論這位紳士是否眞的來了，還是表面上看起來，他來了的長篇大論。隨後，紳士所說的一些眞實情況，都被哲學家用不以爲然的語氣反駁，比如說「可能是那樣的吧」，「那不是不可能的」和「可能吧」。他拒絕明確的回答紳士的眞正問題。因之，現場氣氛驟然緊張起來，哲學家的眞實面目暴露了。惱怒的「紳士」踢了哲學家幾腳，使哲學家痛苦地嚎叫著，說紳士眞是厚顏無恥、肆無忌憚，竟打了一位像他這樣優秀的哲學家。他還威脅要向法官控告他。紳士義正辭嚴地答道：「您糾正您那種說話的方式。我們是要懷疑一切的。你不應該說我打了你，而該說我好像打了你。」隨後的爭議適時地給予紳士更多的機會來「以其人之道，還治其人之身」。這位肯定他自己確實挨打的哲學家再次聽到「不可能這樣的吧」「那是可能的」，諸如此類的話語。因此紳士洋洋得意地教導哲學家說：他那套懷疑理論，眞是「不堪一擊」呀！

當前，我們知識分子的環境看來也經常重蹈莫里哀時代的覆轍。相對主義，不可知論和懷疑論倍受推崇，而事實和眞理卻瀕臨滅頂之災。懷疑一切變成是一種時髦。有時，懷疑只不過是他們自己的緣故。當他們再也作不出什麼時，只有進一步懷疑的分了。

相對主義、不可知論和懷疑論，把事實降低到不確定的程度，它們根本就不能確定甚麼是對的。這些教條命令我們不要確信任何重要的事情，甚至這些建議本身也不可確信。如果你不相信任何事物，難道你還能堅定不移地相信「你不信任何事物」嗎？用帕斯卡的話來說：「我們不能確定一切都是不確定的。」[30]

毫無疑問，我們可以且應該否定許多見解，當我們要評量觀念時，小心謹愼是個美德。同樣，當資訊匱乏時，就可合理地暫停判斷。在查明眞相時，我們應該縝密推理，仔細探究，並且斟酌那些觀點可以接受？質疑有其地位和價值，但不是所有事物都要永遠被質疑。從謬誤中辯明眞理，這樣偉大的使命，不應該落在毫無結果的懷疑主義者頭上。

精湛明智的學術，應該會給眞理一席之地。我們不必把自己逼到「可能」，這個什麼看起來都像，卻什麼也不是的境地。

有時，我們的懷疑遊戲會與冷酷的事實碰個正著，就好像鐵達尼號與冰山相撞一樣。當我們的錢包被偷了，那它的存在和所有權的觀念對我們而言就變得非常實際；如果我們遲到錯過了班機，時間就變得很眞實。同樣，懷疑論哲學家遭毆打這個事實，也會衝擊我們的探索！（順便說一句，在莫里哀的喜劇中，那位小姐的親戚，強迫這位富有的紳士娶她。）一場離婚或一個罪犯獲赦就能讓我們想起道德的價值、正直、誠實、寬恕都是現實生活的一部分。大多數人都能接受謊言的存在，但對謊言的接受也意味著眞相是存在的。有時，在我們舉棋不定時，事實就會呈現在我們面前，要求得到我們的尊重。如果事實存在，眞理也就存在；但如果我們懷疑一切，我們就不可能找到眞理了。懷疑一切的人，當然不會做出像尋求眞理的人那樣偉大的貢獻。

那具有支配地位的定論，會不時變化這個事實，不應該阻礙我們去追尋那具有確實資訊根基的眞理。事實存在，眞理也就存在，一個令人滿意的確信度並非遙不可及的。眞理是如此的重要，我們應該孜孜不倦地追求它，積極而主動地保護它存在的權利。

■ 結 論

人類智力活動的歷史，包括了人對廣泛優勢概念的接受，也就是對定論的接受。這是一個廣泛且被接受的概念：大陸在地球的表面漂移（板塊構造學說）。定論可來亦可走，有眞也有假。普遍的接受，並不能保證它們的正確性。大衆的觀點，並不是衡量眞理強有力的標準。在尋求眞理的過程中，我們應該通過獨立思考和徹底調查來避免陷入錯誤定論中；並把結論只建立在最確鑿的資料之上。

定論可改變，雖然是個事實，但我們堅定不移地相信世界上存在眞理，而仔細的研究有助於我們發現眞理。

■ 參考文獻：

1. This aphorism, in various forms, has been attributed to a variety of authors, including William James, Thomas Huxley, and Louis Agassiz.
2. Wegener A. 1929. The origin of continents and oceans. Biram J, translator (1967). London: Methuen and Co. Translation of: Die Entstehung der Kontinente und Ozeane. 4th rev. ed.

3. I am indebted to the following references for a general review of his life: (a) Hallam A. 1989. Great geological controversies. 2nd ed. Oxford: Oxford University Press, pp. 137-183; (b) Schwarzbach M. 1986. Alfred Wegener, the father of continental drift. Love C, translator. Madison, Wis.: Science Tech, Inc. Translation of: Alfred Wegener und die Drift der Kontinente (1980); (c) Sullivan W. 1991. Continents in motion: the new earth debate. 2nd ed. New York: American Institute of Physics.
4. Sullivan, p. 14 (note 3c).
5. *Ibid.*, p. 19.
6. For some details, see Hallam, pp. 164-173 (note 3a).
7. Meyerhoff AA. 1972. Review of: Tarling D and M. 1971. Continental drift: a study of the earth's moving surface. Geotimes 17(4):34-36.
8. Cowen R, Green HW II, MacGregor ID, Moores EM, Valentine JW. 1972. Review appraised (letters to the editor). Geotimes 17(7):10.
9. For further comments, see chapter 12.
10. However, a recent publication in support of the contracting earth is: Lyttleton RA. 1982. The earth and its mountains. New York and London: John Wiley and Sons.
11. See chapter 12. See also: LeGrand HE. 1988. Drifting continents and shifting theories. Cambridge and New York: Cambridge University Press, pp. 251, 252.
12. Thagard P. 1992. Conceptual revolutions. Princeton, N.J.: Princeton University Press, pp. 181, 182.
13. (a) Giere RN. 1988. Explaining science: a cognitive approach. Chicago and London: University of Chicago Press, p. 229; (b) Rupke NA. 1970. Continental drift before 1900. Nature 227:349, 350. See chapter 12 for the problems with catastrophic interpretations.
14. (a) Giere, pp. 238, 239 (note 13a); (b) Hallam, p. 142 (note 3a); (c) Schwarzbach, p. xv (note 3b).
15. This brief account derives mainly from the following references: (a) Doberer KK. [1948] 1972. The goldmakers: 10,000 years of alchemy. Westport, Conn.: Greenwood Press; (b) Eliade M. 1962. The forge and the crucible. Corbin S, translator. New York: Harper and Brothers. Translation of: Forgerons et Alchimistes (1956); (c) Partington JR. 1957. A short history of chemistry. 3rd ed. rev. London: Macmillan and Co.; (d) Pearsall R. [1976?]. The alchemists. London: Weidenfeld and Nicolson; (e) Salzberg HW. 1991. From caveman to chemist: circumstances and achievements. Washington, D.C.: American Chemical Society; (f) Stillman JM. [1924] 1960. The story of alchemy and early chemistry. Reprint. New York: Dover Publications.
16. This account is from: Mackay C. [1852] 1932. Extraordinary popular delusions and the madness of crowds. New York: Farrar, Straus, and Giroux, p. 478.
17. (a) Dampier WC. 1948. A history of science and its relations with philosophy and religion. 4th ed. rev. Cambridge: Cambridge University Press, pp. 142-144; (b) Easlea B. 1980. Witch hunting, magic and the new philosophy: an introduction to debates of the scientific revolution 1450-1750. Atlantic Highlands, N.J.: Humanities Press; (c) Luck JM. 1985. A history of Switzerland. The first 100,000 years: before the beginnings to the days of the present. Palo Alto, Calif.: Society for the Promotion of Science and Scholarship, pp. 182, 183; (d) Mackay (note 16); (e) Monter EW. 1976. Witchcraft in France and Switzerland: the Borderlands during the Reformation. Ithaca and London: Cornell University Press; (f) Rosenthal B. 1993. Salem story: reading the witch trials of 1692. Cambridge Studies in American Literature and Culture, No. 73. Cambridge and New York: Cambridge University Press; (g) Russell JB. 1972. Witchcraft in the Middle Ages. Ithaca and London: Cornell University Press; (h) Tindall G. 1966. A handbook on witches. New York: Atheneum.
18. MacKay, pp. 482, 483 (note 16).
19. *Ibid.*, p. 482.
20. Tindall, p. 25 (note 17h).
21. Kuhn TS. 1962. The structure of scientific revolutions. Chicago: University of Chicago Press.
22. For some evaluations and discussions of Kuhn's work, see, among many references: (a) Cohen IB. 1985. Revolution in science. Cambridge, Mass., and London: Belknap Press of Harvard

University Press; (b) Gutting G, editor. 1980. Paradigms and revolutions: appraisals and applications of Thomas Kuhn's philosophy of science. London and Notre Dame: University of Notre Dame Press; (c) Laudan L. 1977. Progress and its problems: toward a theory of scientific growth. Berkeley and Los Angeles: University of California Press; (d) LeGrand (note 11); (e) Mauskopf SH, editor. 1979. The reception of unconventional science. American Association for the Advancement of Science Selected Symposia. Boulder, Colo.: Westview Press; (f) McMullin E, editor. 1992. The social dimensions of science. Studies in Science and the Humanities from the Reilly Center for Science, Technology, and Values, vol. 3. Notre Dame: University of Notre Dame Press; (g) Shapin S. 1982. History of science and its sociological reconstructions. History of Science 20:157-211.

23. Kuhn TS. 1970. The structure of scientific revolutions. 2nd ed. Chicago: University of Chicago Press, p. viii.
24. For a discussion of the catastrophism paradigm, see chapter 12.
25. Barber B. 1961. Resistance by scientists to scientific discovery. Science 134:596-602.
26. (a) Kuhn 1970, p. 151 (note 23). (b) Cohen, pp. 467-472 (note 22a) also refers to conversion experiences in science without implying religious significance, as the term "religion" is commonly understood.
27. Kuhn 1970, p. 170 (note 23).
28. For some recent opinions, see McMullin (note 22f).
29. Molière JBP. [1664] 1875. The forced marriage. In: van Laun H, translator. The dramatic works of Molière, vol. 2. Edinburgh: William Paterson, pp. 325-389.
30. Pascal. 1966. Pensées. Krailsheimer AJ, translator. London and New York: Penguin Books, p. 214.

第三章 科學與聖經的結合

人類所具有的偉大且真實的雙重本性，決
定了人類只能生活在
……這樣一個相互抵觸又獨特的世界裏。

——托馬斯・布朗[1]

在第一章裏，我們對有關科學與聖經的眞實性，作了生動的描述。尤其當創造與進化成爲焦點時，這一場爭論，就變得很激烈了。當敵對目標出現時，知識分子的團體意識往往會相伴而生。創造論者繼續攻擊聲名狼藉的皮爾當騙局（piltdown hoax）。皮爾當猿人曾被利用來支持人類是進化來的種種觀點，早已從人類進化樹中剔除。但進化論者卻始終不厭其煩地一再講述著這樣的一個「恐怖故事」——伽利略（Galileo Galiei 1564－1642）因正確傳講地球圍繞太陽旋轉這個事實，而遭受到教會的迫害。伽利略本人似乎被歪曲成一個挑釁者，雖然他面臨著可怕的威脅，但他從未被關進監獄或受到肉體上的摧殘。[2]

科學與聖經的衝突，誠然是存在的，但兩者間究竟存在著那些根本的分歧？在本章中我們建議：在探索知識、理解等眞理的公開學術研究中，科學和聖經是能夠相互合作，事實上，它們需要相互合作。除了特別指明外，科學這一術語，在本章中它是指發掘自然界眞理的方法論。這種「方法論科學」對各種廣泛的解釋採取開放的態度，但其間也不能排除創造設計者的可能。相反，在尋求眞理方面，自然主義科學就排除了設計者這一觀點，自然主義科學與聖經不可能達成一致。但是「方法論科學」與「聖經」結合在一起則是可能的。

■ 科學與聖經：並非形同陌路

1859年，達爾文出版了他的名著《物種起源》，此書對西方文化哲學產生了戲劇性的影響。一百年以後，世界各地舉行慶典，紀念這一歷史性的大事。其中最重要的一次集會，是在芝加哥大學舉行的。在這次爲期五天的會議中，達爾文的狂熱追隨者赫胥黎（Thomas H. Huxley）的孫子朱利安・赫胥黎（Sir Julian Huxley）發表了演講。他宣稱：「地球不是被創造的，而是進化來的。地球上所有的動物、植物，包括人類自己、思維、心靈、大腦和身體，還有宗教都是進化而來的……進化來的人類，不能從神聖的天父——這個人類自己創造的形象身上，找到躲避孤獨的避難所，亦不能在神權威的蔭庇下逃脫作決策的責任，同時也不能倚靠一位無所不知，無法測透的上帝的旨意，將自己從眼前的困難和籌劃未來的苦惱中解救出來。」[3]

這一宣言是在富麗堂皇的洛克菲勒教堂，舉行的一次特殊會議上發表的。奇怪的是，上述陳辭，竟是在來自 27 個國家 1500 名科學家，向「全能的上帝」俯首禱告之後的幾分鐘發表的。

爲什麼科學家在慶祝達爾文的成就時，向上帝禱告？這跟我們對科學家的刻板印象有所不同。其實許多科學家在不同程度上，都是有宗教信仰的；並且許多人的信仰是以聖經爲根據的。這就意味著科學的信仰和聖經的信仰，兩者之間沒有什麼根本的界限。目前，自然主義科學很難運用宗教來做解釋，因爲他們認爲這種解釋令人難以接受。但幾個世紀前，現代科學奠基之時，所面臨的情況則大不相同。

毫無疑問，科學與聖經，在基本方法上存在著一些主要的分歧。科學，建立在觀察自然的基礎之上，並重在解釋，而聖經則主要宣告權威性的資訊，並將重點放在上帝的作爲與意義上。隨著新觀點的湧現，科學公開地修正舊的觀念，而聖經則始終沒有改變。然而，您將在以後幾章中看到，科學家本身，也會裝出權威的姿態，特別是在科學的權威上。

科學與聖經中所用的基本方法，也有一些相似之處。科學觀察與聖經，都更多地採用資料方式，而科學解釋與神學理論，則更多運用解釋的方式。科學資料與聖經是不可改變的，但兩者的解釋卻可大相逕庭。我們經常使用同一個基本的推理過程來對科學資料和聖經做出解釋。科學和聖經，在有限的一些方面互相重複並相互補充。如果我們想在現實中找到眞理和意義，就不應該忽視其中任何一項。如果有造物者，自然界當會提供很多有關造物者的資訊；如果沒有造物者，科學就需要解釋，複雜性和宗教幾乎無所不在的原因了。

■ 科學的聖經背景

過去半個世紀流傳的一個有趣的觀點，對科學與聖經二分法，提出了挑戰。這一觀點是：科學是在西方世界，特別是在猶太教與基督教的背景中發展起來的。換句話說，科學與聖經不是截然分開的，科學起源於聖經裏的哲學思想。相當多的學者都贊同這一觀點。[4]

曾在劍橋大學和哈佛大學任教的數學家兼哲學家，懷特海德指出：現代科學的思想，是「中世紀神學無意識的產兒。」[5]認爲一個井然有序的世界，起源於聖經中有理性的、有一致性的上帝，正爲相信科學的因果觀念提供了基礎。而其他文化中異教的神是不斷更換的，這不符合科學的一致性。牛津大學形而上哲學教授柯林伍德也支持這一觀點，並且指出相信上帝無所不能，引導我們對自然界的認識，從混淆不清走向精確縝密，[6]這更符合科學的嚴謹作風。烏得勒支大學歷史學教授胡卡斯也強調聖經裏的世界觀，爲現代科學的發展作出了貢獻。特別重要的一點是：聖經的世界觀對現代科學發展的貢獻。尤其是聖經所培養的相對反權威主義，使科學從神學家的權威中解放出來。[7]這一領域大名鼎鼎的作家，物理學與神學博士，塞頓霍爾大學的傑出教授傑基辯論道：印度、中國、馬雅、埃及、巴比倫和古希臘文化在不同程度上都是始於科學，但終於夭折。他把這一點歸因於這些國家的人，對宇宙的合理性缺乏信心。聖經中猶太教——基督教的傳統，爲科學的創立提供了合理的依據。[8]與此有關的還有更具有爭論性的默頓觀點（merton thesis），[9]他主張新教（特別是在17世紀的英格蘭），以反教條、反權威主義的態度，使科學得以解放。 我們無法建立廣被接受有關猶太教——基督教傳統，和科學之間有密切關聯的論點。然而這一觀點的存在，表明科學與聖經並不能截然二分。

■ 現代科學先驅者的宗教行爲

科學與宗教密切相關，可從那些十七和十八世紀現代科學奠基者熱情的宗教行爲中得到證實。下面舉四個例子：

一、化學之父，或被譽爲物理化學之父的波以耳(Robert Boyle 1627 — 1691) 對科學的主要貢獻，是推翻了地球上只有四種基本元素——火、氣、土和水的傳統觀念。這個勇於創新的英國科學家是一位虔誠的基督徒，他相信上帝能直接移動物質。波以耳把自己的大部分財產，捐獻給了愛爾蘭和新英格蘭的宗教事業。[10]

二、在法國，卓越的數學家帕斯卡 (Blaise Pascal 1623 — 1662) 爲概率論的建立做出了貢獻。他也認爲「一切事物的起因都歸於宗教的建立和其偉大。」[11] 他的宗教熱情，以及縝密的思維，在他著名的懷疑論中表露無遺：如果上帝不存在，持懷疑態度的人相信祂不會有任何損失；但如果上帝存在的話，那相信祂的懷疑論者可得到永生。結論是：一個人最好還是相信有上帝。

三、在瑞典，生物學家林奈 (Carl von Linne 1707 — 1778) 是烏普薩拉大學教授中首屈一指的人物。他因最早闡明動植物種、屬定義的原則，爲近代分類學奠定基礎而聞名於世。世界各地學者，紛紛慕名而來。他不贊成任何反創造論的觀點，並且相信「自然界是上帝本著他的榮耀和對人類的祝福而創造的，任何事情都是在上帝的命令和引導下發生的。」[12] 在垂暮之年，他對物種穩定性的觀點作了一些修改，現在這些觀點，被現代創造論者所接受。

四、牛頓(Sir Isaac Newton 1643 — 1728)，被一些人認爲是世界上最偉大的科學家之一，有著淵博的聖經知識。他因開創了微積分和發現行星運動規律而名滿天下。他也撥出時間，寫了大量關於聖經中《但以理書》和《啓示錄》裏的預言。牛頓堅信上帝是造物主，自然界讓我們瞭解了上帝。[13]

從其他許多類似的事例可見，現代科學的基礎，是在聖經具有優勢地位的氣氛中建立的，而且在科學與聖經之間，不存有任何基本論點的對抗。而其中的差異看來像是態度的問題。我們的科學先驅者，在科學上取得了非凡的成就，對他們來說，科學是在揭示上帝已在自然中設立的原理。對於起源，創造論是可接受的，它對起源的臆測通常也是毋庸置疑的；因此，宗教氣氛，並沒有阻礙現代科學的誕生。

■ 宗教與當代科學家

也許有人會提出異議：科學的發展與宗教無關，當代科學的獨立性可以作證。然而，因爲自然主義哲學的勢單力薄，這一異議也就比半個世紀以前更顯得無力。被人們普遍接受的量子力學（卜朗克，1858-1947；愛因斯坦，1879-1955；玻爾，1855-1962；海森伯，1901-1976）將一種不確定的基礎要素引入到科學中。如：根據量子力學理論，在對速度和位置進行的同時測量中，就存在著不可靠性。這對古典科學的因果關係提出了挑戰，再加上一些其他因素，激發產生了一種謙卑敬畏的氣氛。雖然很多科學家拒絕接受宗教和聖經，但在當代思想成分中，特別是在物理科學中，[14] 明確地包含了對上帝或某位創立者這一觀點的認同。我將提到三個人作爲例子，他們針對這一主題都曾有大量著述。

戴維斯是英國紐卡斯爾大學的理論物理學教授。在他所著的《上帝與新物理學》中提出：「科學比宗教提供了一條更確切通向上帝的道路。」[15]在後來的一本著作中，他更評論說「有力的證據證明，一切事物的背後都有『某種力量』的存在。」[16]此外，他也支持本章前面所說，科學家可以相信宗教的觀點：「隨著《上帝與新物理學》的出版，我驚奇地發現我的許多科學家同事都奉守傳統宗教。」[17]在牛津和劍橋兩所大學任職的生物化學家兼神學家皮科克，認爲上帝是根據自己的定律和根據或然，創造了世界，並且上帝是最終的實體。[18]

當彼金霍奈改變思想成爲一位聖公會牧師之時，他已在康橋大學研究粒子理論，長達25年之久，他的一生致力於研究科學與神學的關係，但後來卻成爲劍橋大學的管理者。他的一個重要觀點便是：上帝是宇宙的支持者和掌管者，同時，祂也給予我們選擇的自由。[19]

這些舉足輕重的學者們，清楚地闡明科學需要與宗教統整起來，這樣的例子數不勝數。這個群體有相當廣闊的視野，[20]然而他們的觀點，既不全然符合自然主義進化論者的形象，也不像篤信聖經的創造論者。他們的觀點的確證實了科學和聖經並非水火不容的。

■ 廣泛探討之重要

科學家談論宗教並非不正常，這是一些重要的科學期刊，如《科學與自然》所津津樂道的，讀者回應那一欄更是如此。有人認爲科學與宗教相互獨立，並不存有任何衝突。但另一些人則採取排外的自然主義姿態，甚至建議科學家們，在邁進教學大門之時，應該把腦子連同帽子和外套暫時存放在衣帽間。[21]而仍有一群人認爲：與宗教相聯繫的信心，對科學來說，同樣不可缺少。對普渡大學的化學教授馬勒來說，「科學絕對不能脫離宗教而單獨存在」，因爲一個科學家，必須「對使科學成爲可能的假想具有信心。」[22]其他學者認爲宗教貢獻卓越，事實上它有責任向世人啓示生存的目的與眞理，[23]並且必須將之融入任何有意義的思想體系中去。我們到底應該聽取哪種觀點呢？

從追求知識方面來說，廣泛的探討是上策。無知是一大悲劇，因爲受害者並不明白他們的困境。我們不知道我們究竟懂得多少。但眞理是值得去追求的。而眞理應包羅萬象，囊括所有的現實與現狀；因此我們爲發掘眞理所付出的努力，也應涵蓋所有的現實和現狀。

在狹隘的研究領域裏建立之世界觀是危險的。我們可以如自然科學只看到機械世界，或如哲學只關注思想世界。但這兩者以及其他的觀點，包括人類的精神層面，都必須納入考慮之中。圖3.1說明了廣泛探討方法的優點。一個圓可以代表科學，而另一個圓則代表聖經。在兩者無重疊之處，只有科學或聖經可給我們提供資訊。在兩者之一的基礎上形成一種世界觀，似乎會徒然受到限制。但若兩者兼顧，我們不僅可以獲取更多資訊，還可獲得大量和豐富的意義。若問及有關起源的大問題時，我們只能算以管窺天以蠡測海罷了。

在試驗和確立眞理時採用多樣方法，常能提供較多的核對和平衡，這是需要廣泛探討的另一原因。「眞理是永恒的，它與謬誤的衝突，只會顯明它的力度。」[24]

圖片 3.1

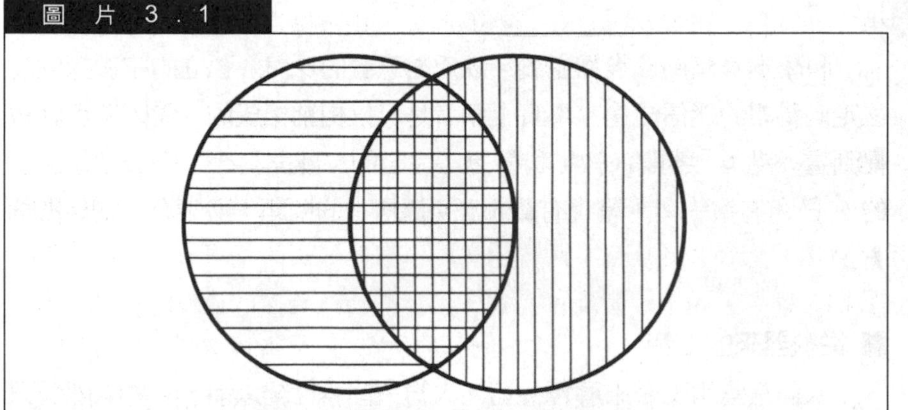

該圖顯示了廣泛探討的優點。例如在聖經與科學的結合上。 單獨一項可給我們有價值的資料，如圖左端及右端所示。當兩者結合起來時，解釋就豐富了。如圖中央部分所示。

對眞理過於狹隘的研究，往往會產生令人不滿的結果，這樣的例子屢見不鮮。我曾應邀參加，加利福尼亞大學的里弗塞德學院地質學系，關於創造論的研討會。我作了以下四個方面的介紹：[25]（1）複雜的生命極不可能自生，(2)化石記錄中的斷層缺環，表明從簡單到複雜的進化並沒有發生，(3)科學觀點反復無常，(4)科學與聖經存在著共同廣泛而合理的基礎。特別強調最後一點是因爲邀請人告訴我：學生們對在課堂上只能聽到進化論一家之言，而牢騷滿腹，他們想聽到另一方的觀點。因爲他們不滿意，過於狹隘的探討方法。從這一點看來，這個困擾已久的問題——「科學與聖經孰是眞理？」——實在是問得並不巧妙，儘管許多人依然在問。一個聽來更好的問題是：「在我研究過科學與聖經之後，我能找到什麼樣的眞理？」文化人類學家赫斯強調：19世紀晚期，探索與死者交流的招魂術，是人對那趨向於純自然主義的地理、生物和天文學領域的發現所導致的焦慮之「強烈的」回應。他把招魂術與更近現代的新世代運動（New Age Movement）間接聯繫起來，該運動有時試圖將非西方的智慧與現代科學合爲一體。[26]後現代藝術和神學遠離樸素的現代主義傾向，也證明其對豐富的研究方法感到興趣。人類經常想知道，並且也應該尋求事情的全部眞相，而不以狹窄的觀點爲滿足。

科學本身傾向於唯物主義，缺乏對意義的探討。孤立的宗教探索往往走向錯誤的迷信之途。事實上兩者是可以相輔相成的。愛因斯坦就曾提到這一點：「離開宗教，科學是不完全的；離開科學，宗教則是盲目的。」[27]所有這一切，證實有關起源更深層次的問題，必須有一個廣闊的方法。

■ 從機器來的上帝

人們常常用上帝來解釋一切。大約一個多世紀以前，一些人認爲只有上帝才能創造諸如糖、蛋白質和尿素等有機化合物。他們將這些比較複雜的分子與有機體和生命之謎緊密相聯。而後，數以萬計不同的有機化合物卻被合成，在這一過程中，上帝卻不再被認爲不可或缺。在宇宙領域中，牛頓認爲上帝必須不時地調整宇宙，以確保它運轉正常。可是現在人們不再把它當眞了。幾個世紀以前，人們還認爲是上帝創造出臭蟲來防止人們貪睡，而老鼠則是用來教導人類，應該把食物收藏好。現在這些觀點已經銷聲匿跡了。科學的突飛猛進，用上帝之名來解釋未知之事的必要性已大大減少，甚而，有一些人認爲即使上帝存在，祂一定是不必要的。

當人們面對無法解釋的自然現象時，常把「神」抬出來當做擋箭牌，這就是通常所說的「存在於縫隙中的上帝」，或者“deus ex machine”(拉丁語意思爲：「從機器來的上帝」)。後者來自希臘和羅馬人的戲劇，——一個演員飾演上帝，從天上降到舞臺上，解決人類的燃眉之急。這種效果是用起重機來完成的，在此談到「從機器來的上帝」，就成爲解決科學難題的代名詞。這種觀點，通常被認爲是對上帝的侮辱，它意味著無論何時遇到麻煩，人們就可請求上帝予以解決，而如果有充足的時間，科學最終將揭開謎底。上帝不應該被用來塡補我們對知識的欠缺。

許多科學家也關切一位大能的上帝，這位上帝不僅能隨意操縱自然，也能打破那使科學成爲可能的「一致性」。在這一方面，他們看到了上帝與科學之間眞正的衝突。而現代科學先驅者認爲：如果科學原理是由上帝創造的，並且自然界反映了這種一致性，那麼這種衝突也不是太嚴重。在他們的思維中，上帝是科學的根基、原理的創造者。上帝能夠改變他已設立的規律，只是他很少這樣做而已。這就給了科學發揮的空間。

雖然對「來自機器的上帝」或「存在於縫隙中的上帝」的評論，有合理之處，但以這種方式的武斷排除上帝的一切作爲，也未免過於簡單化。我們應該區分「已知領域的上帝」和「未知領域的上帝。」[28]對於第二種情況，上帝看來是必要的。上面提到過的有機化合物的合成與「縫隙中的上帝」相吻合，而分子生物領域最近的進展，使生物的自然起源變得越來越不可能，這就支持了「未知領域的上帝」觀點。在第二種情況下，當我們越來越多地發現，不能自生的、複雜有序的生化關係時，上帝也好像變得越不可少。[29]同樣，對基本物理因素極有價値的和諧宇宙來說，也是如此。[30]科學能複製本歸於上帝的現象，這個事實不能作爲將上帝一併淘汰的藉口，特別是當我們越來越發現自然界竟是如此複雜和精確之時！

■ 創造是科學？抑或進化是宗教？

1981年，美國阿肯色州頒佈了一項法令，要求公立學校理科班的學生，應同時接受創造論和進化論教育。美國國內自由聯合會(ACLU)反對這項法令，並且提出了反對州政府的訴訟，即著名的「阿肯色案」，[31]有時也稱之爲「司科普斯案第二」，[32]第一次「司科普斯案」發生在1925年的田納西州，進化論當時處於守方。在阿肯色審訊中，反對創造論的最後判決，並不基於創造論或進化論的本質的優點之上。首席法官歐沃頓裁決：基於美國憲法中政教分離的規定，這項新法令不符合憲法。爲了證明創造論是宗教性的，法官歐沃頓十分信賴加拿大威爾夫大學的科學哲學家魯塞的證言。魯塞對科學作了狹窄的定義。[33]這次審判之後，用在法庭上的狹義的科學定義，被另一個科學哲學家，美國匹茲堡大學的勞丹給推翻了。勞丹支持進化論，但針對法官歐沃頓的判決，他提出了以下反對意見，「這次判決，以大量有關什麼是科學，以及它如何發揮作用的虛僞陳述爲依據」；「阿肯色判決中可怕的謬誤謊言」；「對科學錯誤定論的支持和褒揚」；以及其他評論 如「一場糊塗」、「陳舊迂腐」和「荒謬可笑」。[34]顯而易見，科學的定義是一個有爭議的話題。法官的書面判決也受到了很多批評。[35]他認爲創造論屬於宗教，不是科學，這種分類應該把創造論從公立學校中剔除。[36]

阿肯色審訊中對科學定義的爭議，表明我們並不知道應怎樣來定義科學。[37]進化論者對「科學的創造論」，這一術語反應相當否定，認爲純屬子虛烏有。他們以創造論不是科學而是宗教爲由，不斷成功地將創造論關在科學教室的門外。並且宣稱創造論不是科學，因爲沒有一種方法能證明像創造這樣的奇蹟，然而，他們接著改頭換面，寫出了諸如《科學家與創造主義的對抗》這樣的書籍，[38]並且企圖用科學來證明創造論的錯誤。進化論者能採用兩面手法嗎？

既然科學沒有一個公認綜合的定義，那麼，創造論是否符合科學？這一問題，確實懸而未決。如果科學是對眞理眞正公開的探索，那麼科學就應該能夠接納「科學的創造論」，而在本章中，早先提到的現代科學的先驅者，理所當然可被譽爲科學的創造主義者。另一方面，如果科學被單純定義爲自然主義哲學，並通過定義來排斥創造者這一觀念，那麼，科學創造主義，就不可能存在。正如所預料的那樣，進化論者贊同後一種解釋。但是這種解釋也意味著科學與通常的宣揚，科學是對眞理開放的研究之說法背道而馳。

也許有人要問：科學和進化論，難道不是宗教的一種形式嗎？在許多場進化論與創造論的聽證會中，科學家們展現出來的忠誠、激情和高度的熱情，毫無疑問地表明，進化論並非只有客觀的評估。米各雷[39]撰寫的《進化論是一種宗教》書中寫到，在許多領域，科學發揮了與宗教同樣的作用。其他作家也強調進化論和達爾文主義宗教化的一面。[40]但整體而言，以進化論是一種宗教爲由，而將它拒之教室門外的合法依據，尚不具說服力。普遍看法是，進化論是一種科學，而創造論是宗教。事實上，科學與宗教並無根本分歧，因爲兩者是具有重疊特徵的廣泛性觀點。

更重要的問題

在加州教育委員會一次公開聽證會上，我提議科學界不應該擔心創造論，應該允許它在課堂裏與進化論自由競爭，從而形成學術自由的風氣。[41] 進化論者否認創造論是科學。他們總是從科學的定義中尋找避難所，試圖將創造論拒之於科學的殿堂之外。但是，正如法國人說的：「這是很堂皇的，但這不是戰爭！」眞正問題是：創造論與進化論孰對孰錯？不幸的是，這一問題經常成爲語意學、權威主義和法律術語的犧牲品。 在那次公開聽證會上，一個牧師的辯護給我留下深刻的印象。他指出他的教區居民，怎樣諄諄教導自己的孩子聖經的道德準則與價值觀，而這些教區居民，必須送他們的孩子到他們自己納稅所建的學校去上學。在那兒，科學教師摧毀了父母試圖以聖經和它的原則所建立起來的信心。這些父母並非對科學的不同定義或學術界的鬥爭置若罔聞；他們只是想培養孩子們良好的道德品行，和對聖經的領悟，而學校正摧毀著這一切。

這一切使焦點集中到科學與聖經結合起來的必要性上。正如上所說，除了在某些方面相互補充之外，它們在基本的合理性方面，仍有許多共同之處。[42] 這兩者都廣受推崇，都做出了卓越貢獻，並且都明確而有系統的陳述世界觀。

結 論

科學與聖經之間的衝突，並不像通常想像的那麼激烈。事實上，聖經的合理性，也許一直是現代科學發展的基礎。現代科學的先驅者，對聖經的敬虔，也表明這兩者之間潛在的相容性。正如第一章中表明的，在科學與宗教之間，特別是在自然主義科學與聖經之間存在著分歧，但這些分歧，大多是基於態度與解釋不同，而不是基於一些基本原則。在我們追尋眞理的過程中，科學與聖經應能成爲更好的合作夥伴來相互補充和支援。因此，這個困擾已久的問題——「科學與聖經，孰對孰錯？」不如另一個問法「當我學習科學與聖經的時候，我能找到什麼樣的眞理？」那樣有意義。

■ 参考文獻：

1. Browne T. n.d. Religio Medici I, p. 34. Quoted in: Mackay AL. 1991. A dictionary of scientific quotations. Bristol and Philadelphia: Institute of Physics Publishing, p. 42.
2. (a) Maatman R. 1994. The Galileo incident. Perspectives on Science and Christian Faith 46:179-182; (b) Shea WR. 1986. Galileo and the church. In: Lindberg DC, Numbers RL, editors. God and nature: historical essays on the encounter between Christianity and science. Berkeley and Los Angeles: University of California Press, pp. 114-135.
3. (a) This incident was reported in: [Anonymous]. 1959. Science: Evolution: a religion of science? Newsweek 54 (7 December):94, 95. (b) For the printed text of Sir Julian Huxley's speech, see: Huxley J. 1960. The evolutionary vision. In: Tax S, Callender C, editors. Issues in evolution: the University of Chicago Centennial discussions. Evolution after Darwin: the University of Chicago Centennial, vol. 3. Chicago: University of Chicago Press, pp. 249-261.
4. See for example: (a) Collingwood RG. 1940. An essay on metaphysics. Oxford and London: Clarendon Press; (b) Cox H. 1966. The secular city: secularization and urbanization in theological perspective. Rev. ed. New York: Macmillan Co.; (c) Dillenberger J. 1960. Protestant thought and natural science: a historical interpretation. Nashville and New York: Abingdon Press; (d) Foster MB. 1934. The Christian doctrine of creation and the rise of modern natural science. Mind 43 (n.s.):446-468; (e) Gerrish BA. 1968. The Reformation and the rise of modern science. In: Brauer JC, editor. The impact of the church upon its culture: reappraisals of the history of Christianity. Chicago and London: University of Chicago Press, pp. 231-265; (f) Gruner R. 1975. Science, nature, and Christianity. Journal of Theological Studies, New Series 26(1):55-81. This author does not support the thesis, but lists a number of other references that do (p. 56); (g) Hooykaas R. 1972. Religion and the rise of modern science. Grand Rapids: William B. Eerdmans Pub. Co.; (h) Jaki SL. 1974. Science and creation: from eternal cycles to an oscillating universe. New York: Science History Publications; (i) Jaki SL. 1978. The road of science and the ways to God. The Gifford Lectures 1974-1975 and 1975-1976. Chicago and London: University of Chicago Press; (j) Jaki SL. 1990. Science: Western or what? The Intercollegiate Review (Fall), pp. 3-12; (k) Klaaren EM. 1985. Religious origins of modern science: belief in creation in seventeenth-century thought. Lanham, N.Y., and London: University Press of America; (l) Whitehead AN. 1950. Science and the modern world. London: Macmillan and Co.
5. Whitehead, p. 19 (note 4l).
6. Collingwood, pp. 253-255 (note 4a).
7. Hooykaas, pp. 98-162 (note 4g).
8. Jaki 1974, 1978, 1990 (note 4h-j).
9. Merton RK. 1970. Science, technology and society in seventeenth-century England. New York: Howard Fertig.
10. (a) Boyle R. 1911, 1964. The skeptical chemist. Everyman's Library. London: J. M. Dent and Sons, pp. v-xiii; (b) Dampier WC. 1948. A history of science and its relations with philosophy and religion. 4th ed., rev. Cambridge: Cambridge University Press, pp. 139-141.
11. Pascal B. 1952. Pensées. Trotter WF, translator. In: Pascal B. 1952. The provincial letters; Pensées; Scientific treatises. M'Crie T, Trotter WF, Scofield R, translators. Great Books of the Western World Series. Chicago, London, and Toronto: Encyclopædia Britannica, p. 270. Translation of: Les lettres provinciales; Pensées; L'Oeuvre scientifique.
12. Nordenskiöld E. 1935. The history of biology: a survey. New York: Tudor Pub. Co., pp. 206, 207.
13. (a) Brewster D. 1855, 1965. Memoirs of the life, writings, and discoveries of Sir Isaac Newton. 2 vols. The Sources of Science, No. 14. New York and London: Johnson Reprint Corp.; (b) Christianson GE. 1984. In the presence of the Creator: Isaac Newton and his times. New York:

The Free Press; and London: Collier Macmillan Publishers; (c) Fauvel J, Flood R, Shortland M, Wilson R, editors. 1988. Let Newton be! Oxford, New York, and Tokyo: Oxford University Press; (d) Westfall RS. 1980. Never at rest: a biography of Isaac Newton. Cambridge: Cambridge University Press.

14. See first part of chapter 6.
15. Davies P. 1983. God and the new physics. New York: Simon and Schuster, p. ix.
16. Davies P. 1988. The cosmic blueprint: new discoveries in nature's creative ability to order the universe. New York: Touchstone; Simon and Schuster, p. 203.
17. Davies P. 1992. The mind of God: the scientific basis for a rational world. New York and London: Simon and Schuster, p. 15.
18. (a) Peacocke AR. 1971. Science and the Christian experiment. London, New York, and Toronto: Oxford University Press; (b) Peacocke AR, editor. 1981. The sciences and theology in the twentieth century. Northumberland, England: Oriel Press; (c) Peacocke AR. 1986. God and the new biology. San Francisco, Cambridge, and New York: Harper and Row; (d) Peacocke AR. 1990. Theology for a scientific age: being and becoming—natural and divine. Oxford and Cambridge, Mass.: Basil Blackwell.
19. (a) Polkinghorne J. 1991. God's action in the world. Cross Currents (Fall), pp. 293-307; see also (b) Polkinghorne J. 1986. One world: the interaction of science and theology. London: SPCK; (c) Polkinghorne J. 1989. Science and creation: the search for understanding. Boston: New Science Library, Shambhala Publications; (d) Polkinghorne J. 1989. Science and providence: God's interaction with the world. Boston: New Science Library, Shambhala Publications.
20. See chapter 21 for a discussion of some of their views.
21. Provine W. 1988. Scientists, face it! Science and religion are incompatible. The Scientist 2(16; September 5):10.
22. Muller N. 1988. Scientists, face it! Science *is* compatible with religion. The Scientist 2(24; December 26):9.
23. Reid GW. 1993. The theologian as conscience for the church. Journal of the Adventist Theological Society 4 (2):12-19.
24. White EG. 1946. Counsels to writers and editors. Nashville: Southern Pub. Assn., p. 44.
25. For additional discussion on the argumentation for these four points, see chapters 4, 11, 17, and 18, respectively.
26. Hess DJ. 1993. Science in the new age: the paranormal, its defenders and debunkers, and American culture. Madison, Wis.: University of Wisconsin Press, pp. 17-40.
27. Einstein A. 1950. Out of my later years. New York: Philosophical Library, p. 30.
28. Kenny A. 1987. Reason and religion: essays in philosophical theology. Oxford and New York: Basil Blackwell, p. 84.
29. See chapters 4 and 8.
30. See chapter 6.
31. Milner R. 1990. The encyclopedia of evolution. New York: Facts on File, p. 399.
32. For various accounts, see: (a) Geisler NL. 1982. The creator in the courtroom: Scopes II. The 1981 Arkansas creation-evolution trial. Milford, Mich.: Mott Media; (b) Gilkey L. 1985. Creationism on trial: evolution and God at Little Rock. Minneapolis: Winston Press; (c) La Follette MC, editor. 1983. Creationism, science, and the law: the Arkansas case. Cambridge, Mass., and London: MIT Press; (d) Numbers RL. 1992. The creationists. New York: Alfred A. Knopf, pp. xv, 249-251.
33. See Gilkey, pp. 127-132 (note 32b).
34. Laudan L. 1983. Commentary on Ruse: science at the bar—causes for concern. In: La Follette, pp. 161-166 (note 32c).
35. Bird WR. 1987, 1988, 1989. Philosophy of science, philosophy of religion, history, education, and constitutional issues. The origin of species revisited: the theories of evolution and of abrupt appearance, vol. 2. New York: Philosophical Library, pp. 461-466.
36. For a fairly accurate report of my testimony at this trial, see Geisler, pp. 461-466 (note 32a).
37. See chapter 17 for further comments on this complex question. Also see: (a) Roth AA. 1974.

Science against God? Origins 1:52-55; (b) Roth AA. 1978. How scientific is evolution? Ministry 51(7):19-21; (c) Roth AA. 1984. Is creation scientific? Origins 11:64, 65.

38. Godfrey LR, editor. 1983. Scientists confront creationism. New York: W. W. Norton and Co.
39. Midgley M. 1985. Evolution as a religion: strange hopes and stranger fears. London and New York: Methuen and Co.
40. E.g., (a) Macbeth N. 1971. Darwin retried: an appeal to reason. Boston: Gambit, Inc., p. 126; (b) Bethell T. 1985. Agnostic evolutionists. Harpers 270 (1617; February):49-52, 56-58, 60, 61.
41. For further discussion, see: (a) Roth AA. 1975. A matter of fairness. Origins 2:3, 4; (b) Roth AA. 1978. Closed minds and academic freedom. Origins 5:61, 62.
42. For a distinctive discussion, see: Murphy N. 1994. What has theology to learn from scientific methodology? In: Rae M, Regan H, Stenhouse J, editors. Science and theology: questions at the interface. Grand Rapids: William B. Eerdmans Pub. Co., pp. 101-126.

第二部　生命有機體

第四章 生命從何而來

毫無疑問地在所有生物奧祕中，
生命如何從地表產生，
這個問題是最令人困惑的。

——泰勒[1]

聽來有點誇張，地球表面到處繁衍著林林總總的生物，小到直徑1/2,000毫米的細菌，大到高達100多公尺的巨杉。在動物王國中，藍鯨體長可達30公尺，可能是迄今爲止，地球上最重的動物。華盛頓州生長著一種地下眞菌，占地面積竟達600公頃（1,500英畝），足有資格角逐世界「植物」之王。歷代，一個最大的問題，是這個複雜的生命是何時、何地、以及如何產生的？

本章我們將探討生命如何在地球開始。在原始的裝置中要製造必要的複雜生物分子，如蛋白質和DNA，似乎很困難，而讓一個簡單的細胞自然發生，似乎更不可能。

■ 歷代的信念

古往今來，很少有人懷疑各種生命形式是從無生命物質中自然產生的。我們可以親眼目睹人和動物身上，自己生出跳蚤和蝨子，青蛙從泥裏出世，池塘裏水藻纏綿，小動物戲水，飛蛾在霧中展翅穿行，蛀蟲在水果和樹瘤中噬咬。多種寄生蟲，比如說條蟲，以前被認爲是人體和動物體中自生的。化學先驅海爾蒙特（Joannes Van Helmont 1579－1644）說，他親眼看到蠍子從磚縫中的羅勒草中生出來。他創造了一個自行繁殖老鼠的方案。[2]如果把裝有破布和麥子的盒子放到閣樓或倉庫裏，它一定會生出老鼠！這個實驗現在也可以做，並且可以得到相同的結果，只是解釋不同而已。 海爾蒙特的實驗，僅是使自然發生說盛行一時的多種證據中的一個。支持這種見解的觀察資料，是可高度重複的。只要付出時間和努力，他也可以找到蘋果的蛀蟲和泥裏的青蛙等等。科學懷疑自然發生，也就是對它的理由產生懷疑。

不管怎樣，從十七世紀到十九世紀，仍有一些人持懷疑態度。而且它一直都是爭議的熱門話題。呼籲實驗性方案的主要領導人是義大利阿瑞卓的醫師雷迪(Francesco Redi 1626-1697)。我們早已知道蒼蠅的幼蟲——蛆——在腐肉中繁殖。雷迪[3]用各樣的動物屍體做實驗，其中包括蛇、鴿子、魚、綿羊、青蛙、鹿、狗、羔羊、兔子、山羊、鴨、鵝、母雞、燕子、獅子、老虎和水牛等。令他震驚的事實是：不管用的是哪種動物的屍體，都會產生出同類的蒼蠅。他知道獵人在夏天通常用布來蓋住肉，以免蒼蠅來叮食，所以他懷疑蒼蠅也許就是蛆的來源。為了驗證這一想法，他在一個封閉的罐裏放了肉，同時在一個打開的但用紗布蓋住的罐裏也放了同種的肉塊。結果表明，蛆並沒有在腐肉中產生，由此，他得出結論，肉本身並不會自發性地產生蛆，它只不過是蒼蠅繁殖的一個場所罷了。

然而，雷迪的試驗並沒有解決這個問題。這場辯論持續了兩個多世紀。因為其他一些實驗結論也相互矛盾。研究者從他們預想的前提下，對於同一結論做出不同的解釋。自然發生說，在十九世紀初更被普遍接受。[4]問題的關鍵是這些寄生蟲怎樣產生的？有人說在上帝完美的創造中，不可能創造了蛆——它們肯定是自發產生的。也有極少數人持有另類的觀點，那就是蛆這種有機體，代表自由生命體的退化。

法國著名科學家巴斯德(Louis Pasteur 1822－1895)給了自然發生說「致命的一擊」。他在研究微生物的過程中，逐漸捲入這場激烈的鬥爭。巴斯德把水和有機物質作為培養液，放入長頸瓶中，並用曲形管來隔絕灰塵，但讓空氣自由流通，因為空氣被認為是自發生成的必要條件。他煮沸細菌培養液，殺死微生物，儘管瓶中的空氣能流通，但無生命形成。他信心十足地聲稱：「這一簡單實驗就能說明，自然發生論是永遠站不住腳的！」[5]

微生物學教科書，特別提出了對自然發生說的精彩交戰，以此標榜科學的勝利。不幸的是，巴斯德錯了，這場爭論並沒有就此停止。事實上，故事並未以巴斯德的結論告終，就在巴斯德似乎贏得這場爭論時，進化論的觀念和與其相關的假設認爲生命，是在遠古時代的某個時期，在地球上自然發生的觀點，也逐漸地被接受。這使一問題完全混淆不清了。一方面，巴斯德和其他科學家的優美實驗，證明生命只能源自生命；另一方面，進化論者卻又認爲生命是過去從無生命的物質中產生的。就某種意義而言，進化論的難題更嚴重。早期的自然發生說，認爲生命體是從死的有機物產生(Heterogenesis)，然而進化論者主張，生命是從簡單的無機物產生的(abiogenesis)。1871年，達爾文小心謹慎地提及了後者的可能性，他說，蛋白質「在某個溫暖的小池塘裏」形成，接著「經歷了更爲複雜的生命變化」。[6]

1924年，自然發生說取得突破性進展。當時，著名的俄國生物化學家歐普林詳盡地闡述了簡單的無機物和有機物相結合，會逐漸形成複雜的有機組合，而這些有機組合也能形成簡單的有機體。[7]其他科學家也紛紛提供論據。這樣，生命是在過去某個時候，在富含有機組合的「湯」裏產生的。這個觀點就成爲一個必須認眞考慮的問題。科學家通常把這一過程稱爲化學進化。

幾十年後，各種重要問題陸續出現。生物化學家和分子生物學家，開始研究一些極爲複雜的分子和高度統整的生化系統。這些複雜生命體極不可能自然發生，成爲科學的一大挑戰。

■ 簡單生物分子（生物單體 Biomonomers）

生命有機體內的化學成份通常極度複雜。一些相對簡單的有機分子（生物單體），組合形成複雜的生物分子（生物聚合物），比如說蛋白質和去氧核糖核酸（DNA）。生物聚合物可以包含千百個相互連接的簡單分子。氨基酸（生物單體）是蛋白質的簡單構造（生物聚合物）。生命有機體中，基本上存有20種不同的氨基酸。幾百個氨基酸，可以結合形成一個簡單的蛋白質分子。核酸（生物聚合物）結構更爲複雜，它包含核甘酸組合（生物單體）。這些核甘酸鏈本身包括一個糖、一個磷酸鹽

圖片 4.1

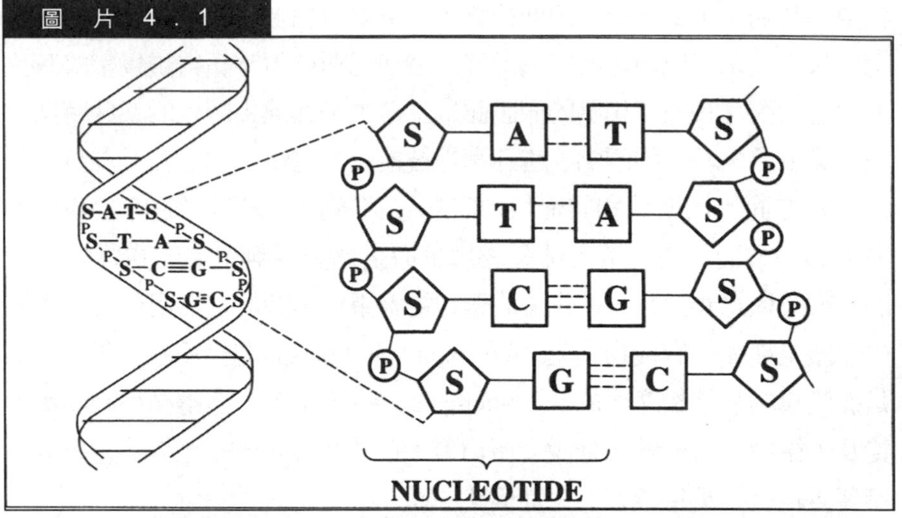

該圖顯示的是DNA的結構圖。圖左側是雙螺旋結構。一個核甘酸是P、S、A、T、G或C中任意的一個組合。每一個細胞中，人類遺傳基因都包含大約有30億對這樣的DNA鏈。A、T、G和C分別代表腺嘌呤、胸腺嘧啶、鳥嘌呤和胞嘧啶。S代表糖，P代表磷酸鹽，兩條長鏈由氫鍵相連接（見右側圖中的破折號）。

和一個核甘酸基（見圖4.1）。（基本上有四種不同的核甘酸基）。核酸可包含有幾百萬個核甘酸。有機體最基本的遺傳和新陳代謝資訊，就編碼在不同的核甘酸基的排列順序中。科學家把核酸稱爲DNA（去氧核糖核酸）和RNA（核糖核酸）。兩者的不同之處，就在於它們所含糖的分子結構中有少許的差異。

1953年，米勒發表了著名的生物單體合成的實驗結果。[8]不計其數的教科書，把這一實驗描述成理解生命自發起源的第一步。米勒在芝加哥大學諾貝爾得主尤里試驗室工作時，科學家們在假想的原始地面情況下，成功地製造了氨基酸。他是在一個封閉的燒瓶中，加入甲烷、氫、氨和水蒸氣進行加熱並行電擊。從那以後，該實驗就被多次重複，並不斷改進。蛋白質和核酸所需要的大部分生物單體，在這類實驗中也產生了。

雖然科學家已經在實驗室裏，相對容易地合成許多生物單體，但是，要眞正把這些實驗與原始時期的地球，當時所發生的一切情景聯繫起來，還是有許多的難題。比如說，氨基酸必需在鹼性環境中形成，但鹼性環境又不利於糖的形成。[9]而氨基酸和糖，都是組成生命有機體的基本成份。

另一個疑點，就是氨基酸的結構。具有相同數量和種類的原子之氨基酸，可以根據原子的排列順序，而以不同的形式存在。我們可以根據分子旋光平面圖，發現左旋（逆時針旋轉）形式和右旋（順時針旋轉）形式。這兩種形式有如彼此的鏡中像，像一個人的左右手一般（見圖4.2）。實驗證明，生命體包含的幾乎大部分都是左旋形式的氨基酸，然而在實驗室所合成的氨基酸左旋、右旋形式各佔一半。原始「湯」包含對等的左旋、右旋形式的氨基酸，是怎樣進化成全部左旋的氨基酸？[10]很難想像，生命體內不同種類的氨基酸，在合成第一種生命形式的蛋白質時，爲何偶然的就全變成了左旋形式。於是就有許多假設來解釋這一點。一組新的實驗報告認爲，磁場是能產生幾乎純正單一的左右相反的鏡像，結果該報導被證明是個騙局。[11]這種左右相反結構的難題也同樣

圖片 4.2

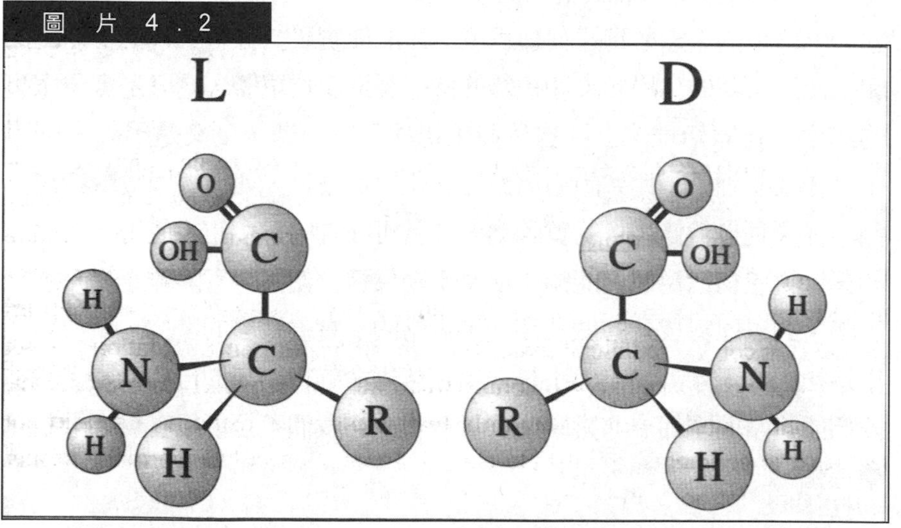

氨基酸的旋光異構體（D和L形式）。英文字母代表每一原子的化學元素。R代表隨不同氨基酸而變化的自由基。注意，一種形式的結構實際就是另一種形式的三度鏡像。

存在於糖類中。

另一問題，就是在地球岩石中，缺乏證明所有分子形成於「原始湯」的證據。如果在遠古某個時代，確實存有一個富含生命起源有機分子的海洋，那麼岩石上就應該有證據，然而事實上卻完全沒有。在代表生命進化的深層地質層中，顯然缺乏富含有機物質的岩石。[12]

許多問題的產生，主要還是關於在原生的湯裏，把生命單體組合，就能合成像生物聚合物那樣的複雜分子的難度。加利福尼亞研究組織[13]的化學家多赫爾，用最簡單的氨基酸，即含有NH_2CH_2COOH成分的甘氨酸舉了一個例子。他估測，如果甘氨酸形成於一個遠古的環境中，那麼97%的甘氨酸，都會在到達海洋之前分解，而剩餘的3%也會在海洋中面臨毀滅。同時，他估測氨基酸最大的濃度不到10^{-12}摩爾。他說：「即使它是自然發生的生命最具價值的物質，也毫無希望了。」以上他所陳述的那些難題，在其他更複雜精密的氨基酸中，表現更爲嚴重。爲了解決這些難題，一些科學研究建議，濃縮並設法保護洞穴中的「湯」。這需要高度的專業性、限制性和偶然性，這幾乎是不可能達到的。

一些研究者[14]詳細評論另外一個關於化學進化這個重要問題。科學家的所帶來的干擾要到達何種程度，才能使實驗結果符合我們所期望的呢？使用精選的化學元素和複雜的儀器製造生物單體，這只是實驗室裏的結果；在原始地球上要自然發生這些生物單體，則又是另外一回事了。在某些因素，比如說用高濃度的化學反應物，如果根據實驗結果推測，稀釋到自然條件下的實際濃度，就可在實驗室中正式使用。但是，如果保護產物以免破壞能源，或像米勒那樣，使用彎管隔離產物，或除去無用的湯原料成分的做法卻是不適當的。實驗室裏的操控，只會更顯出造物主的天才計畫，而不是顯出在無生命的世界裏的自然發生。除非我們能適當的調節出非實驗的情況，否則，我們不可能用實驗來分析化學進化。

■ 複雜的生物分子（生物聚合物）

通常，教科書所描述的，都是單細胞生物的合成，而對於生物聚合物的起源則描寫甚少。雖然研究生物單體起源很難，但研究生物聚合物難度更高，因爲核酸、蛋白質這類物質結構極爲複雜。生物聚合物的正常功能，需要它們的生物單體正確排序。這就不單是使用大量能量，使生物單體組合的問題了。您可以在汽車底下引爆一管炸藥來推動它，但這決不是一種有用的運轉方式！而且這些複雜的分子結構高度嚴密，絕不會如假定的那樣偶然形成。諾貝爾獎得主孟諾得，在他的名著《偶然與必然》一書中，[15] 曾闡述了這樣一種觀念：「偶然是生物圈內所有革新和創造的來源。純粹的偶然，完全是自由但盲目的，是進化論大廈的根基：這個現代生物學的中心觀點，已不會再與其他可能成立或想像的假設相提並論。現在它是唯一的可接受的假說，是唯一可用觀察和檢測過的事實證明的假說。」然而，正如許多其他資料顯示：功能複雜的生物分子是偶然形成的，這一可能性依然令人難以置信。

我們都熟知，拋一枚硬幣，得到「正」或者「反」面的機率均爲1/2；擲一個骰子，獲得「4」的機率是1/6；如果缸裏有999顆白玻璃球和1顆紅玻璃球，那麼，我們第一次從缸中拿出紅玻璃球的機率是1/1000。因此，我們可以想像在自然界中要得到生物聚合物正確組合的機率，就更是微乎其微了。

生命有機體，通常包含有成千上萬種不同的蛋白質。而單一蛋白質通常是由一個至幾百個氨基酸．連接而成的長鏈所組成的。前面我們已經提到，生命有機體包含20種不同的氨基酸。這些氨基酸必須在長鏈上，以特定順序排列，以確保蛋白質的功能運作正常。這種排列類似於文字書寫，其中字母就代表氨基酸，而句子——這種情況通常包含100或更多的字母——就代表蛋白質。一些「拼寫」上的錯誤，偶而會在氨基酸鏈上出現。但在某些重要位置，一個氨基酸分子的交換，就會導致生命體致命的危險。例如：地中海型貧血，鐮狀細胞貧血和某些癌症的產生，就常是因爲一個氨基酸分子的變化所導致的結果。[16]

假設我們需要一種特定的蛋白質。那麼氨基酸需要組合成序多少次，才能得到所要求的蛋白質呢？可以組合的數目是無法想像的，因爲二十種氨基酸可任意組合，而任何組合，可佔有任一個位置。一個由100

個氨基酸組成的蛋白質，氨基酸隨機組合的數目估計比宇宙中所有原子的數目，還要多很多倍。[17]因此，產生一種特定的蛋白質機率極小。如果我們需要兩種特定的蛋白質呢？那可能性就更小了，小到不可思議。[18]然而，事實卻是：就算最簡單的生命形式，都需要有許多且不同的特定蛋白質。曾有一項研究[19]估算過。一個蛋白質氨基酸鏈上，得到100個氨基酸正確位置的機率。在這100個特定點上，不允許出現錯位現象(拼寫錯誤)，雖然在其他相間點上，可存在有限的錯位現象。形成這樣一種蛋白質，首先從20種氨基酸中選出特定的(可能性爲1/20)。精選氨基酸必須是左旋形式(可能性1/2)，然後它必須形成一個肽化學鍵(可能性爲1/2)。我們把這些可能性相乘，這樣生成第一個氨基酸分子的可能性爲1/80，兩個的可能性就是1/6,400，依次類推，100個氨基酸組合成一種特定的蛋白質的機率爲4.9×10^{-191}。其他類似的資料都說明，這種可能性是微乎其微的。[20]

問題不僅僅是使氨基酸排列有序，及發生化學組合。我們還要從遠古地球上大量混亂的有機組合中，選出正確的氨基酸種類。前面提到的米勒的電解實驗中所產生的氨基酸，還包括20種以外的種類。[21]

可笑的是，就在米勒發表有關氨基酸和其他單細胞生物合成的同一年(1953)，華生和克拉克出版了他們獲得諾貝爾獎的大發現——去氧核糖核酸(DNA)的結構。[22]他們發現細胞的遺傳訊息，藏在迄今著名的DNA的雙螺旋結構中(圖4.1)。要表達遺傳訊息，細胞需要以三個核　酸組爲一個氨基酸編碼。經由一個龐大而複雜的資訊傳播和解釋系統，細胞內聚集了大量的蛋白質分子。一個簡單細菌的遺傳系統就擁有近400萬個核甘酸。而更爲複雜的有機體，比如說人類，則多達30餘億。奇怪的是，一些兩棲動物和開花類植物，比人類的核甘酸數目還多上十倍。可能是最小的獨立有機體——黴漿菌——有58萬個核甘酸基，隱含482個基因代碼。[23]對於高等有機物，DNA的大部分功能尚未得知。其中某些功能肯定是對生命十分重要的，比如說，指揮成千上萬的蛋白質分子產物——或組成身體結構，或組合成酵素。酵素能夠幫助化學反應的進行，比如說，氨基酸的合成和其他許多重要的生理變化。有時，一個酵素分子能在極短時間內指揮幾千個分子進行化學變化，當然，大部分的變化都是比緩較慢的，而在一生物體內所具有的酵素種類就不計其數。何況每一酵素都有著高度組織的重要成分和形狀，這就向「無生源說」提出了挑戰。最近，有人提出生命起源於某種自我複製分子。[24]所有這樣的理論，都忽視了在生命系統中需要縝密、複雜、而完整的資訊，以指揮幾百次相似的新陳代謝功能的事實。

前面所提到的氨基酸合成蛋白質的未必然性，比起核甘酸形成DNA要小得多。難道這一切都是偶然產生的嗎？

1956年在瑞士的日內瓦連續舉行了兩次野餐會。這兩次野餐會，被描寫爲奇特的討論會，它引起了重要的研究。出席者包括四名數學家和兩名生物學家。數學家從容不迫地從可能的角度，對進化論提出質疑，以此向生物學家挑戰。這場激烈的爭論，最後是要用更詳細的分類學方法來研究這一爭議，而宣告結束。該研究在費城的威斯塔學院舉行的討論會上達到高潮。與會者主要成員均是生物學家。幾乎一字不差的會議記錄已經出版，[25]雖然比較複雜，但不枯燥、不乏味！生物學家對於針對進化論的挑戰感到不悅。他們堅持認爲那些數學家不瞭解進化論，但是，他們又無力提供足夠的事實來迎接這些挑戰。

舉個例子吧，麻省理工學院的艾登對於艾西氏細菌(Escherichia coli)的核酸生物聚合物的（染色體）基因，有序排列的可能性提出疑問。該有機體體形微小，在1毫米之內，我們可以放置500個首尾相連的艾西氏細菌（每英寸可放置12,500個）。但就在它們體內，卻存有大量排列有序的基因。這些基因，是怎樣隨機地變爲排列有序的呢？艾登計算出，如果有人讓艾西氏細菌覆蓋地球表面兩公分厚，那麼就有可能使兩個基因在50億年內（地球上產生生命的估算時期），找到正確的位置。但就算有這麼長的時間，也不可能使其他基因回歸原位，更不可能讓這些因數進化——因爲這是一個更複雜的過程。也就更不可能使其他的有機體有時間進化，因其中有些有機體的結構，比艾西氏細菌複雜千百倍。當我們檢驗這些假設的不可能性時，只說假定的生命進化需要很長的時間是太過於簡短了。這場具有里程碑意義的討論會，助長了人們對當時生命起源解釋的普遍不滿，同時也鼓勵一些進化論者轉變，另尋出路。

■ 細胞

進化論一個更複雜的問題是：生物聚合物如何組成具有特定功能的單一細胞。細胞(圖4.3和4.4)是一個十分重要的單位，它是把核酸的遺傳信息，運輸到有機體製造蛋白質的地方，並依序地使這些蛋白質靠近它們產生作用的衆多化學物質上。生物聚合物與一個有功能細胞間的最大差別，是關於生命起源的另一個大問題。我們可以假設當形成一個細胞，會有一個逐漸進化的過程，但等到細胞完全成形，它的許多功能也不復存在了。爲了得到合適的蛋白質和DNA，細胞需要更多其他複雜分子，比如說脂肪和碳水化合物。雖然這些合適的化學分子，一起出現的偶然性似乎很不合理，但是，要讓它們同時間又同地點的集中在細胞膜中產生命體，似乎就更不可能了。但不管怎樣，一些科學家已經沿著這

圖片4.3

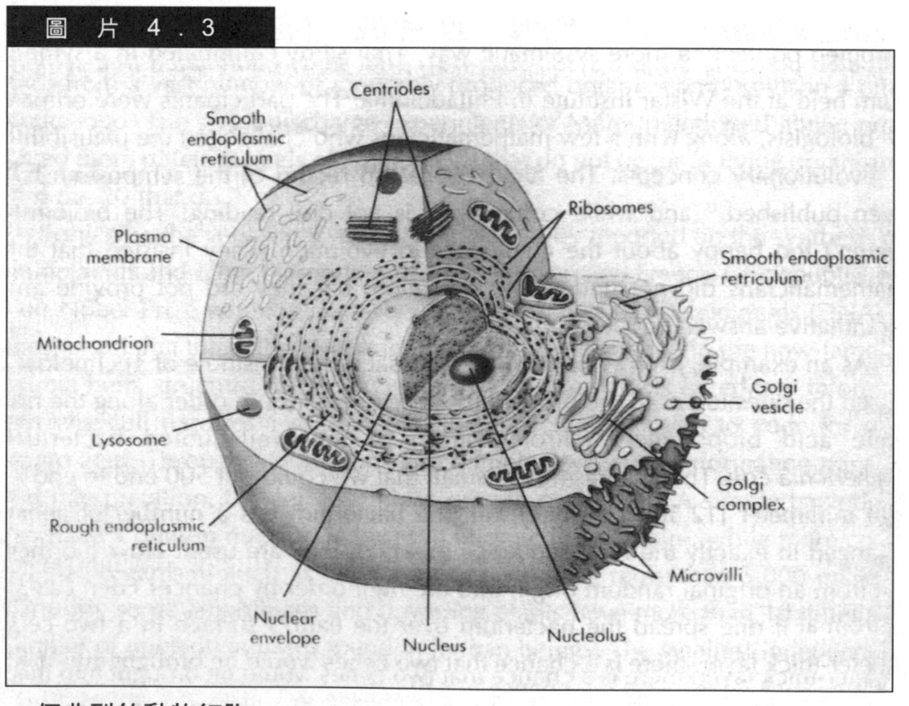

一個典型的動物細胞

一思路，提出許多假想建議了。

有一種提案認爲，原始細胞的某些形式可以自然發生。歐普林[26]提出：當大量分子結合成一種稱爲凝聚層的球狀體時，細胞就有可能形

圖片 4.4

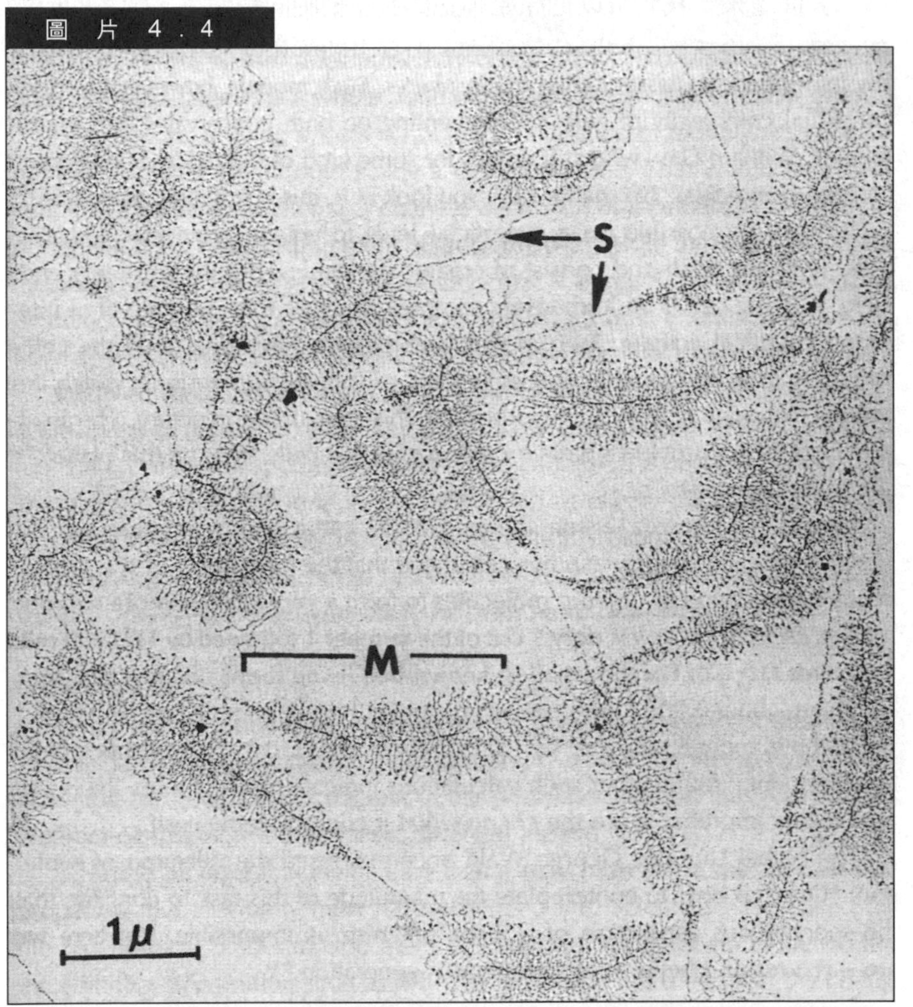

此圖爲RNA編碼的DNA鏈電子顯微圖解。DNA鏈（S）通常被RNA鏈的「分枝」所覆蓋，形成了一個圓錐狀的細胞間質（M）。當DNA鏈產生時，編碼S在細胞間質（M）的每一分枝上表現出來。分枝最初很短，然後當他們隨著S移動時就越來越長，到最終完成時，它們長得可以垂掉下來。許多特殊的分子（蛋白質）參與這個複雜的過程中。（1μ等於1/1000毫米）。

成。化學家福克斯[27]終於成功地把氨基酸合成了微球體。然而，這些實驗，都忽視了細胞眞實結構的複雜性。[28]戴威廉，這位一直認爲生物進化論有爭議性的學者，在評論凝聚層和微球體時，這樣說到：「無論你怎樣看待它們，這都是科學方面的無稽之談。」[29]

表面看來，我們可以把原始細胞與眞正細胞同等看待。兩者的形體都很微小，也都是由有機分子組成，但兩者間的相似點也就僅此而已。一個生命細胞，是一個無限複雜的結構，堪稱化學活動的一項奇蹟。兩位生物學家曾這樣描述過大分子細胞的形成：「是一場了不起的飛躍，遠遠超過可試驗的假想範疇。在那個領域，一切都是憑空推測。既有的事實，並沒有給『細胞產生於這個星球』提供任何根據。」[30]生命確實很奇特！

莫洛維茲，用熱力學（分子與原子之間的能量關係）計算出有機分子自然發生成一個微小而簡單的微生物，比如說艾西氏細菌的可能性，大約是$10^{-10^{11}}$。而生成最小的直徑，大約只有0.0002毫米的自由生命體黴漿菌的可能性爲$10^{-5\times10^{9}}$。可以說沒有多大的可能性。[31]其他許多類似的計算，也證明生命是如此的複雜，而要其自然發生的不可能性，又是多麼高呀！

諾貝爾獎得主，沃爾德（George Wald）曾經對進化論的窘境作過如下描述：「人們只要思考到這個工作的重大，就會承認生命體自然發生的不可能性。然而，我們現在會這個樣子，我相信這正是自然發生的結果。」[32]

當我們考慮到，最簡單的有機體都那麼複雜時，很難想像一個生命系統是怎樣起源的。在這些構成要素中，存在著一種強制性的相互依賴關係。比如說，從去氧核糖核酸（DNA）到形成一個蛋白質產物，[33]轉譯系統至少需要70個，甚而可多達200個以上不同的蛋白質（即酵素）。[34]該系統中缺乏任何一個蛋白質將不能運作。另外，產生核酸需要蛋白質，同樣地，產生蛋白質也需要核酸。這種相互作用是怎樣開始的呢？有人說RNA可以通過自我複製（見下）產新生命。不幸的是，這並沒有解釋RNA是怎樣起源的，從RNA到生命體內發現的複雜轉譯系統，是一個巨大的突破。既然該系統不可能分裂成單獨的功能體。那麼，假想這種起源，是一個逐漸的過程也不可能了。因爲它的運作是整體性的，大部分都需要其他部分的配合。

再者，生命系統不僅僅是生物聚合物等的集合，在細胞膜內維持著化學平衡狀態。因爲那只是一個死的細胞。細胞內發生的成千上萬的化學變化，是處於非平衡狀態的，這是生命進程的一個最基本要求。在最初的生命體中，必須具備有新陳代謝的動力。生物學家賈瓦曾藉著比較在容器中靜止（死的，處於平衡狀態）的水和從源頭慢慢流過容器（活的，非平衡狀態的）的水，來闡明這一觀點。[35]

但這些足以說明生命的特性。生命有機體的最大特點之一，就是具備繁殖能力。繁殖是細胞中最複雜的部分，精確複製的一個過程。這樣一個過程，肯定是編入細胞基因中的。所有這一切，單純依靠偶然因素實現，確實令人難以置信。[36]創造論者有時因相信奇蹟而受到譴責，但相信生命在地球上自然發生，並且毫無高智慧的設計，似乎是一個更大的奇蹟。

■ 其他理論

雖然科學界普遍接受「生命自然發生說」，但爲這一假設如何發生，提供合理解釋的研究失敗，因而導致其他推理。下面，我們列舉六種。

1. 有人認爲基本物質，具有某些特別且不爲人知的，可能會產生生命的特性。科學家稱這種理論，爲生物化學預定論。[37]但是，我們缺乏一些證據可以證明化學元素本身，也含有如核酸中編碼一樣複雜的資訊。[38]

2. 第二種理論認爲：生命的產生是蛋白質和核酸，同時加入能量的協助而形成的一種自我產生、相互作用的循環系統。[39]該理論不是特別有用，因爲它包含了過於複雜的基本單位。[40]

3. 另一理論認爲，原始生命產生於海洋中的地熱噴泉處。[41]這樣的環境能保護生命，免受不利環境的影響。然而，事實上熱量也會對某些精細分子，有致命的影響。這就需要特別解釋，在如此局限而特殊的環境中，複雜生命是如何產生的。

4. 第四種理論則認爲，生命不會以細胞結構的形式出現，而是產生於固體的表面，比如說黃鐵礦的晶體（愚人金）結構。[42]但無論如何，我們也無法相信晶體中的那種簡單的原子排列，會給複雜生物分子的形成提供所需的模式。[43]

5. 另一種類似的理論，認爲生命的遺傳因素，是以黏土礦作爲模式組織起來的。[44]這種理論，同前一種有著同樣的缺陷。黏土礦的簡單排列規律，對蛋白質和核酸的高度特殊複雜性，根本幫不了什麼忙。

6. 第六種理論認爲，稱爲RNA的核酸本身含有一些酶，可以自我複製，這樣就產生了生命。[45]該理論最近引起了較大的關注。研究者們經常提到遠古的「RNA世界」[46]和「核糖酶」，它是具備酶功能的RNA分子。[47]但這種理論也有許多疑點。[48]第一個RNA分子是怎樣誕生的？RNA組合，即使在最好的實驗室條件下，也很難形成，更不要說是在原始地球上了。在論及RNA的複製時，諾貝爾獎得主生物學家狄杜維這位原支持「RNA世界」觀點的人承認：「問題並非如第一眼所看到的那麼簡單。時至今日，我們在如此有遠見和先進技術支持的條件下，所有製造可催化RNA複製的RNA分子的實驗，均以失敗告終，更不要說原始地球了。」[49]就算RNA確實能複製，那它又是怎樣得到所需的大量資訊，來指導複雜的生命系統的？從化學進化的前景來看，生命起源的複雜性，仍是一個尚未解決的難題。

以上這些理論都是很主觀的，證明現行的解釋，距產生令人信服的證據還很遠。諾貝爾獎得主克拉克直率地承認：「每次我寫下一篇關於生物起源的論文，我就發誓永不再寫第二篇，因爲這些思考，建立在太少的事實之上。」[50] 米勒也表示了同樣的擔心，他說這一領域需要一個驚人的發現，來限制這些猖獗的臆測[51]。

■ 結論

巴斯德論證生命源自於生命。從那以後，便有許多研究，試圖證明生命可能起源於無生物。科學能夠成功地在實驗室合成簡單的生物單體。然而，這樣的實驗，與眞實的遠古地球所發生的一切之關係還眞令人質疑。濃度、穩定性、特定的鏡像以及地質學上「原始湯」證據的缺乏，這些疑點，使化學進化變得極不可能。思考到高度組織的生物聚合物的起源時，它們產生的可能性實在太小，以致於我們都不會考慮到它們產生的偶然性。當我們再想到在一個「簡單」的細胞中，竟可以同時發生著成千甚至上萬的化學變化時，這些疑點就更加難解了。

與化學進化相關的一些疑點，的確可以通過創造論的某些理論來解決。與生命起源相關的一些資料，更傾向於宇宙中存在有一位優秀的策畫者，以及地球上生命被造是經過被指導的、非隨機的過程。如果我們不相信創造論，那我們就別無選擇，只能接受某種化學進化論，但反對化學進化論的科學資料，卻又迫使我們不得不尋求其他的答案。

■ 參考文獻：

1. Taylor GR. 1983. The great evolution mystery. New York and Cambridge: Harper and Row, p. 199.
2. See Partington JR. 1961. A history of chemistry, vol. 2. London: Macmillan and Co., p. 217.
3. Farley J. 1977. The spontaneous generation controversy from Descartes to Oparin. Baltimore and London: Johns Hopkins University Press, pp. 14, 15.
4. *Ibid.*, p. 6.
5. Vallery-Radot R. 1924. The life of Pasteur. Devonshire, Mrs RL, translator. Garden City, N.Y.: Doubleday, Page and Co., p. 109. Translation of: La vie de Pasteur.
6. Darwin F, editor. 1888. The life and letters of Charles Darwin, vol. 3. London: John Murray, p. 18.
7. Oparin AI. 1938. Origin of life. 2nd ed. Morgulis S, translator. New York: Dover Publications. Translation of: Vozniknovenie zhizni na zemle.
8. Miller SL. 1953. A production of amino acids under possible primitive earth conditions. Science 117:528, 529.
9. Evard R, Schrodetzki D. 1976. Chemical evolution. Origins 3:9-37.
10. A brief review of the problem appears in: Cohen J. 1995. Getting all turned around over the origins of life on earth. Science 267:1265, 1266.
11. (a) Bradley D. 1994. A new twist in the tale of nature's asymmetry. Science 264:908; (b) Clery D, Bradley D. 1994. Underhanded "breakthrough" revealed. Science 265:21.
12. (a) Brooks J, Shaw G. 1973. Origin and development of living systems. London and New York: Academic Press, p. 359; (b) Thaxton CB, Bradley WL, Olsen RL. 1984. The mystery of life's origin: reassessing current theories. New York: Philosophical Library, p. 65.
13. Hull DE. 1960. Thermodynamics and kinetics of spontaneous generation. Nature 186:693, 694.
14. Thaxton, Bradley, and Olsen, pp. 99-112 (note 12b).
15. Monod J. 1971. Chance and necessity: an essay on the natural philosophy of modern biology. New York: Alfred A. Knopf, pp. 112, 113.
16. Radman M, Wagner R. 1988. The high fidelity of DNA duplication. Scientific American 259(2):40-46.
17. Crick F. 1981. Life itself: its origin and nature. New York: Simon and Schuster, p. 51.

18. Erbrich P. 1985. On the probability of the emergence of a protein with a particular function. Acta Biotheoretica 34:53-80.
19. Bradley WL, Thaxton CB. 1994. Information and the origin of life. In: Moreland JP, editor. The creation hypothesis: scientific evidence for an intelligent designer. Downers Grove, Ill.: InterVarsity Press, pp. 173-210.
20. (a) Thaxton, Bradley, and Olsen, p. 65 (note 12b); (b) Yockey HP. 1977. A calculation of the probability of spontaneous biogenesis by information theory. Journal of Theoretical Biology 67:377-398.
21. Miller SL, Orgel LE. 1974. The origins of life on the earth. Englewood Cliffs, N.J.: Prentice-Hall, Inc., pp. 85, 87.
22. Watson JD, Crick FHC. 1953. Molecular structure of nucleic acids: a structure for deoxyribose nucleic acid. Nature 171:737, 738.
23. (a) Avers CJ. 1989. Process and pattern in evolution. New York and Oxford: Oxford University Press, Figure 4.24, pp. 142, 143; (b) Fraser CM, Gocayne JD, White O, Adams MD, Clayton RA, Fleishchmann RD, Bult CJ, Kerlavage AR, Sutton G, Kelley JM, and others. 1995. Science 270:397-403; (c) Goffeau A. 1995. Life with 482 genes. Science 270:445, 446.
24. (a) Dagani R. 1992. Synthetic self-replicating molecules show more signs of life. Chemical and Engineering News (February 24), pp. 21-23; (b) Reggia JA, Armentrout SL, Chou H-H, Peng Y. 1993. Simple systems that exhibit self-directed replication. Science 259:1282-1287.
25. Moorhead PS, Kaplan MM, editors. 1967. Mathematical challenges to the neo-Darwinian interpretation of evolution. The Wistar Institute Symposium Monograph No. 5. Philadelphia: Wistar Institute Press.
26. Oparin, pp. 150-162 (note 7).
27. (a) Fox SW, Harada K, Krampitz G, Mueller G. 1970. Chemical origins of cells. Chemical and Engineering News (June 22), pp. 80-94; (b) Fox SW, Dose K. 1972. Molecular evolution and the origin of life. San Francisco: W. H. Freeman and Co.
28. Thaxton, Bradley, and Olsen, pp. 174-176 (note 12b).
29. Day W. 1984. Genesis on planet earth: the search for life's beginning. 2nd ed. New Haven and London: Yale University Press, pp. 204, 205.
30. Green DE, Goldberger RF. 1967. Molecular insights into the living process. New York and London: Academic Press, pp. 406, 407.
31. Morowitz HJ. 1968. Energy flow in biology: biological organization as a problem in thermal physics. New York and London: Academic Press, p. 67.
32. Wald G. 1954. The origin of life. Scientific American 191(2)44-53.
33. Kenyon DH. 1989. Going beyond the naturalistic mindset in origin-of-life research. Origins Research 12(1, Spring/Summer):1, 5, 14-16.
34. Mills GC. 1990. Presuppositions of science as related to origins. Perspectives on Science and Christian Faith 42(3):155-161.
35. Javor GT. 1987. Origin of life: a look at late twentieth-century thinking. Origins 14:7-20.
36. Scott A. 1985. Update on Genesis. New Scientist (2 May), pp. 30-33.
37. Kenyon DH, Steinman G. 1969. Biochemical predestination. New York and London: McGraw-Hill Book Co.
38. Wilder-Smith AE. 1970. The creation of life: a cybernetic approach to evolution. Wheaton, Ill.: Harold Shaw Publishers, pp. 119-124.
39. Eigen M, Schuster P. 1979. The hypercycle: a principle of natural self-organization. Berlin, Heidelberg, and New York: Springer-Verlag.
40. Walton JC. 1977. Organization and the origin of life. Origins 4:16-35.
41. Corliss JB. 1990. Hot springs and the origin of life. Nature 347:624.
42. Wächtershäuser G. 1988. Before enzymes and templates: theory of surface metabolism. Microbiological Review 52:452-484.
43. Javor GT. 1989. A new attempt to understand the origin of life: the theory of surface-metabolism. Origins 16:40-44.
44. Cairns-Smith AG, Hartman H, editors. 1986. Clay minerals and the origin of life. Cambridge:

Cambridge University Press.
45. Orgel LE. 1986. Mini review: RNA catalysis and the origins of life. Journal of Theoretical Biology 123:127-149.
46. Gilbert W. 1986. The RNA world. Nature 319:618.
47. For recent reviews, see: (a) Maurel M-C. 1992. RNA in evolution: a review. Journal of Evolutionary Biology 5:173-188; (b) Orgel L. 1994. The origin of life on the earth. Scientific American 271(4, October):76-83.
48. (a) Gibson LJ. 1993. Did life begin in an "RNA World"? Origins 20:45-52; (b) Horgan J. 1991. In the beginning . . . Scientific American 264(2):116-125; (c) Mills GC, Kenyon D. 1996. The RNA World: a critique. Origins and Design 17(1):9-16; (d) Shapiro R. 1984. The improbability of prebiotic nucleic acid synthesis. Origins of Life 14:565-570.
49. De Duve C. 1995. The beginning of life on earth. American Scientist 83:428-437.
50. Crick, p. 153 (note 17).
51. Mentioned in Horgan (note 48b).

第五章 探索進化的機制

理論有時在成熟之前，
就從樹上落地了。
——路德維格・維特根斯坦[1]

如果你讓20個小孩，自由待在一個玩具店裏，有一件事肯定是會發生的。那就是本來擺得整齊有序的玩具，必定會翻弄得亂七八糟。孩子們在店裏玩耍的時間越長，那些貨品就會變得越混亂。運動的物質，通常說來都有混亂的傾向。例如香水分子，從開口的瓶中擴散出來後——絕不可能再從空氣中回聚到瓶中去。在房間裏放一塊熱鐵，它將使房間的溫度上升，隨著熱鐵逐漸冷卻，熱量也會更均衡地發散出去。同樣地，倒入海中的垃圾，則將會擴散到地球的各大海洋中。

這些自然的例子，歸納了以上這些經過仔細觀察過的現象，是可以證明了熱力學的第二定律。那就是在自然發生的過程裏，物質運動往往傾向於無秩序性。科學家用「熵」這名稱來表示這種無秩序性的現象。熵相當於「雜亂」。換言之，物體越來越雜亂，熵函數就越來越高。這種熵函數的增高，幾乎每天都可以在我的辦公桌上表現出來，特別是當我試圖尋找某些重要資料的時候，信件、電話留言、手稿、日誌、傳眞、電子郵件和廣告就亂成一團。

自然界中物質的「雜亂」趨勢，跟進化論的理論基礎是相對立的，因爲進化論主張「簡單」的生命（雖然仍是高度組織的生命體），也是由無規則的分子形成。而後，藉由特殊的組織和器官進化成複雜的有機體。一些進化論者認爲，簡單物質偶然會自我組織，比如我們所常見的水晶結構，甚或當一些化學元素通過固體物質時所形成的波紋圖案，[2]都被認爲是物質形成生命的一種自我組織的模式。但就簡單的水晶結構和複雜的生命系統而言，兩者間根本不能相提並論。功能複雜的發展方向與混沌「雜亂」這個普遍趨勢剛好相反。下面我們來分析一下，自然進化的最大難題之一。雖然有人爭論熱力學的第二定律，是否適用於進化論，[3]但幾乎沒人反駁，自然界有雜亂無章的趨勢，進化論必須對這個對立的現象提出解釋。

許多科學家曾進行長期而艱辛的研究工作，爲了尋找雜亂事物能產生複雜有組織生命，一個可信的進化機制。在本章中，我們將查考上兩個世紀的研究成果。表5.1是有關解釋的摘要。

■ 拉馬克學說

當我走進巴黎著名的普蘭提斯公園時，一座壯麗的雕像，吸引了我的目光。在這座雕像的基座上，用法文寫著：「拉馬克，進化論的奠基者」。因爲多次耳聞達爾文是進化論之父，所以當我在看到這行字時，想到了與之相聯繫的民族自豪感。不管怎樣，法國人這麼崇拜他們的英

圖表 5.1

名稱	主要提出者	特點
用進廢退說 1809-1859	拉馬克	使用可遺傳的新特徵來促進發展。
天擇說（達爾文學說）1859-1894	達爾文、華萊士	自然選擇促進了演變，使適者生存。芽球遺傳。
突變學說 1894-1922	摩根弗雷埃	強調大的突變，自然選擇 並非那麼重要。
現代綜合論(新達爾文學說）1922-1968	謝伏可失，朵布贊斯基費希爾，哈甸，赫胥黎梅爾，辛普森，賴特	一致的態度。物種群體內的演變很重要。自然選擇影響小演變，是與傳統的物種分類有關。
多樣化時期 1968-至今	艾瑞莒，葛得，格拉萃亨尼格，考夫曼，凱林拉列翁廷，派特森，布莒尼	許多相衝突的理論，不滿新達爾文學說。爲複雜性尋求原因。

主要進化理論

雄，情有可原，因爲拉馬克畢竟領先達爾文幾十年，就提出了相當具綜合性的進化理論。

蒙內特，拉馬克(Lamarck1744－1829)[4]相信宇宙間有一位至高無上的創造者，並且，生命在這漫長的時期內不斷地發生變化。他在自然界中所觀察到的生命形式，由簡單到複雜，使他印象深刻，於是，他提出了進化論理論。他認爲有機物體之間有缺環，應歸因於人類知識的不足。

拉馬克以他所設想的基於「用進廢退」觀念的進化理論，而聲名大噪。他認爲生物體若經常使用身體某一部位則會刺激它的發展，並可將此特性傳給下一代。上一代以使用來促進發展的特性，在後代中會表現得更爲明顯。比如說，一種像鹿的動物，因爲想吃位於樹梢的嫩葉，所以伸長脖子，經過幾代後，脖子愈來愈長，而終於產生了長頸鹿這類動物。同樣的，他也宣稱，如果連續幾代，小孩的左眼被摘除，則此家族終會產生獨眼龍的後代。對於拉馬克來說，特殊性的生物生活方式，就會決定有機物體最後的演化方向。

如今科學界認爲拉馬克的進化理論，在本質上是毫無價值的。因爲多年後，德國進化論者魏斯曼因爲做切除老鼠尾巴實驗而聲名大噪。在他著名的實驗中，他對許多代的老鼠做了尾巴切除手術，但這些老鼠的後代，依然具有完整的尾巴。由此，他得出結論說，基於實驗證明，生物體並不會因後天改變，而遺傳到「獲得性特徵」。因而，拉馬克的進化學說，就以錯誤告終。

然而，問題卻沒那麼輕而易舉地被解決。許多科學家，在某種程度上還是很支持拉馬克的，並且有些實驗，也確實證明了環境所引發的特徵是可以遺傳的。[5]然而不管如何，在許多生物學界裏，拉馬克學說，依然是一個貶損性的名詞。

■ 達爾文學說[6]

幾十年後，英格蘭的兩位自然主義科學家，達爾文 (1809－1882) 和華萊士(A.R.Wallace.1823－1913)都對馬爾薩斯的人口論作了研究。

馬爾薩斯認爲人口是成幾何級數增長（用乘法），而人所需要的食物卻是按算術級數遞增（用加法），因而速度相對緩慢。毫無疑問，食物終將耗盡。達爾文和華萊士，都以這種「食物短缺」作爲進化過程的理論基礎。1859年，達爾文出版了他的名著《物種起源》或稱爲《物競天擇》。達爾文因提出這一學說而倍受讚譽，孰不知這一理論，早已存在幾個世紀了。總之有華萊士和達爾文彼此相互支援、聲息相通，而華萊士屈居第二。曾有報導說，華萊士也相信招魂術，並曾聲明支持美國的靈媒斯拉德。

這位靈媒曾在降神會上玩弄騙局而被審判。達爾文雖站在相對立場，卻也曾資助過斯拉德的訴訟。[7]

達爾文深深相信，生命有機體會不斷發生變化，同時，子代的過量繁殖，就會導致缺乏和競爭。只有適應能力最強的個體才能生存下來，並且他們也會繁衍出更適合生存的後代。這樣，最合適的，也就是越高等，他們經受了所謂的「自然選擇」的過程。達爾文用這一理論來解釋進化論，而對自然界一些相反的趨勢避而不談。

同時，他也提出更廣泛的理論，就是生命體必定是由最簡單的進化到最複雜的。在表達這一理念時，也特別強調了瞬間變化的重大意義。很快地，就有人對這一觀點提出了挑戰。哲學家格瑞尼對該問題，提出質詢：「我們憑什麼用，決定顏色或其他表面特徵的模式來推斷物種起源？更別提什麼各種生物的綱、目和門了。」[8]

達爾文在科學充分掌握遺傳信息之前，發表了這些理論。爲了解釋新特徵的遺傳性，達爾文並提出了「泛生論」。這種學說，其實是承繼了拉馬克「獲得性特徵的遺傳」的主要思想。他認爲有機體的生殖細胞內存有來自全身的「芽球」，它們會把個體的「獲得性特徵」遺傳給後代。但現代遺傳學者，並沒找到支持這一理論的證據。

雖然，在達爾文的《物種起源》一書出版後，許多科學家接受了進化論思想，但也有許多人對他的一些理論存疑，直到今天還在向這些理論提出挑戰。生物歷史學家辛格爾直言不諱地宣稱：「達爾文的理論通常都是一些謬論。」[9]其中最嚴厲的批評是，關於一些微小變化缺乏殘存價值。這些變化通常毫無用處，除非它們在一個還沒進化的複雜整體中發揮作用。例如，魚身上一種新的肌肉正在進化，除非這種新肌肉能與神經相連，使它能夠收縮，否則有那肌肉又有什麼用呢？同樣的，要是大腦沒有進化出能夠控制肌肉活動的系統，那神經又有什麼用呢？[10]此外，動物身上，如果有些無用但有潛能的部位，只會使它處於劣勢。這些拙劣的或沒有完全進化的階段，有可能使動物不能存活，並在競爭中滅絕。自然界中的自然選擇，可用來淘汰畸變類群，但不會產生新而複雜的結構。因爲這些結構，如果沒能進化成爲一種有功能的系統的話，它們就沒有存在的價值。

「適者生存」這個觀念，本身就面臨著諸多非難，雖然，有可能有些批評是不公平的。有時，評論家認爲該觀念是一種無謂之重複（屬於迴圈推理）。[11]達爾文認爲有機體在進化的過程中逐漸改變，越來越適應環境，才得以生存，而它們更能適應環境的證明，就是它們能存活下來。在某種意義上說，這種說法確實起作用。但「最適者生存」並沒有像某些時候宣稱的那樣證明了進化論。通常我們都無法對此進行檢驗。然而，這不等於說這個說法是錯誤的。顯而易見，無論是進化的或是創造的，最適者都會生存。儘管存在一些謬誤，達爾文的進化論，還是受到許多進化論者的熱烈支持。[12]

■ 突變論

十九世紀末，進化論者開始就達爾文的進化機制，提出嚴肅的問題。他們已經重新發現了，摩拉維亞神父孟德爾，在35年前出版的書中，所提出的遺傳原理。他的發現就對達爾文的遺傳觀點，提出了疑問。達爾文反對者中，最有名的一個是荷蘭的植物學弗雷埃（Hugo de Vries 1848－1935）。他極力挑戰微小變化爲進化提供基礎的說法。他爭論說，這樣的小變化根本證明不了什麼，只有大變化，也就是突變，才是對環境的反應所必需的。弗雷埃在荷蘭的阿姆斯特丹得到許多支持者，在那裏，從美國引進的月見草，已退化成野草，連一些樣株也變得非常矮小。他認爲月見草的變形是一種突變。

弗雷埃種植成千上萬的植物來做實驗，並且，注意到他歸因於突變的幾個大變化。他堅信這樣的「新形式」是漫長的進化過程的幾大步。不幸的是，在弗雷埃的觀點中，這些變化，是早已出現在植物基因構造中的特質之展現，而不是新的突變。

不管怎樣，突變這種觀點，作爲新的遺傳信息，正被普遍接受，這應該歸功於美國人摩根。在用果蠅做實驗的過程中，摩根發現了繁殖純種的，新而永久性的變化。但是，他所研究的例子，部分是退化的，而不是進步的，像翅膀、鬃毛和眼睛的消失。

最常用來證明進化論的例子，便是英國白樺尺蛾的變黑。雖然有人說這是一種突變，實際上並不是。[13]這些在工業革命時期，因爲油煙污染環境而變黑的尺蛾，被稱爲「令人震驚的進化變化」。[14]顏色變黑能夠保護尺蛾避開雀鳥耳目。然而，這種變化已經透過基因顯示出來。這只不過是不同種類基因的一種變動，並非我們所一直認爲的，從突變中得到的那個被廣泛認可的事實，即新的「永久性」的基因資訊。[15]當現代社會試圖控制人口，淨化環境時，尺蛾又恢復了稍淺的顏色。儘管如此，該例子確實很恰當地說明了「自然選擇」，對於簡單基因變化的影響。

雖然現代遺傳學的突飛猛進，對突變這個普通術語的效用構成威脅，但支持進化論的生物學家照用不誤。突變可以指各種基因變化，比如說：DNA鏈上某一核甘酸鹼基的改變，一個基因位置的變化、消失、複製或插入一個新基因所造成的改變排列。所有這一切，都或多或少地代表可遺傳給子孫後代的永久性的基因變化。研究者也在考慮一些新觀點，比如說，環境或細胞本身，是否就可以刺激突變發生的這種異論。[16]我們現在應該去找出極端複雜的生物機制是甚麼。

有機體經由基因變化，顯示了強大的適應能力。蒼蠅對DDT那樣的殺蟲劑，抵抗能力越來越強，我們經常使用抗生素，結果產生了大量，對它們有免疫作用的「超級細菌」。有機體在各種極爲不利的情況下，仍具有超強而持續的生命力，這也給我們很好的啓示，至少在生物體內可能具備有維持生存最低限度的適應能力。另一方面，成千上萬的細菌、植物和動物實驗，也可證明任何物種所能忍受的變化，是有明確的限度的。換句話說，就是生物體內好像有一個相互作用系統的強內聚力，只接受那些不會造成災禍的有限度的變化。持續幾十年或幾個世紀的實驗之後，果蠅依然保持果蠅的體態，產毛的綿羊依然是綿羊。畸變的物種，越來越傾向於不能在自然界中存活，就算給一個機會，也不過回到它們原有的樣子。科學家有時稱這種現象爲基因惰性（基因內穩定性）。[17]

科學家對於把突變作爲一種進化機制的有用性，已經存疑很長一段時間了。有益的突變只是鳳毛麟角，大部分突變是隱性的——也就是說，除非它在雙親中都已存在，不然他們是不會顯露出來的。雖然那些產生較小變化的突變的個體可以存活，但那些引發巨大變化的突變，一般都屬有害，而且不可能維持到下一代。加州大學聖巴巴拉學院的兩位進化論者歐文和瓦倫廷評論說：「突變引發形態或生理影響的情況極爲罕見，通常也不會產生結果；兩種相同的稀有突變體，在充分接近後，產生並繁殖後代的機率太小了，以致於我們不可能把它當作「重大的進化事件。」[18]作者認爲有機體發展過程中的變化，可以看作爲生主要進化演變的方式，但實驗演示，它僅是聯想的。

這就需要許多無害的突變來產生某種獨特的、有用的結構。問題是如何使一個有機體，同時發生這樣罕見的事情，讓它產生一種有功能的、有生存價值的結構。進化論者安布羅斯（E. J. Ambrose）曾經這樣概述這個問題：「某一獨特而無害的突變，所發生的機率大約爲1/1,000。兩個無害突變發生的可能性就是$1/10^3 \times 10^3$，即1/1,000,000。對果蠅的研究表明大量的基因，參與了單獨結構的形成。例如單獨一支翅膀結構中就大約有30－40個基因。最令人難以置信的是不到5個基因，就能在有機體內形成前面所未知的最簡單的新結構。這種機率現在是$1/10^{15}$，我們已經知道生命細胞突變的機率，大約是$1/10^7$到$1/10^{11}$。這樣，有機體在一個生命周期內，發生五個有益突變的可能性幾乎爲零。」[19]

法國著名的動物學家格拉萃所宣揚的是另一種進化機制。他肯定一些相同的觀點，並進一步指出：「無論突變的數量是多麼大，它們都不可能有任何的進化。」[20]

■ 創造論者的突變論

進化論者經常指責，創造論者相信物種不會改變，這是一種頑固又錯誤的信仰。但創造論者實際上，已經在大量的飼狗實驗中、加上對生物的實際觀察，以及大量的實驗室的試驗中，認識到自然界中各種微小變化存在的大量論據。造物主可能早在創造物種時，就讓它們能產生各種顏色，並有相對的適應能力。創造論者並不認爲科學所提供的任何說明自然變化的證據，超出了這一水平。但在另一方面而言，進化論者所認爲的微小變化過程，卻產生了就像蘭花和海象這樣，有天壤之別的地球萬物。

經常有人問：「在生物分類系統中（科、屬、種），這樣有限的變化，到底是在哪一範疇中不再出現？」對於進化論與創造論而言，這個問題十分重要，因爲進化論者比創造論者提出了更大的變化。但是，我們也沒有明確的答案。一來，生物的分類，可以說既是主觀的，又是暫時性的。分類的特徵，比如說按種類、屬、科來分類，可以很容易被重新定義。有時，微進化（小變化），和大進化（大變化）以及微突變和大突變，都是指不同水平的改變。創造論者通常接受第一種觀點，而反對第二種。不幸的是，科學家在太多不同的方面，[21]都提到了大進化這個術語，以致於該術語沒有什麼實用性了。通常，科學把「種層次」之上的變化，稱爲大進化。但是，許多創造論者認爲某些屬以上更高級的分類，本身就代表著，創造以來的變化，特別是在處理退化的寄生蟲問題上。當然，也有例外情況。在創造論中，有人會說，總體上，屬或科就可能代表最初被造的種類。英格蘭南漢普頓大學的科克特在研究進化論時就曾提出「特殊進化理論」和「普遍進化理論」來鑑定已發生的變化。他的術語，對於以下討論很有意義：「有一種理論認爲人們可目擊許多動物，經歷演變後，形成新的物種。」這可以稱爲是「特殊進化理論」，也能夠在某些實驗中演示出來。另外，還有一種理論，認爲世界上所有的生命形式，都產生於一種單一的來源，而這種來源本身，是出自產生於無機物的形式。這種理論就稱爲「普遍進化理論」，而支持這一理論的證據，並非充足有力，所以我們認爲，它只不過是一種假定而已。造成物種的演變，是否與那些帶來新的門的演變屬性一致，我們還不太清楚。答案也只能由將來的實驗結果來證明，我們不能以沒有任何其他理論能取而代之爲由，[22]武斷地認爲「普遍進化理論」完全正確。

創造論者更傾向贊同「特殊進化理論」，而非「普遍進化理論」。

由於達爾文所提出的瞬間變化，或由弗雷埃所倡導的大演變，似乎都不可能產生「普遍進化論」所必需的主要變化，比如說，從海綿組織發育成海膽。進化論在主要分類(目、綱、門、和界)上面臨巨大挑戰。如果進化是作爲一個循序漸進的過程，而且確實發生過，那麼爲什麼在生物各大群體，比如說蛤、蚯蚓和松樹之間，又普遍缺乏連續性呢？實際上，爲什麼我們要留心這些缺環呢？[23]

■ 現代綜合論

二十世紀初期，進化論思想得到進一步發展，幾位極具影響力的學者使進化論的重心從突變重回到自然選擇上。最主要的有俄國的謝伏可夫，英國的費希爾，霍爾丹以及美國的賴特。在這段期間，進化論的重點，似乎是集中在整個生物界內的進化過程，而不是單個的有機體上。

費希爾提出小突變在大規模群體內，產生影響的複雜數學模式。對他來說，小的突變更重要一些，因爲他認爲大突變對有機體有副作用。他強調小而有利的突變，具自然選擇性。相對於費希爾，賴特更瞭解繁殖。賴特強調小群體的實用性，因爲在小群體內的一個罕見突變，會有更好的機會來顯示出來。但另一方面，小群體則更可能會遭受同系繁殖的有害影響。而賴特則引入，這個觀念「在偶然產生的族群中，遺傳基因頻率會任意變化。」這個被稱爲「遺傳漂變」過程的重要性，一直是進化論者之間，曠日費時的激烈辯論之一。費希爾和賴特，樹立了20世紀20到30年代[24]的進化論核心概念，並且成爲「現代綜合論」全面發展的中心思想。

「現代綜合論」薈萃了幾個偉大的進化論者的理論精華。其中包括哥倫比亞大學的朵布贊斯基，英國的生物學家赫胥黎和哈佛大學的梅爾和辛普森。現代綜合論在20世紀30到60年代，一直佔有統治地位。「現代綜合論」是從達爾文的擁護者，托馬斯・赫胥黎之孫赫胥黎[25]所創立，因爲他讚美達爾文主義爲「最後的勝利」。[26]基本上，它把突變與達爾文的物競天擇，適者生存的自然選擇觀念兩者相結合。但我們很難描述現代綜合論的特徵，因爲分類學(分類法)、生物變化和古生物學(化石研究)等學科都被揉合到其中了。[27]

「現代綜合論」的許多領袖，認爲通過累積相對小的突變，就可以產生大進化所需的大變化。然而，進化的基本過程，依舊困擾著研究者。費希爾與賴特對於造成進化所需理想群體之大小方面的爭論，始終沒有定論。生物歷史學家普洛文（康奈爾大學）指出：「微進化的主要理論尚未形成……對物種遺傳機制的解釋，也並非進化論的一個偉大勝利。」[28]「現代綜合論」與其說是一項精確的理論，不如說是進化論另一類成功的姿態。1959年，世界各國多次舉行慶典，以紀念達爾文的《物種起源》出版一百周年。這些慶典大大激勵了人們對「現代綜合論」的信心。我有幸參加了在芝加哥大學舉行的最重要的慶典活動之一。在那裏，我傾聽了「現代綜合論」的主要設計者，包括朵布贊斯基、梅爾、赫胥黎和辛普森的發言。他們淵博的知識讓我留下了深刻的印象，但同時他們自信而武斷的言論卻又令人困惑。我絲毫沒想到，就在這幾年的時間內，「現代綜合論」的統合精神，會處於這樣一種混亂狀態。

同時，大部分進化論者，幾乎完全忽略了德國古生物學者史沁德沃夫和美國的遺傳學者高史密特憂慮的呼聲。這兩位都宣揚快速且巨大的演變，與現代綜合論的領袖們所宣揚的小突變正好相反。精通化石研究的史沁德沃夫認爲突然的發展變化，可以塡補化石種類之間的空白。加州柏克萊大學的遺傳學教授高史密特完全不同意物種內的小演變能夠慢慢累積，並產生偉大的進化過程所需的主要轉變。他認爲拙劣的過渡期對於生物生存毫無用處，而且，自然選擇也勢必對過渡階段產生不利的影響。其中他列舉了鳥類羽毛的形成，昆蟲身體結構的細胞分裂，肌肉的生成，和蟹的複眼。

高史密特倡導突然的基因變化會產生他所稱之爲：「充滿希望的怪物」。而他的那些誹謗者，則稱之爲「毫無希望的怪物。」當然，就算存在這麼一個給人帶來希望的怪物，那也有一個難題：要給它找一個配偶，但「管它有沒有希望，誰願意跟一個怪物生養後代呢？」[29]

自從高史密特尖銳地反對「現代綜合論」所倡導的小演變的價值後，[30]綜合論的倡導者也針鋒相對。後來隨著「現代綜合論」逐漸解體，人們對於高史密特的態度隨之改變了。科學作家泰勒在提到高史密特時這樣說：「二十年前，學生們一提到他便嗤之以鼻；事到今天，許多生物學家都認爲他提出了一個正確的問題」。[31]以創造論的觀點看來，高史密特確實提出了一個重要的問題。對於一些進化論者來說，「現代綜合論」已經站不住腳了。

■ 百家爭鳴

支持進化論的胚胎學者勒拉珀指出：「現代綜合論——即新達爾文主義——不是一種學說，而是一系列觀點，各種觀點都試圖以自己的方式去解決由事實所引出的各樣難題。」[32]新的觀點被提出，有的甚至是經過深思熟慮的。[33]特別是在分子生物學和遺傳學上，現今有更多的發現顯明，陳舊的、簡單的遺傳觀念已經過時了。所有這一切都要歸功於現今流行的各類思潮。在這一階段——我們可以稱之爲「百家爭鳴時期」——呈現的是新的和以往不斷衝突的多種理論。有些理論，我們將在第8章中詳細探討。當然，所探討的問題，主要還是圍繞以下幾個方面：（1）我們能確定生物之間的進化關係嗎？（2）進化中的演變是逐漸的，還是突然的？（3）自然選擇對進化過程重要嗎？（4）複雜的生物體如何進化而來？我們對進化過程的研究將會繼續進行下去。

■ 警覺的必要

雖然科學家大體上同意進化論是個事實，但他們在枝微末節上實存有很大分歧。進化生物學上，某些最激烈的爭論緊隨「現代綜合論」之後。著名的作家貝思爾強調，「特別是在近幾年來，科學家在關於達爾文和他的理論上一直爭執不休」[34]當然，公衆很少會聽到這些爭論，更別說了解它們。正如在研究資料中所看到的那樣，學術界內部的鬥爭和最簡單卻具權威性的教科書中，所描寫的截然不同。課本上把內容簡化，也許有助於學習，但門外漢和學生們，更應該注意到進化理論爭辯中的不同觀點。

■ 結 論

我們應該欽佩進化論者，他們鍥而不捨，在兩個世紀的時間裏，為自己的學說去尋找合理的解釋，而付出努力和奉獻。然而，他們的失敗，也使人們冷靜下來思考這個問題：進化論思想，到底是一種主張，還是確鑿的科學資訊？我不否認有些資料確實有利於證明進化論這個事實。創造論者在觀點上也同樣有問題，並同樣充滿毅力。但是，經過這樣長期徒勞無功的研究進化機制之後，進化論科學家恐怕應該慎重地思考一下，由一位設計者創造的可能性了。

■ 參考文獻：

1. Wittgenstein L. 1980. Culture and value. Winch P, translator; Wright GHv, editor (with Nyman H). Chicago: University of Chicago Press, p. 27e. Translation of: Vermischte Bemerkungen.
2. (a) Goodwin B. 1994. How the leopard changed its spots: the evolution of complexity. New York and London: Charles Scribner's Sons, pp. 1-76; (b) Kauffman SA. 1993. The origins of order: self-organization and selection in evolution. New York and Oxford: Oxford University Press; (c) Waldrop MM. 1992. Complexity: the emerging science at the edge of order and chaos. New York and London: Touchstone Books, Simon and Schuster.
3. Some argue that the second law of thermodynamics does not apply to evolution, and covers only isolated or systems in thermal equilibrium; e.g., see: Trott R. 1993. Duane Gish and InterVarsity at Rutgers. Creation/Evolution 13(2):31. This contention does not remove the obvious fact that most undirected activity tends toward randomness. Consequently, there is an intense effort to find a mechanism for evolution.
4. For a general review of Lamarck's accomplishments, see: (a) Nordenskiöld E. 1942. The history of biology: a survey. Eyre LB, translator. New York: Tudor Publishing Co., pp. 316-330. Translation of: Biologins historia; (b) Singer C. 1959. A history of biology to about the year 1900: a general introduction to the study of living things. 3rd rev. ed. London and New York: Abelard-Schuman, pp. 296-300.
5. For many examples, see: Landman OE. 1991. The inheritance of acquired characteristics. Annual Review of Genetics 25:1-20.
6. The discussions of Darwinism have been legion. For a recent review that explores the mechanisms of evolution, see: Provine WB. 1985. Adaptation and mechanisms of evolution after Darwin: a study in persistent controversies. In: Kohn D, editor. The Darwinian heritage.

Princeton, N.J.: Princeton University Press, pp. 825-833.
7. See: Milner R. 1990. Slade Trial (1876). The encyclopedia of evolution: humanity's search for its origins. New York and Oxford: Facts on File, pp. 407, 408.
8. Grene M. 1959. The faith of Darwinism. Encounter 13(5):48-56.
9. Singer, p. 303. (note 4b).
10. See chapter 6 for further discussion.
11. (a) Waddington CH. 1957. The strategy of the genes: a discussion of some aspects of theoretical biology. London: Ruskin House, George Allen and Unwin, p. 65; (b) Eden M. 1967. Inadequacies of neo-Darwinian evolution as a scientific theory. In: Moorhead PS, Kaplan MM, editors. Mathematical challenges to the neo-Darwinian interpretation of evolution. The Wistar Institute Symposium Monograph No. 5. Philadelphia: Wistar Institute Press, pp. 5-12; (c) Peters RH. 1976. Tautology in evolution and ecology. The American Naturalist 110:1-12.
12. See, for instance, (a) the symposium volume edited by Kohn (note 6). Also: (b) Mayr E. 1982. The growth of biological thought: diversity, evolution, and inheritance. Cambridge and London: Belknap Press of Harvard University Press, pp. 626, 627; (c) Maynard Smith J. 1989. Did Darwin get it right? Essays on games, sex, and evolution. New York and London: Chapman and Hall.
13. For example: Sagan C. 1977. The dragons of Eden: speculation on the evolution of human intelligence. New York: Ballantine Books, p. 28.
14. For example: Keeton WT. 1967. Biological science. New York: W. W. Norton and Co., p. 672.
15. Jukes TH. 1990. Responses of critics. In: Johnson PE. Evolution as dogma: the establishment of naturalism. Dallas: Haughton Pub. Co., pp. 26-28.
16. (a) Cairns J, Overbaugh J, Miller S. 1988. The origin of mutants. Nature 335:142-145; (b) Opadia-Kadima GZ. 1987. How the slot machine led biologists astray. Journal of Theoretical Biology 124:127-135. For another view, see: (c) MacPhee D. 1993. Directed evolution reconsidered. American Scientist 81:554-561.
17. (a) Edey MA, Johanson DC. 1989. Blueprints: solving the mystery of evolution. Boston, Toronto, and London: Little, Brown, and Co., pp. 125, 126; (b) Mayr E. 1970. Population, species, and evolution: an abridgment of *Animal Species and Evolution*. Rev. ed. Cambridge: Belknap Press of Harvard University Press, pp. 181, 182.
18. Erwin DH, Valentine JW. 1984. "Hopeful monsters," transposons, and Metazoan radiation. Proceedings of the National Academy of Sciences 81:5482, 5483.
19. Ambrose EJ. 1982. The nature and origin of the biological world. Chichester: Ellis Horwood, Ltd., and New York and Toronto: Halsted Press, John Wiley and Sons, p. 120.
20. Grassé P-P. 1977. Evolution of living organisms: evidence for a new theory of transformation. Carlson BM, Castro R, translators. New York, San Francisco, and London: Academic Press, p. 88. Translation of: L'Évolution du Vivant.
21. Hoffman A. 1989. Arguments on evolution: a paleontologist's perspective. New York and Oxford: Oxford University Press, pp. 87-92.
22. Kerkut GA. 1960. Implications of evolution. Oxford and London: Pergamon Press, p. 157.
23. For a comprehensive discussion, see: Wise KP. 1994. The origins of life's major groups. In: Moreland JP, editor. The creation hypothesis: scientific evidence for an intelligent designer. Downers Grove, Ill.: InterVarsity Press, pp. 211-234.
24. For further details, see Provine, pp. 842-853 (note 6).
25. Huxley J. 1943. Evolution: the modern synthesis. London and New York: Harper and Brothers.
26. Gould SJ. 1982. Darwinism and the expansion of evolutionary theory. Science 216:380-387.
27. *Ibid.*
28. Provine, p. 862 (note 6).
29. Patterson C. 1978. Evolution. London: British Museum (Natural History) and Ithaca: Cornell University Press, p. 143.
30. Goldschmidt R. 1940. The material basis of evolution. New Haven, Conn.: Yale University Press.
31. Taylor GR. 1983. The great evolution mystery. New York: Harper and Row, p. 5.
32. Løvtrup S. 1987. Darwinism: the refutation of a myth. London, New York, and Sydney: Croom Helm, p. 352.

33. See chapter 8 for details.
34. Bethell T. 1985. Agnostic evolutionists: the taxonomic case against Darwin. Harper's 270 (1617; February):49-52, 56-58, 60, 61.

第六章 從複雜到更複雜

上帝從來不用神蹟去改變一個無神論者，
是自然之光，引導他去認識上帝。
——*弗蘭西斯・培根*[1]

上面的那一句話，現代釋義為：
「上帝從不顯示神蹟使無神論者信服，
因為人日常所見的，就可充分證明祂的存在。」

細胞結構之複雜，簡直無法想像。有時其內部成千上萬不同的酵素，引導著一些相互依存的化學變化。大多數人，因爲不瞭解細胞，所以很容易忽視它們的存在，更沒有意識到「小」並非等同於「簡單」。的確，與令人費解的細胞相比，那些被人熟悉的較大器官，和生物的起源問題似乎要簡單一些。生命之謎包括了種種的奇蹟，如蝙蝠的回聲定位系統（聲納），或者蛹變成蝴蝶。我們也經常讚歎怡人的美景，比如晴朗夜空中的繁星閃爍，巴西蝴蝶的翅膀，如此虹彩斑斕，花紋複雜。很早以前，人類已經注意到這些現象了，不僅是基於好奇這些情形，是怎樣發生的，還會進一步想了解它們爲什麼會發生。大自然的傑作，究竟有何目的？所有這些大自然的特性和專門化，難道沒有任何設計和指導嗎？

在本章中，我們將思考，有關自然界的設計及相關問題。這些問題類似於第一章所提到的「令人困擾的問題」，並與「我們生存的宇宙中，是否存在有一位設計者」更爲接近。

■「設計」之爭

如果自然界中，沒有某種與生俱來的設計的話，那麼，我們在大自然界中所發現的規律和特性，似乎與我們所預料的失序不符合。哲學家把這種主張稱爲「設計之爭」。整個宇宙，特別是地球，是爲了支持生命而特別安排的，[2]而生命本身似乎特別暗示有著某種「設計」。

最近，許多物理學家——尤其是宇宙學家都開始接受有關設計的一些爭論。他們認爲，如果宇宙不是極爲美好的環境，它就不能孕育生命。看來宇宙已被恰到好處地調整到非常可以容忍的狀況。劍橋大學的路卡辛數學教授（著名的牛頓曾擔任過的職位）霍金這樣評論說：「我們的起源來自大霹靂，這樣的宇宙論很龐 大。很明顯的，我認爲這具有宗教涵義。」[3]對他來說，問題就在於假設的大霹靂如果能量過大，則所有的恒星、行星都不可能形成。[4]從另一角度來看，霹靂形成的能量如果過小，宇宙將被徹底摧毀。甚而他進一步表示：「如果在大霹靂後一秒鐘，擴張速率只小了10^{-17}，那麼宇宙在達到它目前狀態前，就已經塌陷了。」[5]這就證明，即使是這個普遍認可的觀念，如果不存有某種設計的話，是很難令人相信的。同樣的，把原子核凝聚到一起的強大力量看來也是非常精確，各種元素[6]才得以形成。研究表明，大量其他的因素，比如說地心引力和電磁現象，都是天衣無縫的。電磁力10^{-40}的力量變化，就可能帶來災難性的後果。[7]巴伯描繪到：「宇宙好像位於刀刃上，卻維持著恐怖的平衡。」[8]所以這一切都暗示著某種設計，而不是雜亂無章形成的。此外，許多人感到好奇，在生命有機體背後，是否有某種特殊的智慧在引導，使它們與無機物間迥然不同。

一些進化論者已經考慮到，產生簡單和複雜有機體時，某種指導實體有存在的必要。這幾年來，科學家已經提出了幾種不同的觀點，用來解釋生命體的複雜性、目的性、或生命中隨處可見的某種「設計」等。[9]同時，科學家也用各種術語來爲這些觀點命名。比如說實體、出現、定局、生命的躍動、目的論、活力論、同類起源，現場起源、先適應性或突變，正統發生[10]——幾乎用盡了上帝創造論之外的所有術語。這些術語，既反映了這一領域的神秘，又反映了這一理論有尋找特殊解釋的必要。然而，很不幸的是，不同作者和學科使用這些術語時，甚而有時會相互矛盾。我們不必在這些枝微末節上浪費筆墨，同時，那也是非常枯燥無味的。重要的一點是雖然許多神學家、科學家和哲學家都在研究這個問題，但他們所研究的方法卻各不相同。一些人認爲，設計不一定暗示「創造者」的存在，另一些則認爲，即使有某位設計者，也並不一定是指基督徒心中的上帝。另外還有一部分人，會認爲問題已不僅只是討論某項設計，而是追問這些設計是怎樣形成的，或是爲什麼要形成。下面我將經由陳述自然界是否已反映了智慧的設計這個問題，而讓本章的內容簡單一些。人們討論自然界的設計及創造問題，[11]已有幾千年歷史了。在神話和早期的聖經手稿中，這種思想是很根深蒂固的。蘇格拉底（西元前469－西元前394）就對目的性產生過極大的興趣，而亞里斯多德（西元前384－西元前322）也支持創造設計論。他認爲，宇宙渴望達到上帝的完美。西方世界最權威的中世紀哲學家阿奎那（1225－1274）也同樣支持這一理論。他證明上帝存在的觀點，就是自然界中創造設計的證據，向我們表明了有一位智慧的創造者的存在。幾個世紀以後，大部分科學家都開始把自然界中的設計，認爲是理所當然的事情。牛頓（1642－1727）也極推崇這種理論。但對該理論持懷疑態度的英格蘭的休謨[12](1711-1776)。他宣稱支持創造設計論的那些證據，所指的那位並不一定就是基督徒所信仰的上帝。除了認爲自然界本身就存在一種有組織的力量外，他並沒有提供任何理論，來解決創造設計的這個問題。[13]

不管怎樣，在十九世紀初，思想家開始認爲有機體是會自我形成的。這種觀點促使[14]英國的哲學家和倫理學家帕雷（William Paley1743－1805），在1802年出版了他銷售量極大的名著《自然神學》。帕雷因在設計論戰中，舉了個鐘錶的例子而出名。他說如果你在地上發現一只走得很準的錶，那你肯定會認定這只錶必定有個製造者。他繼而指出，如此錯綜複雜的自然界，肯定也存在一位創造者，而不可能自然發生。然後他進一步論述到，既然望遠鏡都有一個設計者，那麼人的眼睛，也必定也是如此。何況，小的逐漸的演變，不可能產生這樣精密的結構。爲了證明逐漸的演變，不能經受時間的考驗，他舉了會厭的例子。會厭是身體內不可缺少的部分，在我們吞嚥時，它會關住氣管，阻止食物和水進入肺部。帕雷認爲，會厭在許多代的進化過程中毫無用處，因爲在它未完全成形之前，它不可能關閉通往肺部的氣管。[15]

大約半個世紀以後，達爾文出版了《物種起源》。他認爲小而隨意的演變，再加上自然選擇，經過一段時間能夠使簡單的有機體，進化成越來越高等的形式，包括人類。他在充分瞭解關於設計的爭論後，就在他《物種起源》的第一版中，提出了「極其完美和複雜的器官」的問題。「眼睛，有調節焦距、允許不同採光量和糾正球面像差和色差的無與倫比的設計。認爲睛是自然選擇形成的，我承認，這似乎荒謬之極。」[16]隨後，他只能用自然選擇來使自己逃脫窘境。但是，正如我們將在下面討論的，有許多問題仍有待解決。

達爾文的一些追隨者，在回答設計的難題時，都採用了達爾文的方法論。歷史學家海默法德曾這樣說：「達爾文很快就看到 了難題，但他卻沒有成功地化解。他的高明之處就在於；先假裝承認難題，再以某種方式擺脫它。然後，如果這種坦白承認沒有成功地取悅那些批判者時，就要忍受那些被人懷疑的理論，所帶來的困難和權威的壓力。」[17]

雖然達爾文很少提到某種創造設計的可能性，但是，在他的《物種起源》的第2至第6版的最後一段提到了生命在進化之前，是創造者[18]創造出來的，並且在他的私人信件中，他表示他「對此感到深深的懷疑」。對於他來說，自然選擇就是進化論難題的答案。[19]

雖然大部分神學家，現在都把自然研究留給了科學家，致力於社會學和宗教問題，但是，神學家和科學家一直還在探討複雜結構的起源問題。[20]最基本的問題是：「這些漫無目的的隨意突變，[21]伴隨著毫無遠見的自然選擇，怎能產生如此複雜的器官？有些進化論者，降低了自然選擇過程的重要性，或完全將之忽略，把進化單純地歸結於偶然因素。而且，正如我們在前一章所討論的，只有極少部分的突變才是有用的。估計只要有千分之一的有益突變就已算是幫了進化的大忙了。突變的危害不可遏制，而且通常是隱性的，那就意味著除非雙親都存有此一突變，不然不會在有機體體內表現出來。被如此多限制所困擾的進化過程，怎麼能產生像耳朵或大腦那樣複雜的器官的呢？許多人都把這歸因於倡導適者生存的自然選擇，但所選出的，畢竟只具有暫時的優勢。它沒有「眼睛」可以預見未來，而複雜器官或系統，卻需要有長遠的計畫。理性要求我們必須尋找另外一種答案。然而，大部分進化論者不同意。

牛津大學的道金斯在提到帕雷的鐘錶的例子時，指出「自然界唯一的鐘錶匠，便是得自物理學中的盲動力」並且說「達爾文是一個有頭腦的完全無神論者。」[22] 有少數的進化論者並不同意道金斯的這項觀點。德國動物學家阮區列舉了十餘位科學家，其中不乏學術界的泰斗，比如說亨林格，德斯本和史沁德沃夫，他們對突變或自然選擇，這兩種解釋都不甚滿意，而且正如前面所提到的，他們認爲我們的解釋中，需要某種特殊又神秘的因素參與。阮區指出：「我們毫不清楚到底是什麼因素和動力會使之成爲可能。」[23]支持「現代綜合論」的哈佛大學的恩斯特・梅爾，也列舉了其他一些認爲需要更多的證據，來解釋複雜結構和有機體發展的科學家名單。[24]持同樣觀點的法國卓越的動物學家格拉萃提到：「一株植物、一隻動物的存在，本身就需要歷經成千上萬次幸運和合適的事件。就這樣，奇蹟變成了規律」。他進一步強調：「哪個賭徒發了瘋，敢與偶然的進化論賭輪盤？風中的塵土，引發憂鬱症的可能性都比形成眼睛的DNA分子複製錯誤的可能性要大；另外，這些錯誤也與眼睛必須執行，或是將要執行的功能無關。雖然沒有法律禁止做白日夢，但科學絕對不能耽迷於白日夢。」[25]

無序的突變與複雜的生物結構之間缺乏關係，爲進化論製造了一個大難題。

■ 互相依賴

設計觀對於由各部分功能相互依賴而組合成的生物系統尤爲重要。只有所有必需的部位存在，並一起運作時，這些系統才會有功能。打個比方，一個家庭警報器，需要以下幾個部分：(1)放在門或窗上的探測器，(2)與控制中心相連的電線，(3)一個複雜的控制中心，(4)電源，(5)與警鈴相連的電線；(6)警鈴。所有這一切基本的組成部分，只有組合在一起發揮作用，該警報系統才會正常運作。如果認爲這樣一個系統能逐漸的產生，並且在每個階段都能正常運轉，那簡直太不合理了。由此，我們對於一只錶，或複雜有機體互相依賴的各部位，也可以提出類似的問題。單純的無序突變和一個毫無先見之明的自然選擇過程，能夠產生諸如肺和味蕾那樣的複雜的結構嗎？而這些結構，只有在各個相關部位同時運作時，才有存在的價值。再比如說，如果沒有接通大腦的神經細胞，味蕾就毫無用處；如果沒有大腦可以把從神經細胞傳來的資訊翻譯成味覺，那麼神經細胞也同樣一無是處。在這樣一個相互依賴的系統中，誰也離不開誰。

從進化論的觀點看，產生一種功能系統需要許多演變同時發生，這是不可能的。當我們考慮某種相互依賴系統，循序漸進的進化模式時，我們不得不假定，那些暫時無用的部位正在耐心地等待著，直到通過某種最後的無序突變，使它們變爲有用。根據進化論，我們希望能發現一些新的發展中的器官或器官系統，但是在這世界上超過百萬以上的有機體中，我們始終沒有能夠找到這樣假設的器官。有機體各部分的相互依賴性，同時向那些相信大而無序的突變，和提出小而逐漸演變的進化論者們，提出了挑戰。對於前者來說，問題包括：(1)產生一種新的相互依賴的系統，或器官需要複雜而突然的變化，是在一個非常偶然的情況下發生，(2)缺乏所需的實驗證據。而對於那些相信小演變的人而言，問題則在於：(1)那些無功能的、拙劣的、無用的、中間階段的，在自然選擇中將面臨被淘汰的危險，(2)現存的有機生命中，也明顯缺少這樣的中間階段。

進化論者有時也會這樣認爲：中間階段對於生物本身來說很有用。比如說，動物有可能會用一隻翅膀，在狂風中飛行。要假設所有的事物，都會有某種存在的目的也不難。法國的諷刺作家伏爾泰在他充滿希望的Candide一書中就曾滑稽地指出：「鼻子造出來是爲了戴眼鏡，所以我們才需要有眼鏡。」[26](在此，我向伏爾泰先生道歉，因爲我引用了他的這句諷刺，這與他說這話的初衷，意味不同)。范崔斯在劍橋時，常走近現實。在研究田鼠生活的過程中，他注意到了一種良好的保護性的行爲模式。生活在田野裏的物種，當有物體從其上空移動時，它們都會迅速地躲藏起來，因爲那樣就不易被捕捉。而生活在森林裏的物種，卻會一動也不動，那樣就不易被發現。他就自己的發現，請教了幾位動物學家朋友，並改變了已有的資料，使田鼠一動不動，而讓森林中的老鼠是四處逃竄，結果他說：「我眞希望當時能記錄下他們的解釋，因爲那些解釋，確實給人留下了深刻的印象。」[27]這樣看來，問題就不在於我們能否提出某種解釋，而在於我們能否找到眞正正確的解釋。現在，我們的問題就是生命是智慧者的創造抑或是由那通常是有害的無序突變，與毫無遠見的自然選擇之結果，其中那項可以恰當地解釋這自然界的複雜性。

■ 相似性的重要

在一所大學的公共論壇上，我曾聽到一位大學生抱怨說，進化論者以相同的名稱為不同動物身上，類似的肌肉命名，並稱這就是進化。術語的相似並不能闡示進化，顯然這位學生的抱怨是有事實根據的。另一方面，許多生命都表現著驚人的相似之處，而進化論者，又經常用這些相似點來證明他們的理論，他們就這樣提出了反對設計的言論。

大部分生物教科書和支持進化論的出版物，[28]都會用脊椎動物前肢骨塊結構上的相似性，作爲進化論的證據。爭論就在於既然存在有這樣一種基本型的骨骼結構，那麼，它們肯定是由同一個祖先進化而來，這樣才會使這一骨骼結構模式存留下來。多種動物，比如說大蜥蜴、鱷魚、鳥、鯨、錢鼠和人類體內，我們都能發現，一根連接前肢和身體的長骨（人類即肩到肘的那一段）和兩根連接在末端的長骨（肘到腕的部分）。進化論者，還提供了大量其他的相似性，作爲共同起源的證據，其中包括有機體內細胞的普遍性，和相同基因密碼上的遺傳信息。[29]然後，我們還發現了，猿猴和人類中極爲相似的DNA排序。不管怎樣，我們別忘了，在我們的大腦深處，人與猿之間，還是存在有極大的差距。最近，生物學家發現，在一些被稱爲「同種基因」的特殊基因中存在驚人的相似性。所有這些基因，包含一個稱爲「同種盒」(homebox)。DNA鏈。同種盒包含180個核甘酸對，並與控制有機體主要發展過程的各種基因結合起來，比如在身體部位形成的地方。在果蠅體內，一個同種基因的突變，將導致果蠅產生一對多餘的翅膀，當然這種畸形的果蠅壽命肯定不長。同種盒的核甘酸在其他的有機體，比如說蜈蚣、蚯蚓、果蠅、青蛙、老鼠、和人的體內排列順序都極爲相似。[30]我們還可以列舉，更多的生命體中，存有生化相似性的例子。

既然我們認爲這些相似性，代表著共同創造模式，那麼相似的性能所帶來的爭論，只會讓我們更加懷疑進化理論了。因爲既然像前肢骨塊結構的基本模式運作的很好，那麼爲什麼不把它放在其他種類的有機體中呢？細胞是一個有高度機能的生化單位，正如不管是房子還是摩天大廈，房間對於它們來說，都是一個有功能的單位一樣。如果「同種盒」系統，在某個有機體內運作很好的話，那麼爲什麼另一個有機體，不產生這樣一個相同的系統呢？沒有什麼規律會禁止編制好的創造模式不能重覆運用。一個創造者，也不必在相似功能部位採用不同的系統呀！所以相似性，並不能代表有一個共同的進化祖先，這就好比我們不會認爲所有四個汽缸的汽車，都必須來自同一個工廠一樣。因此相似性，只能代表著有著很好的運作系統的某種創造設計。

■ 眼睛和進化論

兩個世紀以來，眼睛一直是爭論的焦點。這樣一個複雜的結構，是自我進化，還是被創造出來的？雖然有些進化論者，聲稱已經解決了這一難題，[31]但還是有人認爲像這樣的結論尚未成熟。[32]這道難題根本還沒解決。

許多人把脊椎動物（魚、兩棲動物、爬蟲動物、鳥和哺乳動物）的眼睛（見圖6.1和6.2）與照相機相比較。但眼睛是一種高度複雜的，由幾百萬個部分所組成，其中還包括自動調焦和自動曝光等功能。另一方面，無脊椎動物（海綿組織、蠕蟲、蛤、蜘蛛等），也有許多不同類型的「眼睛」，包括一些單細胞原生動物（原生生物）顯微鏡般的感光的眼點。其他如蚯蚓也有許多感光細胞，特別是位於身體的兩端。另一些海洋蠕蟲，甚而擁有多達1萬1千隻的「眼睛」。[33]帽貝卻僅有一個小型的杯狀眼，很多昆蟲有複雜的複眼和一些簡單的複眼，（圖6.3）是一個讓影像成形的結構，上面有許多稱爲小眼的面，朝向不同方位的「光管」，每一個小眼，都能形成一個完整的圖像。在蜻蜓的複小眼中，就有2萬8千個眼。最大的無脊椎動物大烏賊，身長可達21公尺。它有著世界動物中最大的眼睛。在紐西蘭海岸，曾測量到的一隻烏賊的眼睛，直徑達到40公分（即16英寸）。這使維奈的科幻小說《海底兩萬同盟》成爲事實。人的眼睛直徑只有2.4公分。雖然烏賊完全不同於脊椎動物，

圖片 6.1

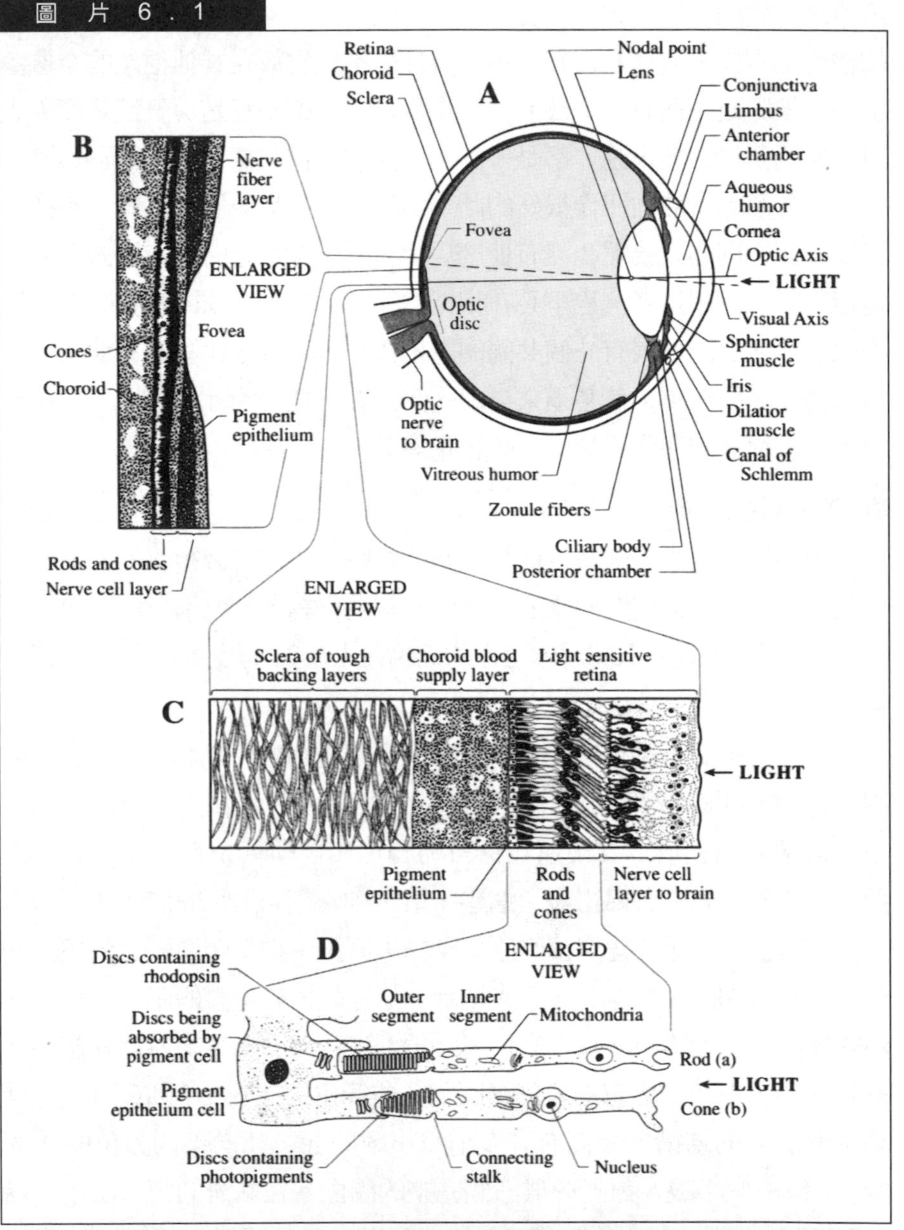

人類眼睛的基本結構放大圖，A是橫切面；B是放大的視網中央凹小凹部分；C是眼壁；D爲視網膜放大的桿細胞；(a)和視錐細胞(b)視網膜。注意所有圖形，光線都是從右邊射過來而被吸收，落在D部的左端色素細胞上。

但它們的眼睛結構，卻驚人地相似。

另外一個驚人之處，就是滅絕的三葉蟲的化石（三葉蟲是一種與馬掌蟹些微相似的有機體）。它也有複眼（與圖6.3相似），並且它的眼球水晶體，是由方解石所構成。方解石是一種複雜的礦石，能折射不同方向的光線。在三葉蟲的眼中，方解石形成的位置，剛好能提供完美的折射影像。同時，水晶體也是一種複雜的形狀，它與另一個折射介質相連，而消除了球面像差。這與複雜的現代光學原理[34]極爲類似。

有幾種動物沒有感光器官，有些動物的眼睛功能很簡單，它們只能感覺到光線的存在或消失；而另一些動物的眼睛則異常複雜而能形成影像。目前知道可形成影像的眼睛，可以大分爲四類。一是在鸚鵡螺中發現的針孔類型，光線通過一個小孔，直接進入眼球，落在感光的視網膜上。第二類型，就如我們人類、大部分脊椎動物、還有烏賊，都有水晶體（圖6.1），它可以使光線聚集在視網膜上。第三種類型，也就是前面所提到的許多昆蟲、蟹和三葉蟲的複眼（圖6.3）。其上有許多光管，能合成一種鑲嵌式的形像。第四種類型就比較稀少，通常只在浮游生物的甲殼類中發現。這類型的眼睛，是利用一種振動的水晶體，吸收所見區

圖片 6.2

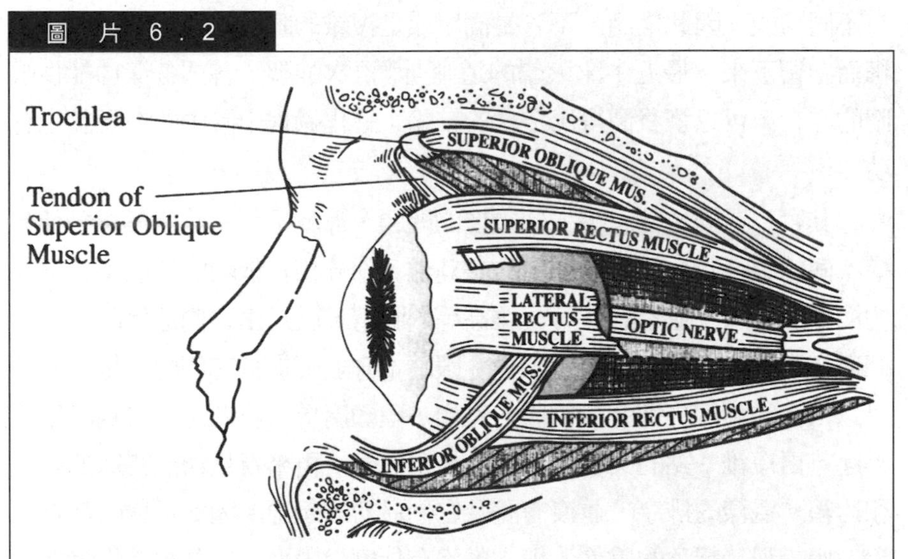

人類眼睛外部肌肉側面圖。注意上部傾斜的肌腱，通過骨輪（眼上斜肌滑車）向眼部靠攏。

圖片 6.3

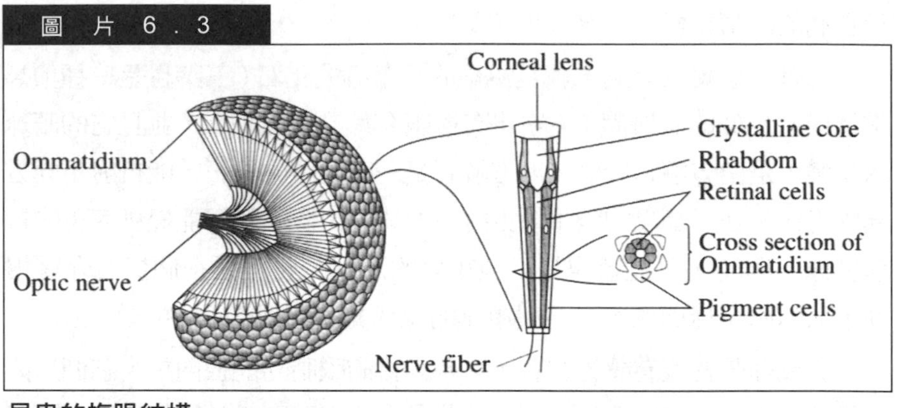

昆蟲的複眼結構

域物體的光，使之落在感覺器官上。這有點類似電視機的顯像管。[35]

只有少部分進化論者，探討了眼睛的起源問題，[36]因爲這並非是一個受歡迎的主題。[37]充分意識到該問題難度的達爾文，在他的《物種起源》中僅提了幾頁。[38]他指出，我們可以發現眼睛的一個分等累進的範圍，並假設眼睛從一簡單器官起始，就好比被色素環繞著的神經，自然選擇最終就會產生鷹眼。圖6.3一隻昆蟲的複眼一個世紀以後，哈佛大學的辛普森[39]也提出了同樣的問題。他注意到不同動物的各種眼睛，都具有不同功能，因此推測，不管是簡單或是複雜的眼睛，都能經由進化過程而存留下來。最近牛津大學的道金斯[40]再次強調，各式各樣功能性眼睛的存在，可以讓我們得出這樣的結論：進化過程中其中間物應該也有功能。

其實，這兩位都忽視一個重要的問題，那就是，當我們考慮各種結構不同的眼睛時，我們所面對的是其他各部分相互依賴的功能體。現存的簡單的眼睛，並不意味著複雜高等的眼睛，就是由它們進化而來。我們研究了那麼多的眼睛後也知道，眼睛本身並不支持它們的進化。我們可以依複雜順序排列許多物體。例如，環顧廚房，我們可以看到簡單的湯匙，更複雜一點的叉子，然後是杯子、壺，再來就是功能特殊的爐子和冰箱。這樣的排序，並沒有論及它們最初的起源。因此這場引起進化論者假設眼睛起源的爭論，根本就沒有什麼說服力了。其實進化論還面臨著更嚴重的問題。前面我們已經指出在複雜眼睛中若要形成影像，至少需要三到四種系統支援。既然每一種系統需要不同的安排，那麼眞的很難想像這些不同的系統，是怎樣彼此同時進化，並且在中間階段仍保持其功能性。一些進化論者，在熟知眼睛的種類的繁多後，又提出不同種類的眼睛，肯定是獨立地進化了許多次的，而並非連續性進化而成的，甚而有可能多達65次。[41]另一方面，於各種動物的眼睛，都由一個相似的基因促成並發展的。根據這個事實，有的進化論者提出眼睛起源相同的論點。[42]但在以上這些理論中，都未解釋不同種類的眼睛，是怎樣進化成的，但它們確實說明進化理論，可隨時準備吸收相似或相異的對峙觀點。更一步看，眼睛發展中的共同基因，並不能證明與眼睛發展相關聯的其他許多必要基因的起源。據估計，果蠅眼睛的產生，就需要多達5,000個基因的參與。[43]另一個問題，是不同類型的眼睛在動物中，特別是在無脊椎動物中的分佈。眼睛的複雜化程度，並非遵循任何一種預期的進化形式。杜克艾德在對不同類型的眼睛，及它們進化的綜合性評論中指出：「不管怎樣，最奇怪的事情，是無脊椎動物的眼睛分配上，既沒有一系列的擴展性，也沒有連續性。一旦失去明顯的系統的進化過程，它們的出現似乎很偶然；相似的感光體出現在無關的物種中；原始物種（水母）中出現一個精巧複雜的器官；或者原始結構出現在高進化的昆蟲中。」[44]

從這些洞察來看，眼睛的構成，似乎是對進化論更嚴重的挑戰，而不是支持。

■ 眼睛的複雜性

高度複雜的眼睛，比如說人眼（詳見圖6.1），就是一個需要各部分高度協調並共同合作的神奇之物，它使我們能看見周遭的物體。[45]我們知道視網膜上包含有1億多個感光細胞，可分爲兩大類：視桿細胞和視錐細胞。

視桿細胞有助於我們在微弱光下觀看物體，而其他具有三種型的視錐細胞則可在強光下發生作用，並幫助我們分辨顏色。位於眼球後方的視桿和視錐細胞，各含有1,000個左右帶有感光色素的盤狀物（見圖6.1D），當光線碰觸到這些感光色素時，就會激起多重的生化反應，並依次產生視桿細胞膜和視錐細胞膜的光電反應。再傳遞到連接的神經細胞，最終傳達給大腦。感光色素再次感受更多的光線時，同樣複雜的系統會在視桿細胞中造成生化崩落。

在視野的中心，即視網膜的中央小凹地帶稱爲黃斑，（見圖 6.1A, B），是感光最爲敏銳的部位。該區域的直徑僅爲半毫米，但擁有30,000個視錐細胞，卻無一視桿細胞。大部分視網膜的前部，不包含中央小凹地帶，聚滿了可處理來自視桿細胞和視錐細胞資訊的各種複雜的神經細胞。通過1,200萬條與大腦相連的視神經纖維，神經細胞將視覺資訊，從眼睛的後部傳遞到腦部。數以百萬計的視桿細胞、視錐細胞和神經細胞準確相連，以此在大腦中形成了連貫的圖像。

除了視桿細胞和視錐細胞，及視網膜神經細胞的複雜物理和生化變化外，人眼還展示了其他幾個相關聯的系統。根據光線的 強弱和距離的遠近，接收光線進入眼睛的瞳孔，會隨之變大或縮小。也就靠這種機制減小了球形晶狀體的像差，並增加了視野的廣度。爲了形成具有控制入眼光線數量的功能結構，至少需要具備以下三個組成部分：（1）大腦中的分辨系統，用以控制不同強弱光線射入時，瞳孔的大小；（2）連接大腦與虹膜間的神經細胞（虹膜是人眼特有的有色部分），該細胞包含控制瞳孔大小的肌腱；（3）改變瞳孔大小的肌肉細胞。以上三個部分缺一不可，並要求正常相連。比如，將一些使瞳孔擴張的神經細胞，與使瞳孔收縮的肌腱相連，當然會有反效果。事實上，連接大腦與眼睛的縱列神經細胞的人類組織更爲複雜。[46]還有另外一個系統與兩眼的活動相連，使它們能一起運作。

改變晶狀體形狀的快速自動聚焦系統，具有類似的複雜性。雖然我們還不太瞭解該系統是怎樣運作的，[47]但我們知道，是大腦通過包含複雜的神經鏈結的雙重組織，對之進行控管。[48]

每隻人眼的旁邊和後部，有六塊控制眼睛運動的肌腱，這樣我們不轉動頭部，就可以看到不同方位的事物（圖6.2）。相同的肌腱能促進其他的視力功能，[49]比如說，當我們注視一個較近的物體時，能使兩眼相對，那麼兩眼就可集中在同一點上。就算隨機的突變產生了這樣一塊使眼睛左轉的肌腱，那也起不了什麼作用，因爲我們還需要一塊使眼睛右轉的相對應的肌腱，並且也需要有刺激神經和協調大腦內肌腱活動的控制機制。

人眼上部傾斜肌的路徑，也支持著創造論觀點。與之相近的肌腱，通過一個稱爲軟骨輪的滑輪組織（見圖6.2），來向旁側或向前帶動眼球（向下轉動）。爲了簡化其進化過程，我們可以假設一個預先存在的肌腱，被改進成這樣一種滑輪組織。但是，偶然簡單的變化，就能產生那些功能性的組織，並提供其生存價値嗎？這有點類似於傳統雞生蛋還是蛋生雞的問題——到底哪個在先？是肌腱先伸展，以便它足夠長到可以穿過滑輪，或是滑輪先進化，還是把肌腱和滑輪貫穿在一起的機制先出現呢？同時大腦的控制系統，也需要轉變來適應肌肉拉動的新方位。除此之外，我們還要爲另一隻眼睛提供鏡像系統。只有這些因素都具備了，該組織才能正常發揮作用。實在很難想像這一切，是在一個毫無智慧創造的情況下偶然形成。

但這還只是整個故事的開始呢！更爲複雜的是：視網膜裏負責處理，來自視桿細胞和視錐細胞許多資訊的神經細胞系統（圖6.1B，C）。更難以理解的是：大腦如何轉譯來自視網膜資訊的過程，並由此產生了我們稱之爲「看見」的視覺。[50]我們並不是直接通過眼睛看見物體的，儘管我們潛意識中認爲是如此。資訊從眼睛傳遞到大腦，經過複雜的處理過程，才在腦海中形成了一個統整的圖像。[51]這樣看來，大腦的不同部位在極短時間內，接收來自眼睛成千上萬的資訊，並同時對不同的成分進行獨立分析評估，最後把它們綜合成完整的圖像。所謂的這些成分至少包括亮度、顏色、動作、形態和強度。獼猴的大腦擁有20多個掌管視覺的區域，人類應該至少也有那麼多吧！。視覺過程是一個複雜而且快速的變化。在視覺產生期間，大腦也在整合來自眼睛的資訊。大腦後部包含了大量排列有序的細胞柱，而每個細胞柱都等同於一隻眼睛。該領域的某些評論家認爲，「最簡單的視覺工作，比如分辨顏色和確認熟悉的面孔，所要求的精確估算和參與的神經組織？比我們設想的更多。」[52]但更令人驚訝的是：整個視覺分析和整合過程竟然是進行得如此簡單，幾乎就是在無意識的情況下進行著。但「看見」還僅僅只是一個開始。認同和理解我們所見的則又是另一相當複雜的整體過程。

在視覺進化的過程中，我們不禁想問到底是精密的眼睛還是發達的頭腦先發生？想來這兩個相互依存的部分是缺一不可的。從細節上看，我們也想知道：將圖像分析成各種顏色成分的能力，和將各種顏色合成一個單獨的視覺圖像的能力，到底哪個最先形成？我們還能提出許多類似的問題。這些問題暗示了帕雷和200年前，他那自然神學(有關設計的論證）或許是正確的。[53]

■ 眼睛退化了嗎？

對眼睛似乎不利的部分，我們也需要考慮。脊椎動物眼睛的視桿細胞和視錐細胞似乎在退化，因爲感光部分（視盤）似乎正儘量迴避光線的刺激。人們也許期望，它們能面對光線。正如圖（6.1A－D）所描述的，在這種情況下，光線是從右邊直射過來，視桿細胞和視錐細胞的感光部分（視盤），伸入視網膜的左側底部，並且一些神經細胞正好位於光線射入的途徑上。因此光線到達視盤之前，必會通過所有這些細胞。一些進化論者嘲笑創造的觀念，並宣稱眼睛退化了，作爲對創造論者觀念的回應。有的甚至稱「它實際上是一種愚蠢的創造。」[54]其他人評論說「犯如此錯誤的照相機設計者，應該被立即解雇。」[55]或說「上帝是在『墮落』時期將脊椎動物的視網膜反轉過來嗎⋯⋯？」[56]

但事實上，眼睛顯然已是一個完美的設計了。在視網膜，一個被稱作中央窩（黃斑）的組織區域（圖6.1A），能反應出最精確的視力。在這裏幾乎完全沒有一些「干擾的」神經細胞，而神經纖維也從中心區域輻射開來，這樣就產生了一個較爲清晰的視覺區域。（圖6.1B）

有一個很好的理由來解釋，爲什麼視桿細胞和視錐細胞的視盤部分，會朝向色素上皮細胞；位於視網膜外部邊緣的視桿細胞和視錐細胞，不斷地替換視覺色素盤。[57]老去的被拋棄到外部，被色素上皮細胞所吸收（圖6.1D）。如果視盤是朝向光線射入的方向，一瞬間，我們的眼睛內部將處於一片黑暗。視桿細胞和視 錐細胞的活動從不停歇，而在我們一生中，視盤是不斷替換的。恒河猴的每個視桿細胞，每天可以產生80－90個新的視盤。[58]這個比率與人類的很相似，而我們人類的每隻眼睛包含有1億個視桿細胞（順便插一句，我們也許注意到該比率，與我們身體內每秒產生2百萬個紅血球細胞相比確實慢了點）。[59]我們還不太瞭解眼睛視盤更新的原因，但有人已提出這是一種預防性的保養，並且也是一種提供更新視覺敏感物的途徑。[60]最重要的一點是：視盤在視桿細胞的末端被吸收。一些有基因疾病的老鼠，色素上皮細胞不能吸收視盤。那些老鼠在視桿細胞的末端，形成了大量視盤的殘骸，在這種[61]情況下，視桿細胞逐漸退化並壞死。至今人類尚未遇到類似的情況，但這也就讓我們更難以研究這一領域。[62]如果視桿細胞和視錐細胞的視盤末端，改變方向以便面對光線，正如一些進化論者所建議的那樣的話，我們極可能遇到視覺災難。在我們的雙眼中，靠什麼來吸收每天產生的100億視盤？那些視盤極可能堆積在玻璃狀液區域(圖6.1A)，並且將很快妨礙光線到達視網膜。如果色素上皮細胞被置於視網膜的內部，用以吸收視盤的話，這也將妨礙光線到達視桿細胞和視錐細胞。何況，與視桿細胞和視錐細胞視盤末端，密切相連的色素上皮細胞，也為它們提供了製造新視盤的營養。上皮細胞則從與之密切相連的脈胳膜層豐富的血液中吸取營養(圖6.1C)。為了讓色素上皮細胞發揮正常作用，這些血液的供應是必不可少的。如果將色素上皮細胞和脈胳膜血液的供給，都置放於光源和感光的視桿細胞和視錐細胞之間，則將會嚴重地破壞視覺過程。

如果用達爾文進化論的看法來論，視桿細胞和視錐細胞目前的安排是十分糟糕的，為什麼最初形成眼睛的自然選擇，在以前就沒有改變這一狀態？實際上我們眼睛設計得並不壞，在眼睛方面的最新科學研究成果顯示，在一般情況下，它們的運作狀況也很良好。我們似乎可以這樣修改一下，當年帕雷有關手錶的經典事例：如果我們在地上發現一台電視攝錄影機，我們會傾向於考慮，它是被創造設計出來的呢？還是認為它是某種偶然突變，甚或是自然選擇過程的產物呢？

■ 有關創造的其他例子

最後，我們還可以討論出更多的複雜系統的例子，但是，我們簡短的調查只能讓我們列舉出下面幾個例子。

許多被稱爲荷爾蒙的化學物質，在複雜的有機體內起著協調功能。他們的機能與協調，介入許多處於身體各個不同部位的細胞與器官之間，複雜的相互依賴。有的荷爾蒙可以影響其他荷爾蒙，而那些又可以反過來調節或啓動更多的荷爾蒙。有時在產生某種系統功能時，一些相互依賴的成分必須同時存在，比如說，胰臟能產生控制血糖和與新陳代謝有關的荷爾蒙——胰島素。基本上構成胰島素的氨基酸排序，是由DNA上的遺傳基因所決定。在它發揮功能之前，至少需要經三個成熟步驟。同時，爲了在身體細胞中更有效地運作，它還必須與一個更複雜更特別的細胞表面的蛋白質接受器相連。而該接受器的結構，又是由另一段DNA的排序作決定。並且，在它能眞正幫助胰島素控制不同的細胞功能之前，必須經過兩次修飾調整。[63]如果沒有這些個別的步驟，這個系統也不會發生作用。

幾十年來，科學家認眞討論了進化論，由原來相對簡單的無性生殖，研究到複雜的有性生殖的轉變。[64]爲什麼這種情況會發生？問題是在一些簡單的生物，僅僅靠分裂生殖，就似乎比那些複雜生物的兩性繁殖效率更高。同時，新的進化演變，更容易表現出單親的特徵，這些特徵不會被另一方所淡化。變化是進化論的核心重點，那爲什麼抑制變化，低效率的有性生殖系統，也要進化並存留下來呢？一位進化論者稱這一問題是「進化生物學中的女皇。」[65]進化論者提出多種猜測，其中包括來自父母的基因變化優勢。不管怎樣，我們都很難想像如此雜亂無序的變化，能夠產生均分遺傳信息的相互依賴過程。就是這樣一個特殊的過程（減數分裂），產生了精子和卵細胞。然後，另外一個更爲複雜的系統，使兩者通過受精過程而結合，從而產生一個有效的雙親生殖系統。

是另一個不可思議的器官。它使人能聽到空氣中，以每秒1萬5千次頻率傳來的聲音，然後它又產生相對應的神經衝動。耳朵很小卻很複雜。它所產生的資訊，通過20萬個神經纖維到達腦部的聽覺區域，在那裏譯成聲音[66]。最簡單的耳朵功能，至少需要有一個聲音探測系統（耳），神經，和轉譯聲音的大腦，這三者中每一部分都有相當重要的作用。蝙蝠[67]、鯨、豚和地鼠的聲音系統，則更爲複雜，蝙蝠的耳朵結構獨特，這使牠們能夠把自己的回音，與附近其他蝙蝠的回音區別出來。同時，單憑這一組回聲系統，蝙蝠就能在飛行中迴避，那些直徑甚至不到一毫米的電線。

我們還可以想想，由相互依賴的各部分組成的許多其他複雜系統。人類和高等動物，每天會有成千上萬種的反射活動，比如說，控制呼吸的控制。反射活動的產生需要有靈敏的受感器，一個控制機制和能提供正確反應的一些肌肉神經。血液的凝結系統，是另一個相互依附的系統，除了用創造論外，很難用其他理論來進行解釋。在人體內，該系統至少需要12種不同但相互依賴的複雜分子共同合作，從而在傷口部位產生凝塊。同時，體內也還存在大約12種複雜因素，來調控避免血液的凝結。只有這樣，才能在我們沒有受傷時，血液不至凝結，而可以在身體內流動。[68]

無論我們在何處研究生物系統，我們都能發現這類複雜而又相互依賴的系統，其中誰也離不開誰。據估計，人類大約有5萬到20萬個不同基因，通常彼此融洽相處。難道這一切，都是偶然的突變和自然選擇的結果嗎？隨機的突變幾乎都是有害的，而自然選擇又無遠見，所以對於一個相互依賴系統的各部分，也就沒有任何好處可言，除非整個系統同時存在並且發揮作用。如果您心胸開闊，應該會認?這種情況，似乎有利於有智慧的設計這個說法。

■ 結論

幾個世紀以來，人類一直在爭論一個問題：自然是否把設計的構想反應出來。忽視細節，草率的論斷，有可能使你認爲該問題的答案是「不」。但是，那些複雜有機體，有許多複雜的相互依賴的各部分，可見設計的必然性。在自然選擇的進化論中，這樣相互依賴的組合部分，要等到所有部分共同發揮作用時，才有其存留價值。很奇怪的是，對於進化論，當我們觀看自然的時候，我們沒有看到新的部分或器官的進化。眼睛和耳朵，是如此的複雜，如果認爲它們是因偶然而產生，這是違背常理的。這些結構，似乎都已超出進化論通常有害的隨機突變，和毫無遠見的自然選擇，這類進化機制所能解釋。甚至有些進化論者認為，生命只有偶然發生而沒有自然選擇。無論如何，現今資訊都更傾向於有某種智慧設計的創造觀。

■ 參考文獻：

1. Bacon F. 1605. The advancement of learning, Book II, Chapter VI, section 1. Reprinted in: 1936. The World's Classics, vol. 93: Bacon's *Advancement of Learning* and *The New Atlantis,* London, New York, and Toronto: Henry Frowde, Oxford University Press, p. 96.
2. For a comprehensive discussion, see: (a) Clark RED. 1961. The universe: plan or accident? The religious implications of modern science. Philadelphia: Muhlenberg Press, pp. 15-151; (b) Templeton JM. 1995. The humble approach: scientists discover God. Rev. ed. New York: Continuum Pub. Co.
3. See: Boslough J. 1985. Stephen Hawking's universe. New York: William Morrow and Co., p. 121.
4. Davies PCW. 1982. The accidental universe. Cambridge: Cambridge University Press, pp. 88-93.
5. Hawking SW. 1988. A brief history of time: from the big bang to black holes. Toronto, New York, and London: Bantam Books, pp. 121, 122.
6. Carr BJ, Rees MJ. 1979. The anthropic principle and the structure of the physical world. Nature 278:605-612.
7. For further discussion, see: (a) Leslie J. 1988. How to draw conclusions from a fine-tuned cosmos. In: Russell RJ, Stoeger WR, Coyne GV, editors. Physics, philosophy, and theology: a common quest for understanding. Vatican City State: Vatican Observatory, pp. 297-311. For other examples, see: (b) Barrow JD, Tipler FJ. 1986. The anthropic cosmological principle. Oxford: Clarendon Press, and New York: Oxford University Press; (c) Carr and Rees (note 6); (d) Davies P. 1994. The unreasonable effectiveness of science. In: Templeton JM, editor. Evidence of purpose: scientists discover the Creator. New York: Continuum Pub. Co., pp. 44-56; (e) de Groot M. 1992. Cosmology and Genesis: the road to harmony and the need for cosmological alternatives. Origins 19:8-32; (f) Gale G. 1981. The anthropic principle. Scientific American 245:154-171; (g) Polkinghorne J. 1994. A potent universe. In: Templeton, pp. 105-115 (note 7d); (g) Ross H. 1993. The Creator and the cosmos. Colorado Springs, Colo.: NavPress, pp. 105-135.
8. Barbour IG. 1990. Religion in an age of science. The Gifford Lectures 1989-1991, vol. 1. San Francisco: Harper and Row, p. 135.
9. For recent descriptions, see: (a) Davies P. 1988. The cosmic blueprint: new discoveries in nature's creative ability to order the universe. New York: Simon and Schuster. Davies still concludes that "the impression of design is overwhelming" (p. 203). For further discussion, see: (b) Waldrop MM. 1992. Complexity: the emerging science at the edge of order and chaos. New York and London: Touchstone Books, Simon and Schuster; (c) see also chapter 8.
10. For definitions, discussions, and/or references of these terms, see: (a) Barbour IG. 1966. Issues in science and religion. Englewood Cliffs, N.J.: Prentice-Hall, pp. 53, 132; (b) Barbour, pp. 24-26 (note 8); (c) Beerbower JR. 1968. Search for the past: an introduction to paleontology. 2nd ed. Englewood Cliffs, N.J.: Prentice-Hall, pp. 175, 176; (d) Bynum WF, Browne EJ, Porter R, editors. 1981. Dictionary of the history of science. Princeton, N.J.: Princeton University Press, pp. 123, 296, 415, 416, 439, 440; (e) Grassé P-P. 1977. Evolution of living organisms: evidence for a new theory of transformation. Carlson BM, Castro R, translators. New York, San Francisco, and London: Academic Press, pp. 240-242. Translation of: L'Évolution du Vivant; (f) Mayr E. 1970. Populations, species, and evolution: an abridgment of *Animal Species and Evolution*. Rev. ed. Cambridge: Belknap Press of Harvard University Press, p. 351; (g) Rensch B. 1959. Evolution above the species level. [Altevogt DR, translator]. New York: John Wiley and Sons, pp. 57, 58. Translation of the 2nd ed. of: Neuere Probleme der Abstammungslehre; (h) Simpson GG. 1967. The meaning of evolution: a study of the history of life and of its significance for man. Rev. ed. New Haven and London: Yale University Press, pp. 174, 175; (i) Simpson GG. 1964. This view of life: the world of an evolutionist. New York: Harcourt, Brace, and World, pp. 22, 144, 273.

11. For reviews of the argument, see: (a) Baldwin JT. 1992. God and the world: William Paley's argument from perfection tradition—a continuing influence. Harvard Theological Review 85(1):109-120; (b) Barbour 1966, pp. 19-91, 132-134, 386-394 (note 10a); (c) Barbour 1990, pp. 24-30 (note 8); (d) Kenny A. 1987. Reason and religion: essays in philosophical theology. Oxford and New York: Basil Blackwell, pp. 69-84.
12. Tweyman S, editor. 1991. David Hume: *Dialogues Concerning Natural Religion* in focus. Routledge Philosophers in Focus Series. London and New York: Routledge, pp. 95-185.
13. Dawkins R. 1986. The blind watchmaker. New York and London: W. W. Norton and Co., p. 6.
14 Baldwin (note 11a).
15. Paley W. 1807. Natural theology; or, evidences of the existence and attributes of the deity. 11th ed. London: R. Faulder and Son, pp. 1-8, 20-46, 193-199.
16. Darwin C. 1859. On the origin of species by means of natural selection, or the preservation of favoured races in the struggle for life. London: John Murray. In: Burrow J, editor. 1968 reprint. London and New York: Penguin Books, p. 217.
17. Himmelfarb G. 1967. Darwin and the Darwinian revolution. Gloucester, Mass.: Peter Smith, p. 338.
18. Peckham M, editor. 1959. The origin of species by Charles Darwin: a variorum text. Philadelphia: University of Pennsylvania Press, p. 759.
19. Himmelfarb, p. 347 (note 17).
20. For an exception, see the recent publication by the philosopher of religion Alvin Plantinga: Plantinga A. 1991. When faith and reason clash: evolution and the Bible. Christian Scholar's Review 21(1):8-32.
21. See chapter 7 for further discussion of mutations.
22. Dawkins, pp. 5, 6 (note 13).
23. Rensch, p. 58 (note 10g).
24. Mayr 1970, p. 351 (note 10f).
25. Grassé, pp. 103, 104 (note 10e).
26. Block HM, editor. 1956. Candide and other writings by Voltaire. New York: Modern Library, Random House, p. 111.
27. Fentress JC. 1967. Discussion of G. Wald's The problems of vicarious selection. In: Moorhead PS, Kaplan MM, editors. Mathematical challenges to the neo-Darwinian interpretation of evolution. The Wistar Institute Symposium Monograph No. 5. Philadelphia: Wistar Institute Press, p. 71.
28. E.g.: (a) Raven PH, Johnson GB. 1992. Biology. 3rd ed. St. Louis, Boston, and London: Mosby-Year Book, p. 14; (b) Diamond J. 1985. Voyage of the overloaded ark. Discover (June), pp. 82-92; (c) Committee on Science and Creationism, National Academy of Sciences. 1984. Science and creationism: a view from the National Academy of Sciences. Washington, D.C.: National Academy Press.
29. See chapter 8 for further discussion.
30. (a) Avers CJ. 1989. Process and pattern in evolution. Oxford and New York: Oxford University Press, pp. 139, 140; (b) Carroll SB. 1995. Homeotic genes and the evolution of arthropods and chordates. Nature 376:479-485; (c) De Robertis EM, Oliver G, Wright CVE. 1990. Homeobox genes and the vertebrate body plan. Scientific American (July), pp. 46-52; (d) Gehring WJ. 1987. Homeo boxes in the study of development. Science 236:1245-1252; (e) Schneuwly S, Klemenz R, Gehring WJ. 1987. Redesigning the body plan of *Drosophila* by ectopic expression of the homeotic gene *Antennapedia*. Nature 325:816-818.
31. (a) Dawkins R. 1994. The eye in a twinkling. Nature 368:690, 691; (b) Nilsson D-E, Pelger S. 1994. A pessimistic estimate of the time required for an eye to evolve. Proceedings of the Royal Society of London B 256:53-58. These reports suggest that the eye could have evolved incredibly rapidly, its shaping taking a mere 400,000 generations. But a vast difference exists between shaping an eye on a computer, as researchers did, and having a real working eye develop by itself. Notoriously absent from the computer model is the origin of the highly complex retina; the complex mechanisms for controlling the lens and the iris; and especially the evolution of visual perception. The eye would be useless, and developing

stages would have no survival value without an interpretation process in the brain recognizing the changes. To suggest that this incredibly simplistic computer model would evolve "the eye in a twinkling" is symptomatic of a serious problem in evolutionary thinking.

32. (a) Baldwin JT. 1995. The argument from sufficient initial system organization as a continuing challenge to the Darwinian rate and method of transitional evolution. Christian Scholar's Review 14(4):423-443; (b) Grassé, p. 104 (note 10e).
33. Duke-Elder S. 1958. The eye in evolution. In: Duke-Elder S, editor. System of ophthalmology, vol. 1. St. Louis: C. V. Mosby Co., p. 192.
34. (a) Clarkson ENK, Levi-Setti R. 1975. Trilobite eyes and the optics of Des Cartes and Huygens. Nature 254:663-667; (b) Towe KM. 1973. Trilobite eyes: calcified lenses in vivo. Science 179:1007-1009.
35. Gregory RL, Ross HE, Moray N. 1964. The curious eye of *Copilia*. Nature 201:1166-1168.
36. (a) Cronly-Dillon JR. 1991. Origin of invertebrate and vertebrate eyes. In: Cronly-Dillon JR, Gregory RL, editors. Evolution of the eye and visual system. Vision and visual dysfunction, vol. 2. Boca Raton, Fla., Ann Arbor, Mich., and Boston: CRC Press, pp. 15-51; (b) Duke-Elder (note 33); (c) Land MF. 1981. Optics and vision in invertebrates. In: Autrum H, editor. Comparative physiology and evolution of vision in invertebrates. B: Invertebrate visual centers and behavior I. Handbook of Sensory Physiology, Vol. VII/6B. Berlin, Heidelberg, and New York: Springer-Verlag, pp. 471-594. These references do not especially address the question of design, but take evolution for granted.
37. Grassé, p. 105 (note 10e).
38. Darwin C. 1872. The origin of species by means of natural selection or the preservation of favoured races in the struggle for life. 6th ed. New York: Mentor Books, New American Library, pp. 168-171.
39. Simpson, pp. 168-175 (note 10h).
40. Dawkins, pp. 15-18 (note 13).
41. (a) Salvini-Plawen LV, Mayr E. 1977. On the evolution of photoreceptors and eyes. Evolutionary Biology 10:207-263. (b) Land (note 36c) suggests that the compound eyes "evolved independently in three invertebrate phyla; the annelids, molluscs, and arthropods" (p. 543).
42. (a) Gould SJ. 1994. Common pathways of illumination. Natural History 103(12):10-20; (b) Quiring R, Walldorf U, Kloter U, Gehring WJ. 1994. Homology of the *eyeless* gene of *Drosophila* to the *small eye* gene in mice and *Aniridia* in humans. Science 265:785-789; (c) Zuker CS. 1994. On the evolution of the eyes: would you like it simple or compound? Science 265:742, 743.
43. Mestel R. 1996. Secrets in a fly's eye. Discover 17(7):106-114.
44. Duke-Elder, p. 178 (note 33).
45. For some details of the anatomy and physiology of the human eye, among many references, see: (a) Newell FW. 1992. Ophthalmology: principles and concepts. 7th ed. St. Louis, Boston, and London: Mosby-Year Book, pp. 3-98. Some other aspects of the complexity of the eye are given in: (b) Lumsden RD. 1994. Not so blind a watchmaker. Creation Research Society Quarterly 31:13-22.
46. Davson H. 1990. Physiology of the eye. 5th ed. New York, Oxford, and Sydney: Pergamon Press, pp. 758, 759.
47. *Ibid.*, pp. 777, 778.
48. Kaufman PL. 1992. Accommodation and presbyopia: neuromuscular and biophysical aspect. In: Hart WM, Jr., editor. 1992. Adler's physiology of the eye: clinical application. 9th ed. St. Louis, Boston, and London: Mosby-Year Book, pp. 391-411.
49. For further information on the complex arrangement and function of the external muscles of the eye, see: (a) Davson, pp. 647-666 (note 46); (b) Duke-Elder S, Wybar KC. 1961. The anatomy of the visual system. In: Duke-Elder S, editor. System of ophthalmology, vol. 2. St. Louis: C. V. Mosby Co., pp. 414-427; (c) Hubel DH. 1988. Eye, brain, and vision. Scientific American Library Series, No. 22. New York and Oxford: W. H. Freeman and Co., pp. 78-81; (d) Warwick R, reviser. 1976. Eugene Wolff's anatomy of the eye and orbit. 7th ed.

Philadelphia and Toronto: W. B. Saunders Co., pp. 261-265.

50. For an introduction to this complex and fascinating topic, see: (a) Gregory RL. 1991. Origins of eyes—with speculations on scanning eyes. In: Cronly-Dillon and Gregory, pp. 52-59 (note 36a); (b) Grüsser O-J, Landis T. 1991. Visual agnosias and other disturbances of visual perception and cognition. Vision and visual dysfunction, vol. 12. Boca Raton, Fla., Ann Arbor, Mich., and Boston: CRC Press, pp. 1-24; (c) Spillmann L, Werner JS, editors. 1990. Visual perception: the neurophysiological foundations. San Diego, New York, and London: Academic Press.
51. Lennie P, Trevarthen C, Van Essen D, Wässle H. 1990. Parallel processing of visual information. In: Spillmann and Werner, pp. 103-128 (note 50c).
52. Shapley R, Caelli T, Grossberg S, Morgan M, Rentschler I. 1990. Computational theories of visual perception. In: Spillmann and Werner, pp. 417-448 (note 50c).
53. Paraphrased from: Hoyle F, Wickramasinghe NC. 1981. Evolution from space: a theory of cosmic creationism. New York: Simon and Schuster, pp. 96, 97.
54. Williams GC. 1992. Natural selection: domains, levels, and challenges. New York and Oxford: Oxford University Press, p. 73.
55. Diamond (note 28b).
56. Thwaites WM. 1983. An answer to Dr. Geisler—from the perspective of biology. Creation/Evolution 13:13-20.
57. It was earlier thought that only rods shed their disks; however, the process has been well demonstrated in cones. See: Steinberg RH, Wood I, Hogan MJ. 1977. Pigment epithelial ensheathment and phagocytosis of extrafoveal cones in human retina. Philosophical Transactions of the Royal Society of London B 277:459-471.
58. Young RW. 1971. The renewal of rod and cone outer segments in the rhesus monkey. Journal of Cell Biology 49:303-318.
59. Leblond CP, Walker BE. 1956. Renewal of cell populations. Physiological Reviews 36:255-276.
60. Young RW. 1976. Visual cells and the concept of renewal. Investigative Ophthalmology 15:700-725.
61. (a) Bok D, Hall MO. 1971. The role of the pigment epithelium in the etiology of inherited retinal dystrophy in the rat. Journal of Cell Biology 49:664-682. For further discussion regarding the function of the pigment epithelium, see: (b) Ayoub G. 1996. On the design of the vertebrate retina. Origins and Design 17(1):19-22, and references therein.
62. (a) Bok D. 1994. Retinal photoreceptor disc shedding and pigment epithelium phagocytosis. In: Ogden TE, editor. Retina. 2nd ed. Vol. 1: Basic science and inherited retinal disease. St. Louis, Baltimore, Boston, and London: Mosby, pp. 81-94; (b) Newell, pp. 304, 305 (note 45a).
63. Berne RM, Levy MN, editors. 1993. Physiology. 3rd ed. St. Louis, Boston, and London: Mosby-Year Book, pp. 851-875.
64. (a) Eldredge N. 1995. Reinventing Darwin: the great debate at the high table of evolutionary theory. New York: John Wiley and Sons, pp. 215-219; (b) Halvorson HO, Monroy A, editors. 1985. The origin and evolution of sex. New York: Alan R. Liss; (c) Margulis L, Sagan D. 1986. Origins of sex: three billion years of genetic recombination. New Haven and London: Yale University Press; (d) Maynard Smith J. 1988. Did Darwin get it right? Essays on games, sex, and evolution. New York and London: Chapman and Hall, pp. 98-104, 165-179, 185-188.
65. Bell G. 1982. The masterpiece of nature: the evolution and genetics of sexuality. Berkeley and Los Angeles: University of California Press, p. 19.
66. Berne and Levy, pp. 166-188 (note 63).
67. (a) Dawkins 1986, pp. 22-41 (note 13); (b) Griffin DR. 1986. Listening in the dark: the acoustic orientation of bats and men. Ithaca and London: Comstock Publishing Associates, Cornell University Press.
68. (a) Behe MJ. 1996. Darwin's black box. New York: Free Press, pp. 77-97; (b) Berne and Levy, pp. 339-357 (note 63).

第七章 人類的起源

人算什麼，你竟顧念他？
——*詩篇8：4*

1971年發現南菲律賓塔薩代部落這件事，被一位作家視爲「本世紀人類學上最偉大的發現——甚而更認爲這是幾世紀以來人類最偉大的成就之一。」[1]那26個生活在熱帶雨林洞穴中的人們，過著一種極端原始、落後而屬於舊石器時代的生活。他們以樹葉遮體，不諳狩獵和農耕，並以漿果、樹根和野香蕉爲食，偶而也吃蟹、蛆和青蛙。他們表示：他們絲毫不知道距三個小時行程外，就有一個大村莊，也不知道海洋離住處只有30公里。據說他們甚至認爲自己就是這地球上唯一的一群人類。雖然他們的語言與周圍鄰近的很相似，並且可以翻譯溝通，但他們的語言是獨特的。

塔薩代部落的發現，引起了全世界的關注；當地政府嚴格控制外界對這世上，最後的26位舊石器時代洞穴居住者的參觀。公衆媒體和大約12位科學家，被獲准每天可參觀和透過翻譯採訪塔薩代部落幾個小時。雖然面向公衆的新聞報導很多，但科學報告卻非常有限。發行量高達900萬份的國家地理雜誌，卻只刊登了與此相關的兩篇文章。他們和英國國家廣播公司各安排了電視節目，在世界播出。但是《溫順的塔薩代人》（The Gentle Tasaday）[2]這本書銷售量居然不差。

三年後，塔薩代族就杳無音信了，並且整整沈寂了12年。菲律賓當局政策的改變，使這片禁區發生了翻天覆地的變化。就在那時，一位瑞士人類學家兼記者前往洞穴參觀研究，竟然發現裏面空無一人。他同時發現塔薩代部落的人們，已穿上了彩色的T衫，使用金屬刀具，並臥床睡覺。一位部落人說，他們以前就居住在棚屋裏，並且以務農爲生，但政府部門，卻強迫他們住進洞穴，以此來證明他們是洞穴人。[3]幾天後，幾個德國記者，也與塔薩代部落有所接觸，並且拍到那位瑞士記者拍攝過的身影。這一回，這位「洞穴人」換上了樹葉裝。可笑的是：他的內衣，卻在樹葉下若隱若現。這些事實和其他一些相關事件，讓人們認爲塔薩代部落，實際上是場騙局，並且也因而在人類學界，引發了一場激烈的爭論。

這位發現了塔薩代部落，生活在現代社會的瑞士記者回國以後，立即與《國家地理雜誌》取得聯繫，向他們提供了新的資訊。第二天雜誌編輯就回了封電報，聲稱他們對此訊息不感興趣，並且，他們也不會再回復他任何信件。兩年後，《國家地理》雜誌，又報導說，「塔薩代」事件是一個騙局的說法，是「極不可信的。」[4]然而，兩個電視記錄片卻確認塔薩代的發現，確實是一個不折不扣的騙局。這兩部記錄片，一個名爲《從未存在的部落》，另一個是《醜聞：消失的部落》。

許多人都想知道，塔薩代部落是否是一個純正的「石器時代」的部落。這樣一個部落能存留，並與其他鄰近的先進村落相互隔離嗎？大部份親眼目睹該「部落」的人類學家相信他們的原始性和可靠性。無論如何，自從有傳聞說塔薩代部落是一個大騙局，就至少有三次國際人類學會議，提及這個挑戰性的難題。菲國政府部門嚴格控制是否適當；塔薩代部落是否完整無損，和人類學論證是否可靠？在在都很難下定論。

毫無疑問，塔薩代部落，被認爲是代表生活在某種原始條件下的獨特部落。同時，在相當大的程度上，爲了揚名或其他經濟原因，他們也被迫扮演了一場「洞穴秀」。有時這場表演，甚至被稱爲「熱帶雨林的水門事件。」[5]但有一點是毋庸置疑的，那就是：從 1971 年該部落被發現，一直到1986年再次被發現之間，他們可能經歷了許多變化。除此之外，還有許多問題仍有待解決。其中之一，就是他們最初被發現和第二次被發現時，居住地點似有所不同。

有關塔薩代的另一重要問題就是他們的語言是否確實與衆不同，而足以宣稱有一段隔離時間呢？學者們的觀點各自不同。1971年發現塔薩代部落時的三件石器，在無人有機會拍照前，就神秘失蹤。這三件石具，是菲律賓現存使用石器的唯一代表。菲律賓政府，命令塔薩代部落和相鄰部落製造出的替代工具，已被確查爲贗品。另一爭論，則集中在人類學家收集的宗譜資料是否準確。這對研究塔薩代部落的隔離程度，有著極其重要的意義。另一重心就是塔薩代部落的飲食。有些調查者認爲，該部落所居住的那片隔離地帶出產的食物，不可能維持他們的生存，特別是碳水化合物特別短缺。然而，有的調查者卻又持不同意見。當然我們還可以列舉許多其他的爭論點。但以上例子，其實就足以證明衝突觀點有多少不同了。[6]

我們在試圖評斷塔薩代部落之爭時，我們必須考慮：這麼多的事是怎樣出錯的。而這事也恰當地說明，想正確無誤地解釋過去的事情，實在是難上加難。在缺乏論據支持，又先入爲主的基礎上得出結論，卻是輕而易舉。這樣的難題，同樣困擾著有關人類起源的研究。在本章中，我們將看到支持人類進化的資訊，是多麼的不堪一擊，人類心智的假設性進化起源，更是一個令人難以置信的謎。

■ 人類從何而來？

在簡單到複雜的生物群中，現代人堪稱最複雜的生物。人類是地球上首屈一指的生物，並已具有高級推理能力，有彩繪西斯廷教堂的高超技藝和登陸月球的先進技術。

雖然相比於鯨，人類的體型很小，但不能輕易否認，我們生命的複雜性。我們身體存在著遠超過億兆的細胞。每個細胞核內，簇擁著30多億的DNA鹹基。假設一個細胞核內所有的DNA相連接，可達一公尺長。則將我們體內所有細胞的DNA連接起來，就可以在地球和木星之間，往返60次以上了。電腦的高科技讓人歎爲觀止，因爲在一平方公分的單晶片上，密布有數百萬的電晶體，但是如果跟細胞核相比，眞是相形見絀了。因爲一個細胞核所存的資訊，比一個電腦晶片存儲的量要高出1億倍[7]之多。

有關人類起源的問題，是達爾文的《物種起源》所提出的敏感問題之一。說動物和植物是進化而來尚可接受。但要說人類是由低等動物進化而來，就另當別論了。這種進化論與聖經中所記載的：上帝是按照祂自己的形像創造了人的論點是相抵觸的。人類特殊的思維能力與精神價值，怎麼能與他的動物祖先聯繫在一起呢？繼《物種起源》出版幾年之後，達爾文出版了另一本名爲《人的世系》的書，書中直接陳述了人類的祖先，是動物的觀點。在他的論證中，他從一些故事中得出結論，試圖緩解人類與動物之間，過分聯繫所引起的憤慨。他說了一個「眞正的英雄」——一隻狒狒的故事。這個英雄冒著生命危險，挽救了一隻被一群狗嚴重威脅的小狒狒。後來他又詳述了一隻狒狒襲擊一名動物園管理員，而一隻猴子看到他的管理員「朋友」，處於危難之中時，竟尖叫著狠狠地咬了這隻挑釁的狒狒一口。相反地，達爾文提到了人類的「野蠻」。他曾看到靠近南美洲南端的人，嚴刑拷打他們的仇敵，殺害嬰兒，把他們的妻子擄來爲奴，慘不忍睹。達爾文最後說：他寧願他的祖先是那隻英勇的狒狒，或是那隻無私的猴子，也不願是野蠻的人類。[8]

雖然達爾文的闡述娓娓動聽，但他辯證的資料選擇性太強。把人類最醜陋的行爲與動物最善良的行爲作比較，是很難令人信服的。達爾文拿來與野蠻人作比較的那隻英勇的狒狒，並非襲擊動物園管理員的那隻狒狒。而且，達爾文對人類父母之愛與人道主義的愛，卻隻字不提。再者，提到基本智慧，我們大部分人可能更願與人類相聯繫，而不是與狒狒和猴子。

特別是自從達爾文時代以來，人類起源這個問題，一直被激烈地辯論著。許多人認爲，人類自有其特殊的生存目的和命運。而另一些傳統的進化論者，則認爲人類是盲目進化過程的產物。哈佛大學的辛普森就曾這樣說道：「人類是毫無目的的自然發生過程的結果，這個過程根本就沒把人類放在心上。」[9]

由於多種原因，古人類學（研究人類化石）爭論始終不絕於耳。這場爭論在有著許多重大發現的過去40年中，尤爲紛亂。科學作家，兼人類學者列文，在他的《骨頭的爭論》中就強調指出，這一領域的爭辯，要比科學界其他領域的爭論激烈得多。[10]曾有人幽默地說，要讓兩位人類學者，在用餐地點這個問題上達成一致，比登天還難。加州柏克萊大學的人類學者瓦希本評論說：「不如把人類進化的研究，當作是一場沒有確定規則的遊戲，只見死氣沈沈的表演者，斷斷續續的表演。要讓這場遊戲成爲眞正的科學，而我們又能確信構成這些『事實』的證據，則還需要一段很漫長的時間。」[11]

曾在耶魯大學和哈佛大學就職的皮耳秉，也提出同樣的問題：「我相信那些有關人類進化過程和原因的說法，大部分是談論我們自己，即古人類學家和我們所生活的大社會，還有那些『眞正』發生過的事情」。[12]列文也認爲：「古人類學，是一種資料匱乏而觀點冗長的科學。」[13]

這場糾紛產生的另一個原因就是缺乏確鑿資料來證明所提出的理論。人類學家就不同的化石發現[14]和眞正物種間的關係，進行著無休止的爭論。半個世紀以前，這個問題是很「令人困惑」的，[15]因爲有一百多「種」人類化石要討論。在進行更嚴重分類之後，數量減少到10種以下。然而，現在數量又增加了。[16]隨著分類學主觀性的進一步解釋，路易・利基重新對我們所屬的「人」作了定義。新的定義，把腦容量稍小的非洲智人也包括在內，這一次的再定義，恰好與他的理論相一致。[17]

■ 化石發現

創造論者經常提到遠古人類化石的發現數量之少，以及僅從有限的部位，所做的頭顱骨主觀性重建,是進化模式中的弱點。雖然資料相對來說，依舊缺乏，但是，這個過去很多年，都不見成效的爭論，現在卻加入了許多新資訊。大部分的化石群，都極具有代表性。下面我們進行簡要而概括的說明。

1．*南方古猿*

南方古猿自小到中至少有四種不同類型。屬靈長類，可直立行走。其化石最早在東非和南非發現。他們的頭顱容量大約是350到600立方公分，與某些猿類的頭顱容量相近。唐恩猿孩和女猿人露西（Lucy），就是著名的例子。後者有可能是雄性。[18]然而，不同種類的代表物之間，以及和更高級形式之間的進化關係，很是令人費解。古生物學者至少提出了六種模式。[19]

2．*非洲智人*

這個有爭議的「物種」，被一些進化論者稱之爲「謎」。[20]而另一些人則說：是因爲「有的工作者，寧可否認它的存在。」[21]也有一些人認?這一物種應該分成兩類。[22]其部分骨頭於1959年，被路易・利基在非洲坦桑尼亞北部的奧杜瓦伊峽谷發現，許多人都認爲這一發現，填補了古猿和類人猿之間的空白。智人的頭顱容量，估計爲500到800立方公分。古生物學者，已經在非洲發現了二十多塊頭骨和體骨標本，但是，仍有許多問題尚未解決。有的標本也許不屬於這一群體，而另外不屬於這一群體的，則又可能被包含進來。有的標本據說是具有人類的特徵，但有些卻又很類似猿類，有的甚至兩者兼而有之。[23]由此可見，「智人」並沒有準確的定義。

3．*類人猿*

該種群的身高接近於現代人類，其腦容量爲750到1,200立方公分，以爪哇人和北京人化石爲代表。在亞非洲的其他地方，也發現了大量標本。有的歐洲人骨化石也被列入這一種群。有些人類學家認爲類人猿處於智人和現代人中間，然而，也有人認爲它只不過是古代人類的一個變種。

4．*古代人類*

古代人類，有大量比類人猿更接近於現代人的化石。其平均腦容量爲1,100到1,750立方公分。古生物學家，在亞、非、歐以及中東地區，已出土大量化石樣品。其中包括最有名的尼安德塔人。他們的特點是額眉低、駝背。如果只根據化石就斷定，他們 患有嚴重關節炎，[24]這似乎是錯誤的，經過研究尼安德塔人之後，兩位人類學家這樣評論到，如果一名健康的尼安德塔人「能夠再生，並站在紐約地鐵站上——假設他洗了澡，刮了鬍子，並穿上現代裝——他會不會比其他乘客，更具吸引力，這還是一個很令人懷疑的事情。」[25]尼安德塔人已經相當高等了。他們的平均腦容量，通常比現代人大；約爲1,625立方公分，而現代人的則爲1,450立方公分。[26]

雖然在總體上說，上面所列舉的那些較小的有機體群體，包括南方古猿的年代都比較久遠了，但在古人類學界，還是掀起了幾場，對於年代問題的主要戰爭。用鉀—氬測年法發現[27]在肯亞圖爾卡納湖附近的灰層，已有261萬年歷史，而該地質層也就是發現智人的場所。然而，這一資料，並不符合我們所接受的觀點，並且也一直是幾年來爭論的中心。後來，用同樣的方法再進行檢測，終於得出更易於接受的188萬年。[28]另一個產生「極度懷疑論」[29]的爭論與類人猿的起源有關。傳統認爲牠們是在180萬年前，在非洲進化而成的。然而，在研究爪哇的類人猿時——它們被認爲是在大約100萬年前，從非洲遷移來的——用改良過的鉀——氬測年系統，測出牠們應該有180萬年的歷史。研究者對於中國的遠古人類，也得出相似的資料。[30]這樣問題就來了，非洲或是亞洲是否是類人猿的起源地，甚至還可以引出一個更廣泛的問題：根據進化論思想，人類的起源是否就集中在亞非兩洲。

基本上，古人類學家在某些問題上還是達成了一致的看法。新近的發現表明有些假設的進化過渡物，是生活在同一時代，[31]並且有著不同的物種層層疊疊。然而在鑑定時，有時也會使資料混淆不清。專家們開始懷疑人類，由原始的南方古猿到更高級的物種，逐步進化的直線形理論。有的資料表明，類人猿生活於距今2萬7千年前，[32]這樣的話，根據進化論的解釋，牠就應該與現代人類，同時代達50萬年之久。這樣的重疊就大大減小了許多物種時代關係上的重要性。有的人也認同說，我們並沒有發現早期的人類祖先，[33]早期的靈長類動物（猿和猴）的進化關係，也不爲人所知。[34]約翰生[35]支持的靈長類南方古猿是人類祖先的一分子，或者利第[36]所強調的是否還需要另外一些尚未發現的有機體，都引發了一場重要的爭論。有人建議說，不同的人類有可能是在不同的地方獨立進化而來。[37]

不同靈長類動物（比如說猴，人類等）之間相似而又複雜器官分子（生物聚合物）的比較，對於研究人類進化，有著舉足輕重的意義。分子越相似，那麼假設的進化關係就越接近。奇怪的是，有些研究進化變化率的試驗，表明5百萬年前而不是2千萬年前，人類和猿有共同的祖先，這與以前從化石記錄中，得出的結論不謀而合。這就引發了另一場爭論，[38]另一個問題便是根據分子資料的進化關係假說，和圖7.1A－C中來自形態學資料(骨骼形狀)的假說不同。您可以看到圖示呈上升趨勢，其中的分枝，就是假設發生了進化分離。抗體、化石和分子資料之間的矛盾，暗示了人類進化模式的不一致。分子資料和形態學資料的矛盾，在許多非靈長類動物群體中也出現過。[39]

創造論者也不同意有關猿人化石種類的解釋。通常，他們認爲小的古猿的祖先，是一種已經滅絕的被造的靈長類動物。那些在洞穴中，留下生活痕跡的尼安德塔人，通常也被認爲是聖經大洪水之後的移民。然而在提及如謎般的智人，和更爲高等的類人猿(爪哇人和北京人等)時，不同意見又來了。[40]一種普遍接受的解釋，就是被造的人類，包括那些高等的人種(現代人、尼安德塔人、古代人類和類人猿)。神秘的智人群體尚不確定，需要對它進行進一步的研究。

還有一點值得我們在此提及。按說人類(現代人)已經存在至少長達50萬年了，奇怪的是人類活動的明顯證據，看來距離我們並不遙遠。歷史、文學，考古學(包括文明證據，比如說城市，古代旅行路線等)反映的僅是幾千年的歷史活動。這些基本的資料便給進化論提出了難題；如果人類已經存在50萬年了，爲什麼那些證明人類過去活動的證據，卻又如此的近？而且，既然人類是逐漸進化的，爲什麼要等到50萬年最後1%的時間，才進化到這種高等形式？

創造論者有時也詫異：爲什麼岩石記錄中，所找到的大洪水之前的人類證據是如此稀少。根據聖經記載，這些人類，在世界被造後到大洪水之間，已經生活了一千多年了。位於岩石中間和底層的人類化石證據，是很令人懷疑的？強有力的證據，比如說，保存完好的骨骼，在地質堆積柱的上層，顯然比較少(圖10.1)。創造論這樣解釋道：(1)在大洪水之前，地上人口稀少，如今要找到他們的機會極小。而且聖經中所記載的生育繁殖後代率，遠沒有現在這麼高。比如說，諾亞在600年中只有3個兒子，這樣看來，洪水前族長們的長子，恰好都出生在他們的父

圖片 7.1

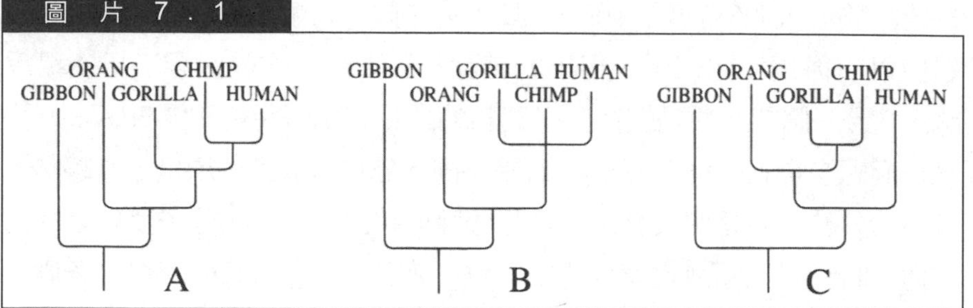

根據不同試驗方法所建立的某些高等靈長類動物的進化關係。A圖基於DNA的相似性，B圖基於抗體反應，C圖根據化石證據而繪製。

親平均100多歲的時候。[41]（2）在洪水期間，萬物之靈的人類，應該運用他們的智慧逃到地勢高的地方。如果眞是這樣的話，他們被沈澱物埋葬的可能性就很小了。（3）創世記大洪水之前，人類可能居住在地球較高、較寒冷的地方。因此，在地質堆積柱底層位置，就不可能表現出來。（4）洪水沖毀了人類存在的證據。創造論者解釋洪水前，缺乏人類證據的難度，可能不像進化論者解釋50萬年前人類（現代人），遺體和活動缺乏的難度那麼大。但目前，不管是哪一種觀點，都不足以提供強有力的證據，來證明人類的歷史。

■ 人類心智的起源

我們知道，宇宙中最複雜的結構之一就是人腦。這偉大的器官也是我們奇妙思維的家園。大腦的複雜性，遠超過我們所能想像的。每一個人腦中至少存在一千億的神經細胞（Neurons）。[42]大約40萬公里的神經纖維，把這些神經細胞相互連接。神經纖維在連接其他神經細胞時，也經常會重複分枝。電荷的變化，導致神經纖維產生神經衝動。神經細胞連接處至少有30種或更多種不同的化學物質，這些物質，在細胞之間傳達資訊。有的大神經細胞連接的細胞多達600個以上，而其間的接頭甚或有6萬個之多。據估計，大腦記憶體有數百萬個（約10^{14}）這樣的連接。這些資料是如此的龐大，以致於我們無法把它們與日常經驗相聯繫。這就有利於幫助我們明白：佔人腦最大部位，大腦的外側，其神經細胞沒有後腦那麼集中，一立方毫米的組織，包含4萬個神經細胞和大約10億個接頭。雖然這些僅僅是最保守的估計，但毫無疑問地，我們實在難以想像我們賴以思考的結構，竟如此精密複雜。

雖然，我們很難解釋大腦的複雜性，但人類的心智（思考過程）問題，則更令人費解。科學家已經開始研究、難以說明的意識現象和我們對自己存在的覺察。因此，科學家便試圖製造一種電腦——人工智慧，使機器能意識到它們自己的存在。[43]人腦僅僅是一種複雜有自我意識而從簡單進化而來的機器？[44]還是更高級的實體呢？我們對頭腦如何實際運作瞭解甚。但是，很明顯的，人類總是想要去造出可以思考的機器，這種活動與設計創造觀念的相似性，超過那沒有任何智慧參與的演化起源觀念。

有的動物似乎可以表現出與人類同等的智慧。[45]例如：有些研究者曾報導黑猩猩之間用符號交流。[46]狗往往對主人的命令心領神會，雖然，有時也只能算是差強人意。不管怎樣，動物的智力根本無法與人類的智慧相媲美。有人驚異！人類是怎樣進化出，似乎遠遠超出進化生存所需要的人腦。沒有這樣複雜大腦的狒狒，仍然可以生存得很好。與達爾文共同提出自然選擇觀的華萊士(1823－1913)，就曾提出這個問題。他覺得有必要用自然動力之外的某些觀點來解釋人腦。如今有的進化論者，仍然在討論這個問題。甚或有人暗示，人類的活動表明，他們的智力遠遠超過生存所需，正因爲如此，他們得以有力地摧毀自己賴以生存的環境。[47]在提到預期的高等競爭者(最適合生存者)繁殖率的增長時，進化論者史密斯機敏而直率地說：「很少人會因爲他們只會解微分方程或者下盲棋，而有很多孩子。」[48]或許，我們眞的無法單憑簡單的進化過程，來解釋人類的特質。

居住在英格蘭的達爾文，有一個美國的好友兼支持者。他就是植物學家格雷，他與達爾文共同探討許多深層次的理論。達爾文曾致信格雷：「我清清楚楚的記得有一段時間，每次想到眼睛，都令我震駭不已。不管怎樣，我已經熬過那段痛苦的日子，但現在一些結構上的瑣碎問題，又使我不安。無論何時我盯著孔雀尾部的一根羽毛，都會令我心不舒服。」[49]

爲什麼孔雀的羽毛會令達爾文噁心？我並不確定我能回答這個問題，但我懷疑，在看到的流光溢彩的雀屏時，誰不曾思忖這是一件獨具匠心的設計？這不僅是因爲雀屏的珠光寶色，更由於那炫目的美麗。爲什麼我們會欣賞美，享受音樂，又驚異於它們存在的奇妙？這些心理特徵，似乎已經超出了機械水平，並且高出於自然選擇的生存需求。

心智的起源，對於任何自然主義的解釋來說，都是一個不解之謎，當我們看著大腦時，我們也面對著一個令人歎爲觀止的事實：在這兒，就在這1.5公斤的器官裏，是問「我是誰」的所在地。大腦中的點點連接，是怎樣安排得如此天衣無縫，使我們可以推理[50]（有人希望大部分人，都是直線型思維！），可以創立數學定理，對我們的起源，提出疑問；學習新語言，創作交響樂曲呢？關於人類起源，對自然主義理論者而言，更具有挑戰性的，是：我們何以有選擇的能力和道德責任、忠誠、愛和精神空間等其他特質。大腦的物理複雜性和其心智的卓越活動，暗示了一種高水準的智慧創造，而非機械的進化起源。

■ 結論

人類起源的研究，已經成爲科學疑問中的一個特殊爭論領域。我們至少可以把這歸因於：資料的缺乏和科學家個人主觀的判斷。人類進化證據的稀少，並且受到各種解釋的限制。人腦的高級特性，比如說意識、創造性、自由意志、美感、道德、精神生活，這一切，無不暗示著人類是特別被設計爲一種更高級的生物，並非是在單純的機械進化過程中，由動物進化而來的。

■ 參考文獻：

1. Nance J. 1975. The gentle Tasaday: a Stone Age people in the Philippine rain forest. New York and London: Harcourt, Brace, Jovanovich, p. 134.
2. *Ibid.*
3. Iten O. 1992. The "Tasaday" and the press. In: Headland TN, editor. The Tasaday controversy: assessing the evidence. Scholarly series, Special Publications of the American Anthropological Association, No. 28. Washington, D.C.: American Anthropological Association, pp. 40-58.

4. McCarry C. 1988. Three men who made the magazine. National Geographic 174:287-316.
5. Berreman GD. 1982. The Tasaday: Stone Age survivors or space age fakes? In: Headland, pp. 21-39 (note 3).
6. For general references on the Tasaday, see: (a) Anonymous. 1971. First glimpse of a Stone Age tribe. National Geographic 140(6):880-882b; (b) Bower B. 1989a. A world that never existed. Science News 135:264-266; (c) Bower B. 1989b. The strange case of the Tasaday. Science News 135:280, 281, 283; (d) Headland (note 3); (e) MacLeish K. 1972. Stone Age cavemen of Mindanao. National Geographic 142(2):219-249; (f) Nance (note 1).
7. This is a conservative figure. It could easily run a hundred to a thousand times higher, but super chips are also becoming more and more refined.
8. Darwin C. 1874. The descent of man, and selection in relation to sex. Rev. ed. Chicago: National Library Association, pp. 116, 118, 643.
9. Simpson GG. 1967. The meaning of evolution: a study of the history of life and of its significance for man. Rev. ed. New Haven and London: Yale University Press, p. 345.
10. Lewin R. 1987. Bones of contention: controversies in the search for human origins. New York: Simon and Schuster, p. 20.
11. Washburn SL. 1973. The evolution game. Journal of Human Evolution 2:557-561.
12. Pilbeam D. 1978. Rethinking human origins. Discovery 13(1):2-10.
13. Lewin, p. 64 (note 10).
14. For a variety of proposed relationships, see: (a) Avers CJ. 1989. Process and pattern in evolution. New York and Oxford: Oxford University Press, pp. 496-498; (b) Bower B. 1992. Erectus unhinged. Science News 141:408-411; (c) Edey MA, Johanson DC. 1989. Blueprints: solving the mystery of evolution. Boston, Toronto, and London: Little, Brown, and Company, pp. 337-353; (d) Martin RD. 1993. Primate origins: plugging the gaps. Nature 363:223-233; (e) Wood B. 1992. Origin and evolution of the genus *Homo*. Nature 355:783-790.
15. Mayr E. 1982. Reflections on human paleontology. In: Spencer F, editor. A history of American physical anthropology, 1930-1980. New York and London: Academic Press, pp. 231-237.
16. E.g., (a) Leakey MG, Feibel CS, McDougall I, Walker A. 1995. New four-million-year-old hominid species from Kanapoi and Allia Bay, Kenya. Nature 376:565-571; (b) White TD, Suwa G, Asfaw B. 1994. *Australopithecus ramidus,* a new species of early hominid from Aramis, Ethiopia. Nature 371:306-312.
17. (a) Leakey LSB, Leakey MD. 1964. Recent discoveries of fossil hominids in Tanganyika: at Olduvai and near Lake Natron. Nature 202:5-7; (b) Leakey LSB, Tobias PV, Napier JR. 1964. A new species of the genus *Homo* from Olduvai Gorge. Nature 202:7-9; (c) Lewin, p. 137 (note 10).
18. (a) Häusler M, Schmid P. 1995. Comparison of the pelvis of Sts 14 and AL 288-1: implications for birth and sexual dimorphism in australopithecines. Journal of Human Evolution 29:363-383; (b) Shreeve J. 1995. Sexing fossils: a boy named Lucy. Science 270:1297, 1298.
19. (a) Grine FE. 1993. Australopithecine taxonomy and phylogeny: historical background and recent interpretation. In: Ciochon RL, Fleagle JG. The human evolution sourcebook. Advances in Human Evolution Series. Englewood Cliffs, N.J.: Prentice Hall, pp. 198-210; (b) Wood B. 1992. Origin and evolution of the genus *Homo*. Nature 355:783-790.
20. Avers, p. 509 (note 14a).
21. Stanley SM. 1981. The new evolutionary timetable: fossils, genes, and the origin of species. New York: Basic Books, p. 148.
22. Wood (note 14e).
23. (a) Bromage TG, Dean MC. 1985. Reevaluation of the age at death of immature fossil hominids. Nature 317:525-527; (b) Johanson DC, Masao FT, Eck GG, White TD, Walter RC, Kimbel WH, Asfaw B, Manega P, Ndessoia P, Suwa G. 1987. New partial skeleton of *Homo habilis* from Olduvai Gorge, Tanzania. Nature 327:205-209; (c) Smith BH. 1986. Dental development in *Australopithecus* and early *Homo*. Nature 323:327-330; (d) Susman RL, Stern JT. 1982. Functional morphology of *Homo habilis*. Science 217:931-934.
24. Boule M, Vallois HV. 1957. Fossil men. Bullock M, translator. New York: Dryden Press, pp. 193-258. Translation of: Les Hommes Fossiles.

25. Straus WL, Jr., Cave AJE. 1957. Pathology and the posture of Neanderthal man. Quarterly Review of Biology 32:348-363.
26. These figures are on display at the American Museum of Natural History in New York, as reported in: Lubenow ML. 1992. Bones of contention: a creationist assessment of human fossils. Grand Rapids: Baker Book House, p. 82.
27. See chapter 14 for a discussion of this method.
28. Lewin, pp. 189-252 (note 10).
29. Gibbons A. 1994. Rewriting—and redating—prehistory. Science 263:1087, 1088.
30. (a) Huang W, Ciochon R, Yumin G, Larick R, Qiren F, Schwarcz H, Yonge C, De Vos J, Rink W. 1995. Early *Homo* and associated artefacts from Asia. Nature 378:275-278; (b) Swisher CC III, Curtis GH, Jacob T, Getty AG, Suprijo A, Widiasmoro [n.a.]. 1994. Age of the earliest known hominids in Java, Indonesia. Science 263:1118-1121.
31. (a) Leakey R, Lewin R. 1992. Origins reconsidered: in search of what makes us human. New York, London, and Sydney: Doubleday, p. 108; (b) Lubenow, pp. 169-183 (note 26).
32. Swisher III CC, Rink WJ, Antón SC, Schwarcz HP, Curtis GH, Suprijo A, Widiasmoro [n.a.]. 1996. Latest *Homo erectus* of Java: potential contemporaneity with *Homo sapiens* in Southeast Asia. Science 274:1870-1874.
33. (a) Edey and Johanson, p. 352 (note 14c); (b) Wood (note 14e).
34. (a) Martin (note 14d); (b) Martin L, Andrews P. 1993. Renaissance of Europe's ape. Nature 365:494; (c) Moyà Solà S, Köhler M. 1993. Recent discoveries of *Dryopithecus* shed new light on evolution of great apes. Nature 365:543-545.
35. (a) Edey and Johanson, p. 353 (note 14c); (b) Johanson DC, Edey MA. 1981. Lucy: the beginnings of humankind. New York: Simon and Schuster, p. 286.
36. Leakey and Lewin, p. 110 (note 31a).
37. Aitken MJ, Stringer CB, Mellars PA, editors. 1993. The origin of modern humans and the impact of chronometric dating. Princeton, N.J.: Princeton University Press.
38. Edey and Johanson, pp. 355-368 (note 14c).
39. E.g., Patterson C, Williams DM, Humphries CJ. 1993. Congruence between molecular and morphological phylogenies. Annual Review of Ecology and Systematics 24:153-188.
40. For instance: DT Gish ([a] 1985. Evolution: the challenge of the fossil record. El Cajon, Calif.: Creation-Life Publishers, pp. 130-206) draws the line mostly above *Homo erectus,* while ML Lubenow ([b] p. 162 [note 26]) includes some *Homo habilis* types, and AW Mehlert ([c] 1992. A review of the present status of some alleged early hominids. Creation Ex Nihilo Technical Journal 6:10-41) apparently places *Homo erectus* with human beings.
41. Gen. 5; 7:11-13.
42. The estimate of the number of neurons in the brain varies greatly. The cerebellum has many more than the cerebrum. For details on these estimates, see: Williams PL, Warwick R, Dyson M, Bannister LH, editors. 1989. Gray's anatomy. 37th ed. Edinburgh, London, and New York: Churchill Livingstone, pp. 968, 972, 1043. Their figures can imply about 300,000 million in the cerebellum.
43. Davidson C. 1993. I process therefore I am. New Scientist (37 March), pp. 22-26.
44. (a) Calvin WH. 1994. The emergence of intelligence. Scientific American 271:101-107; (b) Penrose R. 1994. Shadows of the mind: a search for the missing science of consciousness. Oxford, New York, and Melbourne: Oxford University Press.
45. Reference can be made here to the debate over the evolution of altruism by kin selection, which gives an evolutionary basis for altruism, but which tends to deny the existence of free will. For some recent discussions, see: (a) Barbour IG. 1990. Religion in an age of science. The Gifford Lectures 1989-1991, vol. 1. San Francisco and New York: Harper and Row, pp. 192-194; (b) Brand LR, Carter RL. 1992. Sociobiology: the evolution theory's answer to altruistic behavior. Origins 19:54-71; (c) Dawkins R. 1989. The selfish gene. New ed. Oxford and New York: Oxford University Press, pp. 189-233; (d) Maynard Smith J. 1988. Did Darwin get it right? Essays on games, sex, and evolution. New York and London: Chapman and Hall, pp. 86-92; (e) Peacocke AR. 1986. God and the new biology. San

Francisco, Cambridge, and New York: Harper and Row, pp. 108-115.

46. (a) Lewin R. 1991. Look who's talking now. New Scientist (27 April), pp. 49-52; (b) Seyfarth R, Cheney D. 1992. Inside the mind of a monkey. New Scientist (4 January), pp. 25-29.
47. Edey and Johanson, pp. 371-390 (note 14c).
48. Maynard Smith, p. 94 (note 45d).
49. Darwin F, editor. 1887-1888. The life and letters of Charles Darwin, vol. 2. London: John Murray, p. 296.
50. For some attempted explanations that do not address the specific complexity needed for intricate thought patterns, etc., see: (a) Lee D, Malpeli JG. 1994. Global form and singularity: modeling the blind spot's role in lateral geniculate morphogenesis. Science 263:1292-1294; (b) Stryker MP. 1994. Precise development from imprecise rules. Science 263:1244, 1245.

第八章 更多的生物疑問

萬物由一顆蛋生成。

——威廉・哈維[1]

生物學中的奧妙無窮。科學家發現一隻小小蛔蟲，每一個細胞的DNA中，就存有一億對核甘酸基。這個DNA直接指導著讓蛔蟲「活下來」的整個變化過程。類似的情況在大部分生命有機體中都存在，既令人歎爲觀止，卻又迷惑不解。正如在第五章中所提到的，在進化論「百家爭鳴」時期，部分歸因於分子生物學上的顯著進步。我們不能過分強調，這些發現已經開拓了在幾年前，我們尚一無所知的恢宏生物領域。在本章中，將以進化論「百家爭鳴」時期的一些問題爲開端，來探討幾個生物學話題。並繼續簡明扼要地觀察幾項複雜的新發現，並探討一些進化論者思考的問題和發現所產生的改變。

■ 傳統主義者和生物分類學者

進化論預先假定一切有機體是相互聯繫的。它們起源於一種簡單的原始生命，經歷長達數十億年的演變，最終進化爲今天的各種形式。在有機體傾向越來越複雜的形式進化時，其種類的數量也在不斷地增加。據稱，首先是一種原始物種變異產生成爲其他物種，而這些物種，又再進化爲其他更多的不同種類，如此延續不斷而又反覆的過程，就產生典型的進化樹，原始種類在基幹（樹幹），更高一級的種類形成枝杈，如今的生命有機體，就形成了「樹葉」（見圖11.1）。

進化樹上的分枝佈局，有著相當大的變化，因爲幾乎沒有什麼種類，能恰如其分地代表樹幹或是枝杈。那些貌似合理的祖先又很稀罕，所以有關進化關係的假說，也就各自爲論了。

傳統的進化論，一直試圖通過分析有機體之間全面的相似性，來建立它們之間的相互關係。有機體之間越相似，它們之間促成進化的可能性就越大。某些分類學者(爲機體分類的)分配出定量的數值給「特徵」，並估算相似指數。然而，選擇要評價的特徵，以及決定所選特徵的重要性，都是非常主觀的。哈佛大學著名的傳統進化論者梅爾，就曾指出有機體的分類是一門「藝術。」[2] 而精確、嚴密與客觀性的欠缺激發了另一種分類法，即生物分類學。當然該術語也並非十分清楚明確。

一些頗具影響力的生物分類學家，認爲同的相似點無力證明進化論。這些相似點，只不過適用於某些進化路徑。他們只考慮到獨特的共用相似性（共源性狀）。對於決定關係的重要性，這些特質畢竟爲數不多。有的生物分類學者，甚而感到進化關係永無定論之日。美國自然歷史博物館，研究蜘蛛的生物分類學領袖普拉尼克對這個問題這樣描述道：「進化生物學者，必須做出一個選擇，我們要同意梅爾的觀點，那些故事性的解釋，就是這場遊戲的名字，然後繼續從生物學的其他領域，涉略到一個由權威和輿論統治的領域；或是我們要堅信無論在何處，我們的解釋都經得住考驗，並可以抵制僞造，那麼進化生物學就可重新與整個科學界全面接觸。」[3]

生物分類學者相信進化論，但對他們來說，進化論更是一種信仰，而不是主觀斷言。[4] 他們關注於去尋找那些對決定有機體之間眞正關係，有舉足輕重而又可證實的特徵。

■ 漸進主義者和斷續主義者

自然觀察表明即使是密切相關的物種，比如說兩種蚱蜢，也可能截然不同。新達爾文學說認爲小的逐漸而緩慢的進化過程，最終產生新的物種。他們把這種緩慢的變化稱爲漸進主義。變化不斷累積，種群不斷演變，進而使物種之間的差異日益擴大。而我們唯一能找到豐富的中間物的地方，就是過去生命的化石記錄。然而，化石記錄中所看到的，也同樣是物種性狀的不連續性。有人把這種證據缺失，歸因於保存不完整或尚未發現而導致化石記錄不完全。

1972年，兩位著名的古生物學者：美國自然歷史博物館的艾瑞莒和哈佛大學的古爾德爲化石不連續性的解釋另闢蹊徑。[5]他們認爲進化過程是不規則的，每隔一段較長期的相對穩定，就會有短暫的急劇變化，並把這種新觀點稱爲「斷續性平衡」。斷續性指的是變化，平衡表示相對穩定時期。這種提議「導致了一場不同尋常的激烈爭論」，[6]這場爭論持續至今。這種觀點時而深情款款，時而面目猙獰，故被叫做「叛客」。它提出大變化從來不在大群體中發生。如果因爲某種原因，一個小群體被隔離，進化進程將大大加快。因爲小群體中的少數分子，更容易接受變化。如果是這樣的話，那麼中間物，就很少，因爲幾乎沒有中間型的生物曾經存在過，所以很難在化石記錄中保存下來。

斷續性平衡理論，並沒有解決大而主要生命群體之間及有機體化石之間，中間物完全缺失的難題。[7]它只能解釋小變化，只能應用在物種水平上。它並沒有回答，進化過程能產生新的目、綱、門、部、和界的關鍵性問題。

■ 自然選擇論者和中立主義者

進化論思潮多樣化時期，衝突最激烈的，也許應該是自然選擇論者和中立主義者。這讓我們想起現代綜合論早期的遺傳漂移(genetic drift)之爭。自然選擇論者，強調自然選擇的重要性。中立主義者，則認爲進化主要經由中性變化向前發展，而並非由於環境選擇。他們相信主要的進化演變，是通過中立變化的累積而發生的。[8]

1968年，《自然》[9]雜誌刊登了凱木拉的一篇文章。文中強調中立突變的重要性。此後，該理論很快就得到其他兩位分子生物學者：萊斯特・金和裘克斯的支援。這兩位在《科學》雜誌上也發表了類似的文章。[10]不管進化的意義是積極的、抑或消極的，自然選擇論者，無法想像沒有任何進化意義的遺傳變化，於是對新的觀點提出尖銳的批評。從那時起，論戰的雙方都提出大量的推測。

我們由此可以更加理解分子生物學新技術領域的爭論，對這些新技術的發展，使得科學家們能夠決定DNA分子中，核甘酸基的特別排列順序。某些基因變化，對於有機體的物理構造無大礙，因此，也就不會受

圖表 8.1

種群		A	B	種群		A	B
靈長類動物	人　類	0	41	魚 類	鯉　魚	17	42
	恒河獼猴	1	41		角鯊魚	23	45
其 他	豬、牛、羊	10	41		八日鰻	19	45
哺乳動物	馬	12	42	昆蟲類	果　蠅	27	42
	狗	11	41		蛆	25	42
	灰　鯨	10	41		蠶　蛾	29	42
	兔	9	41		煙草蛀蟲蛾	29	44
	袋　鼠	10	42	植 物	綠　豆	40	45
鳥 類	雞、火雞	13	41		芝　麻	35	44
	企　鵝	13	40		蓖　麻	37	42
	北京鴨	11	41		向日葵	38	43
	鴿　子	12	41		小　麥	38	42
爬行動物	海　龜	14	44	酵母類	*假絲酵母*	44	25
	響尾蛇	13	44		*Debaryomyces Kloeckeri*	41	27
兩棲類	牛　蛙	17	43		食用酵母	40	0
魚 類	金槍魚	20	43	黴菌類	*脈孢菌*	44	38
	鰹　魚	20	41	細菌類	*Rhodospirillum rubrum C2*	65	69

與人類(A列)和酵母類(B列)相比，酵素細胞色素C中的氨基酸排列順序，不同的百分比

自然選擇的影響。這種隱性的基因變化與中立突變觀念更吻合。試想，一個小小的變化，竟對物種生存有重大意義時，問題也就來了（比如說，蒼蠅身上一根多餘的毛）。中立主義者，通常不會全盤否定自然選擇，他們只是認爲中立突變，通過種群內遺傳基因的無序漂移而傳播。然而，自然選擇論者，懷疑若沒有自然選擇的幫助，這個過程是否能夠產生任何重要的變化。至今，該問題尚未解決。

■ 分子進化鐘

當自然選擇論者與中立主義者之爭，在進化理論界內部愈演愈烈時，與進化論及創造論相關的分子鐘，成爲熱門話題。早在中立理論問世之前，就有人提出DNA分子以大約恒久不變的頻率發生變化。這就會導致由DNA 構成的蛋白質，在結構上相異，從而反映進化演變時的頻率。[11] 值得注意的是，有幾例有機體內蛋白質結構的不同，似乎形成一種與預期的有機體之間進化關係相一致的模式。

分子鐘建立在大分子（生物聚合物）持續不斷變化在這個假設基礎之上。因此，大分子差異越大，從一個共同祖先演變而來的時間就越長。見圖表8.1的A列，比較一下不同有機體中，普遍存在的酶細胞色素C中的氨基酸的不同百分比。酶細胞色素C，主要負責細胞內部，化學能量釋放時的電子轉移。當我們把人類與越來越簡單的（即進化論假設的演變越早的）有機體進行比較時，我們會發現差異越來越大。B列表明，被認爲很早進化而來的酵母菌細胞，與其他有機體之間的一致性。這種一致性，一直被解釋爲這是一種高度統一的分子鐘。利用分子鐘，我們可以根據分子的差異程度估計進化時間長短。支持該理論的學者，認爲酶細胞色素C就是最好的分子鐘之一。生物教科書和進化論，常用這一證據來支持進化論的普遍理論。但這些資料未支持進化論。它們只不過說明了與各種有機體的複雜程度有關的生物要素而已。

分子鐘的假設引發了許多疑問。有關中立突變的影響方面，是不確定的，而中立突變原是分子鐘最令人滿意的解釋。如果變化不是中性的或僅接近於中性，那麼分子鐘的理論基礎就坍塌了。而自然選擇所控制的非中立演變，也不會以鐘的形式運作，所以，從中只能看出環境的影響，而不是時間的影響。進化論者，還提出了許多有關生物分子鐘的其他問題。其中許多問題，都是自然選擇論者與中立主義論者所爭論的焦點。中立主義論者，似乎更贊成分子鐘理論。

雖然，有關酶細胞色素C變化的研究結果，與分子鐘存在一致性，但在其他的研究中，變化率可達10個係數。[12] 超氧化歧化物（superoxide dismutase），能緩和大部分生命有機物體中氧的毒性，並以所呈現不穩定的分子鐘結果而聲名狼藉。[13] 研究者發現猿和人類的分子鐘大大地減緩了速度。[14] 因爲這些差異，有人把分子鐘稱爲「變化無常」[15]——也就是說，演變頻率時而較快，時而較慢。 圖表8.2對脊椎動物體內荷爾蒙胰島素的氨基酸之不同排序做了比較。根據分子鐘理論，既然齧齒類動物的祖先，彼此同時進化而來，那麼牠們與人類不應該有太懸殊的差異。然而，事實並非如此。人類與家鼠相差8%，但與南美洲河狸鼠相差38%。後者的資料，甚至高於人類與某些魚類間的相異率。在對其他荷爾蒙的比較中，[16] 據稱關係密切的老鼠與豚鼠的相異性（35%）比老鼠和鯨魚之間（12%），人類和響尾蛇之間（24%），雞和鰹魚之間（16%）或其他相距很遠的生物之間的相異率還大。科學文獻已經注意到大量相似的不一致性。[17] 因此，要找到分子鐘賴以正常運作的恒定變化率，眞是難上加難。

鑑於我們所注意的特性，不同種類蛋白質氨基酸排列順序的比較，能提供的互相衝突的進化結論，就不足爲怪了。其中一個實驗，根據四種蛋白質的氨基酸排序，比較不同哺乳動物之間進化關係，其結論是：四種蛋白質中「普遍缺乏一致性」，並且唯一「適當的一致性」，也是根據不同有機體的共同形態（形態學）。[18]

所謂的活化石，又爲分子鐘假說提出了另一個謎。活化石是與幾億年前，生活在地球上的化石祖先相類似的物種。一個很好的例子，便是

圖表 8.2

生物	相異率	生物	相異率
人類	0	雞、火雞	14
兔子	2	鴨	12
棘鼠	4	響尾蛇	24
老鼠	8	蟾魚	34
豚鼠	35	鱈魚	31
河狸鼠	38	琵琶魚	29
大象	4	金槍魚	29
綿羊	8	鰹魚	22
抹香鯨	6	大西洋盲鰻	37

相較於人類，脊椎動物的荷爾蒙胰島素中氨基酸的排序相異率

北美東海岸的馬蹄蟹。[19] 它幾乎與估計已經存在至少2億年的化石一模一樣。難道分子鐘帶來的變化，累積長達2億年，竟然沒有對馬蹄蟹產生明顯影響？

圖表8.1中B列的資料，是如此均衡，無論是在進化論背景中，還是當我們考慮其他生物因素時，分子鐘又引發了更深的問題。如前面所述，研究表明酶細胞色素C是如此多變，那麼，那些資料又是怎樣保持均一的呢？既然蛋白質中的變化（建立於DNA中的變化），可能由細胞分裂促成，那麼，可不可能在所有的動物和植物的不同進化過程中，存在著恒久不變的突變率呢？當我們考慮到進化過程中主要包含恆溫動物，有時只包括變溫動物或各種各樣的植物時，我們很難想像這種理論存在的可能性。同時，有的物種繁殖得特別快，而有的又很慢。我們所設想不同的進化途徑，卻產生均衡結果，這使我們進一步質疑分子鐘的假設，同時，也暗示我們，有必要尋求另一種解釋。在我們瞭解更多有關分子鐘是如何運作之前——如果眞的存在這麼一個鐘的話——我們對於任何結論都應謹愼小心！

科學作家列文（Roger Lewin），在他的一篇名爲《過時的分子鐘》（Molecular Clocks Run Out of Time）文章裏，概括了分子鐘的地位。他這樣總論道：「一個恒久的開頭，隨著分子鐘分分秒秒的走動，也會出現頻率上的變化。」[20] 康斯坦次大學的生物學家史切爾，也這樣說道：「我們應該反對蛋白質分子鐘的假設」，[21] 印第安那大學的生物學家帕默爾認爲：「分子鐘恒久不變，只是一種假想。當我們更仔細地研究分子演變時，我們就掌握了更多的推翻這種理論的證據。」[22] 兩位分子生物學家，瓦特爾和布朗也強調指出：「我們要盡力推翻，已被普遍接受的分子鐘假設。」[23]

■ 分子生物學揭開複雜的資訊

分子生物學界的許多新發現，大大地活躍了進化論思想的多樣性。這些發現，揭開了三十年前無法想像的生命特徵。遺傳系統的許多不解之謎，令進化論者和創造論者頗感意外。爲什麼一個果蠅染色體中部，幾個核甘酸的一種排列順序，要重複10萬次呢？所有生物體(除了最簡單的有機體)中所發現的大量無編碼或者說重複DNA的功能又是什麼呢？在人體中，這些假設爲過去進化遺留下來的遺傳垃圾，也被稱爲垃圾DNA的含量，大約爲97%。僞遺傳因數是另一種比較明顯的無編碼DNA序列。它們表面上與功能基因相似，但是，其中一部分能明顯阻止基因發揮正常功能。[24]然而，我們並不確定，無編碼DNA鏈就一定沒有遺傳功能。有人已經提出「垃圾DNA」是有一定功能的，而且科學家也正在逐步揚棄「垃圾DNA」這種說法。其他進化論者也驚奇，如果無編碼DNA沒有任何功能的話，爲什麼有如此高的「純度」還能倖存下來？有人期望突變來改變這一切。當然，也有許多人認爲無編碼DNA擁有某些功能，其中包括一些隱秘的語言。[25]

過去的基因理論認爲基因暫時附著在長長的DNA鏈上，偶而發生突變，最終產生新的有機體。這種理論與眞實的科學發現相距甚遠。相反地，基因看來是在錯綜複雜相互作用的系統中組成的。這些系統包括某些回饋機制。這些機制很難藉著逐漸的無序進化過程而發展，因爲它們沒有生存的價値，除非整個系統都充分發揮功能。下面我們列舉一些例子。

1、**遺傳密碼**。遺傳密碼的發現表明DNA鏈上每三個鹼基組成的編碼單位中，四種不同核甘酸相組合(圖4.1)可決定20種氨基酸中，任意一種的排列順序，從而產生不同的蛋白質。細胞透過一個複雜的編碼系統，利用細胞核中的DNA資訊，製造成千上萬種蛋白質。隨機的進化過程，怎能產生這樣一種編碼系統？該系統不僅需要複雜的編碼資訊，還需要一個解碼系統。否則，將不起任何作用。

2、**基因控制系統**。根據基因資訊製造蛋白質的過程，是錯綜複雜但具有高度規則化的。基因必須根據需要隨時出現或者離開。研究者已經發現一些基因控制機制，[26]有的抑制著基因的發展，而另外的又起催化作用。有的基因有多種以上的控制機制。普通細菌中發現的「乳糖操縱子」系統，已經成爲一個典型的基因控制系統。[27]它調節著乳糖新陳代謝中三種(蛋白質)的產量。這三種酶順次排列在DNA鏈上。這三種酶的密碼前，是四個特殊編碼的DNA區域，它們按需求調節並產生酶。這個基本系統和更爲複雜的調節系統，也在更高級的有機體被發現。[28] 細胞內的大量化學變化，都有複雜的控制系統。

3、改錯系統。作爲維持正常和修復過程的一部分，多細胞有機體會產生許多新細胞。當一個細胞分裂時，它會複製產生成千上萬的核酶酸基。就比如說人類，無論何時身體爲一個新細胞製造DNA時，都要形成30多億的核酶酸鹹基對。在複製這個資訊的過程中，錯誤往往會發生。雖然有的複製錯誤無關緊要，但其他的卻有可能對有機體造成致命的危險。如果沒有「編輯酶」(editing enzymes)的參與，錯誤率可高達1%。這就可能導致一個細胞分裂時，出現成千甚至上百萬的錯誤。幸運的是，細胞記憶體內的系統，能極有效的防止這類事情的發生。這些複雜的機制，能提高複製的正確率幾百萬倍，那樣的話，錯誤率就微乎其微了。[29]這精密的改錯系統，能檢查錯誤並修復DNA任何錯誤部分。研究者已經在艾西氏細菌中，確認了至少15種酶參與DNA的修復工作，而且我們有必要，更加了解這個系統。[30]從進化論的觀點出發，當我們考慮到這種DNA改錯系統時，問題也隨之出現了。比如說，一個容易出錯的系統是怎樣達成一致，允許進化出如此精密的自我糾正錯誤系統呢？一位研究者，把這一難題描述爲「理論生物學上一個有待解決的問題」。[31]

分子生物學家，在研究DNA時發現了一系列有特殊功能，如可以複製、切割、連接、修改、轉移和轉化功能的DNA。一種「流動」並有設計能力的DNA觀點，正逐步代替過去簡單的，認爲DNA只有指導有機體的發展和機能的舊觀念。芝加哥大學的夏皮羅曾這樣說過：「我們有必要把整組基因（DNA）看作是資訊處理系統。」[32] 他進一步強調說：「許多（也許是絕大部分）DNA的變化，不是因爲偶然的化學變化或複製錯誤引發的，相反，它們是高度複雜的生物化學系統的產物。我們可以認爲，該系統具有改編整組基因(DNA)程式的功能。」在分子生物學界，對眞理的追尋才剛剛起步。

■ 離奇的進化觀念

進化論思想的多樣化時期，所引發的不僅僅是各種各樣的理論和衝突。進化發展理論解釋的失敗，已經促進了一些不尋常的解釋產生。下面我將列舉三到四個例子。

英國化學家拉伍洛克發表了「蓋亞假說」。該假說得到波士頓大學著名的生物學家馬古利斯的熱烈支持。這種觀點很受歡迎，但不包括古典進化論者。蓋亞假說爲整個地球，是一個生命有機體，其中生命與非生命地球，成爲一個不可分割的整體和諧地相互作用著。[33] 蓋亞假說，更強調有機體合作的共生過程，而不是爲生存而競爭。馬古利斯在宣揚自己新觀點時，認爲：「新達爾文主義是盎格魯撒克遜生物學發展的宗教信條中較小的二十世紀教派，必須予以摒棄。」[34]

加州大學聖地牙哥學院的魏爾斯，認爲基因是朝向促進它們自身發展的方向進化的。[35] 雖然魏爾斯是從正統的科學角度出發，但他也提出有的高等有機體的複雜性，來自於基因在進化過程中，產生了「智慧」來管理更爲複雜的功能。他並沒有提出強有力的證據，只是從高等有機體含有高度統整的基因機制之衆多例子中，得出了這個結論。雖然生命系統毫無疑問是極其複雜的，但是這種「智慧」完全自我產生、發展的假設，並沒有什麼支持者。

與之不謀而合的，是試圖利用電腦去發現生命怎樣自我組織。正如前面所提到的熱力學的第二定律，[36] 暗示著宇宙萬物有一種不可阻擋的傾向雜亂無章的趨勢。而進化理論卻與之相悖，那些電腦研究者，就試圖解釋進化論中的一切是如何發生的。[37] 爲了研究這一理論，研究者在電腦上創造了一個虛擬的生物世界。我們熟知的電腦病毒，就包含這一「人造生命」的某些元素。電腦程式中特別注意到了模仿因素的影響，比如說，變異性、競爭和自然選擇。研究者期望這些研究，能恰當地解釋，進化論所宣揚的自我組織發展。研究這一課題的某些人，聲稱已取得一些成功。但即使在這簡化的「矽宇宙」中，也還存在許多複雜因素。

研究工作，已經在新墨西哥的聖塔菲學院集中展開。該學院還薈萃了研究其他課題的一些專家。他們把觸角伸向更廣的領域，研究起源的複雜性問題，包括進化論、生態學、人類系統和蓋亞假說。這些研究調查，是爲了在複雜性問題上達成某種普遍接受的解釋。有的一致認爲，複雜性產生於「混沌的邊緣」。該理論是建立在高度有序和穩定的系統，比如說水晶，遵循某種固定模式，而且不會產生新物體這個事實基礎上。而另一方面，完全混亂的狀態，比如說，加熱的氣體，過於不穩定和混亂，就沒什麼重要意義。因此，複雜系統應該產生於這兩個極端的中間，即混沌時期的邊緣。

該學院的研究工作，遭到來自幾個方面的批評。爲複雜性尋求一個普遍解釋的前景增添暗淡。[38]有的生物學家認爲單純的自然選擇足夠解釋生命的複雜性，不需要其他解釋。[39]另外一些生物學家又強調，簡單化可能導致歪曲事實的理解。[40]著名的進化論者，史密斯把這種人工生命描述爲「本質上，是一種違背事實的科學」，[41]然而生態學者羅伯特·梅認爲該學院的研究「很嚴密、很有趣，只是在生物學上過於膚淺了」。[42]最嚴厲的批評之一來自一位邏輯上的推理，它指出「自然界絕對值模式的查證和確認是不可能的。因爲複雜的自然界，從未封閉過。」[43]看來，我們永遠也不可能確信我們已得到所有的資料。

著名的法國動物學者格拉萃提出了一種不同的研究方法。他寫過一本極具洞察力，名爲《生命有機體的進化》的書。[44]作爲法國科學院的前任院長，和35卷動物學專著的編輯，他對生命有機體瞭若指掌。他嚴厲批評了當前某些進化論觀點，並且明確地否定，突變的作用和進化論中的選擇。爲了連接大的有機群體之間的裂縫，他認爲存在某些特殊基因和特殊的生化活動，但同時他也認同，進化是一個神秘的領域，幾乎無人能夠知曉。他這樣結論道：「在這一領域，也許生物學再也無法前進一步了：其餘的只是形而上學論。」[45]

■ 進化論往何處去？

過去幾年中，出版了大量批判進化論的書籍，其中許多作者有的相信進化論，有的至少不相信創造論。下面列舉其中一部分。

1、畢河的《達爾文的黑箱：生物化學挑戰進化論》。[46]他是里亥大學的生物化學家，其本人並非創造論者——當然並非傳統解釋意義

上的「創造論者」。他列舉了許多他稱之爲「不可還原的複雜性」的例子。他認爲這種複雜性不可能隨機產生。

2、*克拉克的《生命：起源和自然》*。[47] 這位諾貝爾獎得主指出，地球上生命起源的難題是如此之巨，以致於讓我們認爲它們肯定產生於宇宙的其他地方，然後被遷移到地球上。

3、*丹頓的《進化論的危機》*。[48] 這位澳大利亞微生物學家把創造當作神話，輕率地不予理會，卻指出，「從根本上說，達爾文的進化論堪稱二十世紀偉大的宇宙起源神話。」[49]

4、*希特沁的《長頸鹿的脖子：達爾文出錯之處》*。[50] 他反對創造論，但是也提出了許多進化方面的難題。

5、*梅望何和桑德斯的《超越新達爾文主義》*。[51] 這兩位英格蘭的研究院院士、進化論者指出「所有的跡象都表明進化論正處於危機之中。現在是山雨欲來風滿樓了。」[52]

6、*盧夫托寫《對達爾文主義——一個神話的辯駁》一書*。[53] 他是瑞典的一位胚胎學者，接受通過巨大演變的進化論的某種形式。他認爲「我相信終有一天，達爾文理論神話將被列爲科學史上最大的欺騙。那一天到來時，許多人也許就要問了：『怎麼會發生這種事情呢？』[54]」

7、*里得雷的《進化論的難題》*。[55] 這位牛津大學的進化論者，針對進化論提了幾個問題，有的問題他認爲無足輕重，但有的，比如說，大突變進化是怎樣發生的，就確定有問題。

8、*夏皮羅的《起源：地球生命創造論的懷疑指南》*。[56] 這位紐約大學的著名化學家，針對進化論提出了許多問題。他強調自己對科學有信心，希望科學創立一種合理的模式。

9、*泰勒的《最大的進化之謎》*。[57] 這位學富五車的英國科學作家，聲明自己信仰進化論，但當提及一種可能的進化機制時，他說：「簡而言之，一個多世紀來控制生物學思想的教義，正在趨於崩潰。」[58]

我們不必贅述來自各方面的批評，以此暗示科學家正摒棄進化論。然而，這些批評確實說明了一個事實，那就是：最新的科學發現，並沒有爲進化論，提供任何可行的解釋模式。

我們無法預料進化論的發展前景，但改變之風正迎面撲來。儘管存在謬誤和內部衝突，科學家、教師和教科書，依舊把進化論作爲一個無可非議的事實。牛津大學的道金斯說到：「如今，進化論被公開懷疑的程度，已經跟地球圍繞太陽轉的理論相當了。」[59] 然而哈佛大學的梅爾卻說：「無論如何，至今也沒有任何正當的藉口，把達爾文的理論駁倒，讓新理論取而代之。」[60] 儘管存在這樣樂觀的看法，但有相當數量的科學家，對一般進化論的信念開始動搖了。

■ 結 論

進化論面對的重大問題之一，就是他們所推崇的科學，好像在說沒有人可以找到一個合理的機制，支持他們的理論。進化論者是怎樣陷入窘境的？這是一個非常重要的問題。[61]

目前，所假設的進化論機制，似乎比以前更不合理。大部分生物系統都很複雜，靠雜亂無序的自然起源形成，似乎不可能。值得注意的複雜性的例子，包括：(1)蛋白質合成系統，通過基因編碼提供資訊，然後在合成過程中解碼；(2)複雜的基因控制系統；(3)DNA 複製中複雜的糾錯編輯系統。這樣的例子不勝枚舉。所有這些系統錯綜複雜，似乎是精心設計的，根本不可能會自發形成。我們無法想像在一個荒蕪的星球，會自發產生一台早已編好程式的電腦，亦不能想像生物回饋系統是自動生成的。除了起源，生物還需要繁衍後代。所以這些電腦還必須有能力，成千上萬次地自我複製。創造論認爲各種各樣具有有限適應性的有機體，都是獨具匠心的設計。創造論者並非無所不知，但是，進化論的不同觀點和科學疑點能夠表明，創造論模式值得人們認眞考慮。

■ 參考文獻：

1. Quoted in: Mackay AL. 1991. A dictionary of scientific quotations. Bristol and Philadelphia: Institute of Physics Publishing, p. 114.
2. Mayr E. 1976. Evolution and the diversity of life: selected essays. Cambridge and London: Belknap Press of Harvard University Press, p. 411.
3. Platnick NI. 1977. Review of Mayr's Evolution and the diversity of life. Systematic Zoology 26:224-228.
4. Bethel T. 1985. Agnostic evolutionists. Harper's 270(1617):49-52, 56-58, 60, 61.
5. Eldredge N, Gould SJ. 1972. Punctuated equilibria: an alternative to phyletic gradualism. In: Schopf TJM, editor. Models of paleobiology. San Francisco: Freeman, Cooper, and Co., pp. 82-115.

6. (a) Eldredge N. 1995. Reinventing Darwin: the great debate at the high table of evolutionary theory. New York: John Wiley and Sons, Inc.; (b) Hoffman A. 1989. Arguments on evolution: a paleontologist's perspective. New York and Oxford: Oxford University Press, p. 93; (c) Kerr RA. 1995. Did Darwin get it all right? Science 267:1421, 1422.
7. We will consider this further in chapter 11.
8. For a good introduction to the concept, see: (a) Kimura M. 1979. The neutral theory of molecular evolution. Scientific American 241(5):98-126. For a more technical discussion, see: (b) Kimura M. 1983. The neutral theory of molecular evolution. Cambridge, London, and New York: Cambridge University Press.
9. Kimura M. 1968. Evolutionary rate at the molecular level. Nature 217:624-626.
10. King JL, Jukes TH. 1969. Non-Darwinian evolution. Science 164:788-798.
11. Zuckerkandl E, Pauling L. 1965. Evolutionary divergence and convergence in proteins. In: Bryson V, Vogel HJ, editors. Evolving genes and proteins: a symposium. New York and London: Academic Press, pp. 97-166.
12. Baba ML, Darga LL, Goodman M, Czelusniak J. 1981. Evolution of cytochrome *c* investigated by the maximum parsimony method. Journal of Molecular Evolution 17:197-213.
13. Ayala FJ. 1986. On the virtues and pitfalls of the molecular evolutionary clock. Journal of Heredity 77:226-235.
14. (a) Easteal S. 1991. The relative rate of DNA evolution in primates. Molecular Biology and Evolution 8(1):115-127; (b) Goodman M, Koop BF, Czelusniak J, Fitch DHA, Tagle DA, Slightom JL. 1989. Molecular phylogeny of the family of apes and humans. Genome 31:316-335.
15. (a) Gillespie JH. 1984. The molecular clock may be an episodic clock. Proceedings of the National Academy of Sciences USA 81:8009-8013; (b) Gillespie JH. 1986. Natural selection and the molecular clock. Molecular Biology and Evolution 3(2):138-155.
16. Dayhoff MO. 1976. Atlas of protein sequence and structure, vol. 5, supplement 2. Washington, D.C.: National Biomedical Research Foundation, p. 129.
17. For 12 examples, see: Mills GC. 1994. The molecular evolutionary clock: a critique. Perspectives on Science and Christian Faith 46:159-168.
18. Wyss AR, Novacek MJ, McKenna MC. 1987. Amino acid sequence versus morphological data and the interordinal relationships of mammals. Molecular Biology and Evolution 4(2):99-116.
19. Fisher DC. 1990. Rates of evolution—living fossils. In: Briggs DEG, Crowther PR, editors. Paleobiology: a synthesis. Oxford: Blackwell Scientific Publications, pp. 152-159.
20. Lewin R. 1990. Molecular clocks run out of time. New Scientist (10 February), pp. 38-41.
21. Scherer S. 1990. The protein molecular clock: time for a reevaluation. In: Hecht MK, Wallace B, MacIntyre RJ. Evolutionary Biology, vol. 24. New York and London: Plenum Press, pp. 83-106.
22. See: Morell V. 1996. Proteins "clock" the origins of all creatures—great and small. Science 271:448.
23. Vawter L, Brown WM. 1986. Nuclear and mitochondrial DNA comparisons reveal extreme rate variation in the molecular clock. Science 234:194-196.
24. For a discussion and evaluation of pseudogenes, see: Gibson LJ. 1994. Pseudogenes and origins. Origins 21:91-108.
25. (a) Flam F. 1994. Hints of a language in junk DNA. Science 266:1320; (b) Nowak R. 1994. Mining treasures from "junk DNA." Science 263:608-610.
26. Ptashne M. 1989. How gene activators work. Scientific American 260(1):40-47.
27. Jacob F, Monod J. 1961. Genetic regulatory mechanisms in the synthesis of proteins. Journal of Molecular Biology 3:318-356.
28. See also: Ptashne (note 26).
29. For a semi-technical presentation, see: Radman M, Wagner R. 1988. The high fidelity of DNA duplication. Scientific American 259(2):40-46.
30. For technical discussions, see: (a) Grilley M, Holmes J, Yashar B, Modrich P. 1990. Mechanisms of DNA-mismatch correction. Mutation Research 236:253-267; (b) Lambert GR. 1984. Enzymic editing mechanisms and the origin of biological information transfer. Journal of Theoretical Biology 107:387-403; (c) Modrich P. 1991. Mechanisms and biological effects

of mismatch repair. Annual Review of Genetics 25:229-253.
31. Lambert (note 30b).
32. Shapiro JA. 1991. Genomes as smart systems. Genetica 84:3, 4.
33. See: Lovelock JE. 1987. Gaia, a new look at life on earth. Rev. ed. Oxford and New York: Oxford University Press.
34. Margulis L. 1990. Kingdom Animalia: the zoological malaise from a microbial perspective. American Zoologist 30:861-875.
35. See: Wills C. 1989. The wisdom of the genes: new pathways in evolution. New York: Basic Books, Inc.
36. See chapter 5.
37. A few references are: (a) Bak P, Chen K. 1991. Self-organized criticality. Scientific American 264:46-53; (b) Horgan J. 1995. From complexity to perplexity. Scientific American 272:104-109; (c) Kauffman SA. 1993. The origins of order: self-organization and selection in evolution. Oxford and New York: Oxford University Press; (d) Lewin R. 1992. Complexity: life at the edge of chaos. New York: Collier Books, Macmillan Pub. Co.; (e) McShea DW. 1991. Complexity and evolution: what everybody knows. Biology and Philosophy 6:303-324; (f) Oreskes N, Shrader-Frechette K, Belitz K. 1994. Verification, validation, and confirmation of numerical models in the earth sciences. Science 263:641-646; (g) Waldrop MM. 1992. Complexity: the emerging science at the edge of order and chaos. New York, London, and Toronto: Simon and Schuster.
38. See Horgan (note 37b).
39. For example: Dawkins R. 1986. The blind watchmaker. New York and London: W. W. Norton and Co.
40. Lewin, p. 101 (note 37d).
41. Horgan (note 37b).
42. Lewin p. 184 (note 37d).
43. Oreskes et al. (note 37f).
44. Grassé P-P. 1977. Evolution of living organisms: evidence for a new theory of transformation. Carlson BM, Castro R, translators. New York, San Francisco, and London: Academic Press. Translation of: L'Évolution du Vivant.
45. *Ibid.*, p. 246.
46. Behe MJ. 1996. Darwin's black box: the biochemical challenge to evolution. New York and London: Free Press.
47. Crick F. 1981. Life itself: its origin and nature. New York: Simon and Schuster.
48. Denton M. 1985. Evolution: a theory in crisis. London: Burnett Books.
49. *Ibid.*, p. 358.
50. Hitching F. 1982. The neck of the giraffe: where Darwin went wrong. New Haven and New York: Ticknor and Fields.
51. Ho M-W, Saunders P, editors. 1984. Beyond neo-Darwinism: an introduction to the new evolutionary paradigm. London and Orlando: Academic Press.
52. *Ibid.*, p. ix.
53. Løvtrup S. 1987. Darwinism: the refutation of a myth. London, New York, and Sydney: Croom Helm.
54. *Ibid.*, p. 422.
55. Ridley M. 1985. The problems of evolution. New York and Oxford: Oxford University Press.
56. Shapiro R. 1986. Origins: a skeptic's guide to the creation of life on earth. New York: Summit Books.
57. Taylor, GR. 1983. The great evolution mystery. New York: Harper and Row.
58. *Ibid.*, p. 15.
59. Dawkins R. 1989. The selfish gene. New ed. Oxford and New York: Oxford University Press, p. 1.
60. Mayr E. 1985. Darwin's five theories of evolution. In: Kohn D, editor. The Darwinian heritage. Princeton, N.J.: Princeton University Press, pp. 755-772.
61. See chapter 20 for a suggestion.

第三部　化石

第九章 化石記錄

我發現要看見近在眼前的東西，
是多為難呀！

——路德維格·維特根斯坦[1]

我曾經爬上華盛頓州藍湖上的懸崖，進入一個熔岩層的洞穴裏。洞內的情景令人驚愕不已。我置身於含有被熔岩掩埋的犀牛土質層中。隨著熔岩層的硬化，土質層就鑄造了一具犀牛的屍體化石。雖然屍體已經蕩然無存，但我能保證，這曾經有過一隻犀牛，要說起「其中的故事」，肯定很吸引人。當這隻犀牛被熔漿埋葬時，它是靠左側躺著的。它短腿的凹處，還清晰可見。岩石的壓痕也很清晰，我能清楚地分辨出牠的眼睛和皮膚的褶皺。這隻犀牛的骨頭，早就在洞穴中被發現時，就已送往博物館，以證實對洞穴的鑑定。

我們認爲有關遠古時代任何生命的直接證據便是化石。因此，犀牛在岩層中的鑄模和它的遺骸，都可以認爲是化石。化石可以有多種形式，譬如說，從樹幹中滲出而後轉變爲琥珀的松脂內，保存一隻昆蟲的眞身，或是岩石中完全被其他礦物質所取代的一枚貝殼。甚至可以是恐龍的遺骸（見圖9.1）或是其他不熟悉的動物，比如一隻翼幅達15.5米會飛行的爬蟲動物。[2]當然也可能是包括海龜保存在沙岩層中的腳印。

在本章中，我們將考慮有關化石的一般資訊，包括在它們形成和鑑定時，所遭遇的難題。特別是化石在地質堆積柱中的順序。這一資訊，對理解接下來的兩章內容極其重要。

■ 魅力無窮的化石

化石的部分魅力，毫無疑問來自對被稱爲「偉大歷史」的好奇——就是地球上所有生命史蹟的好奇。化石對於生命起源問題極其重要，正因爲它們爲過去生存在地球上的自然生命提供了最好的科學線索。雖然

圖片9.1

侏羅紀墨里斯沙岩地層中的恐龍骨。這些遺骨現保存在猶他州詹森附近的國家恐龍博物館中。最長的骨頭可達1.5公尺到2公尺。這種雜亂的分佈狀態，表明在最後沈澱之前，經歷了某種轉移。

化石搜尋者面對的是死物，但他們會根據自己所見的去想去感覺，使每一個化石都「死而復生」。[3]實在很難解釋這種奇妙性，但在世界上私人或公共的博物館內，都陳列了不計其數的化石，確實證明著這些事實。科學家們已經確定了大約25萬種化石的年代。雖然這數字，只是生物種類數量的五分之一，既然不同的專家，根據不同的標準來分類，那麼這種比較也許就不那麼有據可尋了。

許多科學家傾其一生，致力於化石的研究，其中有的是如此廢寢忘食嘔心瀝血，以致他們古怪的性格，已經成爲時而幽默，時而令人厭惡的古生物學——化石研究的一部分了。

庫伯（Edward Drinker Cope,1840－1897）這位最終進入賓夕法尼亞大學學院的學者，和耶魯大學的馬什（Othniel Charies Marsh,1831－1899）可以稱得上是美國研究脊椎動物古生物學的先驅。他們二位描述了千百種以上的有機體化石。這些化石，有的是他們自己挖掘出來的，有的是他們托別人在美國西部考察時，從廣闊裸露的地質層中收集到的。庫伯和馬什對化石的熱愛，遠超過他們兩人之間的友情，而且他們在這場「偉大的骨頭之賽」中，一直都試圖超越對方。不幸的是，美國西部，對於這兩位狂熱的收集家而言，實在是太小了些。在生物學和古生物學上，一般說來，第一個描述這種新有機體的人，就擁有優先爲它命名的權力，並且他本人的名字，也常與該物種的命名相關。庫伯和馬什，經常爲了爭當新物種命名者而競爭。馬什能夠在《美國科學期刊》上迅速發表文章，而庫伯擁有並編輯《美國自然主義者》，以爲對應。

人們經常談論他們二人在費城的一個會議上所發生的無恥爭執。庫伯在會議上聲稱自己是第一個發現西部二疊紀時代的爬行動物。根據傳聞，馬什那天很早就離開了會議廳，回到他的實驗室，仔細觀察某些化石樣品後，草草地發表了一篇文章，聲稱自己才是美國第一個報導二疊紀時代脊椎動物的人。在這時候，他完全忽視了庫伯的聲明。而氣極敗壞的庫伯，馬上發表，並宣稱早在三個星期以前，他就已經發布了這個聲明及報導。[4]

另外有一次，庫伯在匆忙中，組裝了一具爬行動物的骨骼，其中他混淆了某些頸骨和尾骨。馬什很快就指責他把該動物的頭裝在尾巴上了，導致庫伯不得不費盡心思撤銷《美國哲學界會報》(Transactions of the American Philosophical Society)的出版，因爲他曾經在此刊物上，刊登過錯誤的動物模型。[5]

1890年，這兩位科學家學術爭戰的細節，被登上《紐約通報》(New York Herald)。甚至庫伯有一次指責馬什，說他曾抄襲俄國科學家柯瓦列夫斯基一系列有關馬化石的研究理論，而這些理論早已出現在許多生物學和古生物學教科書中。在次期的《通報》上，馬什立即否認有過這樣的做法，並反過來指控庫伯和柯瓦列夫斯基是世界博物館的化石掠奪者。馬什還這樣說到：「柯瓦列夫斯基最終因深受良心的責備而開槍自殺，結束了他不幸的一生。然而，庫伯卻還活著，死不悔改。」[6]

這場爭執內容在《通報》曝光後，就逐漸沈寂下去，就某種意義來說，我們應該意識到：這場競爭對於古生物學是很有益的。這兩位科學家的科學作品數量都非常可觀，雖然有些作品比較拙劣。想想在 38 年中，庫伯一人就發表了1,400篇科學論文，[7] 這是多麼驚人的數字。

■ 化石是怎樣形成的

青蛙留在泥中的腳印和死在田中的蚱蜢，通常是不會保存下來的，因爲在這些有機體或牠們的痕跡被掩埋之前，物理和化學的變化，早就把這些證據毀滅了。形成化石實在是一件很稀罕的事情。「整體而言，有機體被埋藏的速度越快，其沈澱物的覆蓋物越緊密，它被保存的機率也就越大。」[8] 珊瑚礁卻是一個值得注意的例外，因爲新的礁岩物質，生長在珊瑚骨架上，當它們形成礁石的化石結構時，保護並保存著珊瑚原有骨架。

化石通常只出現於一些沈積岩中，譬如說石灰岩、頁岩、砂岩或者礫岩。它們在許多岩層中都無法找到，而在特殊情況之下，化石才有可能藏在火山爆發的沈澱物中，更難得的是，有時它們可能會出現在花崗岩裏。[9]

化石形成的整個變化過程中，歷時很久。有些變化可能是非常細微的，就好比一頭冰凍的長毛象，變化極小，但大部分情況，都是有機體堅硬的部分得以保存，像我們通常所見的，都是骨骼化石、殼化石和木頭。形體是很難改變的。有時，有機體原有的小「毛孔」空間，被礦物所填充，有時，一些原來的殼、骨骼或木頭，被礦物質完全替代了。原始有機物質(組織)，就釋放出大量的氫、氧、氮，在某些特殊情況下，有機物質以印刻的方式，留下薄薄的一層碳印。

有很多化石都保存的很完好，但有的有缺損，還有一些，我們甚至不能確信它們是否是眞的化石。

■ 僞化石問題

對於那些指著一塊看似很平常的石塊，大談化石種類的古生物學家，我會驚異不已。不管怎樣，對於某些斷言，我都保持一種堅定的懷疑。有的古生物學家指責別人，沒有「專業眼光」的說法，並不能減輕別人對他們所作主張的懷疑。判斷某塊岩石內部，某種特別的結構，是否化石，在某種程度上來說，並非是件輕而易舉的事。由於乾燥引起而

圖片 9.2

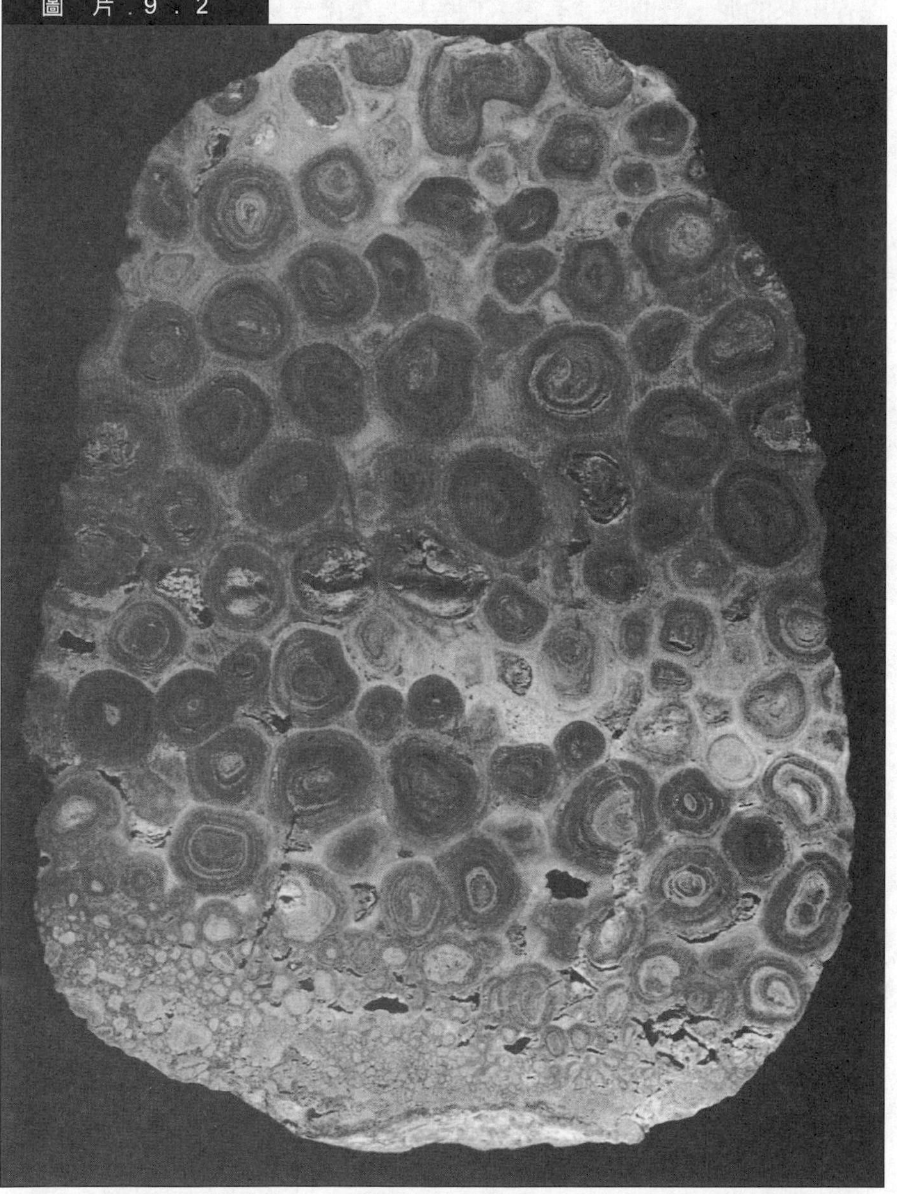

僞化石。這個磨光的石板——稱爲豆石——是二疊紀的構造。來自新墨西哥的胡桃峽谷。構成球體的同心層曾經被認爲如同疊層一樣，是由生活在小石般的豆石表面的微生物所形成。根據較新的解釋，它們是無機化學沉澱所造成的。產生在地表之下的水面上。其證據包括它的成長模式有時彼此打平，以及長在豆石四周的薄層。樣本有12公分長。詳情請看正文。

保存下來的泥土彎曲時，有被人們解釋爲蟹部分身體的化石，物體運動所造成的拖痕有被認爲是蟲爬過的痕跡；黃鐵礦那似玫瑰形狀的化學沈澱，常被解釋爲水母，因爲其上有氣泡印記；[10] 有的海綿狀有機物化石（archeocyathids），被證明是無機物結晶後的產物。[11] 古生物學者用「僞化石」和「疑化石」等術語，來描述假或可疑的化石。

彌足珍貴的《無脊椎動物古生物學論文》[12] 中，列舉了69種在當時出版時，被描述爲「有機體化石」的珊瑚、海藻、菌類、海綿、蛇等等，現在看來很可能是非生物種類。這些鑑定錯誤的物體看來都是異常沈澱的產物。Brooksella canyonensis 是一塊類似星狀裂痕的「化石」。對其來源的解釋，給人留下深刻印象：(1)這是塊水母的軀幹化石，(2)因氣體逃逸後，所產生的一個無機碎裂系統的迂迴印痕，（3）壓縮的結果，(4)一個不斷增大的星狀地洞的印痕，(5)或者可能是一隻蟲的傑作。[13] 不管怎樣，雖然我們不應該無睹於這些例子，但我們也應時刻牢記，在這世界上還是存有許多精美的化石。

僞化石問題，在地質層記錄的最底部特別嚴重，因爲那兒是進化論者預期最早、最簡單生命形成的地方。某些古生物學者，固執的苦苦尋找生命的最初形式。一本專業文獻已報導了許多有可能的物件。另一方面，有幾個研究者已經能夠透過非有機物沈澱或特殊沈澱，來僞造一些簡單生命的形狀。球狀、試管狀或盤旋狀的特殊化石形狀，都可以輕而易舉的在實驗室中，經由簡單的無機化學過程再度呈現。[14] 爲了古生物學者的名譽，有的古生物學者一再地告誡人們，不要過於相信某些地質學者所認爲的遠古時代，即太古代（見圖9.1）有關化石的說法。這一領域的兩位專家：史卻普和佩克，在討論來自至少28處太古時代的微化石報導時說到：「不管怎樣，所有這些實際上都已經被重新論斷爲可疑化石，或者根本就不是化石：而是僞化石，是人工製品或是污染物質。」[15] 古生物學者柯溫，這樣評論說：「只有少量的太古時代的細胞化石是純正的，這些只占那些所謂化石的一半，或根本就不到一半。」[16] 哈佛大學的別克也提到，大量關於澳洲北極地區所發現的原始化石的鑑定難題。[17]（之所以叫它北極，是因爲像眞正的北極一樣，是蠻荒之地）。一句古老的地質格言「不信則無」，用來評論這樣的例子再恰當不過了。

僞化石問題，越來越集中於疊層問題上，這是一種層次清晰的沈澱結構，通常在幾公分到幾公尺的範圍，並以堆狀或波浪狀的形式出現。疊層在水下生成，產生長在其表面或沈澱礦物質上的微生物，提供賴以生存的薄墊，然後，被併入地質層結構中。問題就在於疊層化石是由生物形成的，還僅僅是隨著地質變形而變化的地質層，所產生的被動累積？沈積學學者金斯堡指出：「幾乎所有關於疊層的資訊，一直處於並將保持在不斷變化之中，並且爭議不斷。」[18]疊層專家保羅・霍夫曼也指出：「這些疊層有可能根本就不屬於生物學的想法，一直困擾著地質學者的研究。」[19]爲了引證說明，他引用了德州西部二疊紀時代「海藻豆石」(由豆狀球體地層構成的岩石)的例子(圖9.2)。古生物學者最初認爲，這些豆石是按類似於疊層的生物方式形成的，但後來事實證明它們是通過化學沈澱形成的。[20]曾領導美國史密生研究所長達20年，著名的古生物學者瓦柯特，曾描述了疊層5個新屬和8個新種。這些新屬種在當時，被認爲是生物的起源種類。然而，現在每一種都被多位研究者重新解釋爲非生物起源。[21]甚至目前，「疊層」的形成還是一個謎。最近，越來越多的研究者，重申一些在斯堪地那維亞半島，不同地區發現的「疊層」，實際上是非生物的產物。[22]無論如何，許多毫無疑問的活疊層，確實存在於地球的表面。

■ 地質堆積柱

所謂「地質堆積柱」，指的是地殼岩石的一種完整排序，用一種合成的圓柱表示。[23]它類似於一張地圖。在這個柱狀圖中，最古老的地層在最底部。你可以把地質柱想像成一個貫通於岩石地層的細長垂直切片，比如說，那些在亞利桑那州大峽谷地區，隨處可見的岩層(圖13.1)。在那個地區，只有地質柱的下半部分能表示出來。用於地質柱，主要的分類術語在圖表9.1的左側。雖然有的主要地層分類，確實存在於某些位置，但完整的地質序列，不可能在地球上任何一個地方都能找到。地質學家，根據從不同地區收集來的相關資訊，組成了這一混合地質柱。爲了尋求一個理想化的排列順序，在解釋上有細微出入是正常的，但總體

圖表 9.1

分類			主要有機物代表	數量
顯生宙	新生代	第四紀	大量花類植物、針葉樹、人類、鳥類、哺乳動物、魚類、大量昆蟲	化石相對較多
		第三紀	與上類相同，其他哺乳動物，白堊紀上層的植物	
	中生代	白堊紀	蘇鐵、針葉樹、花類植物、爬行類、哺乳類、海洋微生物	
		侏羅紀	蘇鐵、針葉樹、恐龍、其他爬行動物	
		三疊紀	馬尾松、蕨類植物、針葉樹、爬行類、一些兩棲類	
	古生代	二疊紀	馬尾松、蕨類植物、石松屬植物、海百合、魚類、兩松類、爬行類	
		石炭紀	馬尾松的煤「森林」、蕨類植物、石鬆屬植物、鯊魚、蛤、兩棲類、海洋微生物	
		泥盆紀	微陸生植物、無顎魚、有甲魚、鯊魚、海洋微生物、	
		志留利亞紀	無顎魚、海洋微生物、不尋常的陸生植物	
		奧陶紀	大量海洋生物包括三葉蟲、燈貝、海百合	
		寒武紀	三葉蟲、燈貝和其他海洋微生物、寒武紀大爆炸	
前寒武紀	原生代		埃迪卡拉(奇怪的海洋動物) Acitarchs (藻類 ?) 細　菌 疊　層 Acitarchs (藻類?) 細　菌	化石很稀少
	太古代		假設的光合成物質：細菌和優核質 細絲狀纖維形式？ 疊　層？ 大量僞化石	化石異常稀少，甚至不存在

地質柱中有機體主要類型

上來說，這一地質堆積柱安排是合理可信的。各部分之間的具體關聯，以化石和不同地層的岩石為基礎，但這一圖表，是根據輻射測年法和各個化石地層的相互關係建立的。有的地方，化石之間關聯緊密，有的地方卻不然。當然，越低層的地層應該沈積得越早，也越古老。地質柱中化石的排序，對於分析解釋過去的生命有重要意義。化石可以在它們所生存的環境和它們所代表的有機體起源方面，給我們提供線索。時空和化石的年齡，把我們帶入一個更廣闊的起源景象——不管是像創造論解釋的幾千年，還是像進化論所暗示的幾十億年。

■ 簡析地質堆積柱

那些尋找化石的人，經常可以在不同的地質層，發現各種各樣的化石。圖表9.1列出了一個概括性的，以化石形式存在於地質堆積柱中的主要生命種類表，而第十章的圖10.1表示的是地質堆積柱中，主要化石類型的分類。讀者若是對地質堆積柱的相關術語和排列有疑問，可以查閱這兩個圖表的說明。

地質堆積柱中的兩個主要分類：前寒武紀和顯生宙的巨大差異是不能過分強調的。前寒武紀存在於重要的寒武紀時代之下；而顯生宙是從寒武紀一直往後延伸的時代。幾個世紀以來，幾乎就沒人發現前寒武紀的化石；然而，在前寒武紀之上的地質層中卻存在許多化石。最近，研究者描述了大量的前寒武紀化石，但是，顯生宙化石的鉅額數量與其多樣性，保持著令人驚異的差異。地球上，生命歷史的任何模式都必需把這種差異性考慮在內。

進化論者對太古代（最底層）生命進化最早形式的研究集中於南非的斯威士蘭，超級沈澱群和接近於澳洲北極的Warrawoona群。據說這兩處地方都有大約 35 億年歷史。研究者在這兩地都已發現小的纖維狀化石。因為這些化石可能是真的，所以它們引起人們很大的關注。[24]有的進化論者把這些化石看作是已知生命的最初形式。

原生代（即前寒武紀的上半部分）相對來說存在大量疊層。在此，我們要特別提到美國五大湖區的Gunflint角岩。這種產生於原生代早期的角岩中存在保存完好的纖維狀化石，這些化石與現代的 Lyngbya 和

圖片 9.3

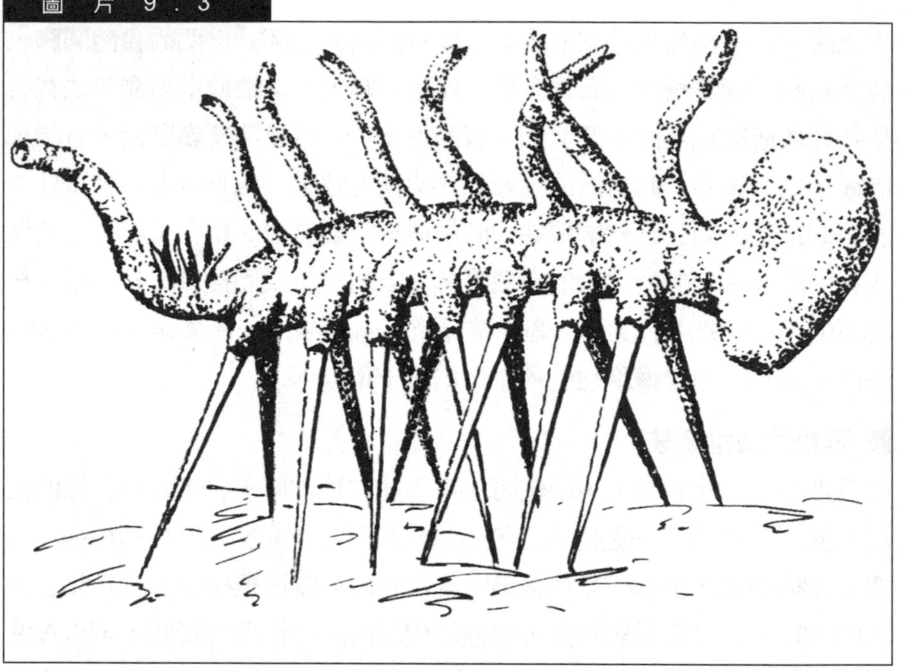

加拿大寒武紀伯吉斯葉岩中如謎般的生物Hallucigenia的早期解釋構圖。新的解釋構圖認爲該動物尖刺和觸鬚的位置應該顛倒過來。

Oscillatoria藍綠藻極其相似。[25]

一些被稱爲acritarchs的特殊球狀化石產生于原生代後期。通常其直徑約爲0.05毫米，被認爲是海藻細胞的某種形式。[26]爲生時間越晚的，變化也就越大，體積也不斷增加。有的古生物學者認爲acritarchs稱得上是稍高級的生命形式（優核生物），因爲它們有細胞核，然而，有的古生物學家又駁斥這種解釋。優核生物包括大量的有機體，比方說從顯微鏡下的阿米巴蟲到新西蘭的巨松。通過對比，進化論者認爲無細胞核的細菌（原核生物）是最早進化的。還有另外一些較小的原生代化石正被描述過，其中包括小的瓶狀未知物體（0.07毫米）。

在原生代的末期，接近於寒武紀的地層，我們發現獨特的多細胞動物（埃迪卡拉動物群）[27]化石，特別是在澳大利亞和俄國境內。有的與蕨類植物、蟲類、輪蟲等相似，但與現存已知生物相差甚遠。在該地層早一點的地層中，根本不存在稍高等（多細胞的）動物種類，而只存在一些簡單的或是可能與海藻細胞相聯繫的不清晰形式。[28]

儘管在鑒定前寒武紀化石的過程中存在許多的困難，但我們也確實碰到一些可信的例子。其中包括Gunflint角岩，the acritarchs、苦泉藻青菌、埃迪卡拉動物群，所有這些化石都來自於前寒武紀（即原生代）的後期。當然，我們也可以從屬於前寒武紀早期（太古代）的無花果（非洲）和北極（澳大利亞）地區找到一些可疑的纖維狀化石。

在前寒武紀這片幾乎蠻荒領域上突然出現了許多重要的動物種類（見圖表9.1和圖10.1）。科學家們通常把這一突然轉變稱爲「寒武紀大爆炸」。根據分類系統，在該地質層中約有30到40個，或更多的動物門（門是動物界的主要分類）。在該地質層之上，幾乎就沒有或沒有新的動物種類出現。這一劇變對於有關長期進化過程的任何觀點都是一種挑戰。

在此，我們要特別提到加拿大洛基山脈著名的寒武紀伯吉斯葉岩這一有趣的化石。研究者們在這收集的化石樣品已多達7萬3千多件。[29]類似的化石樣品在中國和格陵蘭島也出現過。這些大塊的軟體有機體化石因它們的完好保存而聞名遐爾。有的化石類型是如此的獨特，以致於研究者們提議用新的動物門來概括它們的分類。有一種有機體很令人迷惑，於是它就被賦予了一個很合適的科學名稱：Hallucigenia。科學家們一開始把它重組爲一個軀幹被延長了，依靠七對尖刺行走，並且軀體上帶有觸鬚的動物（圖9.3）。然而有的科學家又認爲尖刺和觸鬚的位置應該倒過來。這就與軟蟲相關聯，軟蟲有耳垂樣的柔軟的腿，但無尖刺。[30]另外一種猜測便是該化石有可能代表著一個巨型動物的某一部分。[31]

幾種陸生動物和植物，比如說蕨類植物和昆蟲，也出現於寒武紀劇變以後的岩石地層中。哺乳動物最早出現在中生代的早期，而一些花類植物直到中生代後期時才出現。爬行動物統治著整個中生代，而哺乳動物和花類植物獨霸了整個新生代地層。總括來說，海洋生物主要出現於古生代的早期，而陸生生物主要出現在該地層之上的部分。人類化石的出現是在該假設的地質時標的最後1/10,000部分。最特別、最有趣的是脊索類動物門中各類動物化石出現的位置。該動物門包括各類脊椎動物，比如說魚或者人類。該動物門似乎是隨著地層的上升，其動物的複雜性也在不斷提升。許多人認爲這種特點是支援進化論的很好證據。在下一章中，我們將仔細探討一下這個問題並看看其他的解釋。

在顯生宙，有些動物出現大面積滅絕現象。當一種化石種類在一個地層大量出現，而在其上的地層中不再出現時，則該物種發生了大量的滅絕。恐龍的消失就是一個典型而又頗具爭議性的例子。該物種的滅絕出現在寒武紀末期，奧陶紀、泥盆紀、二疊紀、三疊紀和白堊紀時期，以及第三世紀中期。[32]科學家們猜測了一些地表原因，比如說洪水和火山爆發，還有來自地球之外的原因，比如說大隕石的降落。[33]不管原因如何，化石記錄確實證實了這場過去十分重要的大變動。

■ 對化石的起源各抒己見

幾個世紀以前，幾乎沒人想去分辨類似有機體的化石與岩石中其他獨特結構，例如大塊無機水晶之間的區別。人們原來認爲這兩者都來源於某種流體的濃縮物或者是某種特殊的能量或精神活動。後來，在17世紀的後半時期，爭論就開始集中於化石是無機物（無生命）還是有機物（有生命）的起源問題上。

隨著時間的推移，有關聖經中提及的洪水問題逐漸滲入到對化石的爭論中。大部分學者都認同在幾千年前確實發生過洪水的說法，並且也認爲這場洪水是產生化石的主要緣由。對於這場洪水是怎樣把這些化石分別分類置於地質層中去的，有人感到很納悶。有的思考者認爲這種分類是因爲化石密度的不同造成的（越重的化石沈澱得越深），又有人提問爲什麼有的化石與現存所知的生命有機體區別這麼大。甚至還有人想知道是否有足夠的洪水來淹沒歐洲的阿爾卑斯山脈。那時，大山脈在洪水之後抬升的說法並不流行。不管怎樣，在18世紀中葉，人們普遍接受聖經中的洪水爲一歷史事件這一事實，並且認爲化石是被那場洪水所埋葬的古代有機體遺跡。

然而在19世紀，思想界發生了翻天覆地的變化，不僅僅是關於化石本身的起源問題，還有關於產生這些化石的有機體的起源問題。岩石和生命的進化發展歷時長久的觀念，針對化石的解釋提出了許多問題。這些化石到底是創世記中所描述的洪水造成的，還是千萬年來進化的結果呢？我們將在下面的兩章中詳細討論有關化石起源的各種觀點。

■ 結論

化石是一種很奇妙的東西，它告訴我們許多有關生命起源及其歷史。對它們的解釋與進化論和創造論的重要觀點息息相關。它們幾乎處於科學與聖經之爭的核心位置。

對於化石的研究極具挑戰性，也極具爭論性。小心謹慎很重要。雖然有的化石保存完好，但也存在一些部分或已經嚴重腐爛而難於辨明的化石。有時，我們無法確信有些特殊形狀的化石是否眞的是化石。

地質堆積柱的底層部分存在許多簡單低等生物。絕大部分動物出現於「寒武紀大爆炸」之後，然後在那地層中各種植物，爬行、哺乳動物就大量湧現了。幾個世紀以來，思想家們對於化石起源問題各抒己見。有人認爲化石是由於某種液體濃縮所形成的。也有人認爲化石代表著被聖經中洪水掩埋的有機體，更有人認爲它們是進化中的有機物遺體。

■ 參考文獻：

1. Wittgenstein L. 1980. Culture and value. Winch P, translator; Wright GHv (with Nyman H), editor. Chicago: The University of Chicago Press, p. 39e. Translation of: Vermischte Bemerkungen.
2. Lawson DA. 1975. Pterosaur from the latest Cretaceous of west Texas: discovery of the largest flying creature. Science 187:947, 948.
3. Simpson GG. 1983. Fossils and the history of life. New York: Scientific American Books, p. 2.
4. I am indebted to AS Romer for the details of this incident. See: Romer AS. 1964. Cope *versus* Marsh. Systematic Zoology 13(4):201-207.
5. For Marsh's detailed account, see: (a) Shor EN. 1974. The fossil feud: between E. D. Cope and O. C. Marsh. Hicksville, New York: Exposition Press, pp. 184-186. For further details, see also: (b) Plate R. 1964. The dinosaur hunters: Othniel C. Marsh and Edward D. Cope. New York: David McKay Co.
6. Shor, p. 174 (note 5a).
7. For accounts of this famous feud, as well as the extensive reports given in the *Herald*, see: Shore, p. 174 (note 5a).
8. Beerbower JR. 1968. Search for the past: an introduction to paleontology. 2nd ed. Englewood Cliffs, N.J.: Prentice-Hall, p. 39.
9. Malakhova NP, Ovchinnikov LN. 1969. A find of fossils in granite of the central Urals. Doklady Akademii Nauk SSSR 188:33-35. Translation of: O nakhodke organicheskikh ostatkov v granitakh Srednego Urala.
10. Cloud P. 1973. Pseudofossils: a plea for caution. Geology 1(3):123-127.
11. Glaessner MF. 1980. Pseudofossils from the Precambrian, including "Buschmannia" and "Praesolenopora." Geological Magazine 117(2):199, 200.
12. Häntzschel W. 1975. Treatise on invertebrate paleontology, Part W: Miscellanea, supplement 1. 2nd ed. Boulder, Colo.: Geological Society of America, and Lawrence, Kans.: University of Kansas, pp. W169-179.
13. *Ibid.*, p. W146.
14. (a) Glaessner MF. 1988. Pseudofossils explained as vortex structures in sediments

14. (a) Glaessner MF. 1988. Pseudofossils explained as vortex structures in sediments. Senckenbergiana lethaea 69(3/4):275-287; (b) Gutstadt AM. 1975. Pseudo- and dubiofossils from the Newland Limestone (Belt Supergroup, late Precambrian), Montana. Journal of Sedimentary Petrology 45(2):405-414; (c) Jenkins RJF, Plummer PS, Moriarty KC. 1981. Late Precambrian pseudofossils from the Flinders Ranges, South Australia. Transactions of the Royal Society of South Australia 105(2):67-83; (d) Merek EL. 1973. Imaging and life detection. BioScience 23(3):153-159; (e) Pickett J, Scheibnerová V. 1974. The inorganic origin of "anellotubulates." Micropaleontology 20(1):97-102; (f) Service RF. 1995. Prompting complex patterns to form themselves. Science 270:1299, 1300.
15. Schopf JW, Packer BM. 1987. Early Archean (3.3-billion to 3.5-billion-year-old) microfossils from Warrawoona Group, Australia. Science 237:70-73.
16. Cowen R. 1995. History of life. 2nd ed. Boston, Oxford, and London: Blackwell Scientific Publications, p. 39.
17. Buick R. 1990. Microfossil recognition in Archean rocks: an appraisal of spheroids and filaments from a 3,500-million-year-old chert-barite unit at North Pole, Western Australia. Palaios 5:441-459.
18. Ginsburg RN. 1991. Controversies about stromatolites: vices and virtues. In: Müller DW, McKenzie JA, Weissert H, editors. Controversies in modern geology. London, San Diego, and New York: Academic Press, pp. 25-36.
19. (a) Hoffman P. 1973. Recent and ancient algal stromatolites: seventy years of pedagogic cross-pollination. In: Ginsburg RN, editor. Evolving concepts in sedimentology. Johns Hopkins University Studies in Geology, No. 21. Baltimore and London: Johns Hopkins University Press, pp. 178-191. See also: (b) Grotzinger JP, Rothman DH. 1996. An abiotic model for stromatolite morphogenesis. Nature 383:423-425. (c) Lowe DR. 1994. Abiological origin of described stromatolites older than 3.2 Ga. Geology 22:387-390.
20. (a) Hoffman (note 19a). See also: (b) Estaban M, Pray LC. 1975. Subaqueous, syndepositional growth of in-place pisolite, Capitan Reef Complex (Permian), Guadalupe Mountains, New Mexico, and west Texas. Geological Society of America Abstracts With Programs 7:1068, 1069; (c) Thomas C. 1968. Vadose pisolites in the Guadalupe and Apache Mountains, west Texas. In: Silver BA, editor. Guadalupian facies, Apache Mountains area, west Texas. Symposium and guidebook 1968 field trip, Permian Basin Section, Society of Economic Paleontologists and Mineralogists Publication 68-11:32-35.
21. Gutstadt (note 14b).
22. Bjærke T, Dypvik H. 1977. Quaternary "stromatolitic" limestone of subglacial origin from Scandinavia. Journal of Sedimentary Petrology 47:1321-1327.
23. For an insightful review of the development of the geologic-column concept, see: (a) Ritland R. 1981. Historical development of the current understanding of the geologic column: Part I. Origins 8:59-76; (b) Ritland R. 1982. Historical development of the current understanding of the geologic column: Part II. Origins 9:28-50.
24. (a) Schopf JW. 1993. Microfossils of the Early Archean Apex chert: new evidence of the antiquity of life. Science 260:640-646; (b) Schopf and Packer (note 15); (c) Walsh MM, Lowe DR. 1985. Filamentous microfossils from the 3,500-million-year-old Onverwacht Group, Barberton Mountain Land, South Africa. Nature 314:530-532.
25. Stewart WN, Rothwell GW. 1993. Paleobotany and the evolution of plants. 2nd ed. Cambridge and New York: Cambridge University Press, pp. 35, 36.
26. Mendelson CV. 1993. Acritarchs and prasinophytes. In: Lipps JH, editor. Fossil prokaryotes and protists. Boston, Oxford, and London: Blackwell Scientific Publications, pp. 77-104.
27. The exact position of these organisms is under discussion. See: (a) Grotzinger JP, Bowring SA, Saylor BZ, Kaufman AJ. 1995. Biostratigraphic and geochronologic constraints on early animal evolution. Science 270:598-604; (b) Kerr RA. 1995. Animal oddballs brought into the ancestral fold? Science 270:580, 581.

28. (a) Bengtson S, Fedonkin MA, Lipps JH. 1992. The major biotas of Proterozoic to Early Cambrian multicellular organisms. In: Schopf JW, Klein C, editors. The Proterozoic biosphere: a multidisciplinary study. Cambridge and New York: Cambridge University Press, pp. 433-534; (b) Han T-M, Runnegar B. 1992. Megascopic eukaryotic algae from the 2.1-billion-year-old Negaunee Iron Formation, Michigan. Science 257:232-235; (c) Shixing Z, Huineng C. 1995. Megascopic multicellular organisms from the 1,700-million-year-old Tuanshanzi Formation in the Jixian area, north China. Science 270:620-622.
29. For a general summary, see: (a) Briggs DEG, Erwin DH, Collier, FJ. 1994. The fossils of the Burgess Shale. Washington, D.C., and London: Smithsonian Institution Press; (b) Gould SJ. 1989. Wonderful life: the Burgess Shale and the nature of history. New York and London: W. W. Norton and Co.
30. Cowen, pp. 83, 84 (note 16).
31. Gould, p. 157 (note 29b).
32. The classic publication is: (a) Newell ND. 1967. Revolutions in the history of life. In: Albritton CC, Jr., editor. Uniformity and simplicity: a symposium on the principle of the uniformity of nature. Geological Society of America Special Paper 89:63-91. See also: (b) Cutbill JL, Funnell BM. 1967. Numerical analysis of *The Fossil Record.* In: Harland WB, Holland CH, House MR, Hughes NF, Reynolds AB, Rudwick MJS, Satterthwaite GE, Tarlo LBH, Willey EC, editors. The fossil record: a symposium with documentation. London: Geological Society of London, pp. 791-820; (c) Raup DM, Sepkoski JJ, Jr. 1984. Periodicity of extinctions in the geologic past. Proceedings of the National Academy of Sciences, U.S.A. 81:801-805.
33. (a) Hallam A. 1990. Mass extinction: processes. Earthbound causes. In: Briggs DEG, Crowther PR, editors. Paleobiology: a synthesis. Oxford and London: Blackwell Scientific Publications, pp. 160-164; (b) Jablonski D. 1990. Mass extinction: processes. Extraterrestrial causes. In: Briggs and Crowther, pp. 164-171.

第十章 地質堆積柱與創造

想看見的人，給予以足夠的光明；
持相反心態的人，則給予黑暗。
——帕斯卡[1]

兩種觀念——創造論與進化論——幾乎截然不同。創造論認爲最初的生命是上帝在幾千年前創造出來的，而後，這些生命在創世記大洪水中毀滅。因爲在被創造之先，根本無生命存在，所以所有的化石記錄都是在生命被創造之後形成的。另一方面，進化論則提出生命是在幾十億年前自然發生，[2]進而逐步演進到高級形式，包括近代人類的進化。化石記錄應該足以證明哪種觀點是正確的。

創造論者和進化論者，是從相對的角度來看待化石記錄，進化論者認爲它代表了生命形式的逐步發展，而創造論者則將之視爲洪水中被埋葬之物的忠實記錄。前者認爲化石是記錄代表生物進化的發展，而對於後者，它則描述了生命的突然毀滅。因此，當我們評價這些解釋的時候，我們應該牢記此項對立的觀念。在這章裏我們將對創造論者，關於地質堆積柱的重要解釋進行評價，並與進化論者的觀點進行相對比較。

■ 化石順序與創造

進化論者常將化石記錄作爲其理論強有力的證據之一。毫無疑問，如果進化論者看不到地質堆積柱中複雜有機體從低級向高級進化的具體畫面，也看不到不同地質層中化石的獨特性，那麼，他們之中的許多人將放棄進化論的觀念。化石種類並不是人們想像的在洪水中所發生的那樣，它們根本就沒有混合到一起，而且在脊椎動物群（有脊椎的動物，如蛇和山羊）中，我們一樣可以看到地質堆積柱的顯生宙中有著一種從低部到頂部逐步複雜化的趨勢。魚是最早出現的脊椎動物，接下來是兩棲動物、爬蟲類動物、哺乳動物和鳥類。這就反應了逐漸向高級發展的總趨勢。脊椎動物群數量不多，只占總生物種類數的3%。然而，脊椎動物卻是我們最熟悉的動物。許多人將這一資料作爲進化論的有力依據，但其他的解釋也是存在的。有的現存有機體（如細菌、單細胞生物、無脊椎動物和植物）並沒有很好地體現進化的順序。[3]

一些創造論者指出：在地質堆積柱的某些地方順序是顚倒的，因爲一些古老的岩層化石，位於新生的化石之上。他們試圖以此反駁地質柱所體現的進化論觀點。他們認爲這種反常事實足以推翻整個地質柱的觀點。20世紀初卓越的創造論者喬治・麥克科瑞弟・普愛斯就支援這一觀點。[4]其他許多創造論者也贊同此觀點。[5]化石或岩層順序倒置的最好實例包括，位於蒙太拿和加拿大的路易斯逆斷層（Overthrust），位於懷俄明州的赫特山逆斷層(thrust sheet)，以及位於瑞士境內的馬特洪峰（Matterhorn）。就路易斯逆斷層而言，根據標準地質學解釋，位於白堊紀岩石上的前寒武紀岩石，後者要比前者晚9億年出現。看來地質力把年輕西面較老的表岩層，水平推動了至少50－65公里的距離來到較年輕的岩層上面。一些創造論者否認任何有關地質推力的作用，以此來否定地質柱的岩層顚倒的事實。對推力相關區域[6]的錯誤確認和其他重新解釋，成爲極具爭議的問題。我研究了路易斯逆斷層鄰近地帶，岩石上所殘留的溝壑和亂痕證明了推力的發生。

人們必須承認所有化石順序混亂的實例都來自那些地殼運動頻繁的山區，這其中肯定有推力的存在。更重要的是在某些山區和一些廣布的、穩定平坦的大陸，化石通常都是有一定連貫排列順序的。這一點絕不容忽視。我們不能忽視普遍存在的景象，也不能忽視地質柱中化石眞正的排列順序。我將以此爲前提來進行解釋。

■ 深層岩石裏的生命

地質堆積柱中最低部分，有時也稱之爲前寒武紀（太古代和原古代；圖10.1，表9.1），通常位於地層的深處。然而，向上的舉力和沖蝕作用有時也會使它們暴露在地球的表層。深入地下幾公里的油井鑽探工作有時也能尋找到一些原屬該地層的標本。近十幾年來，古生物學家將重點轉移到較低岩層中的稀有化石。這些化石代表著最簡單的有機體。其中一個特例，就是較複雜的埃迪卡拉 (Ediacaran) 化石。它們靠近寒武紀(圖10.1)並且顯示出與寒武紀生命種類更爲緊密的聯繫。爲了這次討論的目的，我們可以用豐富的顯生宙（寒武紀至今）化石種類來考慮它們。但在地質柱更底層發現較爲簡單的有機體，又怎麼解釋呢？難道它們沒有代表生命的早期形式，一路進化成較複雜的種類嗎？創造論者也許不必接受這種進化論的觀點，因爲即使在如今，在這些深層岩石裏也存活著簡單的生命形式，而且也很容易在那兒形成化石。

我們對陸上動植物以及浮游生物、魚類和海洋裏的鯨類都很熟悉。但一個新的生物王國——底層岩石裏的生命才逐步成爲人們研討的焦點。當然地殼岩石，尤其是更底層的岩石，相對來說較難取得。「眼不見爲淨」用在這兒就很確切了。不足爲奇的是，雖然我們對深層岩石裏某些生命的瞭解已有幾十年，但直到最近才有科學家對這個神秘的生命王國給予相對的重視。

人們都知道在地球的表層土壤中存在有大量細菌、蠕蟲和一些昆蟲的幼蟲。而在該表層下，則有機生物的數量及種類明顯減少，但在更深層的地下，有機物的數量卻又多得出人意料。在其中繁生且唯一的生命種類，是各式各樣的微生物。這樣的事例多得不可計數。[7]位於阿塞拜疆巴庫地區（前蘇聯），深度爲800－1,000米的含水土層中，有許多硫細菌。它們使來自石油鑽探後排出的水變成粉紅色。通常一個油井每天產生5,000立升粉紅色的水，達6個月之久。[8]德國一個400米深的煤礦地層接合處，每公分的煤就包含了約1,000個細菌。美國西北部的麥迪遜石灰石帶中，地下水中的細菌，比離地表一公里以下的水要多得許多。[9]

圖 片 10 . 1

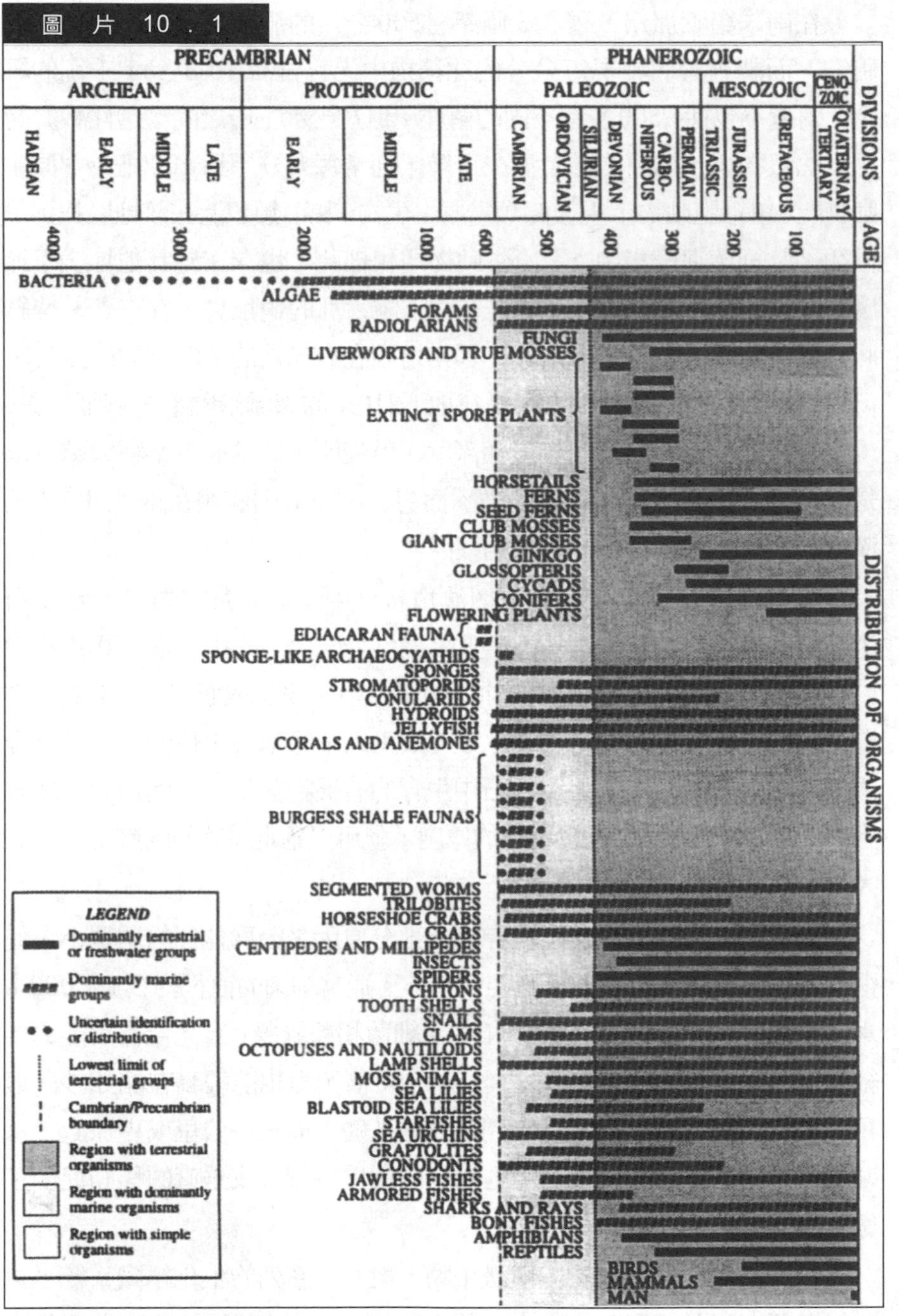

地質堆積柱主要有機體的分佈。第四欄所給的百萬年是根據標準地質時標，並不是作者所確認的。注意時標不是線型的，與前寒武紀相比，顯生宙是它的五倍長。

在南卡羅萊那州，曾在3個深達500公尺的洞穴內進行廣泛的調查研究。而調查者們發現每公分的沈積物中，包含有10萬到1千萬的細菌，這還不包括4,500多個不同的菌珠。但在含水土層之間滲透性較弱的泥土沈澱物裏，細菌的數量要少得多，通常每公分不到1,000個。[10]原生動物門(單細胞動物，現被歸類爲原生生物)和菌類也能在該地層找到，但卻不及細菌那麼集中。[11]原生動物門和細菌，也存在於其他地表下深層的沈積物上。[12]令人奇怪的是在南卡羅萊那的遺址裏，存在著一些絲狀的綠色藻類，而這種海藻類，通常需要在有光線的情況下才能生長，但我們發現它們生長的地方卻是在地下210米的深處！[13]調查者們將這一現象解釋爲：他們若存在於這個深度，就表明了與地面有某種聯繫，或是此種海藻具有極長的生存能力。而另一項研究則證明在地下405米的深處，也有一種細菌的病原體存活。[14]

微生物極有可能存在於一切沈積岩[15]中，並大量存在於含水土層中。調查者甚至在花崗岩中也發現了微生物。克爾頓[16]在瑞典錫占火山口(直徑達44公里)的一次石油探測鑽探中，證明地面下6公里處也存有微生物。而且，在同一位置大約4公里以下的地方，他發現了幾種存活細菌的菌珠。他甚至認爲岩石中生存的有機物數量可以與地面上所有生物的數量相比[17]。想一想岩層的厚度，就可以確定在我們的腳下，必有大量的生命存在。

微生物之所以可以在岩石存活，部分原因是因爲他們的體型小，使得他們可在礦物顆粒的細小孔隙中生存。通常細菌的直徑約爲1/1,000毫米。單細胞生物、海藻、菌類和光合細菌和藍綠藻(有光合作用能力的細菌)的直徑通常比一般細菌大10－100倍，但也能輕易在諸如沙子般粗糙的粒子間存活。潮濕是它們生存的基礎，而在一公里或更深處，水基本上是普遍存在的。砂石中含水層的緩慢平行、或垂直的移動促使了微生物的散播。

在深層岩石中發現的各種微生物，擁有一系列的生化組織系統，以維持它們在異常情況下的生存。[18]有的微生物可在150℃的高溫下生存(但這一說法還有待考證)。有些微生物需要氧氣，但有些卻不能在有氧的環境中存活。還有一些卻在這兩種環境下都可以生存。通常在這些深度層中的水，會含有適量的氧氣，而無氧的地方應該是普遍的。有機物從有機和無機化合物中獲取能量。

藉由上面的敘述，顯而易見的，一個先前不為人們所知的生命世界，確存在岩石中。不幸地是這些隱暱的有機物相對來說較難發現，在深層岩石中發現微生物化石記錄，因此人們就提出了一些有趣的問題。

■ 創造論與深層岩石中的生命

我們通常可以用多種方式來解釋資料。一種解釋是假定在較深層岩石中發現的簡單生命化石代表了早期生命形式，一路由低級向高級演進。近來對深層岩石中生命的發現，也表明這種化石代表那正常生存在這些深層岩石中的生物體，或它們已經滲入這些深岩中。現今岩石中有生命的存在，暗示我們至少應該在將簡單的前寒武紀單細胞化石，作為進化論的證據之前，承認這樣一種解釋。在深層地質層中發現細絲狀海藻的事實，也許代表了具有35億年歷史的細絲狀化石的起源。創世記洪水一樣促進了細小海藻的傳播，當地表的水滲入可滲透和碎裂的深岩時。

疊層[19]也發生在深層岩石中，從創造論者和進化論者那兒得到的解釋更模稜兩可。疊層是早期生命進化過程的重要部分（表9.1），然而像深層岩石中的許多化石一樣，它們仍未被完全確認。一些科學家將這些被廣泛接受的古疊層的事實重新解釋為急速和軟沈澱物的毀壞。[20]哈佛的古植物學家 A. H. 羅爾指出「人們不知道早期太古代的疊層含有微化石。這樣，就必須考慮非生物的解釋。」[21]

深層岩石中疊層化石的確認對生命起源問題具有重要意義。近期發現的活疊層，自動形成於岩石空穴，如珊瑚礁中的活疊層，人們很難估算它們的年代。這些特殊的疊層沈澱物被人們稱作endostromatolites。不靠光線集聚能量的細菌促進了沈澱物在endostromatolites上的堆積。來自比利時列日大學的生物沈積學家孟提認為endostromatolites能夠在至少3千米深處的岩石空穴中形成。[22]這就給人們提出了這樣一個問題：生存在深層岩石裏，或可能存在於空穴中的一些疊層，是否是endostromatolites的近代起源。由於我們對與疊層有關的知識掌握得還不夠充分，所以還不能得出確切的結論。

這樣看來，從深層岩石中得到關於生命早期進化的證據，面臨著兩種可能的解釋，而我們必須先要仔細考慮下面三種因素：(1)確認簡單微小生物化石種類的問題；(2)成爲化石的生命形態這個事實，可以代表那曾生活在岩石中，後來變成化石的被造生命型態，而非生命進化的早期階段；(3)發生毀滅性事件的時候，生活在表層的微生物，有向深層岩石滲入的現象。

■ 創造論與顯生宙化石順序

在地質堆積柱上層——被人們稱作顯生宙（寒武紀到近代；圖10.1，表9.1）——存有大量保存完好的化石。與那些在低層沈積岩層（前寒武紀）裏，所形成的一些不很可靠的稀有化石比起來，這群化石提供了一個極具參考和解釋的特殊架構。

正如前面所提到的，我們觀測到從地質柱的低層到高層化石的複雜性也在增加。我們將討論創造論者解釋這種模板時所提出的幾種看法。它們包括（1）運動性（2）浮力（3）生態學。相信任何一場大洪水都會使人們考慮到這三種因素所產生的影響。這三因素彼此相關，不可能單獨存在，而且任何單一因素，也不可能獨立就能促成化石順序的形成。當然，我們也不排除有其他因素。但我們必須記住我們所研究的是一項掌握資訊不多、獨特而複雜的過去事件，因此，任何解釋都有必要被視爲是一種推想。

■ 運動性因素

當動物試圖逃離逐漸上漲的世界大洪水的時候，運動性也就表現出來了。例如：在化石記錄中鳥類化石是很稀少的。在侏儸紀岩層下，迄今尚未找到保存完好的鳥類化石。我們可以推測在大洪水期間，它們有能力可以逐步逃離到更高的地方，因而僅僅在鬆軟的沈澱物上留下了牠們的足跡。這有助於解釋爲什麼沒有見到任何完整的鳥骨化石，卻有相當數量的鳥類足跡存留在三疊紀中。[23]同樣地，爬蟲類動物和兩棲類動物的足跡也是在地質柱的低層占主要地位，而並非它們的身體化石。[24]

在洪水期間，體型較大的陸地動物比較小的動物似乎更容易逃離到高處，這或許是庫伯理論的基石。[25]（這個認爲在進化期間生物是逐步向大型化發展的理論來自於庫伯的觀察：每當地岩層上升一級，特定種類的化石體積也隨之增加。）在大洪水時期，同類中體型較大的生物比較小的同伴更能成功地逃到地層中較高之處（這位有名的庫伯在美西脊椎動物研究上與馬許一較長短）。[26]雖然庫伯理論以及有關足跡分佈的資料與根據運動性得來的觀點相互吻合，但是大洪水中運動性對動物在地質柱中的分佈，也依然只是推測性的。

■ 浮力因素

幾個世紀以來，大量學者建議，用大洪水中生物分佈的密度作爲解釋化石記錄的一種方法。而事實的發生也就是這樣：許多簡單的生物如珊瑚、蝸牛、蚌、腕足動物以及其他海洋生物，在地質柱低層的分佈，比我們更熟悉的脊椎動物，如青蛙和貓，更集中、更具有代表性。洪水期間的密度活動對這樣一種分佈有影響嗎？在某一特殊層次上可能有，但值得懷疑的是：只根據活的動物分佈密度的認識，能否對整個地質層做一個概括性的解釋。厚殼類（heavier-shelled）動物，也曾出現在地質柱的上層。

脊椎動物屍體的浮力是一個更爲可能的因素。一些脊椎動物在死後比其他生物漂浮的時間更長。以現代生物的早期實驗證明：鳥類平均可以漂浮76天，哺乳動物爲56天，爬蟲動物爲32天，兩棲類動物爲5天。[27]同時，我們還必須認識到現在的這些生物種類與形成化石的那些種類是略有區別的。因此，對同一種脊椎動物，有可能會產生不同的形體。然而，這種化石順序，卻仍然與地質柱的分佈和在聖經中描寫到的洪水的時間全部吻合。因此，靠浮力來形成在地質柱中的分佈，很可能是創世記洪水中的一個因素。

生態學的帶狀分佈理論

另一種有關地質結構中化石順序趨向的解釋，取決於洪水前生命體在生態上的分佈。有這樣一個合理的假定，即大洪水前動植物的分佈和現在一樣，因環境不同而不同。北極熊不會生活在熱帶。我們也很容易發現在山區地帶生態分佈的不同，低地的動植物與高地的動植物存在有明顯的差異。例如：青蛙和蛇不可能會生活在高山頂，但一些哺乳動物卻有可能生活在那兒。一位創造論者對地質柱有一種解釋稱之爲「生物分佈帶理論」，指出洪水前生物的分佈，在某種程度上與地質構造中化石的分佈是有幾分相似。換句話說，地質柱中化石的順序大致反映了洪水前在垂直高度上的生態分佈。在這一種模型中，恐龍和人類生活在同一時代，卻生活在不同的生態環境中。人類常是生活在海拔較高的地方。

當我們判斷洪水是怎樣造成化石記錄中的順序時，我們應把常見的小地方性洪水，和創世記中描寫那罕見的世界性洪水區分開來。有時我們認爲洪水會將沈澱物從高地沖向低地，並且將一切都雜亂地混在一起。然而，洪水沈澱物經常排列得很好，形成了分佈廣泛而平整的岩層。在較大程度上說，混亂甚至是困難的，化石順序的形成，或可歸因於漸漸漲升的洪水，逐漸而連續毀滅各處陸地以及各種生物，使它們形成了大面積井井有條的陸地的大沈澱盆地。我們知道雨水並不能驅逐動物，毀壞樹木，但上漲的大洪水卻能夠。水面下常被稱爲混濁流[28]的快速泥流，將沈澱物與生物體帶到水底深處。在這種沈澱物底層的化石順序可以反映陸地被上漲的洪水侵蝕的順序。克拉克，[29]與他的老師普愛斯不同，他接受地質柱中用以證明一系列化石的證據，並且他還提出了分佈帶的思想。圖10.2說明了洪水前的陸地結構。如果像上述描述的那樣逐漸上漲的洪水毀滅了這樣一種陸地結構，那麼它們將導致現今在化石記錄中發現的大致順序。在這種模式中，以上談到的魚、兩棲動物、爬行動物以及哺乳動物的順序要歸因於原始的，洪水前各種生物的分佈。

有時，支援生物分佈帶理論的人，因爲過於嚴密比較現代生態與大

圖片 10 - 2

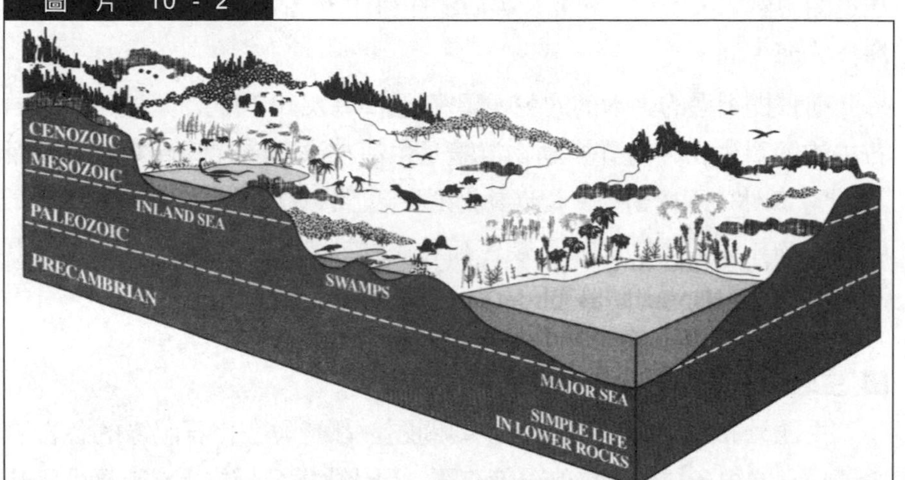

創世記洪水前生物總體分佈的設想。生態分佈帶理論，認為逐漸上漲的洪水對環境的毀壞，將導致現今在地殼中發現的化石順序的產生。

洪水前生態，而使之過於簡化。儘管現今的生態大致與化石順序有一定的關聯，但我們不該期盼生態結構在經歷了大洪水的侵襲後，還能完好地保存下來，理當想到：創世記這樣的大洪水，會引起地球生態結構的某些變化。劇變之前，生物的分佈與現在生物的分佈極有可能不同。此外，對於過去與現在生態的比較，因這樣一件大事而變得更為複雜。我們認為在任何大型洪水中，沈積物與有機體會產生既有限又廣闊的橫向移動。隨著沈澱地區的起伏和沉澱，而產生的傳送將使化石順序更加複雜。生物體有限的混合、運動和浮力也能夠變更化石的順序。生態分佈帶的理論，並不認為也不提倡洪水前與現今的生態生物之間有確切的平行，然而，它認為一般生態順序乃是逐漸上漲的洪水所形成。

化石記錄有些方面，不易與現代生態順序聯繫起來，並且一些人在生態分佈帶理論的框架裏，提出一個修改的洪水前世界。如：現今幾乎所有的海洋生物，都生活在海洋某一深度或更深層，但是，在化石順序中，海洋生物卻存在於好幾個層次。因此，人們提出洪水前的大型海洋，分佈於陸地的不同層次上（圖 10.2）。這可能是一些主要的海洋化石，在地質柱中分層的主要來源。這些設想中的海洋比現今鹹水海洋更為遼闊，例如大鹽湖、死海及裏海這些海洋，或高於、或低於現今地球海洋的海平面。[30]

前曾提到過的洪水前的生態順序（圖10.1及10.2）開始於低層區域岩石中的簡單生物。有許多動物群體是生活在洪水前最低的海洋裏，而「碳化」森林，兩棲動物，爬蟲動物則生活於較高溫而潮濕鬆軟的低地，開花植物和恆溫動物，如鳥類、哺乳類動物，包括人類，則生活於更高、更涼爽的地區。這種整體順序是符合化石記錄。

生態分佈理論的一些問題

生態分布理論面對的一些主要問題，都是與在化石記錄的各岩層中，找到的很多種類生物的分佈有關。現代生態分佈幾乎沒有極少反映這一點。我們可以用洪水時，有限的源頭地區，生物廣泛的橫向傳播來解釋這種分佈，但問題看來更普遍，且不局限於單獨的源頭地區。

當我們把化石分佈與今天的生態系統作比較時，古生代晚期和中生代早期缺少或完全沒有哺乳動物，開花植物及其花粉[31]是生態分佈帶理論必須最迫切回答的問題。生態分佈帶模型要求比現在更有序（分層）的生態分佈，而開花植物包括草，以及哺乳動物只能存在於高地。在洪水前，有一個更有秩序的生態系統之創造論當然是很有可能的。根據合理的原因我們可以推測：（1）恆溫哺乳動物可能因洪水前的地表溫度太高，而被迫離開。對於這點我們將在下面擺出證據說明。開花植物可能因為所在地充滿各種適應該地域的低等植物，而被排除出低地在顯生宙化石順序的低層部分，我們發現大片由稀有樹木如石鬆屬植物、種子蕨和巨型木賊[32]組成的森林。他們形成了著名的石炭紀煤礦森林（表9.1）並且形成一些最好的煤炭資源。

一些來自岩石和化石的記錄表明地球以前的生態也許有幾分不同。我們不難找出這樣的例子。地質柱顯生宙部分的中部（二疊紀——三疊紀）包括許多紅色的岩石——含有氧氣的「紅床」。[33]在「紅床」之下，接近地質柱頂端部位我們發現大量的黑色葉岩，這表明了氧氣減少的狀況。[34]在現今的生態系統中，這兩種生態情況都是異常的。一些活的生物似乎與化石對應物[35]完全相同，但有許多生物，如恐龍和一些樹，因不同的生態關係而迥然不同。

在過去，平均氣溫似乎是較爲暖和的。這點我們可在那些與溫度有關的冷、熱氣候帶的化石生物或氧的同位素比率的基礎上估算出平均氣溫來。在地質柱頂端附近的森林樹木化石，出現在北極和南極地區。[36]現在該處已不存在活的森林。靠近北極的艾利斯摩島，[37]我們發現了蠑螈、蛇、蜥蜴和短鼻鱷魚的化石，這暗示著該地區的氣候溫暖。在南極，有來自顯生宙中期的林野，我們認爲它們生長在與南極相隔僅5－10度的緯度上，似乎也是長在溫暖的環境裏的。從這些化石呈現的形貌，甚至看不到有嚴寒破壞的跡象。[38]一般來說，化石記錄表明了地質柱的大部分地區過去比現在都要暖和。初步估計表明在南北兩個半球高緯度地區，溫度高出攝氏7－20度。[39]這樣的估算意味著過去與現在環境有些不同，然而，生物的相似性，仍能充分證明現今生活在地球上的一些生物，與化石中的生物屬同一種類。

■ 與生態分佈帶理論一致的證據

雖然過去與現在有某些不同，但我們相信地球在創世記洪水之前，就存在大致是相似的生態關係。在這個基礎上產生過去與現在的一些有趣的比較，其中的一些資料與生態分佈帶理論是相當吻合的。

1、當我們觀察地球上生物的分佈時，我們發現簡單生物，生活在岩層的深處。從生態分佈帶理論對化石記錄的解釋來看，這與我們在前寒武紀化石的低層，發現罕見的簡單化石是一致的（圖10.1特別注意到前寒武紀時代細菌與海藻的分佈）。這些簡單生物可能在創世記洪水之前或之後，在生活的深層岩石中變成化石。而我們偶然在深層岩石中所發現的趨光性海藻，則很可能是由於表面水的滲透被帶到那兒的。

2、在圖10.1的點線和短線之間光線陰暗的地區，發現的生物幾乎全都是海洋生物，他們代表著那些洪水時期前，生活在淺海的生物，而那些海洋裏也許生存著大量的海洋生物。這就解釋了在寒武紀大爆炸時期發生的進化問題[40]，在那裏碰巧幾乎全是海洋生物的大部分動物門類，似乎突然沒有了進化的祖先。生態環境理論將寒武紀大爆炸所發生的這一切，解釋爲它正可反映出洪水前淺海的位置的反映。

3、地球上有許多生物都出現在地質柱的同一層次上，包括：菌類、許多已滅絕的植物群體、木賊、蕨類、種子蕨、球棒狀苔蘚、昆蟲、蜈蚣、千足蟲、蜘蛛以及兩棲動物。請看圖10.1點線上面的生物。在同一層次上出現這麼多不同種類的生物群體，從進化論的觀點來說這是異常的。上漲的洪水毀壞了最低層的陸地，並保存了上層生物化石的觀點，則與創造論的推理更爲一致。

4、一般化石分佈型態，與現在的生態學相似。地球上現在的順序表明：小的單細胞生物生活在地球的深層岩石裏，大量的海洋生物生活在海水裏，而陸地生物突出在上層。同樣的順序也存在於化石記錄中（圖10.1）根據生態分佈帶理論，蚱蜢和乳牛，不可能同時出現在地層的最低層，因爲它們不可能生活在洪水發生前的海洋裏。在包含了許多化石的地質柱中（顯生宙）幾乎所有保留在較低部分（寒武紀到志留記）的都是海洋生物，而上層（第三紀）化石主要代表是陸地生物，兩者間有著不同的比率。基本上，我們應該認同這樣一種順序：在洪水事件中最先埋葬的是最低層的海洋生物（寒武紀的發生），而最高階層的陸地環境——即具有哺乳動物生活的地區，則是最後才會受到影響，而形成地質柱的最上部位。地質堆積柱越往上發展，生物越高等的這種想法，或許不能被看作是一種進化，但確能反映出在洪水前，地球生態結構的一般狀態。

由此可見，大量而重要資料的證明，與生態分佈帶理論的設想是一致的。

■ 結 論

以上的討論至少應該說與傳統的解釋是有所區別的，然而，像發現寒武紀這樣的發生，對逐漸發展的進化論的解釋是一種挑戰，並提示我們應該多考慮其他方面。

總而言之，當我們觀察化石順序的時候，我們會發現不同層次上生物體的獨特性，以及生命形式從簡單到複雜的進展。有時這種模式被視爲進化論牽強附會的依據，（有限的進展，未必反映出逐步的發展。）在世界性的洪水中運動和浮力，能引起某些表面上的進展。重要的是現在生活在地上和地殼裏的生物總體，其排列順序是從簡單到複雜。首先是單細胞生物居住在深層岩石裏，然後是生活在淺海環境裏較複雜的生物，接著是更爲複雜的陸地生物。在諸如創世記大洪水這種逐漸發生的世界性地表災變的背景下，我們能料想到化石記錄的總秩序——並且這也是我們在那兒所發現到的。

■ 參考文獻：

1. Pascal B. 1966. Pensées. Krailsheimer AJ, translator. London and New York: Penguin Books, p. 80.
2. A few evolutionists take exception to the idea that evolution includes the concept of the spontaneous origin of life. They prefer to limit evolution to development of life forms after life was organized. I will use the term more in the way it is usually understood in scientific journals and textbooks, where it includes both the evolution of simple life and the subsequent development of more complicated life forms.
3. However, as one compares living species to similar ones in the fossil record one sees an increasing proportion of strangeness (from present species) as one goes further down the geologic column. This has been interpreted as evidence of gradual change of species over time. However, that argument has to be evaluated against the expectation that in any major catastrophe such as the deluge one would expect those species that were buried the deepest in the geologic column to have the least chance to have representatives escape and survive the flood.
4. (a) Price GM. 1923. The new geology. Mountain View, Calif.: Pacific Press Pub. Assn., pp. 619-634. For an account of this, see: (b) Numbers RL. 1992. The creationists. New York: Alfred A. Knopf, pp. 72-101.
5. For instance, see: (a) Nelson BC. 1968. The deluge story in stone: a history of the flood theory of geology. Minneapolis: Bethany Fellowship, Inc.; (b) Rehwinkel AM. 1951. The flood in the light of the Bible, geology, and archaeology. St. Louis: Concordia Pub. House, pp. 168-274; (c) Whitcomb JC. 1988. The world that perished. 2nd ed. Grand Rapids: Baker Book House, pp. 86, 87; (d) Whitcomb JC, Jr., Morris HM. 1966. The Genesis flood: the biblical record and its scientific implications. Philadelphia: Presbyterian and Reformed Pub. Co., pp. 180-211.
6. Numbers, pp. 218, 219 (note 4b).
7. (a) Fliermans CB, Hazen TC, editors. 1990. Proceedings of the First International Symposium on Microbiology of the Deep Subsurface. WSRC Information Services Section Publications Group; (b) Fredrickson JK, Onstott TC. 1996. Microbes deep inside the earth. Scientific American 275(4):68-73; (c) Ghiorse WC, Wilson JT. 1988. Microbial ecology of the terrestrial subsurface. Advances in Applied Microbiology 33:107-172; (d) Pedersen K. 1993. The deep subterranean biosphere. Earth-Science Reviews 34:243-260; (e) Stevens TO, McKinley JP. 1995. Lithoautotrophic Microbial Ecosystems in Deep Basalt Aquifers. Science 270:450-454.
8. Ivanov MV. 1990. Subsurface microbiological research in the U.S.S.R. In: Fliermans and Hazen, pp. 1.7-1.15 (note 7a).
9. Ghiorse and Wilson (note 7c).
10. Balkwill DL. 1990. Density and distribution of aerobic, chemoheterotrophic bacteria in deep

southeast coastal plain sediments at the Savannah River Site. In: Fliermans and Hazen, pp. 3.3-3.13 (note 7a).

11. (a) Sinclair JL. 1990. Eukaryotic microorganisms in subsurface environments. In: Fliermans and Hazen, pp. 3.39-3.51 (note 7a); (b) Sinclair JL, Ghiorse WC. 1989. Distribution of aerobic bacteria, protozoa, algae, and fungi in deep subsurface sediments. Geomicrobiology Journal 7:15-31.
12. Sinclair JL, Ghiorse WC. 1987. Distribution of protozoa in subsurface sediments of a pristine groundwater study site in Oklahoma. Applied and Environmental Microbiology 53(5):1157-1163.
13. (a) Sinclair (note 11a); (b) Sinclair and Ghiorse (note 11b).
14. Bradford SM, Gerba CP. 1990. Isolation of bacteriophage from deep subsurface sediments. In: Fliermans and Hazen, p. 4.65 (note 7a).
15. Ourisson G, Albrecht P, Rohmer M. 1984. The microbial origin of fossil fuels. Scientific American 251(2):44-51.
16. Gold T. 1991. Sweden's Siljan ring well evaluated. Oil and Gas Journal 89(2):76-78.
17. Gold T. 1992. The deep, hot biosphere. Proceedings of the National Academy of Sciences, U.S.A. 89:6045-6049.
18. For an example, see: (a) Kaiser J. 1995. Can deep bacteria live on nothing but rocks and water? Science 270:377; (b) Stevens and McKinley (note 7e).
19. See chapter 9.
20. Lowe DR. 1994. Abiological origin of described stromatolites older than 3.2 Ga. Geology 22:387-390.
21. Knoll AH. 1990. Precambrian evolution of prokaryotes and protists. In: Briggs DEG, Crowther PR, editors. Paleobiology: a synthesis. Oxford and London: Blackwell Scientific Publications, pp. 9-6.
22. (a) Monty CLV. 1986. Range and significance of cavity-dwelling or endostromatolites. Sediments down under. Abstracts of the twelfth International Sedimentological Congress, Canberra, Australia, p. 216; (b) Vachard D, Razgallah S. 1988. Survie des genres Tharama et Ranalcis (Epiphytales, algues problématiques) dans le Permien supérieur du Djebel Tebaga (Tunisie). Comptes Rendus de L'Académie des Sciences Paris 306(Ser 2):1137-1140.
23. Lockley MG, Yang SY, Matsukawa M, Fleming F, Lim SK. 1992. The track record of Mesozoic birds: evidence and implications. Philosophical Transactions of the Royal Society of London B 336:113-134.
24. Brand L, Florence J. 1982. Stratigraphic distribution of vertebrate fossil footprints compared with body fossils. Origins 9:67-74.
25. For a discussion of Cope's Rule, see: Benton MJ. 1990. Evolution of large size. In: Briggs and Crowther, pp. 147-152 (note 21).
26. See chapter 9.
27. Brand LR. Personal communication.
28. See chapter 13.
29. Clark HW. 1946. The new diluvialism. Angwin, Calif.: Science Publications, pp. 37-93.
30. See chapter 12 for an alternative suggestion of the transport of marine sediments. Note especially Figure 12.2A, B.
31. Some consider the paucity of flowering plant pollen in the lower geologic layers as a serious problem for the ecological zonation theory, since pollen would be expected to be widely distributed. But the Bible suggests no rain ([a] Genesis 2:5) before the flood, which implies a different climatic system that may have also excluded high winds. Without rain and high winds, pollen distribution may have been limited until the floodwaters destroyed local accumulations. However, we would expect some transport of pollen from the rain of the flood, and there are a few references to plant tissues unusually low in the geologic column and to spores or pollen from layers considered to be older than the layers in which the plants which produced them are found. E.g., (b) Axelrod DI. 1959. Evolution of the psilophyte paleoflora. Evolution 13:264-275; (c) Coates J, Crookshank H, Gee ER, Ghosh PK, Lehner E, Pinfold ES. 1945. Age of the

Saline Series in the Punjab Salt Range. Nature 155:266, 267; (d) Cornet B. 1989. Late Triassic angiosperm-like pollen from the Richmond Rift Basin of Virginia, U.S.A. Paleontographica, Abteilung B 213:37-87; (e) Cornet B. 1986. The leaf venation and reproductive structures of a Late Triassic angiosperm, *Sanmiguelia lewisii.* Evolutionary Theory 7(5):231-291; (f) Cornet B. 1979. Angiosperm-like pollen with tectate-columellate wall structure from the upper Triassic (and Jurassic) of the Newark Supergroup, U.S.A. Palynology 3:281, 282; (g) Gray J. 1993. Major Paleozoic land plant evolutionary bio-events. Paleogeography, Paleoclimatology, Paleoecology 104:153-160; (h) Leclercq S. 1956. Evidence of vascular plants in the Cambrian. Evolution 10:109-114; (i) Sahni B. 1944. Age of the Saline Series in the Salt Range of the Punjab. Nature 153:462, 463; and references therein; (j) Wadia DN. 1975. Geology of India. New Delhi: Tata McGraw-Hill Pub. Co., Ltd., pp. 135-137. Such information, which fits well with a creation-flood model but not with a slow gradual evolutionary model, where we would not expect spores and pollen before the plants that produce them had evolved, is of course highly controversial and has often been subjected to reinterpretation.

32. E.g.: Knoll AH, Rothwell GW. 1981. Paleobotany: perspectives in 1980. Paleobiology 7(1):7-35.
33. The red beds are especially abundant in the Permian and Triassic. Scientists have much debated their origin. See for example: (a) Krynine PD. 1950. The origin of red beds. American Association of Petroleum Geologists Bulletin 34:1770; (b) Weller JM. 1960. Stratigraphic principles and practice. New York: Harper and Brothers, pp. 133-135.
34. Widespread black shales in the Cretaceous are especially considered peculiar. See: (a) Arthur MA. 1994. Marine black shales: depositional mechanisms and environments of ancient deposits. Annual Review of Earth and Planetary Sciences 22:499-551; (b) Schlanger SO, Cita MB. 1982. Introduction to the symposium "On the Nature and Origin of Cretaceous Organic Carbon-Rich Facies." In: Schlanger SO, Cita MD, editors. Nature and origin of Cretaceous carbon-rich facies. London and New York: Academic Press, pp. 1-6. See also rest of the volume.
35. See chapters 8 and 9.
36. For a review of some of the data, see: Axelrod DI. 1984. An interpretation of Cretaceous and Tertiary biota in polar regions. Paleogeography, Paleoclimatology, Paleoecology 45:105-147.
37. Estes R, Hutchison JH. 1980. Eocene lower vertebrates from Ellesmere Island, Canadian Arctic Archipelago. Paleogeography, Paleoclimatology, Paleoecology 30:325-347.
38. Taylor EL, Taylor TN, Cúneo NR. 1992. The present is not the key to the past: a polar forest from the Permian of Antarctica. Science 257:1675-1677.
39. See: (a) Allègre CJ, Schneider SH. 1994. The evolution of the earth. Scientific American 271(4):66-74; (b) Brooks CEP. 1949. Climate through the ages: a study of the climatic factors and their variations. New York and Toronto: McGraw-Hill Book Co.; (c) Emiliani C. 1987. Paleoclimatology, isotopic. In: Oliver JE, Fairbridge RW, editors. The encyclopedia of climatology. Encyclopedia of Earth sciences, vol. 11. New York: Van Nostrand Reinhold Co., pp. 670-675; (d) Frakes LA. 1979. Climates throughout geologic time. Amsterdam, Oxford, and New York: Elsevier Scientific Pub. Co., p. 261; (e) Goudie AS. 1987. Paleoclimatology. In: Oliver and Fairbridge, pp. 660-670 (note 39c); (f) Karhu J, Epstein S. 1986. The implication of the oxygen isotope records in coexisting cherts and phosphates. Geochimica et Cosmochimica Acta 50:1745-1756; (g) Menzies RJ, George RY, Rowe GT. 1973. Abyssal environment and ecology of the world oceans. New York and London: John Wiley and Sons, pp. 349, 350.
40. See chapter 9 for a brief description of the Cambrian explosion.

第十一章 化石所透露的進化訊息

人們總是忘記要從根本著手；
問題常常問得不夠深入。
——路德維格·維特根斯坦[1]

實際上，化石在聖經與科學問題的爭論上，向我們提供了許多線索。它們曾經被人們稱讚爲「進化論教條被帶上法庭時的最後證人。」[2]化石眞正向我們透露了什麼進化論資訊？它們是否確實支持進化論？下面我們將仔細考慮兩大問題：進化演變的頻率與化石群體間的聯繫。

■ 進化演變的頻率及化石記錄

比如說前寒武紀時期，一些重要化石的發現，位於大量複雜動物之下的簡單低等動物的化石，包括特殊的埃迪卡拉動物群（Ediacaran）和伯吉斯葉岩（圖10.1）生物化石，[3]對於進化論所推崇歷時長久的進步演變思想是極大的挑戰。充其量，我們只能認爲進化之演變頻率極其無規律。

根據進化模式，生命至少是在35億年前進化而來的，但有近30億年的時間，仍處在相對簡單的單細胞階段。然後，突然在不到1億年的時間裏，幾乎所有的動物門（大約40個）[4]全部在所謂的寒武紀大爆炸中產生，並且，從那以後，再也沒有其他動物門的發現。1億年時間的寒武紀大爆炸對於演變似乎太長久。

有人認爲僅僅5百萬到1千萬的時間，就能產生絕大部分的動物門，這些時間還不到我們所估計的進化演變所需的時間的1/300。麻塞諸塞工業技術學院的鮑霖這樣評論說：「我想問一問我的生物學家朋友，在一些生物感到不適應，覺得有必要進化時，它們到底能進化的多快？」[5]研究者們也同樣報導了寒武紀地層中藻類的顯著增加。[6]整體看來，只占現存生物種類1/4的植物與其他不同的生物群體大量出現在上層地質層中（見圖10.1）。再往上化石記錄繼續向我們表明又有那些生物會突然出現。比如說，大部分哺乳綱的動物，大概都只出現於一千二百萬年前（即第三紀層下面）。進化論者斯蒂斯坦利指出既然哺乳動物化石種類平均保留時間爲一百多萬年，那麼這段時間可產生10代到15代連續不斷的物種進化，並進化成鯨或蝙蝠這類的哺乳動物。他說：「這樣的話就很明顯是反常的。」[7]並且他認爲諸如基因調整和小群體突變導致的快速變化，有助於解釋在短期內大量哺乳動物的突然出現。對於鳥類也曾報導過在「5百萬到1千萬的時間裏」一場「驚人的爆炸性進化」使得這些鳥類快速進化而來。[8]在前面，我們已經指出斷續性平衡模式已經解決不了問題了。[9]它只能處理物種水平的變化，但不能說明大的物種群比如說界、門、綱和目之快速起源問題。

實際上，化石記錄向我們暗示從顯生宙早期以來，植物和動物基本種類是在減少。古爾德指出存在於寒武紀沈澱層的基本動物類型比現在多得多。他認爲，傳統的進化樹（圖11.1）是從單一的起源種類（樹幹）出發，往上逐步增加成不同的有機體（樹枝和樹葉），這種模式純屬本末倒置，因爲我們現在所發現的有機體還沒有過去多。[10]古植物學者威爾遜・斯圖爾特和羅思威爾列舉了31種古生代早期的「主要植物群」，而現在只存有23種。[11]在圖表10.1中我們也發現古生代早期，有機體種類比較繁多，在古生代出現了67種有機物，而到新生代就只有42種。這種差距有可能更大，因爲古生代中的某些微小植物群，都還沒有統計在內呢！地質柱中更高地層所包含的物種似乎更多，[12]但實際上這只不過是基本物種類型中較小的變異。並非產生新的物種。換句話說，也就是在地質柱中，越往下，基本物種越多；越往上，物種的變異越來越多了，但基本物種減少了。但物種的變異卻越來越多了。因爲有的物種滅絕，所以在地質柱的上部存留的基本物種也就少了，但我們卻以爲隨著時間的推移能夠逐漸進化出更多的物種。

不規則的進化演變率意味著當變化發生時，速度是相當快的。然而

圖片 11.1

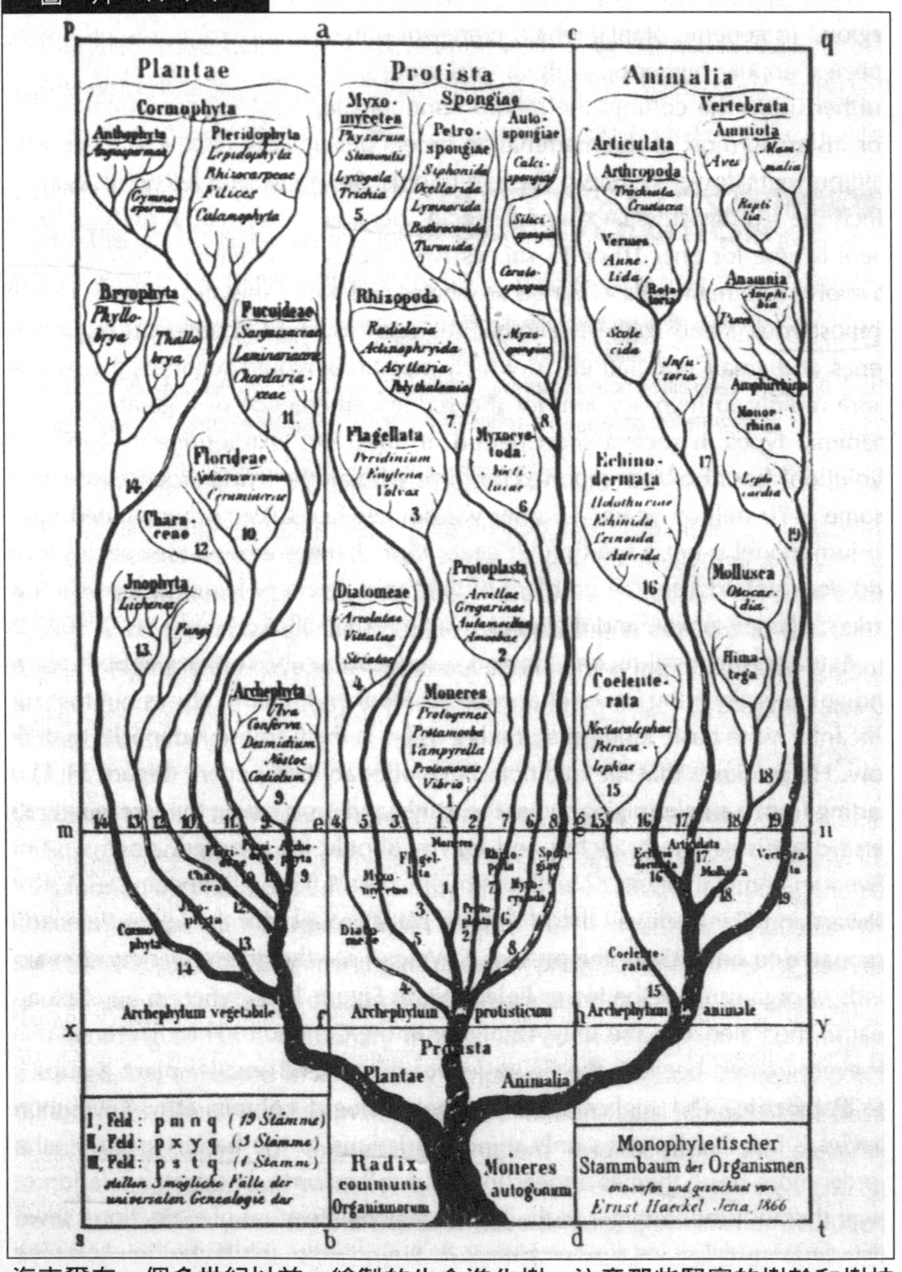

海克爾在一個多世紀以前，繪製的生命進化樹。注意那些堅實的樹幹和樹枝都是相互聯繫的。有機群體形成該生命樹的樹葉，但是對於該樹的枝和幹部分幾乎就沒有或只有很少數的化石或現存有機物爲代表。圖表的説明，代表大部分的分類種類。把該圖與圖11.2相比較。

在寒武紀地層之下的前六分之五的地質年代中，化石的記錄表明幾乎沒有進化演變發生。後來的進化肯定是遵循一種間歇的模式，包括快速進化演變中的頻繁而斷續性的平衡。這就給眞正的進化演變過程留下極少的時間——根據有的進化模式有可能還不到整個地質時標的百分之一。化石記錄中的這種模式很明顯地減少了，我們原來所設想的整個進化過程需要幾百億年時間的想法。由於時間的縮短，進化論所面臨的各種不可能性也越來越大，這樣就產生了其他各種理論。[13]

雖然，從化石時間記錄來看大的進化演變應該是快速發生的，但其他一些化石資訊卻又暗示我們進化演變，實際上是一個相當漫長的過程。有的現存有機體與它們的化石有著驚人的相似之處。假設四億年前，泥盆紀早期進化來的蟎蟲就與現代物種極相似。[14]史卻普在澳大利亞中部的苦泉石中，發現幾種藍綠藻化石，根據推測有8億5千萬年歷史，但卻與現存的生物體幾乎一模一樣。同時，他指出大約有90種左右不同年代的古代物種化石與現代生物種存在了許多相似之處。[15]史蒂瓦和羅斯威爾，在評論從太古後期到原生代中期（12億年－27億年間）有機體相似性時說：「雖然幾乎沒有什麼能決定生物系統的進化率，但很明顯地，它們的形態類型（外形）從前寒武紀到現在都保持著相當恒久不變。」[16]

北美五大湖地區的Gunflint角岩層中的某些生物體估計距今有20億年歷史了，但其中的化石樣品與現今的物種形態非常接近。克諾爾說：「許多原生代後期的原核生物（無細胞核）和現存的藍綠菌群，在形態、發展或在行爲上相差不大。」[17]進化論者試圖把這一演變過程的缺乏，解釋爲進化演變中片斷式不規則的頻率，或者解釋爲肉眼也無法看到的內部進化演變。但在創造論者則認爲這些相似性也可能是現存生物的遺體，滲入岩石的結果。[18]

爲了與化石記錄時間保持一致性，進化論假定進化頻率，可由緩慢轉向快速驟然轉變的事實，這也恰當地證明了進化論是時刻準備隨機應變。進化演變的高頻率也向傳統的緩慢逐步的進化過程提出了挑戰。同時也有人提出疑問，爲什麼有的細菌或類似的簡單有機體能夠在6億年的時間內進化成人類，而其他有機體在20億年中始終保持原樣呢？

在進化演變裏，化石也表明了進化率的極不規則性。化石所暗示的長時期緩慢的進化或者無進化現象，在古老地質時代，就沒有甚麼時間產生複雜進化的可能。

■ 化石記錄的缺環

當我讀研究所時，進化論教授告訴我，動物學系的教授對於我的創造論信仰很感興趣。他問我是否能解釋一下這種信仰。我回答說我明白人們的思路，是怎樣被引導去相信進化論。但對於進化論我還是有幾個疑問。他對此表示很感興趣。其中一個問題就是我無法理解，在沒有任何中間類型化石記錄的情況下，海龜是如何由其他爬行動物演進而來。因爲海龜是一種奇特的動物，尤其是它的殼在其獨特進化過程中，應該有些中間類型，然而在化石記錄中卻找不到這些證據。古生物學者已經發現了成千上萬的海龜化石，有的幾乎長達四米。據推測，它們應該在2億多年前進化而來，然而在它們第一次出現的地質層之下，我們並沒有看到它們那獨特的殼的逐漸進化序列。[19]在討論完其他一些想法之後，這位教授對於所提出的回答，似乎很滿意，同時也認爲進化論，的確存在一些疑難回答。後來，我才知道，學院同意我畢業的唯一原因就是在怎樣回答我這些問題方面，教授們無法取得一致的意見。

像海龜起源這類問題，常被反覆提出。而在地質柱的每一連續部分，我們都能發現許多突然出現的新物種。而試圖在其它的地質下層中找到它們的祖先往往是徒勞無功的。達爾文完全意識到這一難題。在《物種起源》中，他這樣說到：「正如滅絕過程是大規模的進行一樣，早期存在的中間過渡物種數量，應該也是大量存在的。那爲什麼在每一地質岩組或地質層中沒有足夠的中間過渡鏈存在呢？這一定是地質學者還沒有發現一個完全而逐漸進化的有機鏈；或許，這也是針對進化論的最明顯最致命的反對點。」[20]達爾文繼續把這一疑點，歸咎於地質記錄的「極度不完美」。但不管怎樣，正如他自己也承認，在他那個時代研究化石的權威人士：「例如阿格西茲和超猛烈的塞格維克教授」都一致反對他這一觀點。[21]

自從達爾文時代以來，缺乏中間過渡物種的狀況，一直沒有什麼改變。一百二十年後，前古生物學協會主席，芝加哥自然歷史地理博物館的地質學館長拉普指出：「達爾文時代的地質學家和現今的地質學家一樣，眞正發現的事實，不是生命逐步展開進化而是高度不均，或是急速形成的一些記錄。換言之，物種的出現是異常且突然的，而在化石記錄中，也幾乎沒有呈現出什麼物種的變化，就突然消失了。」[22]幾年前，奧克拉荷馬州大學的古生物學者大衛・柯茲也承認：「雖然古生物學向我們鄭重承諾並向我們展示了一條『可見的』進化之路，但進化論者也不得不面對某些討厭的疑點，其中最出名的就是化石記錄中的『缺環』現象。進化需要物種間的過渡形式，但古生物學裏，即無法提出這些證據。」[23]

古爾德也積極回應到極度缺乏：「化石記錄裏過渡物種，像古生物學的機密一般極度缺乏。而教科書上的進化樹，只會在其枝杈的末梢或枝節上才有少許資料資訊；至於其他的一切，都只是推論的結果而已，雖然合理，但絕非來自化石的直接證據。」[24]

化石序列中的模式迫使進化論者認爲進化是快速而爆發式形式的。同時，他們又假設演變必是在小群體中發生，這樣，化石中間過渡類型被保存的機會就會小一些，即一種斷續性的——平衡模式。[25]這種解釋或許能說明爲什麼某些相近的物種間缺乏過渡物的原因，但它卻不能解釋一些大型有機群體間，缺乏過渡物這個重大問題。

現存有機體和化石有機體這兩大類別，在分類系統中，都分屬類和門這兩大不同的主要群體。一百多萬種不同的有機體，可歸類成不到80種的主要群體類和門。但爲什麼當我們研究這些化石，卻找不到這些類群間的進化過渡物？進化論在此，沒能通過最重要的測試。（一基本物種，轉變爲另一物種的進化奇蹟依然沒有得到證實。）或許，古生物學者，可能在未來會發現更多新的化石物種，但正如幾世紀以來的情況一樣，它們可能是屬於另外的獨立群體。[26]或許有人會像達爾文一樣說，化石記錄是不完整的，但我們也已經收集到幾百萬片化石了。雖然它們應該可以被分到主要群體中，化石記錄卻嚴重地缺失，因而對進化論者來說仍是一大困難點。災難或事故有利於化石的形成似乎是不可能的。主要群體間不進化時才能保存，也似乎是不可能的。著名的哈佛大學古生物學者辛普森提出隨著物種分類系統的上升，物種之間過渡物數量減少這個問題。圖表11.1描述了他的評鑑標準。[27]根據進化模式，大群體之間，我們當有最多的過渡物，然而卻是格外缺乏。

雖然有些例子還是能夠很好地解釋化石缺環問題。[28]例如寒武紀大爆炸不僅是說明了所有主要動物門，會突然出現在同一地質層中。它同樣也暗示沒有祖先足以說明它們曾經進化過。古生物學者對寒武紀大爆炸之下的岩層進行了全面研究。在我們看來，這些岩層裏應該有許多中間過渡物種的化石。然而，那一切搜尋工作卻都是徒然的。由於化石證據的缺乏，古生物學者一直不能明白各主群體間是怎樣相互聯繫的。斯克利普斯海洋學院的史區倫評論說：「也許沒有哪個問題，會像有關無脊椎動物門與門之間的關係那樣主觀臆斷。任何兩個權威間都很難取得一致。再者，個人對無脊椎動物大量結構相斥的解釋，以及許多為『假定的祖先』而列出的虛構動物，令人困惑的名字，都是嚇唬人的把戲。」[29]

關於植物的進化問題就沒有那麼多的相異點(圖表10.1)。德克薩斯大學的波耳德和他的合作夥伴就曾表示：「在仔細評估現今可用的比較形態學、細胞學、生物化學和化石記錄的證據，現在他們已經不再合併19類植物中的何兩種或兩種以上的分類，這19種植物類已暫時將植物界的有機體分類了。」[30]

例如：花開植物的出現很突然，也很繁多，同時也存有足夠的化石

圖表 11.1

分類標準	中間過渡物的數量
門	無
綱	少量
屬	很多
種	大量

不同分類中的過渡物

記錄。達爾文曾稱開花植物的起源爲「一個討厭的奇蹟」。一個多世紀之後，古生物學界的某些領導人物（如艾克洛德、波耳德、可諾耳和羅思威耳）依然把開花植物突然出現這一事實，稱爲「討厭」。[31]

會飛行的有機物體，大可分爲四類：昆蟲類、翼龍類（一種可飛行的爬行動物）、鳥類以及蝙蝠類（在此我要向人類與他的飛機工業道歉！）。我們知道飛行是一種除了需要翅膀外，還要有更多高度特殊性的功能。比如說，一架小型飛機的結構就與一輛汽車的結構明顯不同。我們自然也期望飛行的逐步過程能夠在化石記錄中留下一些證據。但是，當昆蟲化石第一次出現在地質柱中時，飛行動物已經完全形成了。[32]翼龍、鳥類和蝙蝠，也是突然出現爲已完全進化好的飛行有機體。形成飛行能力需要結構上的整體變化，比如說骨頭，肌肉、羽毛、呼吸、神經系統都要發生一系列重大的變化，而這些變化需要一段很長的時間，變化過程中，一定會留下許多中間過渡階段的化石記錄才是。根據假設認爲鳥類的羽毛是由其祖先爬行動物的鱗片，進化而來。如果我們把羽毛放在放大鏡下觀察，任何人都會發現它高度特殊的結構。難道在爬行動物通過無規則地進化和不連續的發展，而產生這些新結構的漫長過程中，沒有在岩層中留下任何記錄嗎？然而迄今爲止，我們卻是眞的沒有發現任何這樣的化石記錄。

■ 缺失的中間環節

儘管化石記錄，從根本而言，是不連續的，但的確有少部分有機體，是以中間物的形式出現的。這些有機體被認爲是進化系統長鏈上裂縫間的過渡物。而進化論者恨不得天下人都知道這些過渡物。其中最出名的一個例子，就是在大部分生物學和古生物學教材中所描述的爬行鳥——始祖鳥。在達爾文出版《物種起源》之後的兩年，在德國發現了始祖鳥。因爲它不但在結構上屬於中間過渡物種，而且出現在地質層中的恰當位置，所以它剛好證實了進化理論。始祖鳥具備某些爬行動物的特徵，比如說牙齒、長尾、翼部的爪和一些爬行動物的骨骼特點。同時，它也具備一些鳥類的某些特徵，像是發達的羽毛，叉骨和爪狀的拇指。[33]但是，始祖鳥的某些主要爬行動物的特徵，並非爬行動物所特有。大量鳥類化石有牙，而且現今的一些鳥類在其翼部也存有爪。始祖鳥因身上具有發達的羽毛，而被稱爲鳥。[34]因此可以這麼說，始祖鳥是一種具有某些爬行動物特徵的鳥類。近期還有兩次原始「鳥類」的發現。但是，這兩種鳥類都沒有羽毛。一隻被發現於幾乎與始祖鳥相同的地質柱中，另一隻則在較低的地質層中。因而又引發了另一項爭論。[35]

教科書上也經常描述馬逐步進化的化石系列。創造論者對此並不大關心，也許因爲這些變化過於微小，不能解釋被造的主要有機群體之間的過渡物問題。不過有趣的，卻是進化論者現在竟然懷疑馬什[36]提出有關傳統馬進化過程的合理性。辛普森這樣說到：「那曾風靡一時，有關馬『側蹄的逐步變形』的說法，斷然是編造的。」[37]

拉普更進一步表明：「進化論記錄依舊是那麼多變而突兀，更諷刺的是：如今我們所掌握的進化演變的例子甚至比不上達爾文時代。我指的是達爾文主義者在化石記錄方面改變的某些經典例子，就比如說北美有關馬的進化。我們都應該拋棄，要不然就要用更詳細的資訊來修改——尤其當可用的資料相對少的時候，那些曾經被認爲是好而簡單的進化，現在看來倒都變得更加複雜，而不是漸進的了。」[38]

美國自然歷史博物館內，原陳列有關馬的原始進化展覽，現已從公衆眼前消失了。[39]因爲古生物研究者們正在考慮，就最新觀點而言，有關馬進化的新理論，整件事情需要作更深入的研究。[40]

進化論者經常提到一系例有關爬行動物與哺乳動物之間，已經滅絕的過渡有機體，單孔獸。牠的骨骼兼具有爬行動物與哺乳動物的特徵，顎雖然很窄，但其卻可能眞的是爬行和哺乳動物之間的進化例證。牛津大學古生物學者坎普認爲：這「確實是……唯一眞正由化石記錄，所能證實的動物界的大演變。」[41]某種類型單孔獸的一些特徵，符合假定的哺乳動物祖先的某些標準，然而另一些特徵就不符合了。雖然有的特徵是中間過渡的，但它們並沒有提供令人信服的爬行動物與哺乳動物之間的連接。麥克基爾大學的古生物學家羅伯特・卡羅爾說：「我們尚未找到通向哺乳動物的特殊鏈。」[42]

進化論者還列舉了其他幾個失去環節的例子。有人甚至提到鯨的起源進化順序。但就整體而言，與那些成千上萬需要連接的大的有機群體之間缺損相比，這些中間過渡鏈的缺乏數量，就顯然小得多了。實際

圖片 11.2

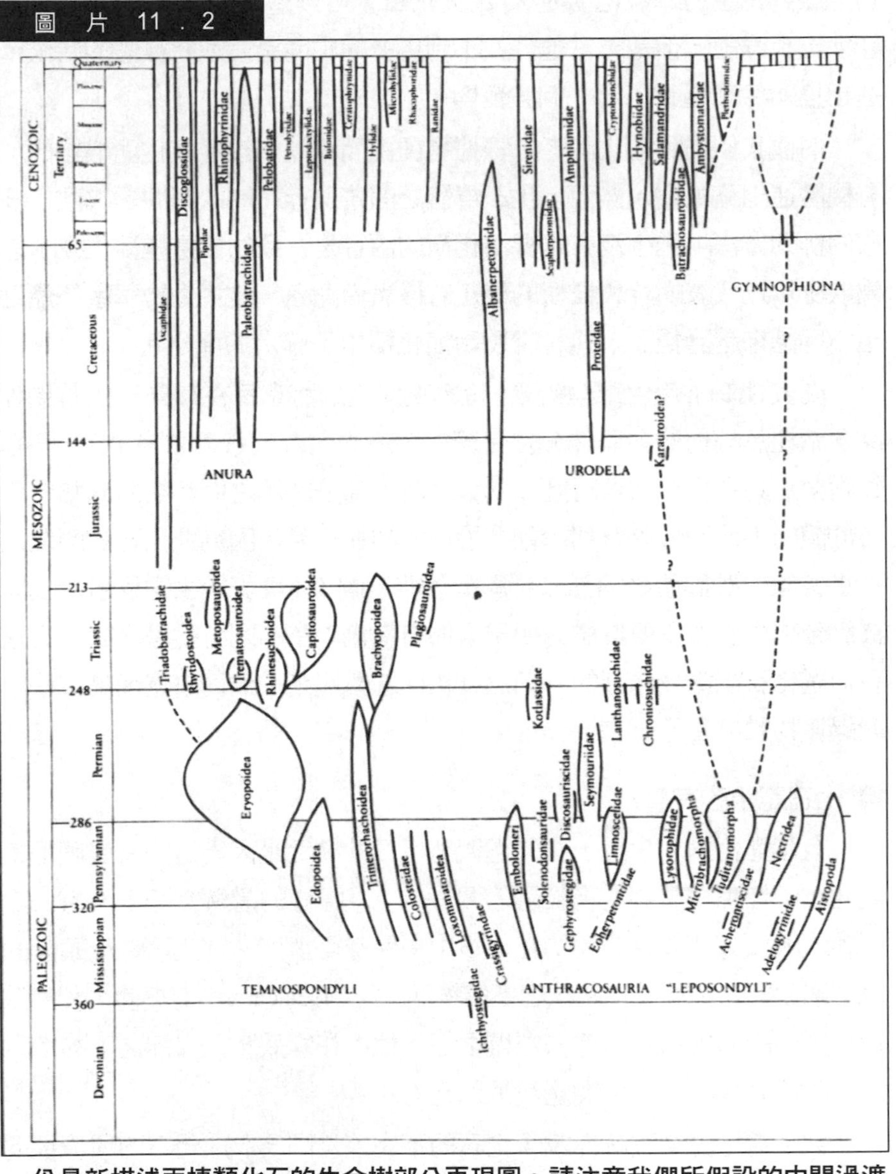

一份最新描述兩棲類化石的生命樹部分再現圖。請注意我們所假設的中間過渡物幾乎不存在，這就充分反映出沒有這些過渡物化石記錄的事實。古生代的兩棲類動物科比新生代多得多。相對於新生代群體只有一種代表物，Eryopoidea群體中包括12科。

上，越是強調那幾個現存的例子，就越是突出了證據數量之少。甚至那些號稱是進化鏈的化石，也沒處於最大裂縫之處，即門和類之間。當人們意識到古生物學者已鑒定25萬種化石，可分爲不到80種主要類群和許多更小群體，但是，當他們找不到更多的中間過渡型有機體的時候，進化論顯然又遇到了另一個大難題。

前面我們提到進化論者，根據物種由簡單趨向複雜演化而描繪的，有機體進化路線樹。然而，化石群體之間普遍存在的缺損問題導致了多樣的排列方法，幾乎沒有兩棵演化樹的內容是一致的。這些演化樹，因爲缺少可以代表樹幹和枝杈的眞正有機體而聞名。遠古生物學家們最近也變得越來越謹愼了，還經常驗證演化樹中不確定的部分。

圖表11.1的演化樹是歐洲一位熱衷進化論海克耳在1886年的首創作品。請注意該樹的各個部分都是緊密相連的。圖表11.2則是1988年所繪的兩棲類動物化石的再現圖。其實那時大部分群體之間都缺乏聯繫。化石群體的不連續性更有利於創造論而並非進化論。因爲進化論的觀點是要求各個主要群體之間應該是聯繫著的。圖表10.1表明生物學者們把有機體分成了許多主要群體。如果眞的有進化產生，則各群體之間，應該會通過化石記錄較底層的中間過渡物而聯繫起來，然而事實卻是這些中間過渡物幾乎都不存在。

■ 化石記錄的完整性

有時進化論者會說，中間過渡型化石的缺乏是因爲這些有機體是柔軟的，不像那些堅硬的有機體容易保存。[43]這樣的辯解實際上沒有一點意義，因爲有許多軟體動物在化石中也保存得很好。進化論者最頭疼的就是寒武紀大爆炸。寒武紀之下的埃迪卡拉(Ediacaran)有機體，和寒武紀地層中的伯吉斯頁岩都保存得很好。然而在寒武紀大爆炸之下的地質層中卻沒有找到任何中間過渡型的化石。

甚至進化論者還解釋說，化石的不完整是因爲形成化石的環境很獨特。[44]不管怎樣，化石應該比預想的要完整得多。單獨一個有機體形成化石的機率很低，但如果該物種所有的個體數量是如此之多的話，則在整個進化過程中，能形成化石而被完整保存下來的機率應該很高才是。

最近各種比較現存生物，與那些出現在同一地區化石種類的研究，以及其他間接估算表明：物種保存的機率是很高的。據估計，軟體動物基本上化石保存率是83%到95%；蛤和蝸牛大概是77%到85%；[45]介形亞綱動物（甲殼類動物）大概是60%。[46]而一些大的有機物分類因爲包含有許多更小的群體，因而保存的機會就更多：陸生脊椎動物亞門，化石記錄可高達98%，其內部各綱生物也可達79%。[47]這些資料都充分表明化石記錄應該是相當完整的，並非像達爾文所說的那麼不完整。這些資料也同時暗示著化石物種之間確實存有缺環。

■ 廣爲人接受的意象

當大衆媒體討論進化問題時，科學假想往往名過其實。專業的古生物學者所宣揚的嚴謹作風看來已蕩然無存。其中一個例子就是，自從無法發現中間過渡物以來，由化石所引發有關魚類起源疑點上，著名的BBC 英國廣播公司動物探索系列節目的導演阿田波洛夫，曾在典型的「對極了的故事」節目中對公衆說道：「在這無限漫長的時間裏，珊瑚逐漸匯集，開始形成暗礁，環節的動物逐步成形，而後很快地離開海洋，在陸地上建立起了牠們的堡壘。原始魚類也同時在這期間，發生了重大的變化，它們咽喉兩側的裂縫，本來開始是篩檢的機制，現在也被毛細血管所環繞，形成了鰓。裂縫間的肉柱因骨柱而變硬，第一對骨柱，經過幾千年的進化，逐漸向前呈絞鏈狀。這些骨柱周圍產生了肌肉，這樣骨柱的前端，因肌肉的存在可以上下移動。顎部也逐步形成了。覆蓋顎部的皮膚的骨狀物逐步變大、變尖，最終形成了牙。海洋中原來只會慢慢篩泥、過濾水的脊椎動物不復存在了。現在它們可以用牙咬物了。它們皮膚的垂下物也逐步在身體後半部分的兩側形成，在水中幫它們引路。這些垂下物最終形成了鰭。現在它們可以游泳了。並且，破天荒地，這些脊椎動物狩獵者們開始在海水中準確老練地游動了。」[48]

然而，我們並沒在化石記錄或其他任何地方找到這一「漫長時期」內變化的確鑿證據；公衆也聽不到有關這一疑點的任何資訊。有的進化論的擁護者甚至更獨斷。艾克就曾這樣寫道：「說化石記錄不完整，並包含很多缺環一點沒錯。但不管怎樣，這些問題無法推翻進化論。」[49]由這些例子可以充分說明，儘管有了證據，這些模式仍然繼續存在。

■ 結論

化石並不是生命進化的最後上訴法庭，事實上，正好相反，它是創造論的最後上訴法庭。科學家們常常說，我們應該給他們所稱的反證，注入新的概念。換句話說，也就是尋求更多的資料資訊來證明觀念的錯誤性。反證進化論的途徑之一就是要看化石在整個地質堆積柱，特別是在大的分類群之間的地層裏，是否出現連續的排序。如果生命進化確實存在，則有機體從簡單到現存各種生命形式進化演變的種種化石記錄，應該是連續不斷的。我們應該會在較低的化石地質層中，發現主要生命群體是相連接的，而不是單獨而又突然地出現。衆所周知，化石記錄在中間過渡物上是極度缺乏的。問題遠遠超出了門和類的物種分類，而是在整個地質堆積柱中突然出現數以百計更小的孤立的群體。於此，還必須加上另一個疑點：非常不穩定的進化率，給進化演變留下很少的時間。比如說寒武紀大爆發時，異常複雜而幾乎不可能發生的大演變，被限制在短短的幾百萬年的時間裏完成似乎是不可能的。這些資料表明進化理論的一般模式，在本質上已證明是錯誤的。

■ 参考文獻：

1. Wittgenstein L. 1980. Culture and value. Winch P, translator; Wright GHv (with Nyman H), editor. Chicago: University of Chicago Press, p. 62e. Translation of: Vermischte Bemerkungen.
2. Lull RS. 1935. Fossils: what they tell us of plants and animals of the past. 2nd ed. New York: University Society, p. 3.
3. See chapter 9 for a description of these groups, and Figure 10.1 for their distribution.
4. Apparently some optimistic paleontologists have suggested that there may be as many as 100 phyla in the Cambrian explosion. See: Lewin R. 1988. A lopsided look at evolution. Science 241:291-293.
5. (a) Bowring SA, Grotzinger JP, Isachsen CE, Knoll AH, Pelechaty SM, Kolosov P. 1993. Calibrating rates of Early Cambrian evolution. Science 261:1293-1298. The quotation is from (b) Nash M. 1995. When life exploded. Time 146(23):66-74.
6. Kerr RA. 1995. Timing evolution's early bursts. Science 267:33, 34.
7. Stanley SM. 1981. The new evolutionary timetable: fossils, genes, and the origin of species. New York: Basic Books, p. 93.
8. Feduccia A. 1995. Explosive evolution in Tertiary birds and mammals. Science 267:637, 638.
9. See chapter 8.
10. (a) Gould SJ. 1989. Wonderful life: the Burgess Shale and the nature of history. New York and London: W. W. Norton and Co., pp. 39-50. As expected, the concept has not entirely escaped criticism. See: (b) Briggs DEG, Fortey RA, Wills MA. 1992. Morphological disparity in the Cambrian. Science 256:1670-1673; and later discussion by: (c) Foote M, Gould SJ, and Lee MSY. 1992. Cambrian and recent morphological disparity. Science 256:1816, 1817, with a

response by Briggs, Fortey, and Wills in Science 256:1817, 1818.
11. Stewart WN, Rothwell GW. 1993. Paleobotany and the evolution of plants. 2nd ed. Cambridge and New York: Cambridge University Press, pp. 510, 511.
12. It has been suggested that species diversity among invertebrates is highly correlated with the volume and area of sedimentary rocks. See: (a) Raup DM. 1976. Species diversity in the Phanerozoic: an interpretation. Paleobiology 2:289-297; (b) Raup DM. 1972. Taxonomic diversity during the Phanerozoic. Science 177:1065-1071. Because the volume and exposure of sediments is greater in the higher parts of the geologic column, this could bias conclusions toward greater numbers of reported species higher in the column. The basic types are fewer.
13. See chapters 4-8 for examples.
14. Bernini F. 1991. Fossil Acarida. In: Simonetta AM, Conway Morris S, editors. The early evolution of Metazoa and the significance of problematic taxa. Cambridge and New York: Cambridge University Press, pp. 253-262.
15. (a) Pennisi E. 1994. Static evolution: is pond scum the same now as billions of years ago? Science News 145:168, 169; (b) Schopf JW. 1968. Microflora of the Bitter Springs Formation, Late Precambrian, central Australia. Journal of Paleontology 42:651-688.
16. Stewart and Rothwell, p. 44 (note 11).
17. Knoll AH. 1990. Precambrian evolution of prokaryotes and protists. In: Briggs DEG, Crowther PR, editors. Paleobiology: a synthesis. Oxford and London: Blackwell Scientific Publications, pp. 9-16.
18. See chapter 10.
19. (a) Carroll RL. 1988. Vertebrate paleontology and evolution. New York: W. H. Freeman and Co., p. 207. For an attempt at explaining the turtle evolution on embryological grounds but not paleontological data, see: (b) Petto AJ. 1983. The turtle: evolutionary dilemma or creationist shell game? Creation/Evolution 3(4):20-29. For an attempt at explaining the anatomy based on bones, see: (c) Lee MSY. 1993. The origin of the turtle body plan: bridging a famous morphological gap. Science 261:1716-1720.
20. Darwin C. 1859. The origin of species by means of natural selection, or the preservation of favoured races in the struggle for life. London: John Murray. In: Burrow JW, editor. 1968 reprint. London and New York: Penguin Books, pp. 291, 292.
21. *Ibid.*, p. 309.
22. Raup DM. 1979. Conflicts between Darwin and paleontology. Field Museum of Natural History Bulletin 50:22-29.
23. Kitts DB. 1974. Paleontology and evolutionary theory. Evolution 28:458-472.
24. Gould SJ. 1980. The panda's thumb: more reflections in natural history. New York and London: W. W. Norton and Co., p. 181.
25. See chapter 8.
26. Cowen suggests that all the phyla of well-skeletonized shallow marine animals have been discovered. Cowen R. 1995. History of life. 2nd ed. Boston, Oxford, and London: Blackwell Scientific Publications, p. 97.
27. Simpson GG. 1967. The meaning of evolution: a study of the history of life and of its significance for man. Rev. ed. New Haven and London: Yale University Press, pp. 232, 233.
28. Evolutionists, creationists, and others have written much about these gaps. A few examples that recognize a problem include: (a) Denton M. 1985. Evolution: a theory in crisis. London: Burnett Books; (b) Grassé P-P. 1977. Evolution of living organisms: evidence for a new theory of transformation. Carlson BM, Castro R, translators. New York, San Francisco, and London: Academic Press. Translation of: L'Évolution du Vivant; (c) Hitching F. 1982. The neck of the giraffe: where Darwin went wrong. New Haven and New York: Ticknor and Fields; (d) Hoffman A. 1989. Arguments on evolution: a paleontologist's perspective. New York and Oxford: Oxford University Press; (e) Johnson PE. 1993. Darwin on trial. 2nd ed. Downers Grove, Ill.: InterVarsity Press; (f) Løvtrup S. 1987. Darwinism: the refutation of a myth. London, New York, and Sydney: Croom Helm; (g) Pitman M. 1984. Adam and evolution. London, Melbourne, and Sydney: Rider and Co.

29. Schram FR. 1991. Cladistic analysis of metazoan phyla and the placement of fossil problematica. In: Simonetta and Conway Morris, pp. 35-46 (note 14).
30. Bold HC, Alexopoulos CJ, Delevoryas T. 1987. Morphology of plants and fungi. 5th ed. New York and Cambridge: Harper and Row, p. 823.
31. (a) Axelrod DI. 1960. The evolution of flowering plants. In: Tax S, editor. The evolution of life: its origin, history and future. Evolution after Darwin: The University of Chicago centennial, vol. 1. Chicago: University of Chicago Press, pp. 227-305; (b) Bold HC. 1973. Morphology of plants. 3rd ed. New York and London: Harper and Row, p. 601 (the 4th and 5th editions of this text were coauthored by two other authors, and the word "abominable" was no longer used; however, the idea still prevails in the book); (c) Knoll AH, Rothwell GW. 1981. Paleobotany: perspectives in 1980. Paleobiology 7(1):7-35.
32. Wootton RJ. 1990. Flight: arthropods. In: Briggs and Crowther, pp. 72-75 (note 17).
33. For a more extensive discussion, see: Gibson LJ. Are the links still missing? Unpublished paper distributed by the Geoscience Research Institute, Loma Linda University, Loma Linda, California.
34. There has been a dispute over the authenticity of the *Archaeopteryx* fossils, but they appear authentic. See: (a) Charig AJ, Greenaway F, Milner AC, Walker CA, Whybrow PJ. 1986. *Archaeopteryx* is not a forgery. Science 232:622-626; (b) Clausen VE. 1986. Recent debate over *Archaeopteryx*. Origins 13:48-55.
35. (a) Wheeler TJ. 1993. Were there birds before *Archaeopteryx?* Creation/Evolution 13(2):25-35; (b) Zimmer C. 1992. Ruffled feathers. Discover (May), pp. 44-54.
36. See chapter 9 for the disputed origin.
37. Simpson GG. 1953. The major features of evolution. New York and London: Columbia University Press, p. 263.
38. Raup 1979 (note 22).
39. Milner R. 1990. Horse, evolution of. The encyclopedia of evolution. New York: Facts on File, p. 222.
40. MacFadden BJ. 1992. Fossil horses: systematics, paleobiology, and evolution of the family equidae. Cambridge and New York: Cambridge University Press, p. 330.
41. Kemp TS. 1982. Mammal-like reptiles and the origin of mammals. London and New York: Academic Press, p. 296.
42. Carroll, p. 398 (note 19a).
43. Patterson C. 1978. Evolution. London: British Museum (Natural History), and New York: Cornell University Press, p. 133. Patterson lists this explanation but does not especially defend it.
44. *Ibid.*
45. Kerr RA. 1991. Old bones aren't so bad after all. Science 252:32, 33.
46. Paul CRC. 1990. Completeness of the fossil record. In: Briggs and Crowther, pp. 298-303 (note 17).
47. (a) Denton, p. 190 (note 28a). Denton's data are based on: (b) Romer AS. 1966. Vertebrate Paleontology. 3rd ed. Chicago and London: University of Chicago Press, pp. 347-396.
48. Attenborough D. 1979. Life on earth: a natural history. London: William Collins Sons and the British Broadcasting Corporation, p. 112.
49. Ecker RL. 1990. The dictionary of science and creationism. Buffalo: Prometheus Books, p. 94.

第四部　岩　石

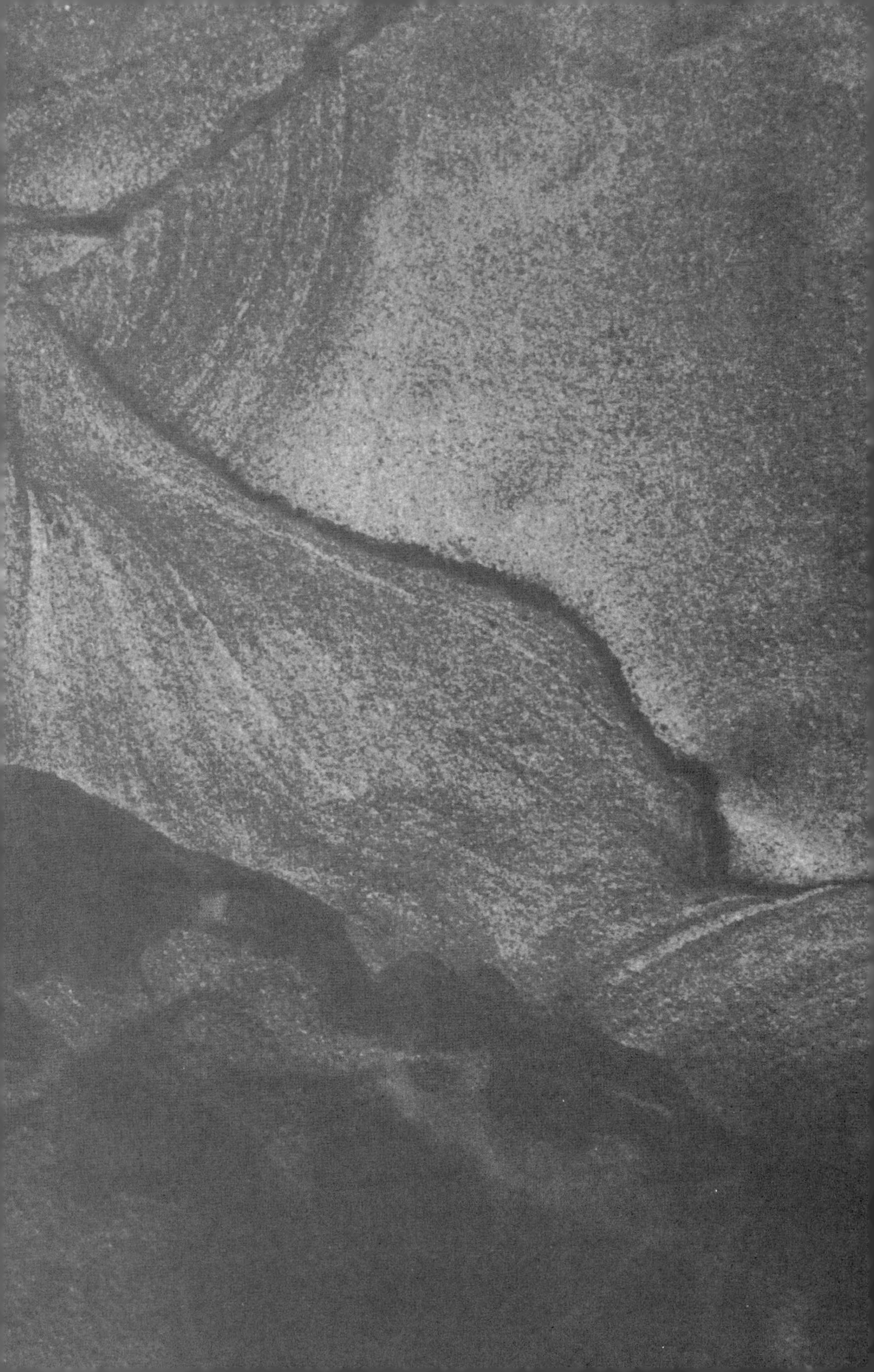

第十二章 大災難

很多時候真理
都被視為極不可能的。

——波意留[1]

許多世界性的大災難都是極不尋常的。對於這些災難所造成的後果，我們也是難以想像的。在這一章裏，我們將依循對大災難這一概念的接受、拒絕、然後再接受的歷史路線，來探討一些例子，包括聖經中所記載的創世記大洪水。

■ 個案紀錄

1923年思維獨立的地質學家布瑞茲，描述了一處位於地球表面的最不尋常的景觀。那地區面積廣達40,000平方公里，位於華盛頓州東南。包含有一整塊巨型乾涸的河床網。這些河床有時寬達數公里，縱橫交錯在於堅硬無比的火山岩中，構成峽谷迷宮。（這與一般在斷面上呈巨大「V」字形的普遍河谷不同，這種河床通常都有著陡峻的側部，以及平坦的底部。）同時，在不同的海拔高處上，出現了一大堆一大堆的河流碎石。數百個古代瀑布所留下的痕跡，證實了某些非比尋常之物的存在。這些瀑布有的高達百公尺，底部留有被水衝擊、侵蝕而成的大水池。這一奇特的景觀是怎樣形成的呢？布瑞茲他提出了有一種非比尋常的看法，引發了一場持續近40年之久的有關地質學方面的爭辯。

首次以此爲主題，而發表的文章裏，布瑞茲並沒有表明，他懷疑那地區曾有過一場大洪災，只是簡單的表示那種景觀的形成，必需有大量水的參與。[2]然而，在同年發表的第二篇論文中，他則充分地表達了他的看法——這是一場大型而急速的洪災所造成的景觀。這場洪水曾沖刷過這片土地，侵蝕過河床，堆積了大量的碎石之波紋。[3]

那時有關地質學的思想氣氛，強烈地反對任何與災難有關的解釋，而布瑞茲也十分清楚這一點。地變說——一種認爲地質史上的變化，是長期而緩慢進行的看法——是被普遍接受的觀點。地質學家承認火山、地震的一系列活動，但並不認爲它們是重要的。其他的地質變化，都被解釋爲進行得十分緩慢。災變說——一種有關突發性大型災難變化的看法——是一種詛咒。在現今科學界認爲災變說與創造論觀念如出一轍——都是不可接受的。因而地質學界不得不把矛頭指向布瑞茲這個十分離譜，年輕而又傲慢的傢伙。布瑞茲異端邪說般的觀點，卻又是如此地接近那被拒絕的聖經中有關洪水的記載，[4]這眞是讓人不舒服。接受他的觀點將意味著重返災變說，這就意味著倒退到了「黑暗年代」。[5]

隨著布瑞茲這位芝加哥大學地質學教授，繼續他的研究和發表工作，另外一些地質學家決定對他們這位固執的同事，進行一番說服。1927年，華盛頓地質學協會，邀請他爲自己的觀點做陳述。這次大會有一個特別的討論事項——「一群不折不扣的懷疑者，集中起來討論這一洪災假說。」[6]在布瑞茲做完陳述之後，五名頗具聲望的美國地質考查小組成員表示不同意見，並提出其他解釋，譬如說冰蝕和其他緩慢的地質變化。[7]在這些地質學家中，居然有兩位連這個景觀的所在地，都未曾涉足過！而疲憊不堪的布瑞茲在回答他們的過程中表示「然而或許我下獨斷結論的這種態度，是富有感染力的。」[8]對於布瑞茲的觀點，有一個關鍵性的問題未曾找到答案。那就是這些突如其來的水，來自何處？顯然，這個會議並沒有改變什麼。對大多數人來說，關於大洪災這一說法依然是荒謬的。

在此後的一些年裏，地質學界將重心放在布瑞茲模式的可能性上。用布瑞茲的話來說，「異教必須慢慢而堅定地被消滅。」[9]不管怎樣，來自岩石的實地證據，繼續使人們產生一種偏向用災難來解釋這一切的想法，並使矛盾趨於緩和。布瑞茲以及其他一些人，發現了洪水的一個來源：東方古代的米蘇拉湖，曾一度擁有2,100立方公里的水量。由一些證據表明，這個湖曾被冰雪覆蓋過。而突然破開的冰層就會釋放出大量的水，這些水即可用以解釋西方的迅速沖蝕。當地質學家發現米蘇拉湖及西方河床上的大波紋時，恰恰賦予了這個解釋最好的證明。各位可能對那些常見於沙質河床上平行的波紋並不陌生。這些波紋中波峰與波峰之間的距離，通常只有幾公分寬。而米蘇拉湖及西部河床的波紋卻是巨大無比，它們高達15公尺，而波峰與波峰的間距則達150公尺。[10]只有大量迅速流動的水流，才能產生這樣的結果。最近一些研究著重於細節的考量。某些人表示，可能有8次或更多次的洪水發生過。[11]地質學家曾提議建造一些可容納7.2立方公里水量的機械裝置，估算它以每小時108公里的流速，能在幾小時或幾天的時間裏，把火山硬岩中的河床沖蝕出來。[12]

結果，地質學界的大部分學者，都接受了布瑞茲根據對岩石的精心研究，而作成巧妙的解釋。1965年，國際第四紀研究協會，組織了一次對該地區的參觀旅行。在會議結束之際，未能參加此次活動的布瑞茲，收到了參與者發來的電報。他們在電報中向他表示問候，並以這樣的一句話結束全文：「我們現在都是災難主義者了。」[13]1979年布瑞茲獲得了美國地質學界最權威的獎勵——平諾斯獎章。布瑞茲贏了——災變說也獲勝了。這個現代的「挪亞」以及跟他同樣不受歡迎的洪水都得到了平反。

■ 災變說和地變說

發生大型迅速而不尋常的地質事件的觀點——災變說和與之相反的緩慢地質變化的觀念——地變說，在解釋過去歷史中的種種現象起了重要的作用。我們發現地球上的巨型地質層時，那緩慢而恒定的變化所需的長期性，會要求我們拋棄聖經上有關近期開端的記載。另一方面，聖經上有關洪水的記載，則是有關災變說最好的例子，而災變說的內容，強調的就是大型運動的迅速發生。有時人們用「現在是開啓過去奧秘的鑰匙」來表達地變說的含義，它在一定程度上說明了現今世界緩慢的變化率，代表了以往的變化該是如何發生的。如人們所料，有關災變說和地變說的定義，都已在精密審查之中，隨之而來的是：必然會出現一些過多的重新定義和矛盾說法。[14]我們將採用的是如上所述，一些更爲普遍的措辭及用法。

在人類歷史大部分的時間裏，災變說都是一種廣被接受的觀點，[15]它也是古代神學和古希臘、古羅馬歷史的一個共同主題。雖然阿拉伯人緊緊追隨相信大災禍的亞里士多德，但對此一說法的興趣，在中古時期呈現消退趨勢。而在文藝復興時期則又復燃，尤其是對大洪水(《創世記》中記載的大洪災）的興趣。相關學者經常將發現於山上的大量船舶化石，解釋爲是那場大災難所留下的證據。17、18世紀的大量事實，試圖把科學與聖經中的創造論及洪水結合起來。但是，有人對此說提出質疑，比方說笛卡爾 （1596-1650），他就認爲地球是在逐步冷卻的過程中形成。另有一些人則打破傳統的觀念，比如說，認爲大洪災可能是自然原因的結果，而且所有沈澱物的岩石層可能不是因而形成的。法國的古維爾（Georges vier,1769-1832）則是認同多種類型的災難。另外還有一些學者提倡地變說，其中包括俄國的羅莫諾索夫(1711-1765)，蘇格蘭的修頓(1726-1797)及其支持者——英國的普雷費耳(1748-1819)。後兩者爲證明這一觀點做了大量的研究工作。但是在同時，英格蘭對有關聖經洪水的說法，持續大力支持，尤其是來自於一些權威領導人，如威廉布克南、亞當西格利克、威廉康尼貝特、莫許生。在此背景下，有一本書對地質學思想的影響，遠超過任何其他書籍。

《地質學原理》一書問世於1830年。該書作者里耳極力強調地變說。成功地發行了11個版本，該書把盛行當時的地質思想突變說，轉變成宣揚緩慢變化的地變說，特別是里耳所介紹的——「恒久的因果，現在正在上演中」的觀點。[16]這本書不僅影響了地質學，而且也深深影響著整個科學界。據報導這本書（地質學原理），當達爾文的「發現之旅」，航行到H. M. S. Beagle時，曾經是他「最有價值的財產」[17]之一。到19世紀中葉，地變說占有了主導地位，而災難說則日被漠視。

我們可以把里耳這本書成功的部分原因，歸結爲作者陳述其觀點的巧妙性，在給朋友兼支持者的史洛普的信中，他這樣寫到：「如果我們不發威，恐怕我們會……，我們將自行承擔這一切。如果你未戰勝他們，但恭維現代的自由與公正，那麼主教與那些開明的聖徒，將會擺脫古今的物理神學者（災難主義者），而加入到我們的行列。是開始鬥爭的時候了，就讓我們爲之欣喜吧！雖然你是罪人，但《書評季刊》的門是向你敞開的……」

「如果穆瑞（出版商）推廣我的書，而你又控制《書評季刊》有關地質學的那部分，那麼我們就能夠在很短的時間裏，讓公衆輿論的導向完全改變。」[18]

正如里耳所希望的，就算不是在公衆輿論中，那至少也在地質學界中，他實現了他的「完全改變」。一個多世紀以來，地質學拒絕接受大災難的解釋。回顧這一模式的建立，哈佛的庫爾德評論到：「里耳被練就得像一位律師，他的書與其說是公正事實的闡述，不如說是漸進主義的辯護狀……里耳把災難主義貶爲奇蹟宣揚者過時而最後的努力，力圖保存地球只有五千年的摩西年代記。」

「我懷疑有人曾提供更不公平的描述，來作爲有聲望的科學性世界觀。」[19]

早在20世紀中葉，一些地質學家就注意到，嚴格的地變說與從岩石本身所獲的資訊是相互矛盾的。就如同前面提到過的布瑞茲，就發現過迅速地質活動的證據。其他一些科學家發現沈澱物的地層中，含有淺水與深水成分。[20]在平靜的狀態下，它們怎麼可能混合在一塊兒呢？只能這樣解釋：巨變的地下水泥流，始於淺水而後流向深水。這些被稱爲「濁流」的快速流，產生了被稱爲「濁物」的特殊沈積物。而這些濁物是世界上再普通不過的東西了。[21]其他一些大膽思考的人，則提出另外一些災難性的大變動，例如：由大量高能輻射流引起的大面積毀滅，[22]以及北極淡水向世界海洋的突然擴散。[23]這些理論都表明了一股與日俱增，而與嚴格的地變說相背離的思考趨勢。

然而，對地變說態度的突然改變，並不是來自於對岩石本身的研究，而是來自於岩石中的化石。爲什麼恐龍會在接近白堊紀末期時滅絕？爲什麼在化石的其他層面裏，會有其他大面積毀滅的證據[24]存在？[25]科學家不得不去探尋合理的原因。雖然他們以往對恐龍滅種的原因提出了各種看法，從饑荒到毒蘑菇，甚至是枯草熱，衆說紛紜。儘管如此，基本上大部分人把它們的消失視爲一個不解之謎。此後在1980年，來自加州伯克萊大學的諾貝爾獎得主路易斯・厄瓦瑞茲，及其他一些學者[26]提出：在世界各地許多地方的白堊紀岩層頂部，都發現有豐富的銥元素，有可能是小行星撞擊地球的結果，同時這個天體活動，也導致了恐龍的滅亡。這一觀點引起了各種迴響：一些人指出化石岩層裏的恐龍和其他生物體，似乎不是消失得那麼突然；其他一些人則提出了，諸如廣泛的火山爆發、全球性的火災、或者是一種來自於彗星，而不是行星的撞擊看法。[27]這些有關具體細節的爭論還在持續著，但是通向災難性解說的大門已經打開了。現在的一些科幻小說，就記錄有大量突然巨變的資料。

更新的一些有關遽變的觀點認爲，彗星或是行星曾激起8千米高的海浪，[28]並在地球表面上方幾百公里形成霧狀浪花物。[29]其他的人提出，以每小時2,500公里速度前進的500℃熱流，可使地球上一半的生物滅亡，波動幅度高達10公尺的全球性地震，也會導致如此的後果。並有可能迅速形成跨度達10－100公里的地裂及山狀突出物。[30]甚而更有學者認爲這些影響，極可能導致了被稱爲岡瓦那蘭(Gondwana land)的地球古大洲的分裂。[31]

災變說已經得到了大翻身，但它與兩個世紀前，那個把聖經中所載的大洪水與大型地質運動，混爲一談的傳統災變說，又不盡相同。有趣的是，一些地質學家近年來提出：《創世記》中的洪災事件，可能與一種來自地球外的衝擊力有關。[32]地質學界普遍接受大型快速災變的說法，但與聖經上所記載的，只持續了一年左右的大洪災不同，他們認爲各大災難之間的時間間隔較長。地質學家試圖把這種新概念與舊的災變有所區隔，「新災變說」一詞，似乎得到了認可。同樣地，「新災變說」一詞，已被用來標明有關在災變期間的大型洪水的新觀點。[33]一些人把重新接受災變解釋，稱作是「一場哲學上的突破」，[34]而且人們承認「地質史上那些大型風暴的深刻作用，正得到更廣泛的認同。」[35]後一種看法與聖經上所記載的那場洪水的樣子完全吻合——在那場長達一年的洪災中，持續地伴隨著一系列的風暴。

新災變說引起許多對地質現象的重新解釋。比方說，以往曾被認爲是緩慢聚集而成的沈積物，現在卻被認爲是由急速亂流所造成的；大量緩慢形成的珊瑚礁化石，已被重新解釋爲是由岩屑快速流動形成的。[36]這些較新的解釋，其本身就與聖經上所記載的洪水概念頗爲一致。

更爲重要的是：我們從這些解釋的歷史中所吸取的教訓。千百年來，思想家接受災變的說法，而後的一百多年裏，他們實際上又在地質學解釋中全盤地否定這一概念。現在他們又重新接受這種觀念。因而，我們應該更謹慎地接受基於別人主張，或在有限資訊上所形成的概念。

快速運動的例子

在正常且平靜的狀態下，地球表面的變化進行得十分緩慢。然而，許多災變運動的例子卻讓我們相信：較大的運動可以在很短的時間裏發生。

侵蝕作用就能快速地發生。在1976年，位於愛達荷州新建的鐵頓水壩裂了個開口，湍急的水流在不到1個小時內沖走了該處達100公尺的沈積物。[37]雖然大壩裏是些較軟的沈積物，但地質學家已經把快速侵蝕，能夠在幾天之內使堅硬的玄武岩出現同等的深度，視為理所當然之事，就像前面提到過的那個布瑞茲峽谷的例子一樣。經過實際研究，活水的運送量是其速率的3到4次乘方。[38]這就說明，如果流速增加10倍，那麼水就能在原基礎上，載動1千到1萬倍之多的沈積物。

非創造論者有時會指出，地質柱太厚，它不可能在洪災發生的那一年中就能沈積下來。[39]但這並非是一個重要的爭論。雖然大部分的創造論者會除去地質柱的最低部（前寒武紀）和最高部，但現存的沈積率還是很高的，它表明在幾周之內沈積出整個地質柱是有可能的。亂流能夠在大約幾分鐘的短時間裏，在任何地方產生它們的沈積物，也可以在幾小時之內，在數千平方公里的地域上沈積出沈澱物。在西班牙發現的巨型混濁泥層厚達200公尺，其容量達200立方公里。[40]除了亂流，還存在其他一些促成沈積物快速沈澱的方式。一場持續一年的大型洪水是可以留下許多沈積物的。

地質學家經常假設微生物若聚集成厚岩層，得花上很長的一段時間，比如說，位於英格蘭的多佛白崖。但是，這種聚積也可迅速產生。沿俄勒岡州海岸線，一場持續三天之久的暴風雨，在32公里長的距離上，沈積了10－15公分厚的細微矽藻。[41]我曾在加州隆帕附近，由微小矽藻聚成的厚厚河床中，發現了許多保存完好的鳥類與魚類的化石。在這片沈積物中還發現過鯨化石。這些遺留物的形成需要在生物體未分解之前，就被迅速掩埋起來。 這些證據，顯而易見，微生物是能夠被迅速沈積下來的。

另一個快速地質活動的例子，就是1963年位於冰島南部的蘇特西火山島的形成。在五天之內，一座高達600公尺的島嶼，就在一片海洋中聳立起來。其直徑近乎2公里。當人們來此島參觀時，感覺它好像已存在一段的很長時間了。眞是令人驚歎啊！在大約五個月的時間裏，一片海灘與懸崖就形成了（見圖12.1）。一位調查人員評論說「在其他地方得花上好幾千年，才得以形成的結構，在這裏則僅只需幾周甚至幾天就可以完成了。在蘇特西島，一處壯觀成熟的景觀之生成，只需幾個月的時間，眞是令人難以置信。」[42]

我們似乎很難想像一切與「災變」有關的物體。這可能是因爲災難一般較少發生，而且很難爲人們所預測。在某種程度，這類智識上的反抗，是可以用來解釋爲什麼人們會不顧那些迫近災難的警告，而陷入困境。1902年，位於馬提尼克島上的佩雷山，發生火山爆發，產生的火山岩漿，淹沒了一家糖廠，並使150多人喪生。這次火山活動及其他一些零

圖片 12.1

冰島南部的Surtsey新島。圖上有海灘、懸崖、在作測量的人。5個月零兩天前，這個地方是個開放的海洋。位於海灘上顯眼處的小小白色物體是磷蝦。堆積在遠處地平線上的岩石，則不是新島的一部分。

星的火山活動，引起了聖皮爾鎮附近居民的擔心，有些人離鄉背井地搬往較安全的地方。為了減輕居民的恐慌，當地政府一再向居民保證，在短期內他們是不會有危險的，就連該島的總督都與妻子搬到了聖皮爾鎮，以鼓勵人們留住在該鎮。一場出現在鄰近島嶼的大型火山爆發，消除了聖皮爾鎮居民的疑慮，因為他們認為這場火山爆發，緩解了佩雷山上的火山壓力。於是許多人重返聖皮爾鎮。但就在第二天早晨，佩雷山突然發生火山爆發，散發出高達700℃的煙霧氣流，在2分鐘之內使聖皮爾鎮3萬居民中的大部分喪生。[43]據史料記載，只有2到4個人生還。其中一個是囚犯，因為當時囚禁在一個地下室裏而倖免於難。但在獲救後不久，政府官員又立即將他囚禁起來。

我們應該記住其他一些自然力，比如說地震和風暴，也可引起迅速的變化。我們並不缺乏大型地質變動能夠迅速發生的例子，但因為他們很少發生，因而我們就很難將他們列入考慮。

■《創世記》大洪水

一場蔓延到整個地球表面的洪水是極其少見的，然而，近年來一些傾向災變說、涉及到生命體迅速被毀的地質學解釋告訴我們，這也許並非罕見。此外，這種世界範圍內的大洪災說法，並不是聖經上所獨有的。即使我們完全啓開聖經上有關的記載，世界性大洪災，也是許多古代傳說[44]中的主要描述事件。這一事實，給予我們充分理由堅信：世上曾有過這麼一場洪水。儘管如此，在所有的這些古代典籍中，只有聖經對這場洪水作了最詳盡的描述。[45]不幸的是，有關地質學的細節，在聖經中卻出現得很少，但對相關資訊的回顧卻是很有意義的。

在一定程度上看來，聖經所描述洪災前的地球與現今的地球是有差別的。其中有一種說法認為：那時地球上沒有雨，[46]卻有大量的水，包括河流。[47]這就表明了一個與現在不同的水文體系。

以下事件發生的順序是為洪水作鋪述的：[48]在挪亞上了方舟後的第七天，地下水迸出，並伴隨著至少持續了40天的大雨。洪水並沒有突然地漲起——聖經提出了這一個環節。[49]這40天似乎是構成了後來所描寫的150天的一部分。在這段時間裏，水或許是保持原狀，更可能是上漲，於是它們淹蓋過最高的山脈。因為聖經中似乎提到「天上的窗戶」與「地下的泉源」，直到第150天時才關上，那麼更有可能的說法就是：如一些聖經譯者所說的那樣，[50]洪水上漲了150天。[51]隨之而來的是強風，而後是持續進行好幾個月水退和變乾的過程。當1年零17天後挪亞離開方舟時，至少臨近較高的地方水都乾了，[52]而且一些新的生命，也已經開始生長了。毫無疑問，此後發生了許多重要的地殼上地質的調整，其強度在連續好幾個世紀，乃至幾百萬年中漸漸地減弱。

有些人們對挪亞方舟提出一些疑問——尤其是方舟怎麼能夠容納得下所有的動物。創造論者認爲在洪水發生時，動物的種類比現在要少得多。自洪水以來變化有限，最可能的是在種的層次，因此，現在的物種比方舟所保存的要多得多。另外，挪亞只把陸地動物帶上了方舟。不難想像海洋動物可以依靠自己在洪水中生存下來。一些計算表明，在方舟上似乎有充足的空間，其大小甚至可能是最低要求空間的2到3倍。[53]

一些人不明白爲什麼一些稀有動物，比如說，澳大利亞的有袋動物，它們既出現在化石中，但現在又和化石所在地相同的地區生存著。如果它們當時是在方舟上的話，它們應該是定居在中東，它們又是怎麼回到澳大利亞來的呢？在假設那些動物是在特別的嚮導下才聚集到方舟上去的前提下，創造論者相信，那些動物同樣也是在某種嚮導下回到故居地去的，[54]儘管聖經上並沒有這個記載。有時人認爲回家的本能可幫助動物返回故居，就像現在一些有遷徙性的哺乳動物、鳥類、魚類及龜類。在世上其他大洲，化石和現存生物種類之一致性並非罕見，可見返回故居並非問題。

■ 洪水與創世週

沒有幾個人重視洪水對創世記述的重要性。[55]除非大部分的化石，根本都是在洪水期間形成的，否則一場包羅萬象，持續6天的創世[56]是不可能的。這是因爲化石層蘊含有地質柱在不同時期的不同種類化石。如果地質柱表明兩種基本種類的化石之間相隔幾百萬年，那麼上帝就不能在僅僅6天的時間裏把它們都創造出來。比方說，我們假設一個在5.5億年前，出現的寄生蟲和一個在1.8億年前出現的恐龍，那麼顯然上帝不可能像祂所說的那樣，在6天的創世過程中把它們兩個都創造出來。[57]但是如果這些生物體在創世週裏起源，而後又在持續了一年之久的洪水中，被掩埋在地質柱的不同層面中，那就沒有什麼講不通的道理了。創世記大洪水使地質柱與創世週相一致。沒有洪荒，我們也很難將沈積物的厚岩層與近期創世說聯繫起來。沈積物現在是以平均每千年數公分的速度沈積下來。沈積物層平均達數百公尺厚，而地球上許多地方，都存有達數千公尺厚有化石的顯生宙沈積物。如果沒有一場全世界的洪荒而造成這些岩層的迅速沈積，那麼聖經中描繪的創世一事，就得面臨最嚴峻的挑戰了。

■ 創世記洪水是局部的嗎？

創世記洪水經常被看作是發生在美索不達米亞一次局部的事。以下的理由[58]讓我們無法將這種說法與聖經中有關的記載，以及分佈在全世界的沈積岩和化石統合起來。

1、《創世記》中一再地使用這樣的陳述，來強調一場遍及全世界的洪水[59]：「天底下所有的高山都被淹沒了；」「所有的死屍在地球上移動；」「乾地上一切生命的呼吸都是死亡的氣息；」「它把地面上的一切生物都毀滅了」。[60]

2、洪水之後，上帝許諾不再使用這種方式毀滅世界。[61]既然局部洪災是相當普遍的。因此，隨後來的每一個局部洪水都表明上帝沒有遵守祂的諾言。相反地，這個諾言，是指上帝不會再用水去毀滅整個地球，由此看來祂的確遵守了祂的諾言。

3、如果只是局部洪水的話，那上帝爲什麼命令挪亞去造一艘大方舟[62]來保存地球上各種各樣的動物呢？我們可以想像得到，動物分佈的範圍是相當廣泛的，一場局部的洪水根本無法將牠們全部滅絕。

4、《創世記》中有關創世的記載，看來是與局部洪災這一說法相互矛盾，因爲若是沒有一場世界範圍大洪水的話，那麼似乎就找不到方法來解釋所有大陸上所發現的地質柱厚岩層。正如前面所述，這場洪水對於地質柱與近期6日創造論的一致性是十分必要的。既然地質柱在各洲的大陸都完好再現，那麼這種和諧一致對各大洲來說都是必要的。否定世界性洪水就意味著反對6日創造論。這不是聖經中的模式。聖經要說的是一場世界範圍的創世，和一場世界範圍的洪荒。

圖片 12.2

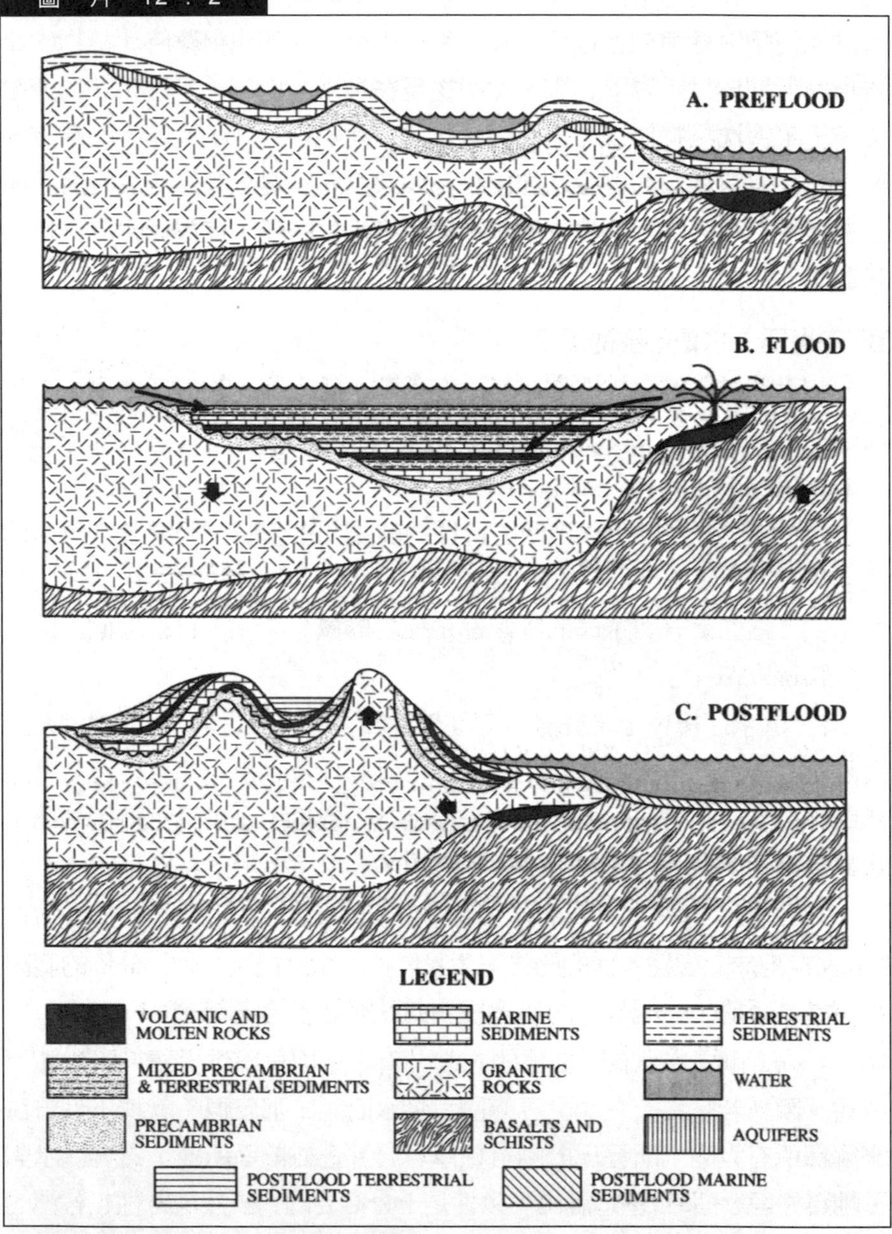

一個洪水模式的例子。圖表代表的是一片大陸（左）和一片海洋（右）交錯的部分。A：洪水前地球上的大型海洋在不同的層面上，而大型花崗岩堆形成大陸的基礎。B：由大陸的下陷與海洋的上升（短箭頭），所引起的洪水階段。長箭頭表明來自其發源地的各種沈積物的移動。C：在陸地的上升與側面的擠壓造成的變形、侵蝕及各種岩石的再沈積後的洪水後階段。

洪水的模式

創造論者設想了許多的洪水模式。[63]然而還有許多的工作要去做，並且我們必須謹慎，將每一種模式都視爲一個假設。就大體而論，這些模式可以分爲三大類：(1)在洪荒期間陸地與海洋的相互交替；(2)地球的收縮和膨脹；(3)洪荒期間陸地的下陷與相繼而來的隆起。各種模式的結合也是有可能的。

地殼岩石種類及構造，對於考慮洪水模式，也是很重要的。源於陸地，或源於海洋的沈積物岩層（但有時會二者兼具），覆蓋著現今的大陸。人們能夠通過化石中所含的陸地有機體，或是海洋有機體來推斷其起源。現在海洋中的沈積物與大陸上的沈積物相比，要薄得多（圖12.2C）。現今海洋的底部是由密度較大的玄武岩（火山岩）構成的，而陸地的基部是由密度較小的花崗岩組成的。這一構造使我們的陸地可以漂浮在較密集的岩石上，並保持在海面之上，這樣我們就可以在乾的陸地上居住了。

陸地與海洋交互轉換的方式表明：現在的陸地在洪荒之前是海洋，而現在的海洋在過去則是陸地。[64]在洪災期間曾發生過的沈積物，有從洪水前陸地向洪水前海洋移動的現象。與之相隨的是包括了調整岩石種類的複雜地球化學變化，以及因著堆積（地殼均衡的調整），而發生的地球地形的變化。這種變換造就了我們現在的陸地。這種方式需要大量的洪水沈積物。根據對這一模式的修正可見，洪災前一大片陸地含水土層的瓦解，由此產生的洞穴、凹地就成了我們現今海洋的底部。 陸地在擴大的這一觀點，已經是當代科學解釋中一個持久，但只有少數人堅持的想法。[65]該觀點是有可靠的證據可以證實。一些創造論者，已經用這種觀點推斷出一種簡單卻唯美的模式。爲使洪水發生，於是陸地收縮，水覆蓋陸地。爲使洪水結束，於是陸地擴展，大洲分離，水回到海洋。有一個問題就是沒有一種簡單的方式，可讓大陸擴展或收縮。有些地質學家則提出地球引力所引發的變化，來解決這一問題。[66]

陸地的下陷與隆起，是這些方式中最不具戲劇性的說法(圖12.2)。在這種方式下，陸地下面鬆軟而較深層的岩層(軟流圈）向海洋下面流動引起了洪水。這一過程會使海洋底部上升而使陸地下降（見圖12.2B中短箭頭），因而導致海洋沈積物流向陸地，引起大陸的洪水泛濫。大部分地質學家接受這樣的觀點：部分熔化的岩層軟流圈的移動，是藉由陸地下面的板岩移動，圍繞陸地而轉移的一種方式。[67]在《創世記》洪荒期間，逐漸上升的水浸蝕洪水前的沈積物，包括一些顯生宙的沈積物，與那些會變成化石的生物一起沈積。當洪流將不同地區的沈積物帶到新的沈積流域時（見12.2B圖長箭頭），基於陸地的沈積物，會與來自洪災前海洋的沈積物交錯互換。直到洪水結束時，由密度較輕的花崗岩所組成的陸地上升，引起水流退回海洋，導致對一些留在大陸上的洪水沈積物受到侵蝕。這種方式面臨的疑問就是：這些陸地上的大量海洋沈積物下面，並沒有陸地類型的化石。這一安排有可能因爲洪災前，在陸地上就已經出現了大片的海洋（地區性海洋），而這些陸地上，除了有著來自陸地的沈積物，還有來自更大海洋（見圖12.2B中最長箭頭）的海洋沈積物。這一模式使對化石記錄，簡單的生態環節理論解說（圖10.2）複雜化。然而，沒有幾個人會把洪水視爲一件簡單之事。

這些洪水模式，只是幾種概論式的看法。人們需要對這一複雜的事件做進一步的調查。事實上，這一領域的研究才剛剛開始。

■ 與洪水有關的地質因素

洪水中出現的水極有可能在洪水之前，就已經存在於地球上了。其中大部分的水，來自洪水前的海洋，一部分來自「地下之泉。」[68]還有一小部分來自空氣。地質學家和其他一些人之所以經常批判創世記洪水的說法，是因爲似乎地球上並沒有足夠的水，能淹沒海拔近乎9公里的喜馬拉雅山山頂，[69]而聖經上卻說這場洪水，淹沒了整個地球。喜馬拉雅山海拔近乎9公里。但是這些批判，可能並不那麼重要，因爲地質學家就經常提出，洪水前，地球的地勢是較爲平坦的，這樣要淹沒地球，就只需要更少的水量了（例圖12.2B）。假設地球的表面是十分平坦的，那麼一片比2.44公里更深的海洋就能將其完全淹沒。[70]創造論者提出，洪水之後，許多山脈隆起。無論是承認洪水存在的地質學家，還是否定這理論的地質學家們，都認爲喜馬拉雅山和許許多多其他的山脈，都是沈積岩層沈積而隆起的。我們不應該用現在的地形去推測一場世界範圍的洪水所需的水量。

人們常問我，爲什麼像世界性大洪水這樣重大的運動，不會把一切東西攪和起來。這就像「小浴缸」一樣，在它裏面的一切東西都能很容易地攪和在一起。事實上從大的範圍看來，世界上的沈積岩層都是有序而獨特的。有好些事實讓我們不致於認爲洪水會把一切物體都攪和起來。要把構成沈澱物，達數千平方公里廣，有時甚而達數公里厚的沈積岩層攪動起來是極其困難的。也許攪動幾公尺的泥土很簡單，但要對付幾公里的泥土，那就不那麼容易了。岩層一旦沈積下來，它就有保持完整的趨勢。大洪水持續了一年多，無法產生瞬間混合的沈澱。甚至短期的洪水，也會留下極爲整齊的沈積物。洪水以有序的方式淹過岩層，這種方式是不會把什麼攪和起來的。水是擅於整理沈積物的自然力，它通常以近乎同一水平的方式，將沈澱物沈積下來。地質學家將這種方式稱爲「原始水平狀態法則」。在實驗室裏，科學家能夠迅速地使水中鬆軟的懸浮物，一層又一層地沈積下來，而且在此過程中不會對下層部份造成較大的攪動。人們會認爲混合現象，是發生在局部的層面，偶而的局部隆起，有利於洪水的沖蝕及洪水前的沈積，於是就像偶而發現的那樣，將其中包含的化石和岩石，迴轉到達地質柱的較高層。然而，要使地殼大部分沈積岩層混合起來，就得借助極其有力的震動，那是一個我們沒法想像的洪水期間的情節。

還有的問題就是：地質柱中有多少地層應該歸因於這場洪水。這是一個難以回答的問題，因爲無論沈積物還是化石都很複雜。創造論者對這個問題提出各種意見，可見這其中沒有一種是可以完全被接受的。因爲水沈澱出大部分的沈積層，於是我們無法指望在洪水發生時，發生前和發生後產生的沈積層之間，會有什麼驚人的區別。另外，每一個地方的洪水不會正好在地質柱的同一個位置開始或結束。我初步估計，洪水在寒武紀層開始沈澱，在達到最大量時，在第三紀層的較高處停止（見圖10.1的專有名詞）。有的地方，洪水可能在低於這個最大量時就已經結束了。這似乎應該存有一大片沈積物——事實正是如此！然而，從地球的大小來看，它不過是薄薄的一層。按比例來說，在一個直徑爲30公分的普通圓球上，這些沈積物的平均厚度，還不會超過一張普通紙的1/4厚度。

當傳統地質學家開始在20世紀60年代末及70年代初，接受大陸漂移和板塊地質結構觀念時，許多創造論者對此表示高興，因爲這種在地球表面的大型變化活動，可以表明在洪荒時期有可能存在相同的活動。地質學不再將地球表面詮釋爲多麼堅固無比了。創造論者普遍提出快速板塊運動，尤其是在洪水後期產生山脈隆起，以及地球上現在的大洲。科學家普遍都不完全理解板塊移動的原因，而創造論者的解釋，也只是假設。我們有必要記住：普通的科技著作，也對整個板塊構造學說懷有一絲固有的懷疑。[71]在我們能夠將板塊構造學理論充分運用於洪水模式之前，我們需要有更多的資料。

據悉，冰川時期需要好幾千年的說法，與近期創造一洪水的模式有時是相悖的。據報導，除了近代較明顯的冰川時期外，其餘的冰川作用現象，大都出現在地質柱的較低層。洪水模式通常包括具有相當說服力的資料，說明最近的冰川活動是洪水所造成的後果。已經有人提出，能夠在幾百年而非幾百萬年的時間內，產生並融解大量冰川的合理條件。[72]通常所描繪的，都是洪水期間的火山活動擋住陽光，於是引起一種冷卻的趨勢。來自溫暖海洋上的濕氣與冷空氣結合，促進了洪水過後一段短暫而強烈的冰川活動期。

在地質柱較低層有關冰蝕作用的證據，則更具爭議性。正如加州理工學院的沙普所說：「要辨別古代的冰蝕現象，並非易事。」[73]一些可疑的證據，可能很容易與非冰河活動混淆起來。另一位專家指出：「大量的研究」已顯明所謂的冰川沈積物，原來不過是巨塊的岩屑流及有關的沈積物。[74]據推測是由於冰蝕運動所引起的一些擦痕，被重新解釋爲：由岩石沿斷層滑動而造成，或僅僅是由伐木搬動時留下的繩索凹印。[75]許多其他已知的古代冰蝕作用的例子，已經被重新解釋了。[76]對於存在於地質柱上較早期的冰蝕作用，會抱持懷疑態度是有恰當理由的。

■ 結論

對世界過往歷史的科學解釋，已經歷了無數次的變化。在過去的好幾個世紀，大部分思想家都接受較大災難的存在，此後的一個多世紀，又幾乎對此全盤否定，而現在的科學，又再一次認識到災變在地質史上的重要性。近代一些對地球上迅速活動的重新解釋，與聖經上所記載的世界範圍的洪水，其說法極爲相符。現在，創造論者對已被接受的地質觀點，必須重新解釋的情況要比過去少一些，因爲有許多有關大災難更新的解釋，更符合洪水模式。但是他們仍然要在發展這些模式上做大量的努力。雖然世界性大洪水的概念，與我們平常的思維模式有些差異，但有力的證據告訴我們，地質變化的發生可能比我們所想的要快得多。

參考文獻：

1. Boileau N. 1674. L'Art poétique, I. Quoted in: Mencken HL, editor. 1942. A new dictionary of quotations on historical principles from ancient and modern sources. New York: Alfred A. Knopf, p. 1222.
2. Bretz JH. 1923a. Glacial drainage on the Columbia Plateau. Geological Society of America Bulletin 34:573-608.
3. Bretz JH. 1923b. The Channeled Scablands of the Columbia Plateau. Journal of Geology 31:617-649.
4. Allen JE, Burns M, Sargent SC. 1986. Cataclysms on the Columbia. Scenic trips to the Northwest's geologic past, No. 2. Portland, Oreg.: Timber Press, p. 44.
5. Bretz JH. 1978. The Channeled Scabland: introduction. In: Baker VR, editor. 1981. Catastrophic flooding: the origin of the Channeled Scabland. Benchmark papers in geology 55. Stroudsburg, Pa.: Dowden, Hutchinson, and Ross, pp. 18, 19.
6. Baker, p. 60 (note 5).
7. For a report of the presentations and discussions, see: Bretz JH. 1927. Channeled Scabland and the Spokane flood. In: Baker, pp. 65-76 (note 5).
8. Baker, p. 74 (note 5).
9. Bretz JH, Smith HTU, Neff GE. 1956. Channeled Scabland of Washington: new data and interpretations. Geological Society of America Bulletin 67:957-1049.
10. (a) *Ibid.*; (b) Pardee JT. 1942. Unusual currents in Glacial Lake Missoula, Montana. Geological Society of America Bulletin 53:1569-1600.
11. (a) Bretz JH. 1969. The Lake Missoula floods and the Channeled Scabland. Journal of Geology 77:505-543; (b) Parfit M. 1995. The floods that carved the West. Smithsonian 26(1):48-59.
12. (a) Baker VR. 1978. Paleohydraulics and hydrodynamics of Scabland floods. In: Baker, pp. 255-275 (note 5); (b) further details are reported by: Smith GA. 1993. Missoula flood dynamics and magnitudes inferred from sedimentology of slack-water deposits on the Columbia Plateau, Washington. Geological Society of America Bulletin 105:77-100.
13. Bretz 1969 (note 11a).
14. (a) Albritton CC, Jr. 1967. Uniformity, the ambiguous principle. In: Albritton CC, Jr., editor. Uniformity and simplicity: a symposium on the principle of the uniformity of nature. Geological Society of America Special Paper 89:1, 2; (b) Austin SA. 1979. Uniformitarianism—a doctrine that needs rethinking. The Compass of Sigma Gamma Epsilon 56(2):29-45; (c) Gould SJ. 1965. Is uniformitarianism necessary? American Journal of Science 263:223-228; (d) Hallam A. 1989. Great geological controversies. 2nd ed. Oxford and New York: Oxford University Press, pp. 30-64; (e) Hooykaas R. 1959. Natural law and divine miracle: a historical-critical study of the principle of uniformity in geology, biology and theology. Leiden: E. J. Brill; (f) Hooykaas R. 1970. Catastrophism in geology, its scientific character in relation to actualism and uniformitarianism. Amsterdam and London: North-Holland Pub. Co.; (g) Huggett R. 1990. Catastrophism: systems of earth history. London and NY: Edward Arnold, pp. 41-72; (h) Shea JH. 1982. Twelve fallacies of uniformitarianism. Geology 10:455-460.
15. For general reviews, see: (a) Ager D. 1993. The new catastrophism: the importance of the rare event in geological history. Cambridge and New York: Cambridge University Press; (b) Hallam, pp. 30-64, 184-215 (note 14d); (c) Huggett R. 1989. Cataclysms and earth history: the development of diluvialism. Oxford: Clarendon Press; (d) Huggett 1990, pp. 41-200 (note 14g).
16. Lyell C. 1857. Principles of geology; or, the modern changes of the earth and its inhabitants considered as illustrative of geology. Rev. ed. New York: D. Appleton and Co., p. v.
17. Hallam, p. 55 (note 14d).

18. Lyell KM, editor. 1881. Life, letters and journals of Sir Charles Lyell, Bart., vol. 1. London: John Murray, p. 271 (14 June 1830), 273 (20 June 1830).
19. Gould SJ. 1989. An asteroid to die for. Discover 10(10):60-65.
20. (a) Natland ML, Kuenen PhH. 1951. Sedimentary history of the Ventura Basin, California, and the action of turbidity currents. Society of Economic Paleontologists and Mineralogists Special Publication 2:76-107; (b) Phleger FB. 1951. Displaced foraminifera faunas. Society of Economic Paleontologists and Mineralogists Special Publication 2:66-75.
21. See chapter 13 for further discussion.
22. Schindewolf OH. 1977. Neocatastrophism? Firsoff VA, translator. Catastrophist Geology 2(1):9-21.
23. Gartner S, McGuirk JP. 1979. Terminal Cretaceous extinction scenario for a catastrophe. Science 206:1272-1276.
24. A classic paper on extinctions is: Newell ND. 1967. Revolutions in the history of life. In: Albritton, pp. 63-91 (note 14a).
25. For a listing, see chapter 9.
26. Alvarez LW, Alvarez W, Asaro F, Michel HV. 1980. Extraterrestrial cause for the Cretaceous-Tertiary extinction. Science 208:1095-1108.
27. For further review and discussion, see: (a) Ager DV. 1993. The nature of the stratigraphical record. 3rd ed. Chichester and New York: John Wiley and Sons; (b) Emiliani C, Kraus EB, Shoemaker EM. 1981. Sudden death at the end of the Mesozoic. Earth and Planetary Science Letters 55:317-334; (c) Gibson LJ. 1990. A catastrophe with an impact. Origins 17:38-47; (d) Hallam, pp. 184-215 (note 14d); (e) Sharpton VL, Ward PD, editors. 1990. Global catastrophes in earth history; an interdisciplinary conference on impacts, volcanism, and mass mortality. Geological Society of America Special Paper 247; (f) Silver LT. 1982. Introduction. In: Silver LT, Schultz PH, editors. Geological implications of impacts of large asteroids and comets on the earth. Geological Society of America Special Paper 190:xiii-xix.
28. Napier WM, Clube SVM. 1979. A theory of terrestrial catastrophism. Nature 282:455-459.
29. Melosh HJ. 1982. The mechanics of large meteoroid impacts in the earth's oceans. Geological Society of America Special Paper 190:121-127.
30. Clube V, Napier B. 1982. Close encounters with a million comets. New Scientist 95:148-151.
31. Oberbeck VR, Marshall JR, Aggarwal H. 1993. Impacts, tillites, and the breakup of Gondwanaland. Journal of Geology 101:1-19.
32. Kristan-Tollmann E, Tollmann A. 1994. The youngest big impact on earth deduced from geological and historical evidence. Terra Nova 6:209-217.
33. Huggett 1989, pp. 186-189 (note 15c).
34. Kauffman E. 1983. Quoted in: Lewin R. Extinctions and the history of life. Science 221:935-937.
35. Nummedal D. 1982. Clastics. Geotimes 27(2):22, 23.
36. For comments about turbidites, see: Walker RG. 1973. Mopping up the turbidite mess. In: Ginsburg RN, editor. Evolving concepts in sedimentology. Baltimore and London: Johns Hopkins University Press, pp. 1-37. See chapter 14 for further discussion of coral reefs.
37. For details from an eyewitness, see: Anonymous. 1976. Teton: eyewitness to disaster. Time (21 June), p. 56.
38. Holmes A. 1965. Principles of physical geology. Rev. ed. New York: Ronald Press Co., p. 512.
39. E.g., Ecker RL. 1990. Dictionary of science and creationism. Buffalo: Prometheus Books, p. 102.
40. Séguret M, Labaume P, Madariaga R. 1984. Eocene seismicity in the Pyrenees from megaturbidites of the South Pyrenean Basin (Spain). Marine Geology 55:117-131.
41. (a) Campbell AS. 1954. Radiolaria. In: Moore RC, editor. Treatise on invertebrate paleontology, Part D (Protista 3). New York: Geological Society of America, and Lawrence, Kans.: University of Kansas Press, p. D17. For further discussion of this topic, see: (b) Roth AA. 1985. Are millions of years required to produce biogenic sediments in the deep ocean? Origins 12:48-56; (c) Snelling AA. 1994. Can flood geology explain thick chalk layers? Creation Ex Nihilo Technical Journal 8:11-15.
42. Thorarinsson S. 1964. Surtsey: the new island in the North Atlantic. Eysteinsson S, translator.

New York: The Viking Press, p. 39. Translation of: Surtsey: eyjan nyja i Atlantshafi.
43. (a) Encyclopaedia Britannica, editors. 1978. Disaster! When nature strikes back. New York: Bantam/Britannica Books, pp. 67-71; (b) Waltham T. 1978. Catastrophe: the violent Earth. New York: Crown Publishers, pp. 36-38.
44. See chapter 18 for a discussion of flood legends.
45. Gen. 6-8.
46. Gen. 2:5.
47. Verses 6, 10-14.
48. See Gen. 7; 8.
49. See Gen. 7:17-19.
50. Gen. 8:2, 3, NKJV.
51. See Gen. 7:24, Goodspeed; NEB.
52. Gen. 8:14.
53. (a) Hitching F. 1982. The neck of the giraffe: Darwin, evolution, and the new biology. New York and Scarborough, Ont.: Meridian, New American Library, pp. 110, 111; (b) Morris JD. 1992. How could all the animals have got on board Noah's ark? Back to Genesis, No. 392. Acts and Facts 22. Santee, Calif.: Institute for Creation Research; (c) Whitcomb JC, Jr., Morris HM. 1961. The Genesis flood. Philadelphia: Presbyterian and Reformed Pub. Co., pp. 67-69; (d) Woodmorappe J. 1996. Noah's ark: a feasibility study. Santee, Calif.: Institute for creation research, pp. 15-21.
54. Gibson LJ. n.d. Patterns of mammal distribution. Unpublished manuscript distributed by the Geoscience Research Institute, Loma Linda University, Loma Linda CA 92350 U.S.A.
55. Numbers RL. 1992. The creationists. New York: Alfred A. Knopf, pp. 335-339.
56. Gen. 1; 2.
57. Ex. 20:11; 31:17.
58. For further elaboration, see: (a) Davidson RM. 1995. Biblical evidence for the universality of the Genesis flood. Origins 22:58-73. (b) Younker RW. 1992. A few thoughts on Alden Thompson's chapter: "Numbers, Genealogies, Dates." In: Holbrook F, Van Dolson L, editors. Issues in revelation and inspiration. Adventist Theological Society Occasional Papers, vol. 1. Berrien Springs, Mich.: Adventist Theological Society Publications, pp. 173-199 (especially pp. 187-193).
59. Hasel GF. 1975. The biblical view of the extent of the flood. Origins 2:77-95.
60. Gen. 7:19-23, RSV.
61. See Gen. 9:11-15 and Isa. 54:9.
62. Gen. 6:19-7:9.
63. For some significant investigations, see: (a) Austin SA, Baumgardner JR, Humphreys DR, Snelling AA, Vardiman L, Wise KP. 1994. Catastrophic plate tectonics: a global flood model of earth history. In: Walsh RE, editor. Proceedings of the Third International Conference on Creationism. Pittsburgh: Creation Science Fellowship, Inc., pp. 609-621. (b) Baumgardner JR. 1994. Computer modeling of the large-scale tectonics associated with the Genesis flood. In: Walsh, pp. 49-62 (note 63a). (c) Baumgardner JR. 1994. Runaway subduction as the driving mechanism for the Genesis flood. In: Walsh, pp. 63-75 (note 63a). (d) Molén M. 1994. Mountain building and continental drift. In: Walsh, pp. 353-367 (note 63a).
64. Flori J, Rasolofomasoandro H. 1973. Évolution ou Création? Dammarie les Lys, France: Editions SDT, pp. 239-251.
65. For a review and evaluation of the concept, see: (a) Mundy B. 1988. Expanding earth? Origins 15:53-69. Comprehensive advocacy is given by: (b) Carey SW, editor. 1981. The expanding earth: a symposium. Earth Resources Foundation, University of Sydney. Brunswick, Australia: Impact Printing; (c) Carey SW. 1988. Theories of the earth and universe: a history of dogma in the earth sciences. Stanford, Calif.: Stanford University Press; (d) Jordan P. 1971. The expanding earth: some consequences of Dirac's gravitation hypothesis. Beer A, translator/editor. In: ter Haar D, editor. International series of monographs in natural philosophy, vol. 37. Oxford and New York: Pergamon Press. Translation of: Die Expansion der Erde.

66. Smirnoff LS. 1992. The contracting-expanding earth and the binary system of its megacyclicity. In: Chatterjee S, Hutton N III, editors. New concepts in global tectonics. Lubbock, Tex.: Texas Tech University Press, pp. 441-449.
67. For example: (a) Gurnis M. 1988. Large-scale mantle convection and the aggregation and dispersal of supercontinents. Nature 332:695-699; (b) Gurnis M. 1990. Plate-mantle coupling and continental flooding. Geophysical Research Letters 17(5):623-626.
68. Gen. 8:2, RSV.
69. (a) Ecker (note 39); (b) Newell ND. 1982. Creation and evolution: myth or reality? New York: Columbia University Press, pp. 37-39; (c) Ramm B. 1954. The Christian view of science and Scripture. Grand Rapids: Wm. B. Eerdmans Pub. Co., p. 244; (d) Walker KR, editor. 1984. The evolution-creation controversy: Perspectives on religion, philosophy, science, and education. Paleontological Society Special Publication No. 1. Knoxville, Tenn.: University of Tennessee, p. 62.
70. Flemming NC, Roberts DG. 1973. Tectono-eustatic changes in sea level and seafloor spreading. Nature 243:19-22.
71. (a) For two volumes dealing with problems and alternatives, see: Beloussov V, Bevis MG, Crook KAW, Monopolis D, Owen HG, Runcorn SK, Scalera C, Tanner WF, Tassos ST, Termier H, Walzer U, Augustithis SS, editors. 1990. Critical aspects of the plate tectonics theory, 2 vols. Athens: Theophrastus Publications, S.A.; (b) Meyerhoff AA, Meyerhoff HA. 1972a. "The new global tectonics": major inconsistencies. American Association of Petroleum Geologists Bulletin 56:269-336; (c) Mayerhoff AA, Meyerhoff HA. 1972b. "The new global tectonics": age of linear magnetic anomalies of ocean basins. American Association of Petroleum Geologists Bulletin 55:337-359; (d) Smith N, Smith J. 1993. An alternative explanation of oceanic magnetic anomaly patterns. Origins 20:6-21; (e) for a score of papers by as many authors who question the standard view, see: Chatterjee and Hutton (note 66).
72. Oard MJ. 1990. A post-flood ice-age model can account for Quaternary features. Origins 17:8-26.
73. Sharp RP. 1988. Living ice: understanding glaciers and glaciation. Cambridge and New York: Cambridge University Press, p. 181.
74. Rampino MR. 1993. Ancient "glacial" deposits are ejecta of large impacts: the Ice Age paradox explained. EOS, Transactions of the American Geophysical Union 74(43):99.
75. (a) Crowell JC. 1964. Climatic significance of sedimentary deposits containing dispersed megaclasts. In: Nairn AEM, editor. Problems in paleoclimatology: proceedings of the NATO Paleoclimates Conference 1963. London, New York, and Sydney: John Wiley and Sons, pp. 86-99; (b) Dunbar CO. 1940. Validity of the criteria for Lower Carboniferous glaciation in western Argentina. American Journal of Science 238:673-675; (c) McKeon JB, Hack JT, Newell WL, Berkland JO, Raymond LA. 1974. North Carolina glacier: evidence disputed. Science 184:88-91.
76. For some other examples of reinterpretations of so-called glacial deposits, see: (a) Bailey RA, Huber NK, Curry RR. 1990. The diamicton at Deadman Pass, central Sierra Nevada, California: a residual lag and colluvial deposit, not a 3 Ma glacial till. Geological Society of America Bulletin 102:1165-1173; (b) Crowell JC, Frakes LA. 1971. Late Paleozoic glaciation of Australia. Journal of the Geological Society of Australia 17:115-155; (c) Dott RH, Jr. 1961. Squantum "tillite," Massachusetts—evidence of glaciation or subaqueous mass movements? Geological Society of America Bulletin 72:1289-1306; (d) Engel BA. 1980. Carboniferous biostratigraphy of the Hunter-Manning-Myall Province. In: Herbert C, Helby R, editors. A guide to the Sydney Basin. Department of Mineral Resources, Geological Survey of New South Wales Bulletin 26:340-349; (e) Lakshmanan S. 1969. Vindhyan glaciation in India. Vikram University Institute of Geology Journal 2:57-67; (f) Newell ND. 1957. Supposed Permian tillites in northern Mexico are submarine slide deposits. Geological Society of America Bulletin 68:1569-1576; (g) Oberbeck, Marshall, and Aggarwal (note 31); (h) Schermerhorn LJG. 1974. No evidence for glacial origin of late Precambrian tilloids in Angola. Nature 252:114, 115; (i) Schwarzbach M. 1964. Criteria for the recognition of ancient glaciations. In: Nairn, pp. 81-85 (note 75a); (j) Winterer EL. 1964. Late Precambrian pebbly mudstone in Normandy, France: Tillite or tilloid. In: Nairn, pp. 159-187 (note 75a).

第十三章 世界性大洪水的地質證據

知之者，
不如好之者。
——孔子[1]

一位地質學家曾懸賞5千美元，爲求「一場世界性大洪水的地理證據。」[2]他的懸賞反映了一個無解的論調——這種證據根本不存在。基於這一章節所列的資訊，請讀者評判一下我們是否已掌握了有關創世紀洪水的地質證據。

聖經所記載的洪水，不僅是有趣，而且是可怕的，特別是對意志薄弱的人而言！創造論者通常認爲這一件事與大部分地質柱中的顯生宙有關，相對而言，這一部分富含化石。它代表了整個地球平均數百公尺的沈積物。進化論與創造論的最大區別之一，就是有關這些顯生宙沈積物，沈澱下來所需的時間量。進化論認爲要幾億年的時間，而據聖經記載，僅爲洪水泛濫的那一年時間。

根據一些很不錯的試驗，我們可以評定一下這兩種模式。總之，地質界重新接受大災難解釋，減少了一些特質上的對立。創造論者曾用過的一些有關洪水的證據不再適當，因爲它們已被納入新災變說。例如：創造論者有時引用世界上一些保存完好的化石，來證明洪水的迅速埋葬。然而，無論是創造論者或是非創造論者，現在都能夠將迅速埋葬，歸諸於他們的災變說領域中了，所以保存完好的化石，不再是區別這種模式有價值的證據了。在這一章節裏我們將考證，那些來自地質岩層及其化石的資料。這些岩層與化石所顯示出的大型洪水活動，及它們沈積所需要的短暫時間，與我們在一場世界性大洪水中所能料想的一樣。有關洪水範圍、時間及傳說的相關資訊，將在本書的其他章節內進行討論。[3]

■ 大陸豐沛的水下活動

地球的陸地包含一種較輕而完全漂浮在較重岩層上的花崗岩（見圖12.2），因此大陸處於海洋平面之上。若不是這種結構，我們就會遭遇一場蔓延全球的永久性洪水。當我們跋涉於這些陸地時，我們會意外發現大量包含著海洋型化石的岩層，這些化石有海珊瑚、蚌類、海百合等。地質學家薛爾頓指出這樣的兩難境界：「海洋沈積岩層在現今陸地上的分佈，遠比其他混合的沈積岩要普遍得多。這是人們迫切想要得到解釋的一個事實，人們努力不懈地想要徹底明白過去的地質變化。」[4]當有人認為這是一個「迫切需要解釋的簡單事實」時，這就與我們想到的有關洪水的一切極為相符了。

1929年11月18日，一場地震襲擊了新英格蘭海濱，及加拿大的沿海諸省。這場稱為「大海岸地震」，引起了位於大陸棚邊緣，海洋中大面積沈積物的陷落。它也使其他沈積物散開，形成鬆散的泥漿，這些泥漿沿大陸斜坡滑向北大西洋的較深處。這些沈積物散佈於斜坡腳下深不可測的深海平原。其中的一些沈積物，跨越了700多公里。[5]人們可能會想到，一大片流動於海洋中的鬆軟泥流會與海水迅速混合，並喪失其作為單個體的完整性，但事實並非如此。鬆軟的泥漿比海水的密度要大些，因為它是水與大量較重的岩石、沙、淤泥及粘土粒的混合物。這種在較輕的海水下流動的泥漿，其活動方式，在某種程度上就好比是在大氣下流動， 是一種密度流、混濁流。當它停止時，它會沈澱出一種奇特而複雜的沈積岩，叫濁流岩。

對科學來說是值得慶幸，但對商業電報裝置而言是不幸的，因為位於密度流衝擊大海岸沿線上的12根橫貫大西洋的電纜，在這場災難中被切斷了，甚至出現了兩三個斷裂部份。每根電纜的第一個斷裂處，都與電報輸送的干擾及由電阻和電容測試所決定的位置緊密配合。那些臨近大陸斜坡頂部附近的電纜，在地震中幾乎是即刻中斷，有可能是源於沈積物的突然陷落。當混濁流將連續的電報切斷時，較遠處一連串的後果也陸續發生了。震波輸送率有時竟高達每小時100公里以上。最後一根距離海岸650多公里的電纜，在地震13個多小時後斷裂。這次泥流產生的濁流岩，覆蓋了近10萬多平方公里，平均厚度近乎1公尺。據估計其容量可達100立方公里。[6]甚而發現混濁流也流入了1912年沈沒的鐵達尼號船骸中。[7]

作爲洪水證據的濁流岩，是相當有意思的。它們的形成非常迅速，而且只會在水下形成。一塊濁流岩，並不能證明一場洪水的存在，但大量存在於大陸沈積岩中的濁流岩，就能證明大面積的水下活動。直到本世紀中葉，地震學界才接受了濁流岩這一概念，但僅在20年之後，又這樣說：「成千上萬的一層又一層堆積於其上的粒級層，都已被解釋成混濁流的沈積物了。」[8]現在它被視爲「最爲普遍的沈積岩之一」。[9]即使是一些稀有的硫酸鈣。[10]濁流岩經常出現在被稱爲沈積物磁區中的較大沈積物區內。它們雖大量存在於陸地，卻是形成於水下的。

非創造論者在解釋大陸的水下地質活動時提出：在顯生宙的絕大部分時間裏，海平面其實要更高一些，有些地方比現在的要高出約500多公尺。[11]他們認爲原來地球有更爲平坦的大陸與更高的海洋。[12]但是在運用這一解釋時，地質學家卻不經意地接近一種洪水的模式（除涉及到的時間外）。無論如何，大量的海洋生物化石、沈積物、海水扇形區，都是大陸上廣泛存在的水下活動的證據。

與水下活動相關的另一證據，是分佈廣泛的定向水流的印痕。地質學家在考察沈積岩時，經常可以發現一些表明水流在沈積期間的流向線索。對一片流經北美顯生宙時期的水流，大部分地區的主流流向的發現，堅定了一場大洪災的觀念。常態下，水是向下，向各方向流動的，就像現今大陸的各條河流那樣；另一方面，如果陸地在一場世界性的洪災中被淹沒，那麼人們能夠想像得到，水流是朝一個方向流動的。縱觀北美1萬5千個地方，主流在顯生宙較低地層朝東南方向，而在其較高地層則改向東。南美也幾乎出現同樣的模式。這就表明在洪水爆發的主要階段有著更多的強力水流。近於地質柱上層的岩石，卻沒有顯示出其主要模式。[13]對於後來這種水流缺乏方向性的現象，我們可以把它解釋爲洪水結束時陸地上水分的流失，或是洪水過後的活動，就像今日所發生的一樣。

■ 分佈廣泛的沈積物

在一場諸如世界性大洪水事件中，人們期望有廣泛沉澱的沈積物，而且確有一些值得注意的例子存在。

說到石灰石的沈澱，紐約國家博物館的諾曼提出「海洋是遍及世界，無限廣闊而又極其平坦的地方。」[14]一位極力推崇災變說的地質學家艾格，曾描述了位於加拿大西部二疊紀，覆蓋了47萬平方公里地域，而厚約30公尺左右的岩石群。他還提到能夠在歐洲「阿爾卑斯山脈四周」[15]找到「約1公尺厚」的薄岩層。在美國西部的達科他岩層平均厚度爲30公尺，覆蓋面積爲815,000平方公里。

大自然分佈廣泛而富含化石的特殊沈積物，爲陸地上發生的一種災變活動提供了證據。現代並沒有類似的證據。另一個顯著的例子，就是三疊紀含有木頭化石的Shinarump礫岩。它是美國西南部發現的Chinle岩層中的一種。這種有時會風化成一種粗沙岩的礫岩，通常不超過30公尺厚，但它卻能連綿不斷地覆蓋在近25萬平方公里的土地上。[16]礫岩和沙岩，比方說Shinarump礫岩，是由大微粒所組成，這些微粒的流動需要許多的能量。它所需要的動力與我們今天所熟知的，用來推動一大塊連續不斷的沈澱物的動力是不一樣的。很難想像，這種持續性是由區域性河流的沈澱活動所產生的，就像人們有時假定的一樣。任何歷時較長而形成的河谷、峽谷、山脈，都可能很容易地打破這種連續性。Basal礫岩和其他層中發現的岩石，都提供了相同的證據。有時很難理解這些岩石的厚薄與寬廣度。舉例說：一塊像這本書頁，面積大小的 Shianrump 礫岩，按比例的話，其平均厚度就只有這張紙厚度的五分之一。如此薄而奇特、又分佈廣泛的沈積物，似乎更容易讓人想到大面積的洪水（廣而淺的大片流水）活動，而非局部的沈澱。

這些分佈廣泛，連續而極爲特別的地質岩層，指出廣泛分佈的沈積物，會讓人們聯想到大洪水。包括先前提到的 Chinle 岩層的淡紅色岩群，覆蓋面積約800,000平方公里。[17]美國西部含有恐龍化石的多色侏羅紀莫里森岩層，從加拿大一直延伸到美國南部的德克薩斯州，[18]跨越1百萬平方公里，然而它的平均厚度只有約100公尺。這些分佈廣泛的岩層反映出不尋常而又廣闊的沈積構造。大概這些構造是化石記錄中，化石種類比它們的活配對物分佈更廣的部分原因。[19]

這些分佈廣泛的沈積物，可能是起因於[20]想像的天災、隕石衝擊而非洪災嗎？地球上的沈積岩層，幾乎從未有過被隕石衝擊而成的沈積物。比如說，由隕石撞擊而成的亞利桑那州蘇提耳坑[21]中局部的小型沈積物，包含的是各種混合的岩石塊，而不是通常在地球上發現的那種分佈廣泛，分類明顯的沈積物。小行星的撞擊可能引發大面積沈積岩層的大水浪嗎？這種情形與洪荒期間可能發生的一些狀況相近。我們也必須記住，新災變說有一些向進化模式提出質疑的暗示。災難性的沈積物快速沈澱，會讓岩層中發生的有機體進化，需要幾百萬年的想法被排除。非洪水地質學家所堅持的災變說，減少所假定的漫長時期，其說法與洪水模式很接近。

■ 不完整的生態系統

如果顯生宙時代緩慢發展好幾億年的話，那麼在任何岩層面上發現的生物體，就應該會顯示出足以讓它們存活的生態系統。在食物鏈的基部，動物從植物獲得必須的食物，而植物又從太陽獲得能量。當化石記錄顯示出沒有足夠的植物給動物提供營養，這一相應跡象的證據時，一個問題就擺在人們面前。在幾百萬年的生物進化發展過程中，這些動物爲了存活，都吃些什麼呢？洪水地質學家相信，這些就表示動物是從它們原有的棲息地被沖了出來，並且（或者）植物都被沖到了別的地方，由此就形成了一些厚厚的，不同尋常的煤層，就像厚達165公尺的莫威耳（澳大利亞）煤層。

先前提到過的美國西部莫里森岩層，似乎顯示出一個巨大但不夠完整的生態系統。它是世界上恐龍化石（圖9.1）資源，最爲豐富的地方之一，但植物卻十分稀少，尤其是在恐龍化石所在地的附近。[22]這些巨獸吃什麼呢？古生物學家懷特，提出「雖然莫里森平原，是一片沈積物聚集相當快的地方，但可認明的植物化石卻幾乎不存在。」[23]他進而深思：與一頭大象比起來，一隻恐龍「每天要消耗3.5噸的綠草料。如果恐龍在那兒生存了幾百萬年話，在植物如此稀少的情形下，牠們以何爲食？其他一些研究者，也對缺乏植物化石這一現象，發表了評論。有人說，蒙大拿州的莫里森岩層，「是一個在其大部分時期裏，植物化石十分稀少的地方，」[24]還有的人評論到「在莫里森岩層中的煤層及富含有機體的粘土裏，缺乏大量植物的證據眞是令人費解。」[25]這些研究者也表示了他們的「失望」，因爲在顯微鏡下觀察的12個樣品中，有10個根本就沒有植物所產生的 「孢粉」(花粉和孢子)。人們不禁懷疑：在能源如此稀少的情況下，莫里森岩層是在假定的幾百萬年中沈積的話，巨大恐龍如何存活下來呢？

爲解釋這個難題，有人提出，植物在當時是存在的，只是沒有成爲化石罷了。這個觀點似乎無跡可循，因爲大量動物和其他某些植物，都能完好保存下來。或許莫里森岩層在當時，並不是一個恐龍生活的地方，而是一個由洪水所造成的恐龍的葬身之地吧！而植物經過自然篩選後，被水沖到別的地方去了。

古生物學家在蒙古戈壁沙漠中，發現恐龍原龍一個相類似的情況。研究白堊紀沈積物各個方面的研究者，總結出「大量而清晰的草食動物(原龍)群及其足跡(可能是昆蟲的隧道)的化石，反映這是一片豐饒的土地。因此，缺少植物的證據，倒是反常而令人費解的。」[26]

令人更爲驚歎的是：來自可可尼諾沙岩的資料，它是見於亞利桑那州大峽谷頂部附近，顏色較淡的岩石(圖13.1，箭頭頂部前方)。這種平均厚度達150公尺的岩層，覆蓋了好幾千平方公里的地域。千百條可能是由兩棲動物或爬蟲類動物的足跡踏出來的路，出現在可可尼諾沙岩較低部分的土地上。然而植物卻似乎不曾存在過。除足跡以外，實地考察只報導了一些蠕蟲爬行的坑道，和無脊椎動物的爬行痕跡。[27]如果可可尼諾沙岩的形成要花上幾百萬年的時間，那麼留下這些印痕的動物，靠甚麼來獲得所需要的營養呢？因爲我們沒有發現任何植物的證據。如果連簡單的足跡都保存完好的話，我們應該也可以發現植物根、莖及其葉子的痕跡和形狀才對。

幾乎所有在可可尼諾沙岩的紋路，都表明動物曾一度向上爬行，[28]

同樣的情形也曾出現在狄區利朝東的沙岩層裏。[29]在可可尼諾沙岩留下足跡的動物本體，並沒有在化石記錄中出現，但是它們的足跡卻保存完好且十分衆多。此外，一些有力的證據也說明動物是在水下留下它們踏出來的痕跡，而不是像平常所解釋的那樣：在沙丘上。[30]是否可能是那些在洪水發生時，想要脫離水流的動物所留下向上爬行的足跡呢？

有些化石群看起來是完整的生態系統，而有的卻不是。緩慢沈澱的進化模式，怎麼能解釋這些不完整的化石群呢？進化論者提出：要能沈積出莫里森或可可尼諾岩層，至少得要500萬年的時間。那些在岩層中顯現出來的動物，如果沒有足夠的食物來源，怎能生存下來？一場大洪水把有機體分類的說法，可以解決這個難題。

從生態必要條件推論：莫里森和可可尼諾岩層，是迅速沈積而成的。這使人聯想到在世界範圍的大洪水中的一種活動。

圖片 13.1

位於亞利桑那州科羅拉多河的大峽谷風景照。由上到下的箭頭指向3處假定的缺口（消失了的岩層），這些缺口分別爲6百萬年，1千4百萬年和1億年。

沈積岩層中的缺口[31]

當我們看到河谷與峽谷兩側，露出來的主要沈積物時，我們通常不會注意在地質柱中的各岩層間，會缺少一些重要的部分；除非我們對地質柱十分熟悉，舉例說，我們可以用字母來表示地質柱中的一整套岩層。如果在某一部位上，我們只發現了a、d和e，那麼我們可以直接得出這樣的結論：a與d之間缺少了b和c。我們之所以知道這些是因爲b岩層和c岩層以正確的位置出現在另一部位上。缺口的上層與下層（例如我們這例子中的a與d)通常都是平坦地結合著的。根據標準地質時間刻度，一個缺口可呈現出所缺少的時間量，它反映了形成這些缺少的岩層所必要的時間，比方說上述例子中提到的b和c。

亞利桑那州的大峽谷，是世界上顯示地質之偉大地點之一。圖13.1中的箭頭顯示出地質石柱中所缺少的重要部分。從上到下的缺口顯示出標準地質時間刻度，分別大約有6百萬、1千4百萬和1億年以上的空白。較低的箭頭指出了一個包括了奧陶紀和志留紀時期（見圖10.1術語）的缺口。我們知道這個缺口的存在，是因爲奧陶紀和志留紀沈積物，在世界的其他地方出現過。根據進化論的觀點，這些沈積物需要很長的一段時間，才能形成沈積岩，並且在這些岩層中發現：構成特有化石的有機體的進化，也需要很長一段時間。地質學家主要是藉著對比沈積岩層中的化石，與地質柱中的完整順序判斷出那些是缺少的部分。尤其是在建立岩層大致時間框架時，他們還會用輻射計來測量日期。

地質學家長久以來，就意識到這些缺口的存在，他們通常將其命名爲「不整合表面」，雖然他們在不同的國家，以不同的方式來運用這一術語。有好幾種不整合的類型。如果上岩層和下岩層之間，有不定期的角度，那麼用的術語就是「角度的不整合。」但如果它們在大體上是平行的，只是在岩層與岩層之間有一些被腐蝕的證據，這種接觸有時就被稱爲一種「平行不整合」。而如果連接的線條肉眼不易發現，或者沒有被腐蝕的現象，它就被稱作「近整合」。在這一討論領域裏，我們對後兩種尤感興趣。

重要的問題是：既然這些缺口，顯示出如此巨大的時間差，那爲什麼我們在這些缺口的下層，看不到一種不規則的腐蝕模式？缺口上的岩層在形成之前，應該是經歷過大量腐蝕的。按底限說來，在正常條件下，我們估計，平均每個地區在僅4百萬年的時間裏，要發生100多公尺的侵蝕。[32]地質學家路其塔不是一個創造論者，他畢生大部分時間，都在研究那約一公里深的大峽谷。他提出「大部分的峽谷斷裂，發生在短短4、5百萬年的時間裏，實在令人吃驚。」[33]明顯缺少侵蝕現象的事實表明缺口之間，只有極少或根本就沒有時間間距。圖13.2A-D給我們展示了不平坦而又複雜的結構，是如何在漫長的地質年代裏演變、發展起來的。然而，我們所見的結構更像圖13.1和13.2E上那些，只有少許或沒有侵蝕痕跡的結構。我們可以想像到一些來自洪水活動的侵蝕，但我們幾乎不曾發現，地球沈積岩層中的古老河谷和峽谷。

如果我們以假設的標準地質時間刻度爲基礎，來展示這些沈積岩層，或許我們能夠更恰當描述這些缺口。圖13.3是利用時間刻度，而不是厚度來說明大峽谷東北部的岩層，雖然這兩者對沈積岩層，都有相聯繫的趨勢。這張圖中地質柱中缺少的部分是以黑色來表示的。注意在第二例，地質中的標準地質時間刻度。這個圖表強調的是岩層沈積的時間，以及岩層之間所缺少的時間。很顯然這些缺口（黑色部分）十分普遍，而且代表著地質時間刻度中的重要部分。但圖表只顯示了一些主要缺口。許多小的缺口則存在於插圖中的沈積岩層中（白色部分）。

這張圖表在縱向上拉長到了16倍。換句話說，對於所表示的高度來說，橫向的範圍也應該是圖表上表示出來的寬度的16倍才是。圖上的距離表示大約200公里，而岩層（白色部分）的厚度，只有大概3.5公里。這說明這些岩層與缺口的平坦和廣闊，通常覆蓋了好幾百萬平方公里。各缺口缺少侵蝕痕跡這一事實表明：沈積岩層是在洪水期間迅速沈澱而成。如果是發生在較長的時間裏，那麼我們應該可以看到，發生在缺口下面岩層表面上的地質演變過程的證據。在今天的大陸與海底表面，我們經常可以看到侵蝕沖削大陸後，所形成的溝渠、河谷、峽谷，這是漫長時間所造成的結果。其他一些時間上的影響：如土層、風化、植物生長等，也應該會在缺口上留下可作爲證據的印痕。然而，位於缺口下部

圖片 13.2

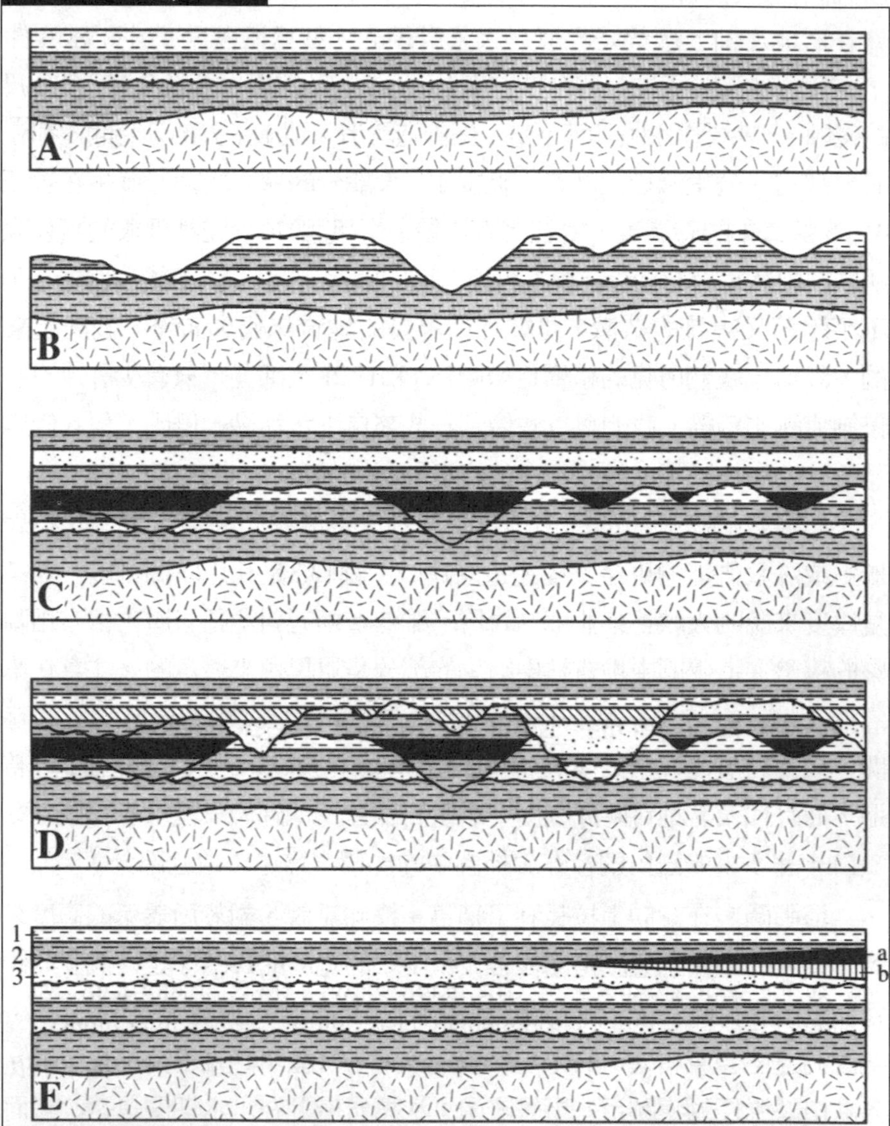

沈積一侵蝕模型圖。A：連續沈積的模型圖。如圖所示，沈積岩層普遍是沈積成平坦又水平的形態。B：侵蝕。C：沈積的再發生。舊的侵蝕表面依然可見。這種情形應該在地球的沈積岩層中是很普遍的，在任何地質柱的重要部分卻看不見。D：侵蝕一沈積的第二次循環，使模型圖進一步複雜化。E：看見更爲正常的模型圖。如果在圖的右邊，標有a和b的岩層的沈積，花了大量時間的話，那麼我們可以預期在左邊2和3岩層之間就有嚴重的侵蝕。假設的圖表有多變的垂直擴大，它得視侵蝕狀況而定。

圖片 13.3

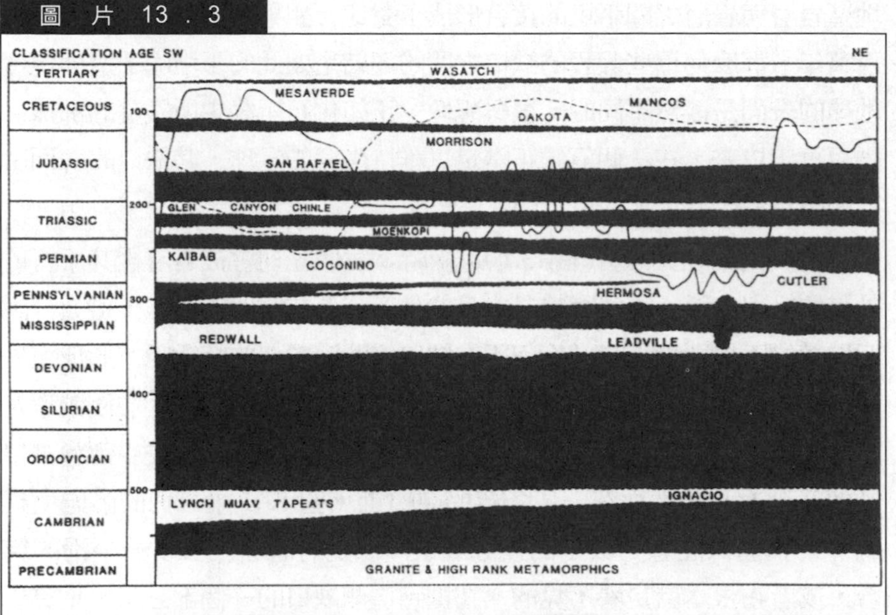

對位於東猶他州及西科羅拉多州一小部分的沈積層的描述，是以標準的地質爲基礎的(而不是以厚度爲基礎，雖然這二者是相互聯繫的)。空白(白色)部分代表的是沈積岩層，而黑色部分代表的是位於岩層之間的主要缺口(裂口)的時間，這些岩層中地質柱有些部分消失不見了。岩層(白色部分)事實上直接位於彼此的頂部，保持水平接觸。黑色部分代表的是這些沈積岩層間估測出的時間。穿過較上層的不規則虛線和實線，代表的是目前曾被侵蝕過的兩個地表的例子。虛線(-----)代表的是沿州際70公路所在地發現最爲平坦的表面之一，而實線(——)部分是位於南部較遠處的山脈。這麼一種洪水模式提供了證據。在那裏，岩層(白色部分)迅速而連續地沈積，其間根本沒有多少時間可進行侵蝕的作用。接近洪水末期及洪水之後的侵蝕，造就了今日不規則的地勢(實線和虛線)。如果像地質時標所估測的那樣，在岩層(黑色部分)之間，有好幾百萬年的時間消逝了，那麼我們就會想到侵蝕的痕跡在某種程度上，與位於白色岩層之間現今地表的情況(虛線與實線)相似。地質柱的主要劃分，在圖的左部，旁邊附有幾百萬年的假定年數。沈積物部分的名稱，只代表了主要的岩層和分類。垂直比例大約爲1：16。水平的距離大約代表200公里，而岩層(白色部分)總厚度大約爲3.5公里。

的岩層通常十分平坦，而且未經風化、水蝕，這就可以表明，其他岩層沒經多久，甚至很快的就覆蓋在其上了。

圖13.3也說明這些假設的平坦缺口，與目前地球上被侵蝕的地勢之間的矛盾對立。微微起伏的圖形與波浪線代表了地表的現狀，這與同一

地區岩層與岩層之間平坦的接合形成了對比。如果每個岩層間歷經了數百萬年，那麼何這些假設的缺口之間的連結是如此的平坦呢？這與現今地球的表面是截然不同的。很難想像，正如化石記錄中所證實的那樣，幾百萬年以來，在一個氣候正常足以維持生命的星球，其缺口的表面上甚麼也沒發生過。

當我們站在大峽谷(圖13.1)邊緣時，我們立刻會被岩層極其平行的外表所吸引。這一現象與峽谷本身的外形，形成鮮明的對比，這充分說明侵蝕的不規則性。我們爲何不在缺口處觀察類似的特徵呢？形成這些缺口需要一段時間，那麼侵蝕必然需要很長的時間。現在平均侵蝕率是如此的快，所以於可能整個地質柱，在地質時代漫長的過去中都會被侵蝕掉好幾次。[34] 然而在一億多年的缺口上（圖 13.1 中最低的箭頭所標明），我們只注意到較小的侵蝕現象，或是有時看上去十分平滑的結合，或者它根本就是看不見的。在提到這個缺口的一個部分時，地質學家史丹利比爾斯說到：「這兒的不整合表面，即使過上一百多萬年，可能也是難以形成的。」[35] 關於代表大約一千四百萬年缺口的中間的箭頭（圖 13.1），另一位地質學家指出，有關證據是如此稀少，以至於連結線，「無論是從遠距離還是近距離範圍都難以形成。」[36]如果的確存在這些假定的時間，那麼我們應該會觀察到大量不規則侵蝕現象。

澳大利亞東海岸線上有著豐富的露天煤層(圖13.4)。在上層岩石與布利煤層之間，有一個大約5百萬年的缺口。[37]這個延伸至布利煤炭沈積物之外的缺口，在這一地區上佔據面積約有9萬平方公里。難以想像的是：在布利煤層所在的地方，煤層或是由植物生成的煤層，是如何保留了500萬年而未被破壞的。

歐洲的阿爾卑斯山部分也含有巨型崩落土塊，和被稱爲推覆體（nappes）的褶皺岩層的混合物。地質學家認爲這些推覆體中的岩層之間，有著與其他地方一樣沒有侵蝕現象的缺口。圖13.5向我們展示了在瑞士羅納峽谷上，看到的部分Morcles推覆體。箭頭指向一個幾乎沒有什麼侵蝕跡象，大約4千5百萬年(白堊紀後期及更久)的假定缺口。順便提一句，箭頭周圍(圖的上部)的一系列岩層都是完全顚倒的，當這些

圖片 13.4

位於新南威爾士的澳大利亞東海岸。箭頭指向一個恰好位於黑色煤層上，據推測達5百萬年的缺口。

岩層，在阿爾卑斯山形成期間被擠向北方時，它們就被整個翻轉了過來。

一些地質學家對在這遞增缺口中，缺乏所預期的地質變化的證據，發表了許多評論。就那種被稱為「近整合」的缺口而言，紐約美國自然博物館的紐威耳評論說：「在一系列連續的石灰石中，近整合表面最引人注目的一面，是普遍缺乏地表下沖洗的證據。那些被認為可能是由於長期暴露在空氣中而造成的殘留泥土和喀斯特岩溶表面，都少得可憐或者無法辨認。」在推測是什麼造就了這些平坦的結合時，某作者進一步闡明道：「近整合的起源是不一定的，所以我當然沒有一個簡單的方法來解決這個問題。」[38]在一個連載期刊上，紐威耳深入評論說：「erathem分界與其他許多主要的生物地層分界（不同化石群之間的分界），有一個令人迷惑不解的特徵是：普遍缺乏低度暴露於空氣中的物質證據。劇烈的過度沖洗、鑿渠留下的印痕以及殘留砂礫都十分少見，即便是在主要岩石都是燧石、石灰石的地方……這些分界都是在近整合表面，它們通常只能借助古生物（化石）證據，才能辨別出來。」[39]

史丹福大學的安岱耳說：「在我事業的早期，對位於Vene zuela的被一英尺灰泥隔開，沈積在海岸沼澤中的兩個薄煤層，分屬於古新世前期及始新世後期的觀點的確深深地影響了我。露在表面的東西很多，但即便是最精密的調查，也無法弄清楚那一千五百萬年缺口的確切位置。」[40]很可能根本就不存在那一千五百萬年。

涉及到在這些沈積物裂口上，缺乏時間過度證據這個有趣的問題，引起了兩種爭議。[41]有的人提到地球上平坦的地區，比方說密西西比河谷較低的部分。然而，這並不是一個裂口，因爲水和其他地質動力，現在還在產生沈積物，如果這些沈積物繼續聚集的話，化石中就不會出現裂口。其他的一些人提出，如果那些沈積物在水下的話，侵蝕就可能不會發生。然而，處於水下並不阻止沈積或侵蝕的發生，正如我們所見的，沿大陸棚所發現的海洋沈澱作用，和大型峽谷不規則侵蝕作用，可充分證明，位於加州海岸邊，海洋中的蒙特雷峽谷，與大峽谷的深度寬度相差不大。流水的侵蝕也可深可淺。有人認爲缺口的結合面應該是平整的，因爲抗侵蝕的岩層恰好在其下面。這並非問題的答案，因爲由鬆軟沈積物構成的岩層正好在缺口下。Chinle和下面鬆軟的Moenkopi岩層(圖13.3)間的缺口就是一例。有人提出異議，如果不是由侵蝕產生一個平坦的表面，而我們又沒有現成的好例子來支持這一說法，那麼本章所討論的，當然就不是半洲範圍裏的裂口了。在提到這種例子時，地形學家阿瑟・布魯姆簡單說到：「尚不清楚。」[42]還有些地質學家想知道，這些裂口上是否可能眞有侵蝕的證據。我們的確在不斷觀察其上少許的侵蝕現象，但要估測這些裂口需要很長的時間，還是不夠的。與地球目前的地勢(圖13.3)相比，侵蝕的作用還是比較小的。我們可以想像得到，在一場世界性的洪水中肯定有侵蝕發生。但從地球沈積岩層中保留完好的過去記錄來看，喜馬拉雅山與大峽谷明顯缺乏這些跡象。當然人們不得不承認，那句「現在是開啓過去的鑰匙」的格言，並不適用於這些有著迅速活動跡象的裂口。過去肯定與現在是不同的。

論到爲沈積物記錄中的各種缺口，所估測的漫長時間，其困難在於：我們發現沈積與侵蝕現象都不明顯。如果有沈積物的話，就沒有缺口，因爲沈積作用持續進行著。如果有侵蝕的話，人們可能會想到大量

圖片 13.5

瑞士的羅納河谷。箭頭指向一個沈積物中，約4千5百萬年的假設缺口。從剛好位於箭頭下到頂部的所有上部岩層都是底部向上的，因爲岩層從南部(右邊)滑過來產生的褶皺層。

的溝道作用及深渠、峽谷和河谷的結構，然而這些有時被描述爲「洲型性的」結合（缺口）通常都是平的。[43] 很難想像幾百萬年來，我們的地球表面幾乎沒有發生過什麼變化。歲月流逝，沈積與侵蝕現象終究將要發生。要停止這兩種現象的活動，除非沒有天氣的作用。也許爲這些缺口所假想的時間是不存在的，如果時間可以在一個地方停止，那麼它也會在整個地球上停止。

有關沈積岩層中，假設的平坦的缺口這個問題，證明了一個與現在大不相同的過去。我們就能夠很容易地把那種差異與災難性模式，比如說創世紀的大洪水聯繫起來，創世紀大洪水顯示了地層的快速沈積，因此這些地層間沒有漫長的時段。

■ 結論

大量的海洋層、濁物、海洋扇形區以及由大陸上的沈積物，所顯示出來的強烈的沈積方向性，證明了過去在那些大陸上所發生的強烈水下運動。這些證據與洪水的模式極其相符。地球沈積岩層中分佈極廣的沈積物，似乎也支持洪水模式這一說法。其他有關洪水的證據，主要與時間事實有關。在莫里森和可可尼諾時期，那假設爲幾百萬年的時間裏，恐龍和其他脊椎動物，在植物顯得如此稀少缺乏的地方是以何爲食的呢？我們可以用洪水期間發生的篩選來解釋這一現象。在缺乏地質堆積柱重要組成部分的沈積岩層中的缺口上沒有侵蝕的跡象，這表明了迅速的沈澱，正如我在一場洪水中所想到的那樣，在這其中沒有長時間的間隔。如果有誰否定世界性大洪水的存在，那麼有些事實就很難解釋了。

■ 參考文獻

1. Confucius. Analects XV. As quoted in: Mencken HL, editor. 1942. A new dictionary of quotations on historical principles from ancient and modern sources. New York: Alfred A. Knopf, p. 1220.
2. Roth AA. 1982. The universal flood debate. Liberty 77(6):12-15.
3. See chapters 12, 15, and 18 for information about the extent of the flood, the time involved, and flood legends respectively.
4. Shelton JS. 1966. Geology illustrated. San Francisco and London: W. H. Freeman and Co., p. 28.
5. For information on this event, see: (a) Heezen BC, Ewing M. 1952. Turbidity currents and submarine slumps, and the 1929 Grand Banks earthquake. American Journal of Science 250:849-873; (b) Heezen BC, Ericson DB, Ewing M. 1954. Further evidence for a turbidity current following the 1929 Grand Banks earthquake. Deep-Sea Research 1:193-202; (c) Heezen BC, Drake CL. 1964. Grand Banks slump. American Association of Petroleum Geologists Bulletin 48:221-233.
6. Kuenen PhH. 1952. Estimated size of the Grand Banks turbidity current. American Journal of Science 250:874-884.
7. Ballard RD. 1985. How we found *Titanic*. National Geographic 168(6):696, 697.
8. Walker RG. 1973. Mopping up the turbidite mess. In: Ginsburg RN, editor. Evolving concepts in sedimentology. Baltimore and London: Johns Hopkins University Press, pp. 1-37.
9. Middleton GV. 1993. Sediment deposition from turbidity currents. Annual Review of Earth and Planetary Sciences 21:89-114.
10. Schreiber BC, Friedman GM, Decima A, Schreiber E. 1976. Depositional environments of Upper Miocene (Messinian) evaporite deposits of the Sicilian Basin. Sedimentology 23:729-760.
11. (a) Hallam A. 1984. Pre-Quaternary sea-level changes. Annual Review of Earth and Planetary Sciences 12:205-243; (b) Hallam A. 1992. Phanerozoic sea-level changes. New York: Columbia University Press, p. 158; (c) Vail PR, Mitchum RM, Jr., Thompson S, III. 1977. Seismic stratigraphy and global changes of sea level, part 4: global cycles of relative changes of sea level. In: Payton CE, editor. Seismic stratigraphy—applications to hydrocarbon exploration. American Association of Petroleum Geologists Memoir 26:83-97.
12. (a) Burton R, Kendall CGStC, Lerche I. 1987. Out of our depth: on the impossibility of fathoming eustasy from the stratigraphic record. Earth-Science Reviews 24:237-277; (b) Cloetingh S. 1991. Tectonics and sea-level changes: a controversy? In: Müller DW, McKenzie JA, Weissert H, editors. Controversies in modern geology: evolution of geological theories in sedimentology, Earth history and tectonics. London, San Diego, and New York: Academic Press, pp. 249-277; (c) Hallam 1992 (note 11b); (d) Sloss LL, Speed RC. 1974. Relationships of cratonic and continental-margin tectonic episodes. In: Dickinson WR, editor. Tectonics and sedimentation. Society of Economic Paleontologists and Mineralogists Special Publication 22:98-119.
13. (a) Chadwick AV. 1993. Megatrends in North American paleocurrents. Society of Economic Paleontologists and Mineralogists Abstracts With Programs 8:58; (b) Chadwick AV. 1996 personal communication. For a more localized investigation, see: (c) Potter PE, Pryor WA. 1961. Dispersal centers of Paleozoic and later clastics of the Upper Mississippi Valley and adjacent

areas. Geological Society of America Bulletin 72:1195-1250.
14. Newell ND. 1967. Paraconformities. In: Teichert C, Yochelson EL, editors. Essays in paleontology and stratigraphy. R. C. Moore commemorative volume. Department of Geology, University of Kansas Special Publication 2:349-367.
15. Ager DV. 1993. The nature of the stratigraphical record. 3rd ed. Chichester and New York: John Wiley and Sons, p. 23.
16. Gregory HE. 1950. Geology and geography of the Zion Park region, Utah and Arizona. U.S. Geological Survey Professional Paper 220:65.
17. (a) Lucas SG. 1993. The Chinle Group: revised stratigraphy and biochronology of Upper Triassic nonmarine strata in the western United States. In: Morales M, editor. Aspects of Mesozoic geology and paleontology of the Colorado Plateau. Museum of Northern Arizona Bulletin 59:27-50. This paper reports 2.3 million square kilometers. This figure appears erroneous. There is debate over the nomenclature of the "Chinle Group." See (b): Dubiel RF. 1994. Triassic deposystems, paleogeography, and paleoclimate of the Western Interior. In: Caput MV, Peterson JA, Franczyk KJ, editors. Mesozoic systems of the Rocky Mountain region, U.S.A. Denver: Rocky Mountain Section of the Society for Sedimentary Geology, pp. 133-147.
18. Hintze LF. 1988. Geologic history of Utah. Brigham Young University Geology Studies Special Publication 7:51.
19. (a) Barghoorn ES. (1953) 1970. Evidence of climatic change in the geologic record of plant life. In: Cloud P, editor. Adventures in earth history. San Francisco: W. H. Freeman and Co., pp. 732-741; (b) Signor PW. 1990. The geologic history of diversity. Annual Review of Ecological Systems 21:509-539; (c) Valentine JW, Foin TC, Peart D. 1978. A provincial model of Phanerozoic marine diversity. Paleobiology 4:55-66.
20. See chapter 12.
21. (a) Kieffer SW. 1974. Shock metamorphism of the Coconino Sandstone at Meteor Crater. In: Shoemaker EM, Kieffer SW. Guidebook to the geology of Meteor Crater, Arizona. Center for Meteorite Studies, Arizona State University, Publication 17:12-19; (b) Shoemaker EM. 1974. Synopsis of the geology of Meteor Crater. In: Shoemaker, pp. 1-11 (note 21a).
22. (a) Dodson P, Behrensmeyer AK, Bakker RT, McIntosh JS. 1980. Taphonomy and paleoecology of the dinosaur beds of the Jurassic Morrison Formation. Paleobiology 6(2):208-232. (b) For further discussion see (b) Roth AA. 1994. Incomplete ecosystems. Origins 21:51-56.
23. (a) White TE. 1964. The dinosaur quarry. In: Sabatka EF, editor. Guidebook to the geology and mineral resources of the Uinta Basin. Salt Lake City: Intermountain Association of Geologists, pp. 21-28. See also: (b) Herendeen PS, Crane PR, Ash S. 1994. Vegetation of the dinosaur world. In: Rosenberg GD, Wolberg DL, editors. Dino fest. Paleontological Society Special Publication No. 7. Knoxville, Tenn.: Department of Geological Sciences, University of Tennessee, pp. 347-364; (c) Petersen LM, Roylance MM. 1982. Stratigraphy and depositional environments of the Upper Jurassic Morrison Formation near Capitol Reef National Park, Utah. Brigham Young University Geology Studies 29(2):1-12; (d) Peterson F, Turner-Peterson CE. 1987. The Morrison Formation of the Colorado Plateau: recent advances in sedimentology, stratigraphy, and paleotectonics. Hunteria 2(1):1-18.
24. Brown RW. 1946. Fossil plants and Jurassic-Cretaceous boundary in Montana and Alberta. American Association of Petroleum Geologists Bulletin 30:238-248.
25. Dodson, Behrensmeyer, Bakker, and McIntosh (note 22).
26. Fastovsky DE, Badamgarav D, Ishimoto H, Watabe M, Weishampel DB. 1997. The paleoenvironments of Tugrikin-Shireh (Gobi Desert, Mongolia) and aspects of the taphonomy and paleoecology of *Protoceratops* (Dinosauria: Ornithischia). Palaios 12:59-70.
27. (a) Middleton LT, Elliott DK, Morales M. 1990. Coconino Sandstone. In: Beus SS, Morales M, editors. Grand Canyon geology. New York and Oxford: Oxford University Press, pp. 183-202; (b) Spamer EE. 1984. Paleontology in the Grand Canyon of Arizona: 125 years of lessons and enigmas from the Late Precambrian to the present. Delaware Valley Paleontological Society. The Mosasaur 2:45-128.
28. Gilmore CW. 1927. Fossil footprints from the Grand Canyon: Second contribution.

Smithsonian Miscellaneous Collections 80(3):1-78.

29. (a) Lockley MG, Hunt AP, Lucas SG. 1994. Abundant ichnofaunas from the Permian DeChelley Sandstone, northeast Arizona: implications for dunefield paleoecology. Geological Society of America Abstracts With Programs 26(7):A374; (b) Vaughn PP. 1973. Vertebrates from the Cutler Group of Monument Valley and vicinity. In: James HL, editor. Guidebook of Monument Valley and Vicinity, Arizona and Utah. New Mexico Geological Society, pp. 99-105.
30. (a) Brand LR. 1978. Footprints in the Grand Canyon. Origins 5:64-82; (b) Brand LR, Tang T. 1991. Fossil vertebrate footprints in the Coconino Sandstone (Permian) of northern Arizona: evidence for underwater origin. Geology 19:1201-1204.
31. For additional information, see: (a) Roth AA. 1988. Those gaps in the sedimentary layers. Origins 15:75-92. See also: (b) Austin SA, editor. 1994. Grand Canyon: monument to catastrophe. Santee, Calif.: Institute for Creation Research, pp. 42-45; (c) Price GM. 1923. The new geology. Mountain View, Calif.: Pacific Press Pub. Assn., pp. 620-626; (d) Rehwinkel AM. 1951. The flood in the light of the Bible, geology, and archaeology. St. Louis: Concordia Pub. House, pp. 268-272.
32. Average present regional rates for North America are more than twice as fast as the suggested figure, and for the Grand Canyon region they are more than four times as fast as the figure used. See chapter 15 for further discussion.
33. Lucchitta I. 1984. Development of landscape in northwest Arizona: the country of plateaus and canyons. In: Smiley TL, Nations JD, Péwé TL, Schafer JP, editors. 1984. Landscapes of Arizona: the geological story. Lanham, Md., and London: University Press of America, pp. 269-301.
34. See chapter 15 for a discussion of erosion rates.
35. Beus SS. 1990. Temple Butte Formation. In: Beus SS, Morales M, editors. Grand Canyon Geology. New York and Oxford: Oxford University Press, pp. 107-117.
36. Blakey RC. 1990. Supai Group and Hermit Formation. In: Beus and Morales, pp. 147-182 (note 35).
37. Based on information from: (a) Herbert C, Helby R, editors. 1980. A guide to the Sydney Basin. Department of Mineral Resources, Geological Survey of New South Wales Bulletin 26:511; (b) Pogson DJ, editor. 1972. Geological map of New South Wales, scale 1:1 million. Sydney: Geological Survey of New South Wales.
38. Newell, pp. 356, 357, 364 (note 14).
39. Newell ND. 1984. Mass extinction: unique or recurrent causes? In: Berggren WA, Van Couvering JA, editors. Catastrophes and earth history: the new uniformitarianism. Princeton, N.J.: Princeton University Press, pp. 115-127.
40. Van Andel TH. 1981. Consider the incompleteness of the geological record. Nature 294:397, 398.
41. For a more extensive discussion of these alternatives, see: Roth 1988 (note 31a).
42. Bloom AL. 1969. The surface of the earth. Englewood Cliffs, N.J.: Prentice-Hall, p. 98.
43. *Ibid.*

第十四章 時間問題

與「地球存在多久？」這個醒目的問題聯繫在一起的諸多問題，
是最具吸引力的。幾千年來，人們懷著永不知足的好奇心，
一直在試圖揭開這個小心看守著的秘密。

——*地質學家阿瑟・霍爾姆斯*[1]

時間是什麼？我們都知道它是什麼！……是嗎？事實上它眞的是一個難以定義的概念。對於時間，我們沒有像聽和看那樣的特定感覺器官。因此就產生了一些新穎的定義，比方說：時間是防止一切事物，都同時發生的自然方式；或時間是我們喜歡去消磨而最終卻消磨了我們自己的東西。時間是一種現實存在，還是僅僅是我們頭腦中抽象出來的概念呢？時間能夠改變嗎？在量子力學的理論認爲它可以被空間改變。時間在過去是一直存在的嗎？它將來會永恒存在嗎？永恒又是什麼意思呢？如果時間在過去並不是一直存在的，那麼在它開始之前，都發生了些什麼呢？沒有簡單的答案，可以回答這些有趣的問題。

我們不得不用許多精巧的設計來計算時間，比方說年曆、倫敦大鐘或是原子鐘，它們都證明了時間概念的用途。若不考慮過去、現在和將來這些與時間有關的因素，我們很難讓我們的存在賦予意義。雖然時間本身是令人迷惑的，但它又顯得那麼眞實。當你衝出火車站，而當天最後一班火車，離站駛向遠方時，時間的眞實性一定會給你留下深刻的印象。

時間是普遍了解的科學觀點與聖經觀點之間，最具爭議的問題之一。我們應該意識到這一點，因爲那些顯著的不同是確定存在的。聖經上談到的近期創世可能發生在不到1萬年前，而進化論則認爲生命體的發展，應歷經了幾十億年。既然聖經沒有否定一個古老宇宙的內容，那麼這個差異就未必如通常所推測的那麼大。[2]然而，根據聖經所說，地球上

生命的創始是一件較爲接近近代的事情。生命在地球上的存在，有如許多科學教材宣揚的那樣有好幾十億年，還是如宗教史上所表明的那樣只有幾千年呢？

各種生命形式的進化需要一段時間，讓那極不可能的假定事件發生，[3] 並且進化論的解釋，也大量依賴很長的年代。如果你讓一條柳葉魚，自然而然地變成一頭大象，那叫幻想，但是如果你花上幾百萬年的時間去改變，那就叫進化論。然而，一些研究顯示，宇宙的悠長年歲，卻短得讓人無法接受進化論的可能性。[4]另一方面，由無所不知，無所不能的上帝所設計的創造，卻不需要漫長的時間。[5]

縱觀歷史，有關地球及宇宙年齡的說法頻頻變更。古希臘人和古印度人常從時間的無限輪迴方面來思考。希伯來早期的基督教徒相信自創世以來，只過去了幾千年。近期創世說的概念也曾在中古時期盛行，並在宗教改革時期受到肯定。對於馬丁路德來說，聖經對起源做了至高無上的敘述，而《創世記》中描寫的洪水，是地質史上最有力的事實。[6]總之，現代科學的奠基人士，相信的是發生大約在西元前4,000年的近期創世。但從18世紀中葉前起，那種認爲有漫長時段的想法就開始紮根，只是在19世紀前，沒有發生什麼重大的變化。[7]此後對地球[8]和宇宙年齡的認知，在西方思想中緩慢而穩定地增長。

地球年齡問題，已被許多觀點研究過了。一些基於地球表面及太陽的冷卻率的早期估測，[9]通常算出的日期是不足1億年。其他的研究則基於鈉從河流彙集到海洋中所需要的時間（以假設起初海洋中沒有鈉爲前提）。這種計算方法算出的時間，與基於冷卻率算出的時間幾乎是一樣的，然而當研究者估測地面上沈積物聚積率時，則出現了較古老一點的估測。本世紀早期，對不穩定放射性元素（放射性測定年代）半衰期的研究，將對地球年齡的估測從20億年增加到30億年，後來又增加到46億年。[10] 最典型的估測把宇宙的年齡定位在150億年左右，雖然有人認爲，應是該數的2倍，[11] 但也有人認爲是其一半的時間。[12]

在這一章裏，我們要探討的是用來反對近代創造說的時間爭論，其範圍從巨型珊瑚礁，到微小的放射性鉀－40，到碳－14原子。空間不會掩蓋人們曾提出的每一個問題；然而，爲了對時間問題有一個總體的評價，我們將考慮到很多問題。因爲致力於用長久年代論來解釋資料的科學家人數，比致力於近期創造論的人數至少多上百倍，所以許多問題的矛頭，都指向近期創造論也就不足爲奇了。有關長期地質時間之確實性的疑問及爭論將在13章和15章討論。

■ 活的礁石

在1890年一個寧靜的黑夜，英國——印度的「基達」號輪船，穿過澳大利亞北部星期四島附近的托雷斯海峽——它位於大堡礁北端，是世界上分佈最廣的珊瑚礁群。這艘船突然撞到一個珊瑚礁頂，其大部分外殼被撞裂，三分鐘後，船沈沒了。船上293名乘客中幾乎半數遇難。在1802年到1860年之間，這個海峽曾被圖示且仔細圈點出來。水手們都認爲該處沒有礁石。有人認爲，是否有這樣一種可能：測量水深時期到1890年之間，此處迅速生成了一片珊瑚礁，於是導致了悲劇的發生。[13]

珊瑚礁的產生，有賴於各種生物體的活動，這些生物體帶走溶解在海水中的石灰（碳酸鈣），並在由活的生物體所造成的底盤上，緩緩增長生成一個巨型結構。軟體動物、有孔蟲和苔蘚蟲，都產生出大量的礦物，造成礁石的生長。然而，生物學家只把珊瑚和珊瑚藻，視爲最重要的「貢獻者」。

珊瑚礁的生長率引起了人們極大的興趣。這不僅是因爲這些礁石，是航海中潛在的危險，還因爲它們形成所需的時間量上有問題。有人在想，這種巨型結構是否像聖經中所說的，在幾千年裏就可以形成的。

澳大利亞的巨型大堡礁，看上去並沒有給聖經提出棘手的時間問題。雖然它長達2千多公里，並距離海岸320公里之遠，但在穿越礁石下進行的鑽油作業，卻只遇到不過250公尺的石英沙（一種無礁沈澱物），[14]這就表明，它是一個無需太長時間來形成發展的較淺構造。另一方面，在西太平洋埃尼威托克環狀珊瑚島上進行的鑽油作業，在到達火山岩（玄武岩）基之前，穿過了1,405公尺的顯露在外的礁石物質。[15]

從大多數研究者所估測出的生長率來看，形成這麼厚的一處礁石，至少得要幾萬到幾十萬年。一個作者在批判聖經所描繪的模式時指出，埃尼威托克珊瑚礁，要在不到1萬年的時間內成形，必須得以每年140公分的速率生長。他說：「經過實際觀察證明這種增長率是極不可能的。」[16]

研究者在判定礁石的生長速率時，遇到了許多問題。有的估測比其他的估測(表14.1)快了500倍，這一事實表明，我們對這些複雜而微妙的生態系眞是瞭解甚少。一些研究中，稀少的珊瑚分佈，反映出珊瑚礁形成條件的難度。最好的生長速度，似乎是發生在海面下一點點的地方。[17]珊瑚礁不能在海平面上生長，研究者有時用古代的珊瑚礁表面來估算過去的海平面。既然海平面會限制珊瑚礁的成長，在估算接近海面的成長時，也會受到限制其生長的環境之強烈影響。低潮會使構成礁石的珊瑚，在空氣中暴露過久而死亡。來自大陸的淤塞與污染也是有害的。另外，現今大量的珊瑚礁，都在消亡中或已經消亡了。[18]在過去地球人口不那麼密集、污染較輕時，這些構成礁石的微小生物，可能生長得較快些。

人們也必須記住，較深的海平面下，由於缺少光線，珊瑚礁也會停止生長的。因此，科學家們估計，現今位於海平面下1,405公尺處的埃尼威托克環狀珊瑚島的火山基石，在珊瑚開始生長時是接近於海平面的。基石漸漸下沈，珊瑚漸漸向上生長。

我和我一些已經畢業的學生，爲了判定珊瑚生長，要受多少種不同的環境因素的影響，就曾對埃尼威托克島上構成礁石的生物體，以及其他一些有礁石生長的地方的生物體進行了研究。溫度若緩慢增加幾度，其生長就會加速，而海面的紫外線會抑制其生長。[19]這些因素及其他因素影響礁石的生長速度極大。雖然一些堅硬的「大腦」，——有特定形狀的珊瑚和珊瑚藻的生長緩慢，但其分叉結構卻生長異常迅速。健康的珊瑚分叉密集在一起(圖14.1)，以極佳的速率成長(表14.1第二部分)，使珊瑚礁快速形成。很多珊瑚常常在彼此之上形成分支，便生長率更快。10個分支分別以每年100毫米的速率生長、並每年再分出3個分叉來，單個分叉在10年之內，總共生長59公里，其增長潛力之大令人驚

圖表 14.1

珊瑚礁石的生長速率

評估方法	速率（公分 / 年）	長出 1400 公尺礁石所需的年數	作者（年代）
碳－14 測年法	6-15	233,000-93,300	Adey (1978)
珊瑚生長潛力的估測	0.9-74	1,550,000-18,900	Chave et al. (1972)
碳－14 測年法	1->20	1,400,000-<70,000	Davies and Hopley (1983)
生長輪（及極限）	0.7(3.3)	2,000,000-424,000	Hubbard et al. (1990)
潛力估測	80	17,500	Odum and Odum (1955)
測量水深	280	5,000	Sewell (1935)
CO_2 系統	2-5	700,000-280,000	Smith and Kinsey (1976)
CO_2 系統	0.8-1.1	1,750,000-1,270,000	Smith and Harrison (1977)
測量水深	414	3,380	Verstelle (1932)

珊瑚礁架構的最高生長速率

種類	速率（公分 / 年）	長出 1400 公尺的礁石所需的年數	作者（年代）
Antipathes Sp	143	9,790	Earle (1976)
Acropora Palmate	99	14,100	Gladfelter et al. (1978)
Acropora Cerricornis	120	11,700	Gladfelter (1984)
Acropora Cerricornis	264-432	5,300-3,240	Lewis et al. (1968)
Acropora Cerricornis	100	14,000	Shinn (1976)
Acropora Pucchra	226	6,190	Tamura and Hada (1932)

測量珊瑚礁石的生長

歎！[20]

許多研究人員已經研究過，珊瑚及珊瑚礁的生長速率。在表14.1中存在一些估測。在表頂部，命名爲「礁石生長率」的部分，是針對來自礁石的一個整體觀察，而名爲「珊瑚礁主要構成物最高速率」的那部分，則表明了那些能夠產礁石，提供自然框架的珊瑚之最快生長速率。這種框架會爲較小的構成礁石的生物體，提供保護，同時也使通過水傳送的沈積物構成危害。請注意礁石[21]及其主要構成物[22]最快生長率，使埃尼威克珊瑚可以在不到3,400年間裏，達到1,045公尺厚。礁石的最快生長率是探測水深測出來的，這是最直接而簡便的方法，比那用間接方式所得到的較慢生長率要可靠得多。這一資料只是表明礁石的生長率，而非當成對聖經幾千年前創世這個概念的一種挑戰。

■ 珊瑚的每日生長線

一些珊瑚在生長時會產生每日生長線。這些線條構成了推斷珊瑚古

圖片 14.1

生長在位於馬紹爾群島的埃尼威托克島上，礁湖頂部上的珊瑚礁。位於海面下的最高礁石約爲7公尺。

老年齡的季節性圖案。一些作者指出，據測在大約3億5千萬年前就生長起來的泥盆紀珊瑚，每年會出現400條每日生長線。這成了證明地球在過去要旋轉得快一些的證據。[23]計算結果也表明，地球用了幾億年的時間，才慢慢減速到現在每年365天的這個速度。然而，整個證據都有著極大的不確定性。計算珊瑚的生長線是十分主觀的，因爲很難給它們下定義。在同一個樣品上，有人找到的生長線是別人的兩倍。[24]而且像海水深度這樣的環境因素，也會影響生長線的形成。[25]

■ 化石礁

除了以上討論的天然礁石外，化石礁石，也存在於地殼的沈積岩層上。一個著名的化石礁，[26]努布律均礁群，位於澳大利亞東部史提瓦鎮附近的內陸。它由珊瑚藻而非珊瑚構成。它被歸算於泥盆紀，據估測大約有4億年的歷史。在地質柱岩層分佈中，許多化石礁是處於泥盆紀之上或之下。換句話說，這種礁石完好地保留在地球的化石層中。因爲礁石的生長要花很長的時間，所以這種化石礁，不可能是在聖經中所記載洪水泛濫的那一年中生長起來的。這對於化石記錄顯示出的生命是經過好幾百萬年的進化而來，還是形成於那場緊接著近期創世之後的創世記洪災，這個問題是十分重要的。

當第一次看到Nubrygin礁時，我就爲之一驚。這個十分聞名的珊瑚藻礁石群，並沒有顯出礁狀結構。它是碎珊瑚藻化石和一些不像礁石的岩石之混合物，而這些岩石就飄浮在完好的母岩之中。我明白了爲什麼一些研究者，近來會認定它是岩屑流而不是礁石。[27]因爲岩屑流能夠迅速形成，所以這種所謂的礁石就不能再被用來反對聖經起源模式所提出的短期的說法。然而，既然科技作品描繪出成百上千種其他的化石礁。一個簡單的例子並不能解決時間和礁石的問題，而實地考察者常通過向上的前寒武紀地質柱來描敘它們。[28]除了一些明顯的例外，這些化石礁與現在的天然礁石比起來普遍都小得多，但是如果它們每一個都像眞正的礁石那樣生長的話，那它們整個形成就相當於至少要好幾千年的時間。

鑑定化石礁需要解決許多問題，這甚至反映在對礁石的模糊定義中。一個眞正的礁脈顯示出的是：由抗波動結構的海洋生物體，造成的緩慢積累。許多所謂的化石礁看起來只不過是借助水流形成的沈積聚積物，但它們可以迅速形成。

有一篇報導描述了大量的化石「礁」，這些化石「礁」，現在被研究者重新定義爲迅速聚積而成的岩屑流，[29]而奧地利阿爾卑斯山上著名的Steinplatte化石礁被描述成一個「沙堆。」[30]研究沈積學的一些專家指出，「對許多這些古代碳酸鹽『礁』，較爲細緻的考察中，可以表明它們大部分是由碳酸鹽泥和『飄浮』在泥漿基質中較大型的粒子共同組成的。在大多數古代碳酸鹽堆中並不存有足以證明穩固有機體框架的有力證據。從這種意義上來說，它們與現代珊瑚藻礁是大不相同的。」[31]漂浮在泥漿基質中的粒狀物，很可能可被迅速沈積下來的。其他的研究者，則「已經對用現代礁石來解釋其在古代的配對物的說明表示失望！」[32]

研究者們有時試圖通過分析礁石中化石成分的方位來判定一個古代的「礁石」，是否代表一個眞正的生物實體。如果珊瑚處於一個向上的（生長）位置，那麼它們就可能是在被發現的地方生長起來的。科技著作中有關方位的非定量的評論，並不意味著什麼重大意義，因爲礁石物質的運送可能導致一部分在某些地方流失。一個有關量的研究表明，在一些化石礁中產生的成分，呈現的方位是向上的，正如人們想像的是不是處於生長的位置上那樣。[33]這一資料並不阻礙在災荒期間，較早形成的大片礁石核心部分的流動與沈積。地質學家報導過礁石質塊的移動，以及奧地利阿爾卑斯山中含有化石礁的巨型沈積岩層，在阿爾卑斯山形成時被擠壓到其他岩層上，而移動了好幾百公尺。[34]

如果化石礁代表著移動過的群體，那麼，對於它們在地質柱中現存位置形成的時間這個問題，就顯得不那麼重要了。在聖經的歷史中，處於創世與伴隨著礁石移動的洪水期之間，形成某些礁石似乎合理的。然而，移動的情形一點也不受到洪水模式的限制。當我們考慮到災變說，以及地球表面大陸飄移等地質解釋的新趨勢時，一小塊礁石的移動也就不那麼戲劇化了。 我們也應當考慮到，有些化石礁可能是在創世與洪水泛濫期間生長起來的，並沒有移到別的地方去。它們仍然位於它們原來的生長環境中。位於基岩（前寒武岩）上的礁石尤其適合這一解釋。

當我們斟酌天然礁與化石礁兩者的解釋時，大量的臆測給我們留下深刻的印象。雖然現在許多的珊瑚礁看起來生長很慢，但其他的卻很快。雖然有關「所有的古化石『礁』，都是快速移動的結果」的說法並不成立，但它們在Situ結構中的身分常是可疑的。我們現有的知識告訴我們，有關礁石形成所需時間的問題並不會對近期創世說有威脅。

■ 化石中的恐龍窩

既然，創造論者宣稱，大部分的地質堆積柱，是在世界大洪水那一年，堆積起來的，他們不想發現，任何需要長期發展的證據。一個適當的問題，就是化石記錄中的恐龍蛋窩穴，偶而出現在上層的岩層中。每個窩平面都設定爲代表一年以上的時間。

古生物學家已報導過許多群，可能顯示出其窩穴所在地的恐龍蛋。它們位於不同的地方，包括南北美洲、蒙古、中國、印度、法國以及西班牙。[35]一個引人注目的例子是在蒙大拿州。蒙大拿州州立大學洛基博物館的約翰・荷內描述過不下10個恐龍蛋窩穴。[36]每一個窩穴都有兩個到二十四個恐龍蛋。有一個窩穴曾被精心安置，其中的蛋都是豎直的。這些窩穴在垂直3公尺的距離中分爲3層。在其附近發現了大量蛋及其它窩穴的碎片。有一個窩穴的蛋裏，還殘留著胚胎的輪廓。人們還發現了11隻大約1公尺長的小恐龍，是新孵出幼恐龍的3倍大。

恐龍窩穴出現在白堊紀沈積物中，而大部創造論者把它解釋爲沈積於創世記大洪水期間。對於這些完好地存於地質層中，緩慢而「正常」的繁殖行爲的證據，創造論者應該做些什麼呢？一些選擇性的觀點隨之而來，然而任何有關恐龍窩穴的討論，都是極具臆測性的。

首先，辨認恐龍窩穴時，謹慎是必要的。一個由沈積物構成又被更多沈積物所覆蓋的窩穴，並非那麼顯而易見。在其附近處找到幾顆蛋，並不足以代表那是一個窩穴，儘管窩穴的確認經常是由此推斷出來的。也許眞正的窩穴，比所謂的窩穴要少得多。不管怎樣，那些被精心放置著蛋的窩穴毫無疑問是眞的。在有的地方，我們發現了分佈廣泛的恐龍蛋殼碎片，甚至整個的蛋，但是它們可能是洪水前就存在的蛋，並不能夠明確地顯示出由窩穴所引出潛在的時間問題。

一些創造論者曾提出過，窩穴可能是在洪水發生不久後才形成的，[37]但是它們在地質柱中的位置可能會引出一個疑問。地質柱及其重要的一部分（新生代），位於含有窩穴的岩層之上。對於提出新生代的部分時間，包含在洪水時期的創造論者來說，這種方法根本無法提供解決之道。

蒙大拿州一例似乎非比尋常，而且極可能也是獨一無二的，因爲在世界其他大部分地方，在恐龍蛋裏找出恐龍的情況是罕見的。[38]我們可以提出一些新的解釋。比方說，一個有著12－15隻恐龍(每隻爲1公尺大小)的窩穴，可能反映出恐龍在災荒條件下群居的行爲，而不是它們死於饑餓的推測。坐以待斃，似乎是不正常的。這些幼龍沒有顯示出被捕食的樣子——沒有什麼個體試圖吃掉它們。[39]在蒙古發現一隻恐龍，明顯地在孵22個蛋，這是個令人迷惑的發現。[40]這可能也反映出遇有一種災難而遭到埋葬的情形。

我們可以想像恐龍，可能是在洪水上漲前的幾個月產下了蛋。據估計有的恐龍每年約爲100隻蛋。[41]然而，偶而發現於這些窩穴裏的那些發育完備的恐龍胚胎及幼龍，是否可能在幾星期的時間裏，就像在創世紀大洪水這樣的事件中，發育成形呢？我們可以想像到這些恐龍蛋在被產下後會發育生長，甚或在母龍產下它們之前，它們已經發育成長了。還有小恐龍甚至可能是被生下來的。某些蜥蜴和蛇類出於發育和保護的原因，會保留它們的胚胎。沿美國西海岸線的似鱷蜥蜴，在南方產卵，而在北部較遠處的一種同類，則將其胚胎保留在母體的薄膜裏，直到它們發育完備。澳大利亞的另一種蜥蜴，在有些地方會產下卵，而在別的地方則是生下幼仔，甚或又在另一個地方保存胚胎，並給予不完整的外殼。[42]這些例子說明爲生長發育保留胚胎，也許是爬行類動物的一種簡單適應性。在猶他州克利夫蘭一勞埃德恐龍場發現，極可能含有胚胎的一隻恐龍蛋，有雙層蛋殼，這可歸因於在災難時期，被保留在母體的輸卵管中。[43]另外，恐龍化石通常都是成群出現的。是否存在這樣一種可能：在一系列的洪水淹沒了較低地面時，一群恐龍在各自窩穴之上再起窩穴？於是一批批的蛋得以快速產下。

恐龍蛋向人們展示了其他一些令人不解的事實。雖然大部分恐龍蛋看起來都是正常的，但病態的（異常的）恐龍蛋仍出現在某些地方，尤其在法國、印度、阿根廷和中國。[44]較普遍的異常可歸因於產卵期，母體無意地將卵留在體內所造成的雙層蛋殼。鳥類在面臨壓力和疾病時會產下異常的蛋，恐龍與鳥類在這一點上有著重要相似之處。[45]在我們能夠推論出更多有關恐龍的繁殖生理（尤其是在危急時，就像人們所想像的發生在洪水期間）之前，我們必須謹慎地解釋恐龍窩穴的證據。

大部分恐龍蛋和窩穴，都出現在地質柱的白堊紀岩層的上層部分，[46]這是具有重要意義的，而成年恐龍則出現在整個中生代（見圖10.1術語），爲什麼這些窩穴與成年恐龍的分佈不一致呢？是否恐龍在洪水泛濫較爲平靜的時期（白堊紀後期）產下它們的卵，並在某些地方爲卵的生長發育，留出一點時間呢？但是爲甚麼在恐龍蛋中很少看到發育的胚胎呢？從進化論的角度來看，人們認爲災難時期隨機的保留措施會抑制恐龍胚胎在各個階段的生長發育。在有關創世的內容中，創世記大洪水或許能給這個謎團一個答案。這場洪水可能在這些蛋被產下後不久，便阻斷了其胚胎的發育。

另一個讓人驚奇的就是蛋白質在恐龍蛋中的出現。[47]研究者把這視爲「極爲值得注意，因爲它們（蛋白質）在化學上不太穩定。」[48]進化論者估計這些蛋，約在6千萬年前產下。我們可以想像在這麼長時期內的化學剝蝕作用，尤其是當地表水侵蝕那些包圍蛋的沈積物時。也許那些蛋並沒有想像中那麼古老。

當恐龍窩穴引起在洪水期間，貫穿它們的沈積物的問題時，以上提到的各種反常現象，對標準「正常」的解釋產生了有趣的疑問。另外，這些窩穴都被埋葬起來的事實，可能反映出一種災難性的情形，就像我們所能想到的創世記洪水所發生的一樣。

■ 蠕蟲道

有些岩石含有「蠕蟲道」，和動物洞穴化石。牠們是由許多生物體，像蠕蟲造成的管道狀結構。沈積物中液體和氣體的釋放，形成這樣由活生物體造成的構造需要一段時間。這被視作是一個洪水模式的難題。事實上，我們應該想要去發現在洪水泛濫期間，有機體生物活動的大量證據。為了認眞對抗洪水模式，人們應該舉出發生時間超過幾個月到一年的因素。有些生物製造洞穴的速度可快達每小時1千公分，儘管正常的速度比它要慢得多。[49]生物活動速度如此之快，以致於在較淺的海洋環境中缺少這種證據，也可能表示一些沈積岩層的迅速構成。我曾住在靠近當時我正在研究的珊瑚生物體的海底。我在水下15公尺處工作，用的是後來位於巴哈馬的水下實驗室。一天晚上，一場猛烈得足以震動我們實驗室的風暴，讓我無法入眠。第二天早上，我驚奇地發現風暴在整個海洋的沙底上，留下了一片整齊的波浪痕跡。三天以後，魚、蟹、蚌、蝸牛和蠕蟲，這些一直在沙中覓食的動物弄平了整個波紋圖形。研究者已經報導過，在此兩、三週之後發生在聖女島上的這一毀滅過程。[50]這種觀察表明，假如有足夠充分的時間的話，完好的岩石，將不可能在覓食的生物體與蠕蟲道中保存下來。因為我們發現這種構造經常出現在海洋沈積物的古岩層中，所以這表明它們一定是被快速掩埋的，從而避免了大量生物體的摧毀。

■ 岩石薄層

針對近期創世說提出的另一個時間問題是地球沈積岩層中有衆多的細緻岩層。那些被稱作岩石薄層的岩層，通常小於一毫米，通常都含有那些從每一個岩石薄層的底部到頂部，由粗糙逐漸變得細緻的沈積物，或者它們可能由兩部分組成，比方說一層細緻、平坦的沈積物，與一層富含生命物質的沈積物相結合。要花一年成形的那種岩石薄層，就被稱為「年層」。因為眞正岩層成形的時間，是頗具爭議性的，所以我們在本章討論中，用的是限制較少的術語「岩石薄層。」

研究者已報導了好幾百萬，位於懷俄明州含有魚類化石的格林河岩層中的岩石薄層。如照平常所解釋的那樣，每一層要花一年成形，那麼我們就無法將其中暗含的幾百萬年與近代創世說協調、聯繫起來。有的湖泊含有好幾千個岩石薄層的沈積物。有時研究者通過將各種厚度的岩層塊匹配起來，從而聯繫幾個古湖泊中的岩石薄層。這些聯繫有時導致了總計約上萬年之久的連續性。它們也是對近期創世說，認為地球是在幾千年前創造的，這一概念的挑戰。

另一方面，一些研究對岩石薄層呈現周年活動的這一解釋構成威脅。位於瑞士Walensee的近代沈積物分析表明，平均每年有兩個岩石薄層生成，而在大約5年的時間裏，沈積出岩石薄層。[51]另一項研究統計了位於懷俄明州格林河岩石中，兩個分佈廣泛的火山灰岩之間岩石薄層的數目。如果它們表現出的是周年性的活動，那麼我們可以想到在不同的地點有著相同的數量，然而這兩個同樣的灰岩之間的數量因地而異，從1,089到1,566不等。[52]科羅拉州一場持續了12個小時的洪水，沈澱出100多個岩石薄層。[53]實地考察以及在實驗室中進行的實驗，證明它們是能夠在短短幾分鐘、幾秒鐘、或是瞬間之內形成。[54]其他的實驗也表明，沈積物能夠以每秒幾個的速度變爲岩石薄層。[55]有的實驗表明某些岩石薄層可在幾個小時之內，在單純的沈積物中沈澱形成。[56]然而，人們認爲有的岩石薄層是通過在靜水中的沈澱，而不是由其他的移動方式而形成各不相同的樣子。雖然，這些快速的速率並不能證明格林河岩層中上百萬個岩層的沈積，是在創世期間形成的，但它們卻表明了，爲這些岩層推測的長久年代的選擇性。地質學界需要在這些方面做更廣泛的實驗研究。

當我們試圖將不同地點的岩石薄層，聯繫起來時，問題出現了。[57]無論是在瑞典或是北美，試圖將幾百個岩石薄層，順次連接的諸多實驗都陷入了麻煩，這些用來實驗的岩石薄層中，有許多被視爲冰河「年層」。過去估測北美達28,000年，在碳－14測年法進行重新核對後，被解釋爲只有1萬年多一點點。[58]

另一個與岩石薄層有關，對近代創世說，構成威脅的問題，涉及到30多次碳－14測定年代，這些年代一般都隨著岩石薄層深度增加而增加。[59]岩石薄層和碳－14測年法，有時達10,000－13,000年。但是，岩石薄層與碳－14的相互作用中存在著一些問題，它們包括：(1)岩石薄層，通常要比碳－14測年法更可靠，研究者利用岩層來確認碳－14測年法——這兩者的結果，有時並不相同。(2)在統計岩石薄層時，會有一些棘手的問題，有的部分似乎消失了，或是模糊不清，並且有的岩石薄層薄到難以辨認；因此不同的研究者算出了不同的數目。(3)研究者承認碳－14測年法有多種選擇。[60]在我們持有更多更好的例證前，我們必須保持謹慎。

■ 連續的森林化石

有時會出現一些有關生長連續的「森林化石」所需時間的問題。在垂直林帶中，我們會發現它們是一層疊一層的。黃石國家公園裏連續的森林化石的生成和埋葬，看起來經歷了好幾萬年的時間。然而，一些資料表明掩埋整個森林化石群的是迅速火山活動，[61]而且黃石沈積物的大量沈積特徵告訴我們，樹木化石的生長環境並不正常。[62]此外，在1980年華盛頓州的聖海倫斯山發生火山爆發後，成千上萬的樹木垂直浮在鬼湖上。[63]這些發現表明迅速掩埋這些直立的樹木，或與創世紀洪荒期間的水及火山活動有關，而不是連續森林的緩慢生長。

■ 其他的時間問題

有的人對樹木的石化、煤炭的形成速度，以及地球磁場的逆轉速度提出疑問。樹木能夠在幾年時間裏石化。[64]在適當的環境下，尤其是較高溫的環境下，煤炭能夠在幾小時到幾年的時間裏形成。[65]並且有人已經提出，大型磁場場所，夠在幾個月或幾天時間裏發生變化。[66]一位研究者提出了一天之內的完全回轉。以我們現有的知識來看，這些有關時間的問題看來並未對近代創世模式構成嚴重威脅。

■ 碳－14測年法

一些不穩定的放射性元素的低衰變率，已成爲某些時間測定方法的基礎。以此爲據，測出的幾十萬次時間結果已被公佈出來。[67]雖然許多時間與標準的地質學解說互相矛盾，[68]但其中有許多一致的部分值得認眞注意。我們將簡要地提出兩種普遍運用的系統。在這一部分我們要先研究碳－14；接下來要討論的就是氬和鉀。

碳－14(^{14}C)原子，怎能反映出一塊骨頭的年齡呢？其基本原理是相當簡單的。據發現，碳－14是存在於骨頭和其他生物體內，並緩慢變成氮－14，碳－14越少，骨齡就越大。碳－14測年法，亦稱放射碳測年法，對有機殘留物是格外有用的，比方說樹木和殼這一類有碳的代表性樣本。只要研究人員接受某些特別的假設，這種方法也可用於石灰沈積物甚至濁水上。

植物主要從空氣中含有極少量碳－14元素的二氧化碳中獲得碳元素。當動物吞食植物時，它們將其中的碳－14吸收到身體中去。這種碳－14具有放射性，並且每一克完整的碳，以平均每分鐘13.6個原子的速度分解。平均每個人的身體中，每分鐘大約有17萬個碳原子分解。碳－14的含量，在我們整個生命過程中總是保持一致的，因爲我們能夠從食物中不斷的得以補充。當某個生命體死亡了，它的身體就再也無法獲得新的碳元素了，於是碳－14的含量開始下降。在大約5,730年後，有一半的碳－14原子將衰變掉，再過上5,730年後，則剩下的碳－14原子中又有一半將變成氮，於是只剩下了原來碳－14原子的四分之一。因此，碳－14含量越少，就表示標本的年齡越大。因爲在測量稀少的碳－14原子時的種種限制，加上較古老的標本中含量很低的碳－14，可能會受到嚴重的汙損，所以在4萬到5萬年之後，這種方法就沒什麼用。[69]

雖然碳－14測年法，看起來十分簡單，加上對幾千年前的測定，通常可以得出預期的結果，但實際上有許多的麻煩。比方說經碳－14測定，現存於冰島的水生蘚類，有6千－8千年的歷史。[70]內華達州的活蝸牛看起來有2萬7千年的壽命，[71]大部分的海洋活標本經測定，至少都有幾百年的「歲數」。[72]這些例子闡明了有時號稱的「儲積作用」，這大概是碳－14測年法所面臨的最嚴峻的問題。一些活樣本，經碳－14測出的年齡不可思議，這是因爲它們所在的環境中，碳－14含量低於正常狀態，因此它們即使是在死前，都「經測定」而顯得很古老。其他反常的現象可能緣由於其他原因，比方說碳－14原子與其他碳元素間的相互轉換。例如：一頭阿拉斯加冰凍麝牛的頭皮肌肉經測定有24,140年歷史，而其尾巴卻是17,210年。[73]夏威夷的海洋甲殼類動物，如果被保存在火山而不是石灰石中的話，測出的時間就比較短。[74]

要測定碳－14的年代，人們必須清楚碳－14在被測試的生物體內合成時所含的比例。爲了確保這一方式的可信度，我們能否確定，提供碳元素給生物體的大氣所含的碳比例，在過去是否夠充足穩定，可以保證這個方法的可信度呢？人人都同意有重要證據證明含量會變化。創造論者提出有大的變化，而非創造論者試圖去更正較小的矛盾。碳－14測年法還面臨著其他不太嚴重的問題。譬如說泥土就是很難測定的[75]，因爲生命物質上上下下不斷遷移。生物體優先選擇的是碳－12，而不是碳－14（分解——在生化活動中），雖然研究者能夠通過相當簡單的運算，輕而易舉地糾正這一問題。核爆加速碳－14的集中，而工業革命經由向空氣釋放化石燃料中放射性較小一點的碳元素，就會減少碳－14的含量。再一次糾正這些難題也不難。然而，這些例子證明環境的變化，能夠很容易地影響到資料。因爲某些可能存在的不確定性，所以對這方法，「有的考古學家，在絕望中表示放棄，是不足爲奇的。」[76]雖然碳－14測年法有許多的問題，但它還是得以保留下來，因爲在測定50,000年之內的時間時，似乎沒有更爲可靠的簡單方法了。測定11具早期北美洲人體骨骼的年代，充分表明這個時期測定年代的困難之大。早期幾種測年法早期公佈的年代平均超過2萬8千年。新的研究說這些骨骼，平均不超過4,000年，但這些更正的年代也面臨著挑戰。[77]

碳－14測定的年代與其他時鐘之間也存有一些矛盾。曾因提出了碳－14測年法，而獲得諾貝爾獎的李碧，幾年前提出根據年輪得出的樹齡，與碳－14測得的樹齡是不同的。爲了證明這一點，他提出樹木有時在一年中不止生出一個年輪。[78]他的觀點並沒有得到認同，現在的研究者普遍認爲把碳－14測出的時間，轉換爲主要依據年輪得出的眞正時間。[79]其中的差距通常不超過10%。在過去3,000年，這個差異特別小，雖然西元600年左右的年輪用碳－14測量，早了150年；西元前2,000年的年輪，用碳－14測量，又晚了300年。我們找不到西元前3,000年的活樹林，[80]除此之外，土塊的厚度也改變了許多。

經年輪得出的樹木亞化石樣本年代約爲西元前9,000年，由碳－14測出的年代要比前者晚1,200年。然而，年輪測出的樹木標本年齡是有問題的。研究者時常把某些變化中的環境因素，比方說降雨量，所造成的年輪不規則圖案與年代測定做配對。如果兩塊木頭的圖案一致，那麼這就表示年輪是在同一時期長成的。把樹的年輪做配對往往既困難又主觀。有時年輪並不能充分顯示出有用的變化，或者兩個年輪可能在好幾個地方，顯示出同樣具有說服力的匹配性，這二者中可能只有一個是正確的。一組從10個不同地方收集的花旗松標本，通過簡單的統計測試，與主要年輪年代記錄相比較，發現在113處相匹配。[81]用以糾正這一問題的統計方法正在改善，但是有的統計學家把構成碳－14主力的狐尾松，和歐洲橡樹年輪的年代記錄，分別描述成「嫌疑犯」和「假的相互關連」。[82]

對碳－14測年法的校準刻度也與年輪消失的問題相抵觸。[83]亞利桑那大學年輪實驗室的佛格森利用加州懷特山上的狐尾松，提出碳－14測年法的基本年輪年代表。他通過配對年輪的方法，將在該地區發現的枯木與活樹年輪的年代記錄聯繫起來。然而，有時其中10%的年輪都消失不見了。[84]另外，他指出：「我通常無法測定那些有一兩千個年輪，卻有7,500年的主要年代記錄的標本，即使是採用放射性測年法。」佛格森從來沒有爲他的主要年代，發表過任何未經分析的資料，以至於掩蓋了它的確實性。在歐洲，對那些年代在西元前9,000年以上的古橡樹和松樹的測定，經證實也是有困難的。雖然研究者已考察過5,000多個標本，並且碳－14測年法也被用來與之配合，[85]但結果卻是不確定的。[86]單一的標本通常最多只有幾個世紀，而且爲了測定西元前9,000年的數量，它需要許多難以形成的配對。研究過橡樹與松樹之間匹配的考察者將之視爲「試驗性的」。[87]

另外，年代測定法在剛用碳－14測定標本年代時，有迴轉推理的因素，爾後將它配對，就把配對作爲碳－14測年法精確測定的基礎。那種程式似乎對年輪證明碳－14測年法，這一論證提出了疑問。如果年輪的匹配是完全獨立的，那麼人們在提出校正時就會有更多的信心。對碳－14測年法的校正，反映出較年輕的一般圖案（碳－14含量較多）。有關這一總趨勢的變化，[88]在某些情況下，一個碳－14常能夠測出3個或更多不同的年代。[89]有人利用珊瑚上的釷－230／鈾－234測年法，試圖將碳－14測年法的校正，擴展到3萬年。[90]其他研究者運用這兩種方法，得出的結果相差一千年，使得這種校準，在某種程度上是不可信的。[91]近年來被接納的碳－14校正似乎是並不牢靠。

一些碳－14的資料很明顯是經過選擇。從紐西蘭南島沈積物中逐漸深入的有機土層，獲取的由碳－14法測定的一系列年代，有9,900、12,000、27,200、17,300及15,650年不等。[92]隨後的聲明排除了17,300、15,650兩個反常年輕的測定，發現是由低於27,200年之物質測年法而得的。[93]這種「純化」做法是公開而完全誠實的，因爲研究者相信年代測定方法的假定。然而，在上述例子中我們可能會想，這些被認爲造成這個序列中較低部分反常的因素，不能成爲接受其他測年法的依據。

聖經上有關起源的記載，表明生命的起源是在幾千年前。碳－14測年法已推斷的年代比那個時間要早得多。其中許多都排列有序，就像上面曾提到的岩層薄層一樣。毫無疑問《創世紀》中描述的大洪水，會造成我們地球上碳元素周期的巨大變化。創造論者普遍認爲在那場洪水泛濫之前，空氣和植物中的碳－14含量要低一些。他們隨後提出，那場災難後的「逐步」調整使碳－14緩緩增加。[94]洪水後大約1,000－2,000年的碳－14含量逐漸上升會產生計算上較爲古老的年代，以及在岩石薄層和其他沈積物中發現的序列。創造論者提出的有關碳－14含量濃度的變化，包括被非創造論者用來解釋碳－14不規則的其中一部分。我們應該特別提一下：（1）洪水前較大的碳元素儲量稀釋了碳－14；（2）洪水前較強的磁場，引開了產生碳－14的宇宙射線；（3）洪水之後碳－14被混合到海中的比率，會影響大氣和海洋中碳－14的濃度；(4)產生碳－14的宇宙射線源的強度發生了變化。[95]

創造論和那些相信生命的演變發展要經歷很長時間的人，都用過去條件狀況的不同來解釋和調整，由碳－14測年法得到的粗略資料。區別就在於發生變化的種類，尤其是這些變化的速率。創造論者提出，因爲創世記大洪水，碳－14濃度因而發生了巨大而迅速的變化。

■ 氬－鉀測年法

科學家用碳－14測年法主要是測定生物遺體的年代。他們採用了其他一些方法來測定岩石的年代，其中最主要的方法是氬一鉀測定法(K-

Ar）。這種方法對建立近年來被接受的地質柱的排列時標尤為重要。

記住岩石以及其中發現的生物化石的年齡，可能是大不相同的這一事實是有益的。如果一個人被埋於墓穴中，那麼他的屍體當然會比墓石的年代要晚一些，且晚得多。同樣的岩石的年齡無論如何不能代表發現於其中的化石年齡，除非我們能夠證明這二者是在同一時間形成的，就像在一場火山爆發中可能出現的那種情況。

和碳－14測定法一樣，氬－鉀測年法的基本原理是十分簡單的。[96] 一部分鉀－40，以極其緩慢的速度變化為氬－40氣體。藉由比較一塊岩石中鉀和氬的含量，我們可以推算出它的年代。氬－40越多，其年代越久遠。[97]這種方法與碳－14法相比能夠測定更久的年代。一半的鉀－40原子會在大約12.8億年後衰變。只有一些礦物，一些紋理細密的岩石及一些沈積物，較容易地用這種方式測出年代。

氬－鉀測年法技術中存在著大量的問題。因為氬是一種不穩定的化學氣體，所以它能夠很容易的進出我們所要探測的物體中。尤其惱人的是在深埋的岩石中發現了過量的氬。地球內部的熔岩，能夠影響這些氬的含量，從而導致測定出的年代異常久遠。比方說，夏威夷的熔岩，只有1,801年的歷史，但通過氬－鉀法測出，則它有長達110萬年的歷史。[98]同樣，紐澤西州侖吉托托火山的熔岩含有某種木頭，該木頭經碳－14測定，存在時間不到1,000年，但此熔岩根據氬－鉀的測定則有幾十萬年的歷史。[99]用精密的「等時線」法分析得出鑽石的存在時間達60億年，[100]這比通常人們所接受的地球的年齡還長14億年。研究者把這些異常歸於氬過量。

因為氬氣也很容易逸出，所以氬－鉀所測出的年代可能會短得不正常。這個領域的一位專家，法瑞列出了可能引起氬氣逸出的七個因素。[101]這一領域的研究人員相信擠壓，比方說在造山過程中所發生的擠壓而導致的熱量，以及岩石的崩塌是常見的因素。雖然他們有時用氬－鉀法，來測定山脈形成的年代，但他們必須合乎情理地確信先前所有的氬都已逸出。年代測定法中鉀的得失，也被視作為生異常測定的可能原因。

姑且不考慮到其錯誤的可能性，許多公開發表的一系列測定出的年代，似乎與普遍接納的地質年代相符。雖然不相符的年代更多，創造論者還是不必考慮到大量相符的年代。[102]科技文獻承認這些被測定的年代是要經過選擇的。一名科學家指出：「在對氬一鉀年代測定的常規資料中，那些與一組資料中其他的資料相比，或與其他如地質時標中的資料相比，過高或過低的資料，通常都被除掉了」。[103]他建議用更為複雜的等時線測定法來減少其中的不一致。另一名科學家在提倡運用分析單一礦物，以給予更為精確的資訊時說到：「總之，那些屬於『正確範圍』內所測出的年代，都被當作是正確的且公佈出來了，但那些與其他資料不相符的年代，卻很少被公佈出來，那些不相符之處也沒有得到充分的解釋。」[104]不管這種方法是否存在不確定性，對我們而言，創造論者似乎還是應該對那些與標準地質時標相符的年代提出疑問。非創造論者隨意地解釋，那些與他們所提模式相異的年代，而創造論者也有同樣的權利。以下幾個試驗性建議，以科學發現為依據，旨在調和氬－鉀的系列順序與近期創世說。

1、泛濫的水帶來的壓力，會阻止過量的氬從深厚岩石中逸出來。因為大水的流體靜壓，深海中的岩石能夠包含高濃度的氣體。有時這些氣體會在岩石被帶到水面時，引起岩石的爆裂。在一種情況下，從海底2,490公尺處，獲取的「活躍的岩石」在到達水面後，會連續爆裂達三天之久。有的碎片會彈起有一公尺高。[105]有人提出一個相似的壓力作用，它發生在流入夏威夷海濱附近的海洋熔岩上。這些據推測只有幾千年的樣本含有過量的氬。它們顯示出一個隨著深度的加深，氬－鉀的存在年代有增加的趨勢。來自這些近代潮水中的一些樣本，據測定其存在年代在5,000公尺深處達1,950萬年。[106]研究者把年代隨著深度加深而增長，這一趨勢歸因於大水靜流壓力增加的結果。人們可能會想，洪災時的大水產生的靜流壓力，是否使年代隨著深度增加而依次增長。

2、過量的氬，可能來自於地球的深層地幔。來自地質柱較低部分的一些礦物含有過量的氦和氬。[107]一個標本中含有的氬，是會在27.5億年後從鉀中衰變的氬的1,000多倍。有趣的是，這些過量的氦和氬，在最低層的岩石列中的含量是最高的，研究者把這歸因於這些氣體，是從地球較深層的地幔中傳送出來的。一次傳送過程會在世界性大洪水中起作用嗎？它會造成一系列年代，順序隨著岩石由深到淺，由久遠變爲新近嗎？

3、火山活動的一些特徵，會產生年代的順序性。有時人們發現當一個火山持續爆發時，迸出的熔岩的溫度會上升。[108]爲所周知，熱量有助於熔岩中過量的氬氣排出。[109]這兩個因素共同作用，會至少在局部地區火山沈積物中，造成逐步減少的氬－鉀測年而呈上升的順序。那些構成較低岩層的、先爆發的、較冷一些的熔岩會保留更多的氬，並呈現出更爲久遠的年代。

許多其他的年代測定法以放射性衰變率爲根據，每一種方法都有其獨到之處。當不同的方法爲一個樣本，測定出相近的年代時，有人就可能把它們當作反對近代創世說的證據。有一個例外就是阿舒卡，它是一塊發現於南極，據估計是月球上的一塊隕石。五種不同的方法測出的年代，差別僅從37.98億到39.4億年不等。[110]雖然這種一致是不尋常的，但它使放射性測定法的一些基本原理得以生效。比方說衰變率的持久不變。然而，我們不應該忽視其他許多早期用來說明氬一鉀法的變化因素。對於明顯起源於陸地的樣本，其中一些還與化石有關，我們通常能夠發現在這些方法之間，既有一致性又有不同處。一些創造論者把放射性測年法測出的幾百萬年範圍內不等年代解釋爲，這是用以證明地球（沒有生命）和月亮，包括阿舒卡，可能在創世週之前，就已存在很長一段時間的證據。[111]這些測定出的年代可能只代表古老的岩石，或是岩石中的再生物質。我們可以想像到洪水把大量古岩石，重新利用（沈積）構成較新的岩石。對於那些相信神，只是在近代才創造了地球無生命物質的創造論者而言，最好的解釋可能是提出放射性衰變率可能有過變化。但是提到任何此種變化的科學資料是很少的，而且只顯示出細微的變化。

總之，由碳－14和氬－鉀所證明的，放射性測年法是複雜的，而且受到大量因素的影響。我們在大眾文學作品及基礎科學教材中發現的，對這些測定出年代的確信，很快阻止了對研究文獻的考查。[112]大量報導異常的和特別古老的年代，給非創造論者和創造論者都出了難題，他們都透過求助於各種變化的因素來設法解決。創造論者，尤其需要對這些變化的因素加以深入的研究。

■ 結論

我已經舉出我所認爲對創世而言，最爲困難的一些時間問題的例子。[113]這些例子中絕大部分都有這兩個特徵。1、這些資料面臨各樣的解釋與校正。試圖重建一個未知的過去是困難而又主觀的。2、當有人把創世紀的大洪水與地球模式聯繫起來時，而這是宗教歷史上所固有的，於是出現了大量可能性，能夠解答爲創世所提出來的許多時間問題。我們也有必要記住，一些重大的問題對漫長地質年代的說法構成威脅。[114]對於年代測定法，我們仍然還有許多要去學習研究。有關這個主題的最後章節還未寫出。

■ 參考文獻：

1. Holmes A. 1937. The age of the earth. Rev. ed. London, Edinburgh, and New York: Thomas Nelson and Sons, p. 11.
2. See chapter 19 for a discussion of various possibilities.
3. See chapters 4, 6, and 11.
4. (a) Foster D. 1985. The philosophical scientists. New York: Dorset Press, pp. 54-57; (b) Bird WR. 1987, 1988, 1989. The origin of species revisited: the theories of evolution and of abrupt appearance, vol. 1. New York: Philosophical Library, pp. 78-83, 301-308.
5. For a discussion of some alternatives, see: Yang S-H. 1993. Radiocarbon dating and American evangelical Christians. Perspectives on Science and Christian Faith 45:229-240.
6. Toulmin S, Goodfield J. 1965. The discovery of time. New York: Harper and Row, pp. 74, 75.
7. (a) *Ibid.*, p. 55; (b) Toulmin S. 1989. The historicization of natural science: its implications for theology. In: Küng H, Tracy D, editors; Köhl M, translator. Paradigm change in theology: a symposium for the future. New York: Crossroad Pub. Co., pp. 233-241. Translation of: Theologie—Wohin? and Das Neue Paradigma von Theologie.
8. For a graphic representation of this trend, see Figure 1 in: Engel AEJ. 1969. Time and the earth. American Scientist 57(4):458-483.
9. For a summary of various estimates of the age of earth, see Table 2.1 in: Dalrymple GB. 1991. The age of the earth. Stanford, Calif.: Stanford University Press, pp. 14-17.
10. For the presently accepted geologic timescale, see: Harland WB, Armstrong RL, Cox AV, Craig LE, Smith AG, Smith DG. 1990. A geologic timescale 1989. Rev. ed. Cambridge and New York: Cambridge University Press.
11. E.g.: Gribbin J. 1992. Astronomers double the age of the universe. New Scientist 133 (January): 12.
12. (a) Freedman WL, Madore BF, Mould JR, Hill R, Ferrarese L, Kennicutt RC, Jr., Saha A, Stetson PB, Graham JA, Ford H, and others. 1994. Distance to the Virgo cluster galaxy M100 from Hubble Space Telescope observations of Cepheids. Nature 371:757-762. However, see also: (b) Chaboyer B, Demarque P, Kernan PJ, Krauss LM. 1996. A lower limit on the age of the universe. Science 271:957-961.
13. Ladd HS. 1961. Reef building. Science 134:703-715.
14. (a) Flood PG. 1984. A geological guide to the northern Great Barrier Reef. Australasian

Sedimentologists Group Field Guide Series, No. 1. Sydney: Geological Society of Australia; (b) Stoddart DR. 1969. Ecology and morphology of recent coral reefs. Biological Reviews 44:433-498.

15. Ladd HS, Schlanger SO. 1960. Drilling operations on Eniwetok Atoll: Bikini and nearby atolls, Marshall Islands. U.S. Geological Survey Professional Paper 260Y:863-905.
16. Hayward A. 1985. Creation and evolution: the facts and the fallacies. London: Triangle (SPCK), p. 85.
17. This has been noted by several investigators, e.g.: Hubbard DK, Miller AI, Scaturo D. 1990. Production and cycling of calcium carbonate in a shelf-edge reef system (St. Croix, U.S. Virgin Islands): applications to the nature of reef systems in the fossil record. Journal of Sedimentary Petrology 60:335-360.
18. For some reports, see: (a) Anonymous. 1994. Coral bleaching threatens oceans, life. EOS, Transactions, American Geophysical Union 75(13):145-147; (b) Charles D. 1992. Mystery of Florida's dying coral. New Scientist 133 (11 January):12; (c) Peters EC, McCarty HB. 1996. Carbonate crisis? Geotimes 41(4):20-23; (d) Zorpette G. 1995. More coral trouble. Scientific American 273(4):36, 37.
19. (a) Clausen CD, Roth AA. 1975a. Estimation of coral growth rates from laboratory ^{45}C-incorporation rates. Marine Biology 33:85-91; (b) Clausen CD, Roth AA. 1975b. Effect of temperature and temperature adaptation on calcification rate in the hermatypic coral *Pocillopora damicornis*. Marine Biology 33:93-100; (c) Roth AA. 1974. Factors affecting light as an agent for carbonate production by coral. Geological Society of America Abstracts With Programs 6(7):932; (d) Roth AA, Clausen CD, Yahiku PY, Clausen VE, Cox WW. 1982. Some effects of light on coral growth. Pacific Science 36:65-81; (e) Smith AD, Roth AA. 1979. Effect of carbon dioxide concentration on calcification in the red coralline alga *Bossiella orbigniana*. Marine Biology 52:217-225.
20. Shinn EA. 1976. Coral reef recovery in Florida and the Persian Gulf. Environmental Geology 1:241-254.
21. Verstelle JTh. 1921. The growth rate at various depths of coral reefs in the Dutch East Indian Archipelago. Treubia 14:117-126.
22. (a) Buddemeier RW, Kinzie RA, III. 1976. Coral growth. Oceanography and Marine Biology: An Annual Review 14:183-225; (b) Lewis JB, Axelsen F, Goodbody I, Page C, Chislett G. 1968. Comparative growth rates of some reef corals in the Caribbean. Marine Science Manuscript Report 10. Montreal: Marine Sciences Centre, McGill University.
23. Wells JW. 1963. Coral growth and geochronometry. Nature 197:948-950.
24. See: (a) Clausen CD. 1974. An evaluation of the use of growth lines in geochronometry, geophysics, and paleoecology. Origins 1:58-66; (b) Crabtree DM, Clausen CD, Roth AA. 1980. Consistency in growth line counts in bivalve specimens. Paleogeography, Paleoclimatology, Paleoecology 29:323-340; (c) Liénard J-L. 1986. Factors affecting epithecal growth lines in four coral species, with paleontological implications. Ph.D. dissertation, Department of Biology, Loma Linda, Calif.: Loma Linda University.
25. Liénard (note 24c).
26. Percival IG. 1985. The geological heritage of New South Wales, vol. I. Sydney: New South Wales National Parks and Wildlife Service, pp. 16, 17.
27. Conaghan PJ, Mountjoy EW, Edgecombe DR, Talent JA, Owen DE. 1976. Nubrigyn algal reefs (Devonian), eastern Australia: allochthonous blocks and megabreccias. Geological Society of America Bulletin 87:515-530.
28. Heckel PH. 1974. Carbonate buildups in the geologic record: a review. In: Laporte LF, editor. Reefs in time and space. Society of Economic Paleontologists and Mineralogists Special Publication 18:90-154.
29. Mountjoy EW, Cook HE, Pray LC, McDaniel PN. 1972. Allochthonous carbonate debris flows—worldwide indicators of reef complexes, banks or shelf margins. In: McLaren DJ, Middleton GV, editors. Stratigraphy and sedimentology, section 6. International Geological Congress, 24th session. Montreal: International Geological Congress, pp. 172-189.

30. Stanton RJ, Jr., Flügel E. 1988. The Steinplatte, a classic Upper Triassic reef—that is actually a platform-edge sandpile. Geological Society of America Abstracts With Programs 20(7):A201.
31. Blatt H, Middleton G, Murray R. 1980. Origin of sedimentary rocks. 2nd ed. Englewood Cliffs, N.J.: Prentice-Hall, p. 447.
32. (a) Hubbard, Miller, and Scanturo (note 17). For further discussion, see: (b) Wood R, Dickson JAD, Kirkland-George B. 1994. Turning the Capitan Reef upside down: a new appraisal of the ecology of the Permian Capitan Reef, Guadalupe Mountains, Texas and New Mexico. Palaios 9:422-427; (c) Wood R, Dickson JAD, Kirkland BL. 1996. New observations on the ecology of the Permian Capitan Reef, Texas and New Mexico. Paleontology 39:733-762.
33. Hodges LT, Roth AA. 1986. Orientation of corals and stromatoporoids in some Pleistocene, Devonian, and Silurian reef facies. Journal of Paleontology 60:1147-1158.
34. (a) Giles KA. 1995. Allochthonous model for the generation of Lower Mississippian Waulsortian mounds and implications for prediction of facies geometry and distribution. Annual Meeting Abstracts, Houston, Texas. American Association of Petroleum Geologists and Society of Economic Paleontologists and Mineralogists 4:33A; (b) Janoschek WR, Matura A. 1980. Outline of the geology of Austria. Abhandlungen der Geologischen Bundesanstalt 34:40-46. See also portions of excursion guides in this same volume on pp. 142-144, 200-208; (c) Lein R. 1987. On the evolution of the Austroalpine realm. In: Flügel HW, Faupl P, editors. Geodynamics of the eastern Alps. Vienna: Franz Deuticke, pp. 85-102; (d) Polan KP. 1982. The allochthonous origin of "bioherms" in the early Devonian Stewart Bay Formation of Bathurst Island, arctic Canada. M.Sc. thesis, Department of Geological Sciences. Montreal: McGill University; (e) Tollmann A. 1987. Geodynamic concepts of the evolution of the eastern Alps. In: Flügel and Faupl, pp. 361-378 (note 34c). For a general review of the question, see: (f) Hodges LT. 1987. Fossil binding in modern and ancient reefs. Origins 14:84-91; (g) Roth AA. 1995. Fossil reefs and time. Origins 22:86-104.
35. (a) Andrews RC. 1932. The new conquest of central Asia: a narrative of the explorations of the central Asiatic expeditions in Mongolia and China, 1921-1930. Reeds CA, editor. Natural History of Central Asia, vol. 1. New York: American Museum of Natural History, pp. 208-211; (b) Carpenter K, Hirsch KF, Horner JR, editors. 1994. Dinosaur eggs and babies. Cambridge, New York, and Melbourne: Cambridge University Press; (c) Cousin R, Breton G, Fournier R, Watte J-P. 1989. Dinosaur egg-laying and nesting: the case of an Upper Maastrichtian site at Rennes-le-Chateau (Aude, France). Historical Biology 2:157-167; (d) Mateer NJ. 1989. Upper Cretaceous reptilian eggs from the Zhejiang province, China. In: Gillette DD, Lockley MG, editors. Dinosaur tracks and traces. Cambridge, New York, and Melbourne: Cambridge University Press, pp. 115-118; (e) Mohabey DM. 1984. The study of dinosaurian eggs from infratrappean limestone in Kheda district, Gujarat. Journal of the Geological Society of India 25(6):329-335; (f) Sanz JL, Moratalla JJ, Díaz-Molina M, López-Martínez N, Kälin O, Vlaney-Liaud M. 1995. Dinosaur nests at the seashore. Nature 376:731, 732; (g) Srivastava S, Mohabey DM, Sahni A, Pant SC. 1986. Upper Cretaceous dinosaur egg clutches from Kheda district (Gujarat, India): their distribution, shell ultrastructure and paleoecology. Paleontographica Abstracts A 193:219-233.
36. (a) Horner JR. 1982. Evidence of colonial nesting and "site fidelity" among ornithischian dinosaurs. Nature 297:675, 676; (b) Horner JR. 1984. The nesting behavior of dinosaurs. Scientific American 250(4):130-137; (c) Horner JR, Gorman J. 1988. Digging dinosaurs. New York: Workman Publishing; (d) Horner JR, Makela R. 1979. Nest of juveniles provides evidence of family structure among dinosaurs. Nature 282:296-298.
37. Mehlert AW. 1986. Diluviology and uniformitarian geology—a review. Creation Research Society Quarterly 23:104-109.
38. (a) Carpenter K, Hirsch KF, Horner JR. 1994. Introduction. In: Carpenter, Hirsch, and Horner, pp. 1-11 (note 35b). For further discussion of various views the reader should consult: (b) Oard MJ. 1997. The extinction of the dinosaurs. Creation ex Nihilo Technical Journal 11:137-154, and references therein.
39. Horner (note 36b).

40. Norell MA, Clark JM, Chiappe LM, Dashzeveg D. 1995. A nesting dinosaur. Nature 378:774-776.
41. Paul GS. 1994. Dinosaur reproduction in the fast lane: implications for size, success, and extinction. In: Carpenter, Hirsch, and Horner, pp. 244-255 (note 35b).
42. (a) Qualls CP, Shine R, Donnellan S, Hutchinson M. 1995. The evolution of viviparity within the Australian scincid lizard *Lerista bougainvillii*. Journal of Zoology (London) 237:13-26; (b) Stebbins RC. 1954. Amphibians and reptiles of western North America. New York, Toronto, and London: McGraw-Hill Book Co., pp. 299-301.
43. Hirsch KF, Stadtman KL, Miller WE, Madsen JH, Jr. 1989. Upper Jurassic dinosaur egg from Utah. Science 243:1711-1713.
44. (a) Erben HK, Hoefs J, Wedepohl KH. 1979. Paleobiological and isotopic studies of eggshells from a declining dinosaur species. Paleobiology 5(4):380-414; (b) Hirsch KF. 1994. Upper Jurassic eggshells from the western interior of North America. In: Carpenter, Hirsch, and Horner, pp. 137-150 (note 35b); (c) Zhao Z-K. 1994. Dinosaur eggs in China: on the structure and evolution of eggshells. In: Carpenter, Hirsch, and Horner, pp. 184-203 (note 35b).
45. For a discussion, see Carpenter, Hirsch, and Horner, pp. 1-11 (note 35b).
46. Carpenter K, Alf K. 1994. Global distribution of dinosaur eggs, nests, and babies. In: Carpenter, Hirsch, and Horner, pp. 15-30 (note 35b).
47. (a) Kolesnikov CM, Sochava AV. 1972. A paleobiochemical study of Cretaceous dinosaur eggshell from the Gobi. Paleontological Journal 6:235-245. Translation of: Paleobiokhimicheskoye issledovaniye skorlupy yaits melovykh dinozavrov Gobi; (b) Vianey-Liaud M, Mallan P, Buscail O, Montgelard C. 1994. Review of French dinosaur eggshells: morphology, structure, mineral, and organic composition. In: Carpenter, Hirsch, and Horner, pp. 151-183 (note 35b); (c) Wyckoff RWG. 1972. The biochemistry of animal fossils. Bristol: Scientechnica, p. 53.
48. Carpenter, Hirsch, and Horner, pp. 1-11 (note 35b).
49. (a) Howard JD, Elders CA. 1970. Burrowing patterns of haustoriid amphipods from Sapelo Island, Georgia. In: Crimes TP, Harper JC, editors. Trace fossils. Geological Journal Special Issue No. 3. Liverpool: Seel House Press, pp. 243-262; (b) Kranz PM. 1974. The anastrophic burial of bivalves and its paleoecological significance. Journal of Geology 82:237-265; (c) Stanley SM. 1970. Relation of shell form to life habits of the Bivalvia (Mollusca). Geological Society of America Memoir 125.
50. Clifton HE, Hunter RE. 1973. Bioturbational rates and effects in carbonate sand, St. John, U.S. Virgin Islands. Journal of Geology 81:253-268.
51. Lambert A, Hsü KJ. 1979. Nonannual cycles of varvelike sedimentation in Walensee, Switzerland. Sedimentology 26:453-461.
52. Buchheim HP. 1994. Paleoenvironments, lithofacies and varves of the Fossil Butte Member of the Eocene Green River Formation, southwestern Wyoming. Contributions to Geology, University of Wyoming 30(1):3-14.
53. McKee ED, Crosby EJ, Berryhill HL, Jr. 1967. Flood deposits, Bijou Creek, Colorado, June 1965. Journal of Sedimentary Petrology 37(3):829-851. Note especially Figure 12d.
54. Jopling AV. 1966. Some deductions on the temporal significance of laminae deposited by current action in clastic rocks. Journal of Sedimentary Petrology 36(4):880-887.
55. (a) Berthault G. 1986. Expériences sur la lamination des sédiments par granoclassement périodique postérieur au dépôt. Contribution à l'explication de la lamination dans nombre de sédiments et de roches sédimentaires. Comptes Rendus de l'Academia des Sciences Paris 303 (Ser 2):1569-1574; (b) Julien PY, Berthault G. n.d. Fundamental experiments on stratification (videocassette). Colorado Springs: Rocky Mountain Geologic Video Society. 1 videocassette: sound, color. For further discussion see: (c) Hernán AM, Havlin S, King PR, Stanley HE. 1997. Spontaneous stratification in granular mixtures. Nature 386:379-382, and references contained therein.
56. (a) Berthault (note 55a); (b) Mendenhall CE, Mason M. 1923. The stratified subsidence of fine particles. Proceedings of the National Academy of Sciences 9:199-202; (c) Twenhofel WH. 1950. Principles of sedimentation. 2nd ed. New York and London: McGraw-Hill Book Co., pp. 549-550; (d) Twenhofel WH. 1961 (1932). Treatise on sedimentation. 2nd ed. New York:

Dover Publications, Inc., vol. 2, pp. 611-613. I have seen up to 12 lamina form overnight in large laboratory cylinders.

57. For a review of this question see: (a) Oard MJ. 1992. Varves—the first "absolute" chronology. Part I—Historical development and the question of annual deposition. Creation Research Society Quarterly 29:72-80; (b) Oard MJ. 1992. Varves—the first "absolute" chronology. Part II—Varve correlation and the post-glacial timescale. Creation Research Society Quarterly 29:120-125.

58. Flint RF. 1971. Glacial and Quaternary geology. New York and London: John Wiley and Sons, p. 406.

59. (a) Stuiver M. 1971. Evidence for the variation of atmospheric C^{14} content in the late Quaternary. In: Turekian KK, editor. The Late Cenozoic glacial ages. New Haven and London: Yale University Press, pp. 57-70; (b) Hajdas I, Zolitschka B, Ivy-Ochs SD, Beer J, Bonani G, Leroy SAG, Negendank JW, Ramrath M, Suter M. 1995. AMS radiocarbon dating of annually laminated sediments from Lake Holzmaar, Germany. Quaternary Science Reviews 14:137-143; (c) Hajdas I, Ivey-Ochs SD, Bonani G. 1995. Problems in the extension of the radiocarbon calibration curve (10-13 kyr BP). Radiocarbon 37(1):75-79; (d) Hajdas I, Ivy SD, Beer J, Bonani G, Imboden D, Lotter A, Sturm M, Suter M. 1993. AMS radiocarbon dating and varve chronology of Lake Soppensee: 6000 to 12000 ^{14}C years BP. Climate Dynamics 9:107-116.

60. For details, see the references given in note 59. Also: Björck S, Sandgren P, Holmquist B. 1987. A magnetostratigraphic comparison between ^{14}C years and varve years during the late Weichselian, indicating significant differences between the timescales. Journal of Quaternary Science 2(2):133-140.

61. Webster CL. Personal communication.

62. Coffin HG. 1979. The organic levels of the Yellowstone petrified forests. Origins 6:71-82.

63. (a) Coffin HG. 1983. Erect floating stumps in Spirit Lake, Washington. Geology 11:298, 299; (b) Coffin HG. 1983. Mount St. Helens and Spirit Lake. Origins 19:9-17; (c) Coffin HG. 1971. Vertical flotation of horsetails *(Equisetum):* geological implications. Geological Society of America Bulletin 82:2019-2022.

64. Brown RH. 1978. How rapidly can wood petrify? Origins 5:113-115.

65. (a) Larsen J. 1985. From lignin to coal in a year. Nature 314:316; (b) Stutzer O. 1940. Geology of coal. Noé AC, translator/reviser; Cady GH, editor. Chicago: University of Chicago Press, pp. 105, 106. Translation of: Kohle (allgemeine kohlengeologie).

66. (a) Brown RH. 1989. Reversal of earth's magnetic field. Origins 16:81-84; (b) Coe RS, Prévot M. 1989. Evidence suggesting extremely rapid field variation during a geomagnetic reversal. Earth and Planetary Science Letters 92:292-298; (c) Coe RS, Prévot M, Camps P. 1995. New evidence for extraordinarily rapid change of the geomagnetic field during a reversal. Nature 374:687-692; (d) Huggett R. 1990. Catastrophism: systems of earth history. London, New York, and Melbourne: Edward Arnold, pp. 120-124; (e) Ultré-Guérard P, Achache J. 1995. Core flow instabilities and geomagnetic storms during reversals: The Steens Mountain impulsive field variations revisited. Earth and Planetary Science Letters 135:91-99.

67. Osmond JK. 1984. The consistency of radiometric dating in the geologic record. In: Walker KR, editor. The evolution-creation controversy: perspectives on religion, philosophy, science and education: a handbook. Paleontological Society Special Publication No. 1. Knoxville: University of Tennessee, pp. 66-76. The author estimates about 300,000 by 1984.

68. (a) Brown RH. 1983. How solid is a radioisotope age of a rock? Origins 10:93-95; (b) Giem PAL. 1997. Scientific theology. Riverside, Calif.: La Sierra University Press, pp. 111-190. This reference evaluates a number of radiometric dating methods.

69. For general reviews of ^{14}C dating, see: (a) Aitken MJ. 1990. Science-based dating in archaeology. Cunliffe B, editor. Longman archaeology series. London and New York: Longman Group, pp. 56-119; (b) Faure G. 1986. Principles of isotope geology. 2nd ed. New York: John Wiley and Sons, pp. 386-404; (c) Geyh MA, Schleicher H. 1990. Absolute age determination: physical and chemical dating methods and their application. Newcomb RC, translator. Berlin, Heidelberg, New York, and London: Springer-Verlag, pp. 162-180; (d) Taylor RE, Müller RA.

1988. Radiocarbon dating. In: Parker SP, editor. McGraw-Hill encyclopedia of the geological sciences. 2nd ed. New York, St. Louis, and San Francisco: McGraw-Hill Pub. Co., pp. 533-540; (e) Taylor RE. 1987. Radiocarbon dating: an archaeological perspective. Orlando, San Diego, New York, and London: Academic Press.

70. Sveinbjörnsdóttir ÁE, Heinemeier J, Rud N, Johnsen SJ. 1992. Radiocarbon anomalies observed for plants growing in Icelandic geothermal waters. Radiocarbon 34(3):696-703.
71. Riggs AC. 1984. Major carbon-14 deficiency in modern snail shells from southern Nevada springs. Science 224:58-61.
72. (a) Stuiver M, Braziunas TF. 1993. Modeling atmospheric ^{14}C influences and ^{14}C ages of marine samples to 10,000 B.C. Radiocarbon 35:137-189. See also: (b) Keith ML, Anderson GM. 1963. Radiocarbon dating: fictitious results with mollusk shells. Science 141:634-637; (c) Rubin M, Taylor DW. 1963. Radiocarbon activity of shells from living clams and snails. Science 141:637.
73. Stuckenrath R, Jr., Mielke JE. 1970. Smithsonian Institution radiocarbon measurements VI. Radiocarbon 12:193-204.
74. Dye T. 1994. Apparent ages of marine shells: implications for archaeological dating in Hawaii. Radiocarbon 36:51-57.
75. (a) Chichagova OA, Cherkinsky AE. 1993. Problems in radiocarbon dating of soils. Radiocarbon 35(3):351-362; (b) Scharpenseel HW, Becker-Heidmann P. 1992. Twenty-five years of radiocarbon dating soils: paradigm of erring and learning. Radiocarbon 34(3):541-549.
76. Aitken, p. 99 (note 69a).
77. (a) Taylor RE, Payen LA, Prior CA, Slota PJ, Jr., Gillespie R, Gowlett JAJ, Hedges REM, Jull AJT, Zabel TH, Donahue DJ, Berger R. 1985. Major revisions in the Pleistocene age assignments for North American human skeletons by C-14 accelerator mass spectrometry: none older than 11,000 C-14 years B.P. American Antiquity 50(1):136-140. Some of these conclusions have also been challenged by: (b) Stafford TW, Jr., Hare PE, Currie L, Jull AJT, Donahue D. 1990. Accuracy of North American human skeleton ages. Quaternary Research 34:111-120.
78. Libby WF. 1963. Accuracy of radiocarbon dates. Science 140:278-280.
79. For some recent examples, see: (a) Kromer B, Becker B. 1993. German oak and pine ^{14}C calibration, 7200-9439 B.C. Radiocarbon 35(1):124-135; (b) Pearson GW, Stuiver M. 1993. High-precision bidecadal calibration of the radiocarbon timescale, 500-2500 B.C. Radiocarbon 35(1):25-33; (c) Stuiver and Braziunas (note 72a); (d) Stuiver M, Pearson GW. 1993. High precision bidecadal calibration of the radiocarbon timescale, A.D. 1950-500 B.C. and 2500-6000 B.C. Radiocarbon 35(1):1-23; (e) Stuiver M, Reimer PJ. 1993. Extended ^{14}C data base and revised CALIB 3.0 ^{14}C age calibration program. Radiocarbon 35(1):215-230.
80. A suggestion has appeared that a tree in Tasmania may be 10,000 years old, but so far the evidence for this is very weak. See: News item. 1995. Living tree "8000 years older than Christ"(?). Creation ex Nihilo 17(3):26, 27.
81. (a) Yamaguchi DK. 1986. Interpretation of cross-correlation between tree ring series. Tree Ring Bulletin 46:47-54. For further discussion see: (b) Brown RH. 1995. Can tree rings be used to calibrate radiocarbon dates? Origins 22:47-52.
82. (a) Monserud RA. 1986. Time series analyses of tree ring chronologies. Forest Science 32(2):349-372; (b) Yamaguchi (note 81).
83. For further discussion of some tree-ring matching problems, see notes 81 and 82, and: (a) Baillie MGL, Hillam J, Briffa KR, Brown DM. 1985. Redating the English art-historical tree-ring chronologies. Nature 315:317-319; (b) Becker B, Kromer B. 1993. The continental tree-ring record—absolute chronology, ^{14}C calibration and climatic change at 11 ka. Paleogeography, Paleoclimatology, Paleoecology 103:67-71; (c) Sorensen HC. 1973. The ages of Bristlecone pine. Pensée (Spring/Summer), pp. 15-18; (d) Porter RM. 1995. Correlating tree rings (letter). Creation Research Society Quarterly 31:170, 171.
84. Sorensen (note 83c).
85. Becker B. 1993. An 11,000-year German oak and pine dendrochronology for radiocarbon calibration. Radiocarbon 35(1):201-213.

86. For instance, see: Becker, Figures 4 and 6 (note 85).
87. Kromer and Becker (note 79a).
88. See Figure 4 in: Becker and Kromer (note 83b).
89. Aitken, p. 100 (note 69a).
90. (a) Bard E, Hamelin B, Fairbanks sRG, Zindler A. 1990. Calibration of the ^{14}C timescale over the past 30,000 years using mass spectrometric U-Th ages from Barbados corals. Nature 345:405-410; (b) Bard E, Arnold M, Fairbanks RG, Hamelin B. 1993. ^{230}Th-^{234}U and ^{14}C ages obtained by mass spectrometry on corals. Radiocarbon 35(1):191-199.
91. (a) Fontes J-C, Andrews JN, Causse C, Gibert E. 1992. A comparison of radiocarbon and U/Th ages on continental carbonates. Radiocarbon 34(3):602-610; (b) Eisenhauer A, Wasserburg GJ, Chen JH, Bonani G, Collins LB, Zhu ZR, Wyrwoll KH. 1993. Holocene sea-level determination relative to the Australian continent: U/Th (TIMS) and ^{14}C (AMS) dating of coral cores from the Abrolhos Islands. Earth and Planetary Science Letters 114:529-547; (c) Hajdas et al. 1995 (note 59c).
92. Runge ECA, Goh KM, Rafter TA. 1973. Radiocarbon chronology and problems in its interpretation for Quaternary loess deposits—South Canterbury, New Zealand. Soil Science Society of America Proceedings 37:742-746.
93. Tonkin PJ, Runge ECA, Ives DW. 1974. A study of late Pleistocene loess deposits, South Canterbury, New Zealand. Part 2: Paleosols and their stratigraphic implications. Quaternary Research 4:217-231.
94. For suggested calculations, see: (a) Brown RH. 1990. Correlation of C-14 age with the biblical timescale. Origins 17:56-65; (b) Brown RH. 1992. Correlation of C-14 age with real time. Creation Research Society Quarterly 29:45-47; (c) Brown RH. 1994. Compatibility of biblical chronology with C-14 age. Origins 21:66-79.
95. (a) Brown RH. 1979. The interpretation of C-14 dates. Origins 6:30-44; (b) Brown RH. 1986. ^{14}C depth profiles as indicators of trends of climate and $^{14}C/^{12}C$ ratio. Radiocarbon 28(2A):350-357; (c) Clementson SP. 1974. A critical examination of radiocarbon dating in the light of dendrochronological data. Creation Research Quarterly 10:229-236; (c) Brown, 1994 (note 94c).
96. For reviews of the method, see: (a) Dalrymple GB, Lanphere MA. 1969. Potassium-argon dating: principles, techniques and applications to geochronology. San Francisco: W. H. Freeman and Co.; (b) Dickin AP. 1995. Radiogenic isotope geology. Cambridge: Cambridge University Press, pp. 245-276; (c) Faure, pp. 66-112 (note 69b); (d) Faure G. 1988. Rock age determination. In: Parker, pp. 549-552 (note 69d); (e) Geyh and Schleicher, pp. 53-74 (note 69c).
97. Space precludes discussing the ^{39}Ar-^{40}Ar method, which is based on the same principles. It is more complex and seeks to correct some temperature problems. The method faces the usual problem of excess ^{40}Ar and other complications. For some discussion, see references in note 96 and: (a) Ozima M, Zashu S, Takigami Y, Turner G. 1989. Origin of the anomalous ^{40}Ar-^{39}Ar age of Zaire cubic diamonds: excess ^{40}Ar in pristine mantle fluids. Nature 337:226-229; (b) Richards JP, McDougall I. 1990. Geochronology of the Porgera gold deposit, Papua New Guinea: resolving the effects of excess argon on K-Ar and $^{40}Ar/^{39}Ar$ age estimates for magmatism and mineralization. Geochimica et Cosmochimica Acta 54:1397-1415; (c) Ross JG, Mussett AE. 1976. $^{40}Ar/^{39}Ar$ dates for spreading rates in eastern Iceland. Nature 259:36-38.
98. Dalrymple and Lanphere, p. 133 (note 96a).
99. McDougall I, Polach HA, Stipp JJ. 1969. Excess radiogenic argon in young subaerial basalts from the Auckland volcanic field, New Zealand. Geochimica et Cosmochimica Acta 33:1485-1520.
100. Ozima et al. (note 97a).
101. Faure, p. 69 (note 69b).
102. There are many such lists: (a) Harland, Armstrong, Cox, Craig, Smith, and Smith (note 10); (b) Kulp JL. 1961. Geologic timescale. Science 133:1105-1114.
103. Hayatsu A. 1979. K-Ar isochron age of the North Mountain Basalt, Nova Scotia. Canadian Journal of Earth Sciences 16:973-975.
104. Mauger RL. 1977. K-Ar ages of biotites from tuffs in Eocene rocks of the Green River, Washakie, and Uinta basins, Utah, Wyoming, and Colorado. Contributions to Geology, University of Wyoming 15(1):17-41.

105. Hekinian R, Chaigneau M, Cheminee JL. 1973. Popping rocks and lava tubes from the Mid-Atlantic Rift Valley at 36°N. Nature 245:371-373.
106. Dalrymple GB, Moore JG. 1968. Argon-40: excess in submarine pillow basalts from Kilauea Volcano, Hawaii. Science 161:1132-1135.
107. Damon PE, Kulp JL. 1958. Excess helium and argon in beryl and other minerals. American Mineralogist 43:433-459.
108. Smith RL, Bailey RA. 1966. The Banderlier Tuff: a study of ash-flow eruption cycles from zoned magma chambers. Bulletin volcanologique 29:83-103.
109. (a) Dymond J. 1970. Excess argon in submarine basalt pillows. Geological Society of America Bulletin 81:1229-1232. See also: (b) Dalrymple and Moore (note 106).
110. Misawa K, Tatsumoto M, Dalrymple GB, Yanai K. 1993. An extremely low U/Pb source in the moon: U-Th-Pb, Sm-Nd, Rb-Sr, and $^{40}AR/^{39}Ar$ isotopic systematics and age of lunar meteorite Asuka 881757. Geochimica et Cosmochimica Acta 57:4687-4702.
111. See chapter 19 for discussion of this model.
112. Besides the radiometric dating techniques, several other methods of dating have been attempted, including electron spin resonance, thermoluminescence, the molecular clock, obsidian hydration, and amino-acid racemization. These are all more questionable methods whose validity are debated. For comments regarding some of these, see: (a) Lewin R. 1988. Mammoth fraud exposed. Science 242:1246; (b) Marshall E. 1990. Paleoanthropology gets physical. Science 247:798-801. For an evaluation of amino-acid racemization, see: (c) Brown RH. 1985. Amino acid dating. Origins 12:8-25.
113. A number of others, also with equivocal interpretations, could be mentioned. For a discussion of problems for creation, see: (a) Hayward (note 16); (b) Morton GR. 1994, 1995. Foundation, fall, and flood: a harmonization of Genesis and science. Dallas: DMD Pub. Co.; (c) Ross H. 1994. Creation and time: a biblical and scientific perspective on the creation-date controversy. Colorado Springs, Colo.: NavPress Pub. Group; (d) Wonderly DE. 1987. Neglect of geologic data: sedimentary strata compared with young earth creationist writings. Hatfield, Pa.: Interdisciplinary Biblical Research Institute; (e) Young DA. 1988. Christianity and the age of the earth. Grand Rapids: Zondervan Corporation. For views favoring creation, see: (f) Brown W. In the beginning: compelling evidence for creation and the flood. Phoenix: Center for Scientific Creation; (g) Coffin HG. 1983. Origin by design. Washington, D.C., and Hagerstown, Md.: Review and Herald Pub. Assn.; (h) Morris JD. 1994. The young earth. Colorado Springs, Colo.: Master Books Division of Creation-Life Publishers; (i) Van Bebber M, Taylor PS. 1994. Creation and time: a report on the Progressive Creationist book by Hugh Ross. Mesa, Ariz.: Eden Productions; (j) Whitcomb, JC, Jr., Morris HM. 1961. The Genesis flood. Philadelphia: The Presbyterian and Reformed Pub. Co.; (k) Woodmorappe J. 1993(?). Studies in flood geology: a compilation of research studies supporting creation and the flood. Distributed by the Institute for Creation Research, P.O. Box 2667, El Cajon, CA 92021; (l) chapters 12, 13, and 15 in this treatise.
114. See chapters 13 and 15.

第十五章 有關地質年代的一些地質問題

我們經常藉由找出不會發生的事，
來發現會發生的事。
——史麥利[1]

我們聽說過很多有關地球及其化石的悠久歷史。據說有的恐龍化石達2億多年之久。地質學家對亞利桑那州大峽谷中的岩石進行年代測定，得出其長達18億年之久，而南非的早期生命形式，據報導在35億年前就已存在。這些以及其他許多測定出的古老年代，是以標準的地質時標（見圖10.1第二列）爲根據的。它認爲地球是在大約46億年前形成的，與之相隨的是後來伴著生命的進化而逐漸形成的沈積岩層。

本章就這些漫長的地質年代，提出一些問題。根據標準地質時標，岩層已經存在了極長的時間，目前，大量迅猛的地質變化，對這一觀點提出質疑。這些變化尤其與地球的沈積岩層有關。[2]地層會發生長期的變化。水會侵蝕、運送以及再沈澱出它們的沈積物。它們可以因爲下面的岩石運動，而下陷或上升，還會因沈澱物或火山及其他礦物的新增部分而擴大。

雖然標準地質學推測出地球存在的時間有40多億年，但我們不必認爲其原始狀況與今天一樣。然而，大部分地質學家都一致認爲陸地的主要部分，是在25億年前形成的。[3]儘管一些地質學家認爲沈積作用更古老一些，[4]我們還是用25億年這個保守資料，來做這個討論。即使某人考慮的只是顯生宙（5.7億年）的變化率，那些差異還是極大的。

有關地質過程比率的資訊，並不總是如我們所希望的那麼精確。另外，鑑於條件狀況的變化無常，過份推測未知的事，是極爲危險的。儘管如此，我們將要在下面概述，當前的觀察與標準的地質年代（地標）之間的差異是如此地懸殊，以致於任何的不確定性，都難以影響到這樣一個結論：這二者之間似乎存在著矛盾。另外，這些資料是以正常的、非災難的條件狀況爲根據的。此外迅速、災難性變化的說法，使這些差異對標準地質年代學更加不利。

■ 陸地侵蝕

每一條河流都有聚集雨水的河流排水盆地。當雨水流動時，它們常常攜帶沙石流進河流，然後流到世界各大海洋中。通過被河口河水反覆腐蝕的（沈積的）微粒抽樣調查，我們能夠對流失的沈積物量，以及排水盆地侵蝕的速度做出估計。沈積學家已經對世上很多河流做出了估測。有一些結果可見表15.1。

乍看之下，這些速度十分緩慢，但是如果擴展到標準地質年代，那麼陸地將會蕩然無存。地質學家承認這不一致已有好些年了。僅以估計的平均，每千年61毫米的侵蝕率來說，[5]許多地質學家指出北美洲會在「僅1千萬年時間」內被夷爲平地。[6]換句話說，以現在的侵蝕率，北美大陸在25億年的時間裏，已經被侵蝕掉達250次了。當然，這樣類推可能有點誇張。大陸被侵蝕掉一次之後，沒有多少殘留可供再次侵蝕。然而，這一類推讓人們提出這樣的問題：如果地球的大陸果眞那麼古老，爲什麼它們還依然存在呢？圖表15.1中列出的最低的速度是每1,000年1毫米。大陸的平均海拔爲623公尺。以平均每1,000年僅1毫米的速度，它們會在6.23億年的時間裏，被侵蝕到與海平面齊平。即使假定大陸只存在25億年，這種極慢的侵蝕，也會把大陸夷爲與海平面齊平達4次之多。但是大陸依然故我，而有些河流的侵蝕速度要快上1,350倍（表15.1）。在提到這些高速度時，劍橋的地質學家斯巴克斯評述到：「一些速度顯然快得駭人；黃河能夠在一千萬年的時間裏，把平均高度達埃弗勒斯峰（即聖母峰）那麼高的一塊地方侵蝕成准平原。」[7]

當我們考慮到諸如西歐的Caledonides山和北美東部的阿帕拉契山脈等，這些地質學家估測它們有幾億年歷史時，這種不一致性是極爲重要

圖表 15.1

河流	平均降低量(毫米/千年)	河流	平均降低量(毫米/千年)
渭河	1350	長江	170
黃河	900	波河	120
恒河	560	加龍河與科羅拉多河	100
萊茵河與羅納河	340	亞馬遜河	71
聖胡安(美國)	340	阿迪傑河	65
伊洛瓦底江	280	薩瓦納河	33
底格里斯河	260	波馬克河	15
埃塞爾	240	尼羅河	13
台伯河	190	塞納河	7
印度河	180	康涅狄格河	1

由世界一些大型河流引起的侵蝕作用

的。如果這些山脈的歷史如此悠久，那爲什麼它們依然存在呢？

侵蝕率在高山上要快一些，而在不那麼起伏的地方要低一些。[8]在新幾內亞島的水文工作者實地考察，已經注意到，在接近海平面處侵蝕率每千年80毫米，而在海拔975公尺處爲每一千年520毫米。[9]考察者指出瓜地馬拉與墨西哥交界處的山脈爲每一千年920毫米，[10]而喜馬拉雅山的侵蝕率則爲每一千年1,000毫米。[11]華盛頓雷尼爾山的侵蝕率，可高達每一千年8,000毫米。[12]可能有記載的、最快的地域性侵蝕率，是新幾內亞島上一個火山，達每一千年19,000毫米。[13]

比這些高速率更重要的是總平均率，它反映的是對大陸的長期影響。看待這些侵蝕率的另一種方式，是基於估測沈澱物從陸地到達海洋之速度的十幾次調查結果。河流攜帶來自陸地的大部分沈澱物。正如海浪在撞擊大陸海岸線時，帶走少許沈澱物一樣，風和冰河也能運載一點點。對世界的估測主要有賴於那些當河流匯入海洋時，河流所攜帶的沈積物總量。計算結果以每年80億到580億公噸不等（圖表15.2）。許多估測，都不把河床負載（bedload）列入考慮中，河床負載表明沿河床底部滾動，或推進的沈積物，它在河流計量站是不易觀察到的。因爲河床負載難以計量，有時河床負載被任意地估測爲10%。[14]報導的結果大概有些偏低，因爲常規的計量程式無法解釋罕見的，能使運載速度快速增長的災難性事件。圖15.2中列出的12次調查研究，得出的平均速度是每年241.08億公噸。海拔平均623米的世界大陸，以這個速度可在大約960萬年裏被侵蝕掉，[15]這個資料與前面提到的有關北美洲的1,000萬年相近。

地質學家常說山脈仍然存在，是因爲其底部的隆起不斷地使它們更新。[16]雖然山脈在上升（見底），但如果不除掉其中的地質柱岩層，上升和侵蝕的過程就不會持續很久。只有一次完整的沈積岩層的上升與侵

圖表 15.2

作者（年代）	百萬公噸/年
Fournier (1960)	58,100
Gilluly (1955)	31,800
Holleman (1968)	18,300
Holmes (1965)	8,000
Jansen and Painter (1974)	26,700
Kuenen (1950)	32,500
Lopatin (1952)	12,700
McLennan (1993)	21,000
Milliman and Meade (1983)	15,500
Milliman and Syvitski (1992)	20,000
Pechinov (1959)	24,200
Schumm (1963)	20,500

估測沈積物以何速率到達海洋

蝕才能消除它們，然而其中一些沈積岩層，必須從海平面以下的地方被凸起。目前的侵蝕率會很快挪去地球的山脈，及其他地方的沈積物，然而，那些古老或年輕的沈積物依然屢見不鮮。[17]有關悠久的地質年代與高速的侵蝕率，由上升引起的山脈更新，似乎並不是圓滿的答案。

另有學者把人類活動，尤其是農業活動加劇了侵蝕率，使得目前的速度出奇得快，這一事實納入考慮中，企圖協調平均侵蝕率和地質時間的矛盾，卻不能解決不一致的問題。研究表明農業只是導致全球侵蝕率提高了一倍。[18]然而，這一因素極爲重要。藉著減少比過去相對較少的農業活動，陸地將在2千萬年內而不是1千萬年後，被侵蝕到海平面的高度。但是這並不能解釋陸地已有25億年歷史的假設；以上類推，假如沒有農業的存在，這些陸地會不會在那段時間裏，被侵蝕到海平面達125次之多呢？

還有的人提出過去較乾燥的氣候導致了較低的侵蝕率。然而，大量的植物化石表明過去氣候至少是比較濕潤的，同時對全球沈澱物的估測，表明過去30億年中地球的天氣狀況多變，但是平均比較潮濕些。[19]

有地質年代的錯綜複雜問題與某些地表有關，它們被視爲極爲古老的，但沒有顯示出什麼侵蝕的證據。它們綿延覆蓋遼闊的地域，沒有顯示出曾經在它們之上有過其他岩層的跡象。一個例子就是大約140公里長、60公里寬的袋鼠島（澳大利亞東南部）。根據化石和氬－鉀測年法測定，其表層據估測至少有1.6億年歷史。[20]當我走訪這個島時，島上絕大部分地方非常平坦的現象，給我留下了深刻印象。圖15.1展示在袋鼠島海灣對面的一小塊地方。這樣的一個表面怎麼能夠存在1.6億年之久，而未被侵蝕呢？[21]在那種推測出的時間裏，就算取消農業活動，現在的侵蝕率，也會讓5公里厚的一層沈積物消失殆盡。也許袋鼠島並沒有1.6億年之久。這整個島很平坦，從海灣對面就可看出來。這個島的表面，據測有至少1億6千萬年的歷史，而且應該在很久以前就被侵蝕掉了。

■ 火山活動

比起我們在假定地球年齡的漫長歲月中所預期的情況來說，地球的

圖片 15.1

越過Kingscote海灣，觀看南澳大利亞袋鼠島的一部分。

沈積層所顯示的火山活動證據眞是太少了一些。火山爆發釋放出各種物質，比方說熔岩、火山灰、灰燼等等。單一火山爆發，在各處產生從小體積到好幾立方公里不等的物質。幾年前，一位地質學家利用地球上所有的火山，平均每年噴發出約一立方公里的火山物質的這個事實，計算出整個地球在35億年中應該累積起一層厚達7公里的火山覆蓋物。因爲眞實的數字只是那個量的一小部分，所以他斷定火山活動的速率一定是無規律的。[22]

目前地球的火山，似乎平均每年要釋放大約4立方公里。單個大型的火山爆發，能夠產生相當數量的物質。坦伯拉（印尼，1815）噴射出100－300立方公里的物質：克拉卡托亞（印尼，1883），6－18立方公里；凱特麥（阿拉斯加，1912），20立方公里。[23]在40年（1940－1980）中，大型火山爆發的估測，得出平均每年噴出物約爲3立方公里。[24]這個數字，並不包括許許多多諸 如定期發生在夏威夷、印尼、中南美洲、冰島、義大利等地方，較小的火山爆發。有人提出火山物質平均應為每年4立方公里。[25]

蘇俄著名的地球化學家羅諾夫，傑出的工作成果表明地球表面有1.35億立方公里的火山物質沈澱物，這是他所估計的地球沈積物總量的14.4%。[26]雖然1.35億立方公里的火山產物令人印象深刻，但與我們根據標準地質年代所預期一切相比，眞是微乎其微。以現在經歷了25億年之久的火山物質產生率來計算，存在的火山物質應該是現存量的74倍，並且覆蓋整個地球表面，厚度也當會超過19公里。侵蝕消去了這些物質，這個想法並沒有給那些相信地質年代很漫長的人們一個好的解答。侵蝕只會把火山物質從一個地方挪到另一個地方。人們也可以根據板塊構造模式，提出隱沒到地球中的移動情形，但這樣也無法自圓其說。火山物質的移動，也會排除含有火山物質的其他地質層。然而含有這種火山物質的地質柱，仍然在世界各地隨處可見。大概火山爆發的歷史，並沒有25億年之久。

■ 山脈上升

在我們腳下為我們津津樂道的固體地面，並不如我們推測的那麼牢固。精密的計量表明：陸地上有的地方在慢慢上升，而有的地方在慢慢下沈。地球主要的山脈每年以幾微米的速度緩緩上升。我們能夠通過細緻而精確的直接測量，標識出一定時間裏山脈的確切高度，幾年之後再重新測量，從而得知這一切。有人已總括提出來說，山脈以每年近7.6毫米的速度上升。[27]瑞士中部的阿爾卑斯山上升得更慢一些，大約每年1到1.5毫米。[28]對阿帕拉契山和洛磯山進行的實地考察，則分別得出每年0－10毫米和1－10毫米的上升速度。[29]

我不清楚對喜馬拉雅山有無任何精確的直接測量：然而有人根據山上5,000公尺處的相當近期的熱帶植物和犀牛，以及偏移的河床，估計喜馬拉雅山以每年1到5毫米的速度上升，這是以長期條件狀況恒定不變為假設前提來估算的。似乎西藏也在以這樣類似的速率上升。根據山脈的結構以及侵蝕的資料，研究者已就安第斯山脈提出了一個大約3毫米的年上升率。[30]位於紐西蘭南部的阿爾普斯山，以每年17毫米的速度上升著。[31]很可能以最快的速度逐漸（非災難性的）上升的山脈是在日本，研究者在這裏已測出了在27年中，上升速度達每年72毫米。[32]人們不可能輕而易舉地就把現在的山脈上升速率，擴展到遙遠的過去。通常平均5毫米的年增率，會在僅1億年的時間內造就出一座500公里高的山脈。

如果認爲山脈被侵蝕的速度與它上升的速度同等，也不能解決這種不一致性。上升的速度（大約每5毫米），比所估計的農業出現前的平均侵蝕率（約每年0.03毫米），要快上100倍。如先前所提到的，侵蝕通常在山上是比較快的，並隨著高度的降低而逐漸減緩；因此，山脈越高，被侵蝕的就越快。然而，計量表明，爲了讓侵蝕作用能夠跟所謂的每年10毫米的「典型的山脈上升率」保持一致，那座山得有45公里高。[33]這是世界上第一高峰聖母峰的5倍。一些研究者已提出相對較快的山脈上升率，而速度相當低的侵蝕率的問題，[34]他們試圖提出我們現在一定是處於一個山脈上升異常快的時期，來解釋這種不一致性。

對標準地質年代學的一個較大的威脅，來自於這樣一個事實：如果山脈一直以來，都是以現在速度甚或更慢的速度上升的話，那麼地質學家認爲長達幾億、到幾十億年的地質柱，包括其底部，應該在很久以前就上升或是被侵蝕了。然而，粗略的考察或是對地質地圖的研究，表明這些較古老的部分與較新的部分，在地球的山脈與大陸上完好存在著。侵蝕率和上升率都異常高的山脈，似乎還沒有經過一次完整的上升與被侵蝕的週期，但是如果現在的侵蝕與山脈的上升率在過去起了作用的話，我們可以通過類推想像出，在人們提出的地質時期，至少發生了100次以上的上升與侵蝕的輪迴。

■ 結 論

據考察得出的侵蝕率、火山活動頻率及山脈的上升率似乎都太高了，這就無法將它們與估計的地球上沈積岩層的形成發展，及其中的生命結構的進化，長達幾十億年的標準時標協調起來。這種不協調性並不小（見圖15.3），而且也不能被輕易忽略。人們並不因爲提出速率恒久不

圖表 15.3

要素	在現行狀況能夠克服的情況下，對不合理處的解說
現在的陸地侵蝕率	在25億年間陸地會被侵蝕至海平面達125次
現在的火山噴射物生長率	在25億年間生成的火山物質，會是現在所發現的火山物質的74倍
現在的山脈上升率	山脈在1億年間會上升500公里

與標準地質年代相矛盾的要素

變，就認爲過去的環境狀況是充分不變的。這種變化速率可快可慢，但是當我們將現在的速率與地質時標相比較時，圖15.3列出的資料，表明了這些不協調性是多麼嚴重。地質學家已提出各種解釋來使這些資料相一致，但他們普遍都陷入於一種不盡如人意的臆測。

另一方面，人們同樣也可以爭辯，這其中的許多速率都太慢了，無法如創世模式所提到的，在不到1萬年的時間裏造成明顯的侵蝕、火山活動及山脈上升活動的說法協調一致。這並非一個好的證據，因爲創世模式是以災難性的世界性大洪災爲依據的，我們可以想像到這場洪水，能夠很快地提高這每一個因素的速率。雖然不幸的是我們對這場獨一無二的洪水瞭解甚少，以致於無法給出確切的數值，但是地質界趨向災難說的新趨勢正給予一些提示，比方說其中的某些變化會以多快的速度發生。[35]

有人試圖用過去速率較低或是活動快慢的輪迴，來將當前的變化率與地質時間統一起來。然而，這些因素必須以低於現在幾十到幾百倍的速度起作用。很難想像在一塊與現在極其相似的土地上，孕育著我們在化石標本中發現的那種生物。比方說，古森林化石與其相對應的現代森林一樣，也需要有足夠的濕氣。另外，過去較慢的變化，似乎與地球早期活躍的普遍地質情形相對立。[36] 地質學家認爲那時的熱流與火山活動，遠比現在劇烈得多。地質學的解說能否顛覆這一說法，並提出現在的變化要比過去快得多呢？不幸的是，這樣一種趨勢，與我們所能從進化模式中想到的一切是相悖的。那種進化模式需要一個起初熾熱的地球，當地質變化率隨著時間的流逝而減緩，並趨向平衡時，這起初的熱地球逐漸冷卻，形成一個更爲穩定的環境。

我們在考慮現在的侵蝕率與山脈的上升率時，揮之不去一個問題就是：如果這些過程已發生了幾十億年的話，那爲什麼這麼多的地質柱還依舊存在著。然而，現在的地質變化率，能夠符合近代創世說及後來的那場災難性的大洪水。洪荒中退去的水會把地質柱中主要部分留在原地。在一場洪水暴發的情況下，我們現在所觀察到的較低的侵蝕率、火山活動頻率及山脈上升率可能會反映出那場災難的遺跡。

現在的地質變化率，似乎對標準地質時標的確實性提出了挑戰。

■ 參考文獻：

1. Smiley S. n.d. Self-help, chapter 11. Quoted in: Mackay AL. 1991. A dictionary of scientific quotations. Bristol and Philadelphia: Institute of Physics Publishing, p. 225.
2. For a more comprehensive discussion of these and related factors, see: Roth AA. 1986. Some questions about geochronology. Origins 13:64-85. Section 3 of that article, which deals with the accumulation of sediments, needs updating.
3. (a) Huggett R. 1990. Catastrophism: systems of earth history. London, New York, and Melbourne: Edward Arnold, p. 232; (b) Kröner A. 1985. Evolution of the Archean continental crust. Annual Review of Earth and Planetary Sciences 13:49-74; (c) McLennan SM, Taylor SR. 1982. Geochemical constraints on the growth of the continental crust. Journal of Geology 90:347-361; (d) McLennan SM, Taylor SR. 1983. Continental freeboard, sedimentation rates and growth of continental crust. Nature 306:169-172; (e) Taylor SR, McLennan SM. 1985. The continental crust: its composition and evolution: an examination of the geochemical record preserved in sedimentary rocks. Hallam A, editor. Geoscience texts. Oxford, London, and Edinburgh: Blackwell Scientific Publications, pp. 234-239; (f) Veizer J, Jansen SL. 1979. Basement and sedimentary recycling and continental evolution. Journal of Geology 87:341-370.
4. I.e., Garrels RM, Mackenzie FT. 1971. Evolution of sedimentary rocks. New York: W. W. Norton and Co., p. 260.
5. Judson S, Ritter DF. 1964. Rates of regional denudation in the United States. Journal of Geophysical Research 69:3395-3401.
6. (a) Dott RH, Jr., Batten RL. 1988. Evolution of the Earth. 4th ed. New York, St. Louis, and San Francisco: McGraw-Hill Book Co., p. 155. Others using this same value are: (b) Garrels and Mackenzie, p. 114 (note 4); (c) Gilluly J. 1955. Geologic contrasts between continents and ocean basins. In: Poldervaart A, editor. Crust of the earth. Geological Society of America Special Paper 62:7-18; (d) Schumm SA. 1963. The disparity between present rates of

denudation and orogeny. Shorter contributions to general geology. U.S. Geological Survey Professional Paper 454-H.

7. Sparks BW. 1986. Geomorphology. 3rd ed. Beaver SH, editor. Geographies for advanced study. London and New York: Longman Group, p. 510.
8. (a) Ahnert F. 1970. Functional relationships between denudation, relief, and uplift in large mid-latitude drainage basins. American Journal of Science 268:243-263; (b) Bloom AL. 1971. The Papuan peneplain problem: a mathematical exercise. Geological Society of America Abstracts With Programs 3(7):507, 508; (c) Schumm (note 6d).
9. Ruxton BP, McDougall I. 1967. Denudation rates in northeast Papua from potassium-argon dating of lavas. American Journal of Science 265:545-561.
10. Corbel J. 1959. Vitesse de L'erosion. Zeitschrift für Geomorphologie 3:1-28.
11. Menard HW. 1961. Some rates of regional erosion. Journal of Geology 69:154-161.
12. Mills HH. 1976. Estimated erosion rates on Mount Rainier, Washington. Geology 4:401-406.
13. Ollier CD, Brown MJF. 1971. Erosion of a young volcano in New Guinea. Zeitschrift für Geomorphologie 15:12-28.
14. (a) Blatt H, Middleton G, Murray R. 1980. Origin of sedimentary rocks. 2nd ed. Englewood Cliffs, N.J.: Prentice-Hall, p. 36; (b) Schumm (note 6d).
15. The surface area of our continents is about 148,429,000 square kilometers. At an average height of 623 meters, we would have a volume above sea level of 92,471,269 cubic kilometers. Employing an estimated average density of 2.5 for the rocks, this would give us 231,171 x 10^{12} tons. This divided by 24,108 x 10^{6} tons of sediment carried by the rivers of the world to the oceans in a year results in an average rate of erosion of the continents of 9.582 million years. By comparative analogy, in 2,500 million years this rate could erode the continents 261 (2,500 million divided by 9.582 million) times.
16. For example: Blatt, Middleton, and Murray, p. 18 (note 14a).
17. There should not be much, if any, of the old sediments remaining. All sediments (including a large proportion now below sea level) would be eroded many times. Total world sediments are 2.4 x 10^{18} tons. Rivers before agriculture carried approximately 1 x 10^{10} tons per year; so average cycles would be: 2.4 x 10^{18} tons divided by 10 x 10^{9} tons per year, which would equal 240 million years or 10 full cycles of all sediments in 2,500 million years. This is conservative; some suggest recycling "three to ten times since late Cambrian" ([a] Blatt, Middleton, and Murray, pp. 35-38; [note 14a]). Furthermore, the residues of sediment per unit time are more abundant in some older periods (e.g., Silurian and Devonian) than more recent ones (Mississippian to Cretaceous) (see: [b] Raup DM. 1976. Species diversity in the Phanerozoic: an interpretation. Paleobiology 2:289-297). Because of this, some have suggested two cyclic series of changes in erosion rates in the Phanerozoic (e.g., [c] Gregor CB. 1970. Denudation of the continents. Nature 228:273-275). This pattern runs counter to suggestions that recycling is responsible for the smaller volume of older sediments. Also, our sedimentary basins tend to be smaller in their deeper regions which would, by default, restrict the volume of the lowest (oldest) sediments. One can also postulate that much more sediment than we now have has been produced in the past from granitic rocks, and that only a small portion remains. The sediments may have been recycled several times into granitic rocks. Probably the most serious problem this kind of model faces is the chemical mismatch between sediments and earth's granitic crust. Granitic-type (igneous) rocks have an average of less than half as much calcium compared to sedimentary rocks, three times more sodium, and less than one hundredth as much carbon. For data and further discussion, see: (d) Garrels and Mackenzie, pp. 237, 243, 248 (note 4); (e) Mason B, Moore CB. 1982. Principles of geochemistry. 4th ed. New York, Chichester, and Toronto: John Wiley and Sons, pp. 44, 152, 153; (f) Pettijohn FJ. 1975. Sedimentary rocks. 3rd ed. New York, San Francisco, and London: Harper and Row, pp. 21, 22; (g) Ronov AB, Yaroshevsky AA. 1969. Chemical composition of the earth's crust. In: Hart PJ, editor. The earth's crust and upper mantle: structure, dynamic processes, and their relation to deep-seated geological phenomena. American Geophysical Union, Geophysical Monograph 13:37-57; (h) Othman DB, White WM, Patchett J. 1989. The geochemistry of marine sediments, island arc magma genesis, and

crust-mantle recycling. Earth and Planetary Science Letters 94:1-21. Calculations based on an assumption of the origin of all sedimentary rocks from igneous rocks give results that are not correct. Those based on the actual measurement of sediment types should be used. It seems difficult to switch back and forth in recycling between granitic and sedimentary rocks with such a mismatch of these basic elements. One of the more serious problems is how to get limestone (calcium carbonate) from granitic rocks that are comparatively low in calcium and carbon. Furthermore, recycling of sediments within a localized region on the continents does not seem to answer the problem of rapid erosion, because the figures used for the calculations are based on the quantity of sediment going from the continents into the ocean and would exclude local recycling. Furthermore, usually major sections of the geologic column are exposed and eroded in earth's major river basins. This erosion occurs especially rapidly in the mountains which have an abundance of ancient sediments. Why are these ancient sediments still here if they have been recycled?

18. (a) Gilluly J, Waters AC, Woodford AO. 1968. Principles of geology. 3rd ed. San Francisco: W. H. Freeman and Co., p. 79; (b) Judson S. 1968. Erosion of the land, or what's happening to our continents? American Scientist 56:356-374; (c) McLennan SM. 1993. Weathering and global denudation. Journal of Geology 101:295-303; (d) Milliman JD, Syvitski JPM. 1992. Geomorphic/tectonic control of sediment discharge to the ocean: the importance of small mountainous rivers. Journal of Geology 100:525-544.
19. Frakes LA. 1979. Climates throughout geologic time. Amsterdam, Oxford, and New York: Elsevier Scientific Pub. Co., Figure 9-1, p. 261.
20. Daily B, Twidale CR, Milnes AR. 1974. The age of the lateritized summit surface on Kangaroo Island and adjacent areas of South Australia. Journal of the Geological Society of Australia 21(4):387-392.
21. The problem and some general suggestions for resolution are given in: Twidale CR. 1976. On the survival of paleoforms. American Journal of Science 276:77-95.
22. Gregor GB. 1968. The rate of denudation in post-Algonkian time. Koninklijke Nederlandse Academie van Wetenschapper 71:22-30.
23. Izett GA. 1981. Volcanic ash beds: recorders of upper Cenozoic silicic pyroclastic volcanism in the western United States. Journal of Geophysical Research 86B:10200-10222.
24. See listings in: Simkin T, Siebert L, McClelland L, Bridge D, Newhall C, Latter JH. 1981. Volcanoes of the world: a regional directory, gazetteer, and chronology of volcanism during the last 10,000 years. Smithsonian Institution. Stroudsburg, Pa.: Hutchinson Ross Pub. Co.
25. Decker R, Decker B, editors. 1982. Volcanoes and the earth's interior: readings from Scientific American. San Francisco: W. H. Freeman and Co., p. 47.
26. (a) Ronov and Yaroshevsky (note 17g); (b) For just the Phanerozoic, 18 percent volcanic materials is suggested in: Ronov AB. 1982. The earth's sedimentary shell (quantitative patterns of its structure, compositions, and evolution). The 20th V. I. Vernadskiy Lecture, Mar. 12, 1978. Part 2. International Geology Review 24(12):1365-1388. Ronov and Yaroshevsky's estimates of sediment volume are high compared to some others. The discrepancies hardly affected the conclusions. The total thickness expected is based on 2,500 x 10^6 years x 4 cubic kilometers per year = 10,000 x 10^6 cubic kilometers divided by 5.1 x 10^8 square kilometers for earth = 19.6 kilometers high.
27. Schumm (note 6d).
28. Mueller St. 1983. Deep structure and recent dynamics in the Alps. In: Hsü KJ, editor. Mountain building processes. New York: Academic Press, pp. 181-199.
29. Hand SH. 1982. Figure 20-40. In: Press F, Siever R. 1982. Earth. 3rd ed. San Francisco: W. H. Freeman and Co., p. 484.
30. (a) Gansser A. 1983. The morphogenic phase of mountain building. In: Hsü, pp. 221-228 (note 28); (b) Molnar P. 1984. Structure and tectonics of the Himalaya: constraints and implications of geophysical data. Annual Review of Earth and Planetary Sciences 12:489-518; (b) Iwata S. 1987. Mode and rate of uplift of the central Nepal Himalaya. Zeitschrift für Geomorphologie Supplement Band 63:37-49.

31. Wellman HW. 1979. An uplift map for the South Island of New Zealand, and a model for uplift of the southern Alps. In: Walcott RI, Cresswell MM, editors. The origin of the southern Alps. Bulletin 18. Wellington: Royal Society of New Zealand, pp. 13-20.
32. Tsuboi C. 1932-1933. Investigation on the deformation of the earth's crust found by precise geodetic means. Japanese Journal of Astronomy and Geophysics Transactions 10:93-248.
33. (a) Blatt, Middleton, and Murray, p. 30 (note 14a), based on data from: (b) Ahnert (note 8a).
34. (a) Blatt, Middleton, and Murray, p. 30 (note 14a); (b) Bloom AL. 1969. The surface of the earth. McAlester AL, editor. Foundations of earth science series. Englewood Cliffs, N.J.: Prentice-Hall, pp. 87-89; (c) Schumm (note 6d).
35. See chapter 12 for some examples.
36. (a) Kröner (note 3b); (b) Smith JV. 1981. The first 800 million years of earth's history. Philosophical Transactions of the Royal Society of London A 301:401-422.

第五部　評估科學與聖經

第十六章 科學：一個神奇的領域

我們當深深考察
自己的行為。
——耶利米哀歌 3：40

當我們試圖在科學與聖經之間達成一致時，我們需要評定一下它們的資訊來源。本章中，我們將舉例說明科學的力量。如果沒有特別說明的話，在本章和下章中所使用的「科學」這一術語都指的是尋求大自然的眞相及解釋的過程。

我們生活在科技空前發達的時代，大多數人，都因爲現代的便利而欣喜不已。神奇的發明是科學原理發揮作用的見證。每天我們都在翹首等待下一項科學上的重大創舉，揣測著科學將發明甚麼物品可能改善我們的生活。本章我們將回顧一下科學上的重要成就。

■ 基因工程

最近在加州大學聖地牙哥學院，進行的一連串複雜的實驗，培育出了能在黑暗中發光的植物。之前在高級植物中從未發現過這種經由生物活動（生物體發光）的發光現象。不同的生物，包括普通的螢火蟲，尤其是大量的海洋動物，能通過生物化學的方式發出「冷光」(因爲幾乎沒有熱量產生)，但在更爲複雜的動植物之中，尙未發現發光這一現象。然而現在我們有了一種能在黑暗中發光的煙草植物。研究者之所以選擇煙草這種植物，是因爲它的基因系統是大家所熟知的，加上它有一種好的載體能將新的資訊傳遞給它的DNA[1]，研究者使用一種有趣的基因工程技術，研製出了這種特殊的植物。

基因工程是衆多的科學成就之一，這些科學成就的成功，令我們印象深刻。基本上，它的研究方法是利用先進的技術，將某種生物的基因，植入另一種生物世代相傳的結構之中，在製造發光煙草植物的案例中，研究者將螢火蟲能夠發光必要的酶——發光酶基因，合併到煙草的基因系統(DNA)之中，當給它澆灌恰當的化學藥劑時，[三磷酸腺甘酸和發光酶]，植物就發出微弱的光，這證明它們已經擁有了發光酶這種基因，同一種方法用在其他植物上（不提供該基因）就不能發光，發光植物的大部分地方都發光，但根部、嫩葉和導管組織要更亮一些。

移植基因是複雜的過程，操縱DNA長分子中編碼的遺傳訊息。基因工程已爲生物學家提供了這樣的技術：從一種生物中分離出DNA，並將它植入另一生物，使之在該生物中得以再生並引起作用。移植是經由使用一種病毒或細菌質體（來自細菌體內的一種特殊DNA），作爲所需DNA的載體，這種被合併的DNA，又稱重組的DNA，能夠在大量不同的生物體之間傳遞資訊，在上面描述的煙草發光成功的例子中，研究者將螢火蟲中提出的用於發光的發光酶基因，藉由細菌質體注入到細胞質中，最終進入到煙草中，使之獲得發光的能力，這些並非簡單的過程。

這種戲劇化的結果，比那種高等植物能發光的一類新奇事更有意義，因爲光是很容易被察覺的，這一系統提供了一種辨認和研究基因活動的方法。大家也能想像到，如果夜晚有更多植物發光，那會是什麼樣的景象，在黑暗的森林中發光的孩子也許更易找到。已有生物學家報導，成功地將發光酶基因注入到猴子細胞[2]。但是，對於複雜生命形式的基因工程之前景，是不容太過樂觀的，因爲它們基因的可變性較弱。

對於較簡單的生物，基因工程已創下了一連串令人矚目的成就，一些在藥物治療中所需要十分特殊的分子，在以往要耗費巨大的財力與精力才能從活的生物體中得到，而現在可以通過改變細菌的基因來大量生產獲得。如能增強人類抵抗力的干擾素和能控制血糖濃度的胰島素，就是很好的例證。通過各種技術，研究者已使用荷爾蒙生長基因來培育更大的老鼠、豬，以及能產更多乳汁的乳牛。科學家正利用基因工程來研究各種新型而複雜的酶，以控制化學變化。[3]

其中最引人注目的研製成果是免除了幾種免疫缺陷的疾病。受這些疾病困擾的個體無法抵抗病菌，而必須處於絕對無菌的環境中，比方說，那個曾生活在塑膠保護罩裏的小孩，即人們所熟知的「泡沫男孩」。最近，研究者從兩個患有免疫缺陷疾病的女孩身上取出細胞，並從基因上予以改變，然後把它們重新注射到這兩女孩身上，這樣就使她們獲得了所需的免疫力。在農業上取得的非凡成就，研製出了能保鮮更久的基因改造水果和抗菌防蟲能力更強的植物。

然而，這些成就也使我們考慮到各種各樣的基因作物可能會對環境，造成某種負面影響。這是我們所不能忽視的，然而基因工程也正告訴我們，科學是一種強有力的工具。

■ 有機體的發展

高級生物是怎樣從單細胞發展成複雜成熟的個體的？爲什麼一個細胞會逐漸發展成蚯蚓，而另一個則會變成鯊魚？雖然我們沒有許多答案，但科學已獲得了相關訊息。

在理論上講，至少每個細胞都含有發展成生物體各部位的DNA，而且每個細胞都含有，將生物體當作一個整體來運作的資訊，因此，一個細胞可以是我們用來思考大腦皮層的一部分，也有包含生成指甲的指令。然而我們身體的每部分，都已按自己特殊的方式發展成了心、肌肉、肝或牙齒，這些都是有功能的生物體必要的結構，而這些特別的、有序的發展是如何發生的呢？

科學表明當生物還處在早期發展階段時，不同部分可能會變得越來越獨特。大多數生物都源自於單一細胞。對許多動物而言，第一個細胞一分爲二之時就已爲將來的個體，奠定了左、右兩部分。有時這兩個細胞會分開，從而產生兩個完整的生物，而不是一個。因爲兩個細胞都有完全相同的遺傳信息，於是就產生了十分相近的後代，如同卵雙胞胎。犰狳通常能產出完全相同的四胞胎。顯而易見，一個生物體初期的每一個細胞，都有能力發展爲一個完整的個體。相反地，少數形成早期兩棲動物胚體的細胞能被分成單個細胞，這些單個細胞在再重新接合時，就能長成完全正常的單個胚胎。

一些精湛的實驗已闡明了生物發育過程中的變異問題，其中最引人注目的是對處於發育階段的青蛙[4]所做的實驗。調查使用了南非爪蛙，從而得到特別的收穫。它的特別處在於它具有像成蛙那樣再生手足的能力。當人們用剪去腳趾的方法來識別實驗動物時，就引發了許多問題，因爲牠們能很快再長出新的腳趾。調查者在使用這些青蛙的實驗中，除去了蛙卵中的細胞核，這些細胞核中含有具控制功能的DNA，並以更高級的生物體中的細胞核來取代它們。他們的做法是要確定原來被轉移的細胞，在控制生物發展方面有多好。事實證明胚胎早期階段的細胞核比晚期階段的細胞核，比方說，生活在水中的蝌蚪[5]的細胞核，更有可能產生出正常的蝌蚪。被報導的幾起實例表明，蝌蚪腸內細胞中的細胞核能產生出有生育能力的成蛙，但這一結果已經遭到了駁斥，[6]從成蛙皮膚上分割來的細胞核，只能刺激發育到形成期，也就是不必餵食的蝌蚪階段。[7]

科學新聞界報導了在綿羊身上的重大突破，大多數專家認爲無性繁殖哺乳動物是不可能的。雖然此次實驗過程中遇到了一些困難，但它證實了科學的進步性。研究者從一隻6歲大的母綿羊的乳腺細胞中取出細胞核，並移植到另一隻綿羊體內未受精的卵細胞裏。而事先他們就把未受精卵中的細胞核給去掉了，然後將這個取自乳腺細胞且帶有基因資訊的新「胚胎」，移植到另一隻綿羊的子宮裏，並發育成一隻很正常的羊，並且和六歲「母羊」[8]有相同的乳腺基因資訊。這種成功，所暗示的實驗潛在能力和變化性是勢不可擋的。

在植物體上進行實驗則比較容易，康乃爾大學[9]的植物生理學家，能夠在椰奶中培養成熟的胡蘿蔔細胞。在這種培養基中的胡蘿蔔細胞，形成了毫無形狀的塊狀結構。當研究者把這些塊狀結構中的細胞移入固態培養基因時，它們可發育成完全有繁殖能力的成熟胡蘿蔔。這些結果進一步證實了每個細胞，都有產生完整生物體所需資訊的假設。

另一個例子可證明發展生物學家高明之處，是將兩個獨立生物體處於早期的細胞進行混合，以爲生一個單一的「混合」生物體。例如：十分年幼的老鼠胚始的細胞（只包括少數幾個細胞）很容易被分離。當研究者爲兩隻不同類的老鼠進行此項實驗，並把細胞結合起來的時候，來自兩個不同胚體的細胞，將結合成一個獨特的生物體。當將之放入一母體中時，這個嵌合的胚體得以生長發育，最終變成來自兩個胚體細胞混合的成體。這樣的生物有四個父母而不是通常的兩個。如果原來的兩個胚體含有形成不同顏色毛皮的基因，那麼它們的後代中有的將形成雜色的皮毛，而其中的每一顏色，都是來自每一個原始的胚體，如果原始的胚體是不同性別的，那麼它們的一些後代將成爲雌雄同體。[10]

經由轉移那些能引起特殊構造的細胞外，我們也可刺激生物體上，那些意想不到部分的早期發育。更高級胚胎中的某種細胞，能刺激頭、軀幹和尾巴的形成。在蠑螈(Triturus)胚胎上所做的實驗表明，如果研究者將一個胚胎的某部分移植到另一胚體上時，那麼被移植的這部分，當能使胚體上形成另外一個頭。該實驗引人注目的地方，在於被移植的部分，最終並沒有在這個正常胚體上形成一個頭，而是成爲該生物原有內臟的一部分。

一個新嶄露頭角的研究領域，是對含有相同基因的細胞核[11]生長作用的研究。這種基因影響生物的生長發育，它們所控制的這種生長發育受制於成形時環境的變化。因此這一過程是複雜的。實驗中基因的去除或轉移能產生奇異的生物，一些會長出多餘的翅膀、眼睛或觸角，但是如此複雜的成果，可能會讓我們對整個生長發育過程有可喜發現。

對於在促進人類受孕和發育中所取得的進步，是不足爲奇的。在實驗室的試管中，對人類卵細胞與精液進行受精的過程已十分普通。這樣產生而處於發育階段的受精卵細胞，可移植到在基因上毫無關係的人身上，而此人只是爲嬰孩提供了九個月懷胎的子宮。我們也可能長期冷藏、保存處於八細胞階段(eight-cell stage)的人類胚胎中，而等待時機成熟時，技術人員可將之移植到某個人的子宮裏。

在複製綿羊方面獲得的進展帶來了複製人的問題。許多大衆著作，一直在探討這一問題的可能性。獨裁者可以不休止地複製他們自己，從而得以永遠地統治下去！我們已能夠直接複製胡蘿蔔、綿羊，可能還有青蛙。而且目前科學資料表明，人類可以通過發達的身體細胞，進行複

圖片 16.1

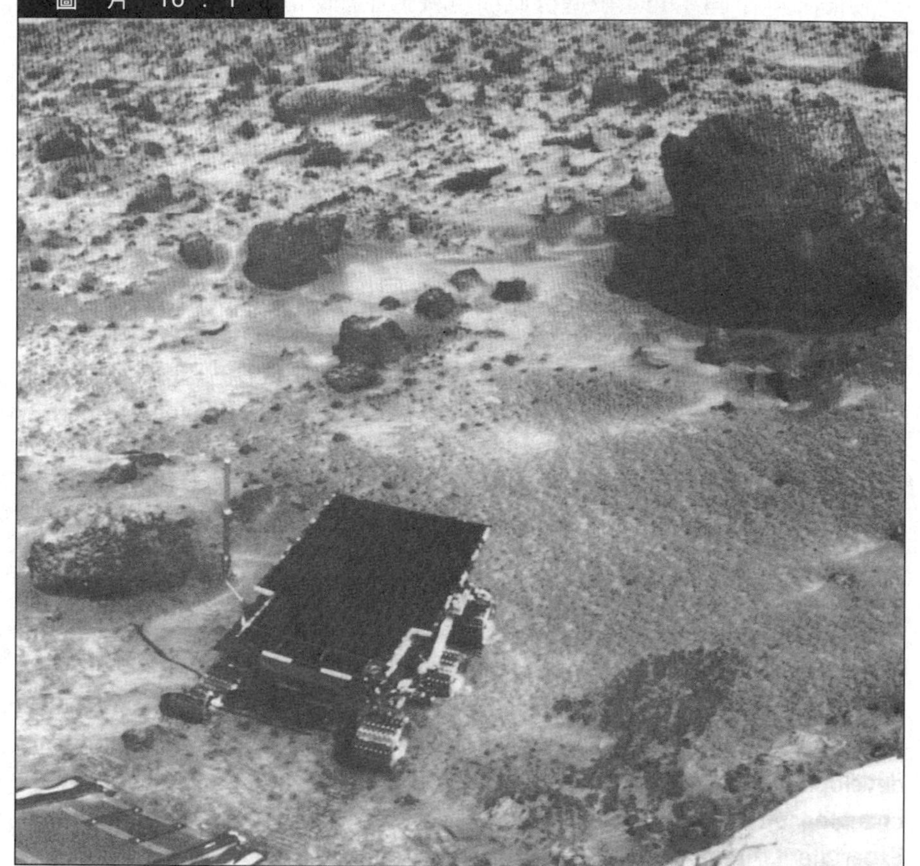

從火星探路者號，看到的盤道景象（左下方是盤道，右下方是空氣袋）。探測器「旅行者」（左前方）上安裝了一個初級質子X射線分光鏡，以分析火星岩石。這些成就證實了科學及其相關技術的成功，照片由美國太空總署/噴氣推進實驗室/加州理工學院提供。

製。現在人們已獲得了另一項，從胚胎早期開始進行人體複製的技術，並且這一技術，已在有缺陷胚胎的原始階段實施過了。爲了獲得無性繁殖，我們可將人類早期胚胎一分爲二——自然形成的雙生子就是如此生成：一半可以移植，並讓它立即發育，另一半則長期冷藏，如果想要得到第一個個體的複製，我們可將冷藏的那個完全相同的胚胎，移植到一個代理孕婦體內。但我們需要記住的是：人類並不僅僅是其基因規則的產物。我們生活的環境、自由選擇、以及其他因素，決定了我們會變成什麼樣子。複製一個受過訓練的高級人，也許是有些困難的，而複製整個人類，則可能會比一般動物更爲困難。因複製帶來的社會、道德和倫理上的問題，更是令人畏懼——但這卻是整個科學進步之處。

■ 管理電子

本世紀主要的成就之一便是將微電子晶體，以及其他電子元件，如兩極眞空管、電阻，以及電容器微縮成單一細小的矽片，然後利用矽片生產出錯綜複雜，協調完整的線路，每條線路包括百萬個有功能的電子元件，每個電子元件，都表現了科學工作的原理。

研製精密電腦矽片上普通完整線路的那些人，被新一代技術人員稱爲「平臺著陸者」(flatlanders)，而這些新一代技術人員，正試圖在相同矽片上研製開發微型發動機。不可思議的是，來自於加州柏克萊大學的研究者，已發明了直徑小於1/10毫米(一英寸的3/1,000)的電動機，與建立在磁力基礎上的傳統電動機，不同的是，這些電動機利用的是靜電之間的引力和斥力。這又一次表現了科學的工作原理。這種電動機，大量運用於包括微型清潔器和探測器等在內的機器中。甚至有人建議將它們改成小型機器人，放入人的血管，以清除動脈裏的膽固醇。

證明科學基本原理的事例有很多。除了上述我們所提到的外，我們還可列舉出大量在科學原理基礎上產生的科技產品，如電視機，個人電腦、衛星、宇宙探測器(圖16.1)。核反應器等等，我們無需花更多的筆墨，來列舉科學的價値與成就，科學正發揮著它的作用。

■ 結 論

科學取得了如此大的成功，以致作爲人類的我們，發現自己被威脅著我們的技術主義所包圍。在實驗領域，科學取得了巨大成功，也贏得了許多稱讚，任何拒絕科學的行爲都是不可取的。 但這並不意味著科學就不存在有一些重大的缺陷。

■ 參考文獻：

1. Ow DW, Wood KV, DeLuca M, de Wet JR, Helinski DR, Howell SH. 1986. Transient and stable expression of the firefly luciferase gene in plant cells and transgenic plants. Science 234:856-859.
2. De Wet JR, Wood KV, DeLuca M, Helinski DR, Subramani S. 1987. Firefly luciferase gene: structure and expression in mammalian cells. Molecular and Cellular Biology 7(2):725-737.

3. Flam F. 1994. Co-opting a blind watchmaker. Science 265:1032, 1033.
4. (a) Gurdon JB. 1968. Transplanted nuclei and cell differentiation. Scientific American 219(6):24-35; (b) Gurdon JB, Laskey RA, Reeves OR. 1975. The developmental capacity of nuclei transplanted from keratinized skin cells of adult frogs. Journal of Embryology and Experimental Morphology 34:93-112; (c) Gurdon JB. 1977. Egg cytoplasm and gene control in development. The Croonian Lecture, 1976. Proceedings of the Royal Society of London B 198:211-247.
5. McKinnell RG. 1978. Cloning: nuclear transplantation in amphibia. Minneapolis: University of Minnesota Press, p. 101.
6. For discussion, see McKinnell, pp. 110-112 (note 5).
7. Gurdon, Laskey, and Reeves (note 4b).
8. Wilmut I, Schnieke AE, McWhir J, Kind AJ, Campbell KHS. 1997. Viable offspring derived from fetal and adult mammalian cells. Nature 385:810-813.
9. (a) Steward FC, with Mapes MO, Kent AE, Halsten RD. 1964. Growth and development of cultured plant cells. Science 143:20-27; (b) Steward FC. 1970. From cultured cells to whole plants: the induction and control of their growth and morphogenesis. The Croonian Lecture, 1969. Proceedings of the Royal Society of London B 175:1-30.
10. (a) Mintz B. 1965. Experimental genetic mosaicism in the mouse. In: Wolstenholme GEW, O'Connor M, editors. Preimplantation stages of pregnancy. Ciba Foundation Symposium. Boston: Little, Brown, and Co., pp. 194-207; (b) Mintz B, Illmensee K. 1975. Normal genetically mosaic mice produced from malignant teratocarcinoma cells. Proceedings of the National Academy of Sciences U.S.A. 72:3585-3589.
11. See chapter 6 for a brief description of a DNA homeobox.

第十七章 有關科學與眞理的一些問題

如同海水穿過漁夫的網一般，
人生的價值、意義、目的和品質，
無一不滲透在科學的網眼之中。
因為人類生活在科學的海洋裏，所以他們無法擺脱
無所不在的科學。　　　　——*休斯頓．史密斯*。[1]

科學取得的成功是如此之大，以致我們可能會將它的局限性拋諸腦後。這個給我們帶來抗生素、基因工程、太空旅行、核爆的東西，怎麼可能會不強大呢？一些深受其規律影響的科學家認爲科學能夠回答世界上所有重大的問題，我們越迅速地樹立科學的世界觀，就能越快地解決這些問題。有時持不同政見的各國科學家之間的親密合作，可以見證我們如何使用科學，來消除政治衝突並帶來世界和平。這些事實證明，科學的概念，已深入人心。但我們應該記住發生在科學領域的一些戰爭、核危機以及化學污染，從而意識到，至少到目前爲止，科學在解決所有的問題時顯然已力不從心。科學家也像從事其他職業的人一樣，慣於用他們的專業眼光來看待現實。這些局限性的觀點可能會成爲我們在尋求眞理之路上的一種阻礙。大智若愚的威爾．羅傑斯提醒我們「如果一個受過教育的人，把他學過的東西丟得一乾二淨，那麼他會比一個白癡更白癡。」[2]

在前一章，我們回顧了一些科學的成就，在此我們將藉著考察它的局限性，來補充一些看法。

■ 科學是什麼？

我們都知道科學是什麼——是嗎？科學就是稱爲科學家的人所做的一切！除了上面說到的，這一問題變得有趣而複雜。我們可以從很多方

面來給科學下定義，主要有以下幾個觀點：(1)安排有序的知識，(2)能證實的知識，(3)自然的眞相，(4)對自然的解釋，(5)建立在科學原則上的思想體系(這個定義要求我們知道哪種原則是科學的，而哪種是非科學的)，(6)發現自然眞理的方法論，(7)除了超自然以外的自然哲學。

事實上，我們鄭重地承認，對於科學是什麼及如何運作，我們並不是一清二楚的。麥達渥(Peter Medawar)，諾貝爾獎得主、兼前英國科學振興協會的會長，描寫了這樣一種兩難境地：「如問一位科學家，科學的方法是什麼，他會立即表現出嚴肅而且目光詭詐的樣子。嚴肅，是因爲他認爲他應該發表一些觀點，目光詭詐，是因爲他正思考怎樣掩飾他沒有觀點可說的事實。如果遭到揶揄，他極有可能咕噥一些有關『歸納法』和『建立自然法則』的原則，如果某個在實驗室工作的人聲稱他正試圖通過歸納法建立自然法則，我們則認爲他早該引咎辭職。」[3]

我們承認科學的作用，但在某種意義上科學家並不知道他正在做什麼。問題部分在於不同科學程式的複雜性，其中有許多被錯誤地定義，還有一部分，來自於我們確實不知道科學是什麼的這個事實，這會將我們帶回到最初所下的定義：「科學就是科學家所做的一切。」但，對於科學是什麼，我們會有一個大致的看法：它正在發掘有關自然的眞相和解釋。

■ 科學只涉及部分現實

科學中一個最顯而易見的局限性，特別是我們所認爲的自然(機械)科學，在於它留下了許多無法解釋的問題。全盤自然科學體系的思維，將許多領域拒之門外，而我們認爲，那些領域也是現實的一部分，我們只要提到諸如現實、道德、善惡、自由選擇、關心、良心、意識、目的、忠誠或無私的愛時，這些概念的根本意義，就能意識到在科學的簡單自然的因果解釋之外，還存有一個廣闊的領域。

大批思想領袖，已用某種方法證實了有關科學以外的現實。凡尼瓦布希，這位曾有過科學家和行政官員的顯赫職業，並被稱爲「現代電腦之父」的人曾說過：「事實上科學什麼也沒證實。更爲致命的問題，是它甚至拿不出證據」，[4]著名天文學家阿瑟愛丁頓，在談到科學以外的價值領域時說：「自然法則，對於符號後面看不見的世界是不適用的，因爲它不適用於符號外的任何事物，它的完美，在於符號的完美結合，我們不能將這一方案應用到我們的個性上，因爲個性不能用符號來衡量，就像不能給十四行詩開平方根一樣。」[5]

著名的數學哲學家懷特海德也曾指出一個天生的不調和性來強調科學解釋的局限性：「科學家要證明他們並沒有什麼意圖，在這種意念的驅使下，於是成立了一個有趣的研究課題。」[6]醫生作家霍姆茲，更刻畫了這種關係，他的名言是：「如果一個人在一樓有常識，那麼他二樓房間最好的傢俱是科學」。[7]哲學家史密斯，則更直接地描敘了這一問題：「想像事物可能會是什麼樣子時，現代科學是最好的出發點。同樣的它也是最壞的結束點。」[8]所有這些評論都強調了科學，所固有的不完整性。

科學背景下的道德起源問題，也說明了科學的局限性。是科學產生了道德嗎？這一問題長期以來一直是討論話題[9]。科學有道德屬性嗎？當然科學家有道德屬性。但人們眞的難以將充滿了競爭和優勝劣敗的達爾文進化論及其「暴力統治」，與在道義上強調責任感的這個社會協調起來。這個社會講求公平、關注弱者及被剝削者。進化論利他主義的觀點，難以解釋基於自由意願[10]的人類道德。遵從自然哲學的科學家們也許會否認自由意志的存在，但相較於從「適者生存」的起源觀念中所推斷出來的一切而言，人類更關注的是一些道德上的理念。從單純的自然科學角度來看，有關純正道德起源的正確答案是很稀少，而且令人難以信服的。科學，雖然有時聲稱要擺脫宗教、道德和政治的影響，[11]但對這些方面的解釋一籌莫展。

「科學的世界觀」這一措辭，表達了一種矛盾的觀點，因爲科學只向人們展示了現實的一面，科學並不是一個完整的世界觀。任何完整的世界觀都必須對自然解釋以外的其他領域有所說明。我們不應該試圖減少事實眞相，來決定我們過於單純的理解水平，我們必須越過科學去尋求更多的解釋與說明。

科學所揭示的部分現實，在我們考慮問題的根本原因時，也是十分明顯的。科學精彩地描敘了這個物質世界，其中的細節和相互關係，但卻並未揭示這些事物的根本原因。它告訴了我們很多事物是「如何」的，但卻沒有告訴我們「爲什麼」會是這樣的。評論家指責科學解釋是一種封閉的系統，它用各種事物間的關係來給一切下定義。這就無異於把 a pony 解釋爲一匹 a small horse，又把 a horse 解釋爲 a big pony 一樣。這類定義並未告訴我們 horse 和 pony 究竟是什麼，現代科學對人類的存在、意識及道德責任，所作的解釋並沒甚麼貢獻。「如果你要求科學製造一顆原子彈，它會告訴你怎樣製造，但如果你問科學是否眞的應該製造一顆原子彈，它將保持緘默」[12]。

與科學不完整性相關的是：科學並不能很好地解釋一些獨一無二的事件。科學的成功在很大程度上是依賴反覆出現的情境，這樣才能令它找到一致性的原理。如果一種事物只出現一次，比如第一個細胞的誕生或進化，科學是無法給予太多的解釋，它只能提供一些無關緊要的相關資訊。

■ 歷史科學

在創造論與進化論針鋒相對的激烈對抗過程中，某些科學家有時會將普遍進化論，視爲萬有引力一樣的事實。如此評論自然引起了不同的反應。一些人贊同它，因爲引力和進化論，同是被許多現代科學家所接受的自然主義觀點。其他人則洞察到二者之間不可逾越的鴻溝。我們很容易證實引力的存在，但對於普遍的進化理論，卻不是那麼輕而易舉的證明。

經由能得到預期結果的實驗，許多人開始熟悉科學的眞實性，它讓我們對科學方法有了高度的信任。我們能夠預測這些實驗的結果。當然，有時出現的結果，並不像預測中的那樣，而我們通常會將這種失敗或歸因於程式上出錯、或是測量不精密、以及污染等，但決不會歸咎於科學。一些基本實驗讓我們建立起這 樣一種觀念：科學是絕對的，如果事物出現偏差，那麼錯誤是由其他任何事物所導致的，而絕不會是科學本身。

大量的證據證實了簡單實驗室實驗的預測性。遺憾的是，大衆甚至是一些受過訓練的科學家，都很少意識到這些效果良好的實驗，與原始研究中未知事物之間的對立。他們將科學看作一個簡單，無可置疑的步驟。但是艱難的研究則不然。我們必須認識到，我們通常稱之爲「知識極限」的東西實際上也代表著「無知的邊緣」。

一些科學家試圖在歷史科學的標示下，分離出科學上的一些不確定領域，來緩和一些人對科學的不信任程度。[13]而從廣義上來看，我們不能用簡單的方式來給歷史科學下定義。我們不應該用歷史上相同的術語來描述他或她的方法論與它混爲一談。歷史科學尤其是指那些不易被試驗以及預測的科學領域，那是科學家們較常採用的。因爲它們更加獨特——至少是受到實例的限制。它們通常涉及到過去的觀點，即歷史的內涵。學者們通常認爲物理和化學具有較少的歷史性，而地理、生物和古生物學等許多領域，則具有較強的歷史性。兩者的不同部分原因在於考慮因素的複雜性——物理和化學是最簡單和最具預測性的，而生物和古生物涉及大量複雜的相互作用因素，於是顯示高度的不確定性，歷史科學與更爲可靠的實驗科學相比，其中包含更多猜測的成分，並且要求研究者更爲小心謹愼。歷史科學的某些方面比其他方面更爲可靠，我們通常更能確定化石的原始形狀，而不太能確定是什麼因素，導致該化石的生物的死亡。

大量有關科學的主要爭端已集中於歷史科學，如最近出版的標題爲《偉大的地理之爭》[14]一文中，列舉了七個主題，全都是有關過去解釋的矛盾。其間包括地球的年齡，地球上大量生命的滅絕，以及冰川時期。歷史科學不確定性導致了這一爭論，另一個有關歷史科學不確定性的顯著事例與歐洲的阿爾卑斯山有關。每隔幾年就會有人針對這些複雜的，被徹底研究過的山峰是怎樣形成的提出了新的理論，這似乎是一個永無止盡的話題，我們應該爲在檢驗過去時會遇到的困難，做好心理準備。

■ 科學領域內的情感主義

一家報紙頭條寫道：「創造論是對科學的侮辱。」這只是我在紐奧爾良出席美國地質界的一次全國性會議的前一天，所聽到的許多類似評論中的一則。我很吃驚，這個評論居然盛行一時。

上段引用的評論，出自奧瑞岡州立大學的一位地理學教授之口，他曾主持過一次關於創造論與地理學的座談會，還稱創造論者「不擇手段，一心想要誤導善意的公民」，並且是「如同三元紙幣那麼狡詐」(美國貨幣中沒有該面值的鈔票)，一位來自波士頓大學的生物學家，聲稱聖經中的災變說是「虛僞而令人作嘔的。」同時此人還認爲創造論是代表政治和宗教迫害科學。一位來自美國自然歷史博物館的著名科學家，將創造論視爲「組織周密而被極度煽動的少數派的專橫」。來自同一社團的另一位科學家，則稱創造論科學和生態學分布帶[15]爲「詐術」。喬治亞州立大學的一位學者，視創造論爲「不能被稱爲學術的僞科學」。來自美國地質調查團的一位地理學家發出警告說：「我們不應該讓科學屈從於創造論者的欺詐行爲」，並且說「如果你是一個創造論者，那麼你的立場就是錯誤的」。在一次座談會結束時，一位支持創造論觀點的人，在宣講自己立場時被中斷，並無法再繼續下去，因爲與會者認爲他的觀點不正確，那最後一條評語由此更顯而易見了。雖然每次會議上創造論都是最重要的討論話題，但安排的15個發言人中沒有一個是創造論者，該會簡直就不能表現一種均衡的態勢。

在這些會議上表現出來的情感主義，遠勝過我在其他學術會議上所見到的。許多科學家脫離客觀現實而斷章取義，我搞不明白，作爲一個正直、冷靜、不偏不倚的資料評議員，科學家怎麼會如此腐朽老套。進化論者最先聲稱，與進化論相比，創造論是非科學的。然而在這些會議上進化論者的行爲，卻不能使我相信 進化論是純科學的論點。

現實一點來說，如果創造論是「一派胡言」，那它還值得去特別關注嗎？爲什麼要花如此多的精力，在這個明顯錯誤的事物身上？我在那些會議上親眼目睹許多嘲笑、戲謔及強烈不贊成，令我不禁深思：創造論是否如演講者所願意承認的那樣，並不是什麼具有實質價值的敵人呢？當蒙太尼說到「既然我們不能遂願，那就讓我們用惡言相向來報復吧」[16]時，這是正確的嗎？

爲了避免創造論者自以爲是的慰藉，請聽我列舉一下在這次會議上發言者所說的，由創造論者所犯錯誤的充分證據吧！這些錯誤，包括反覆提出沒有前寒武紀化石存在的說法等等，不勝枚舉。根據我個人的學識，以及這些會議上的介紹，我承認一些進化論者的紳士風度，正派禮貌以及學術成就。然而，我所聽到的一些反對評論，卻是令人沒齒難忘的。難道創造論和進化論之間的問題，已變得如此激化，以致於科學、理智和理解，都不能再起任何作用了嗎？通過以上列舉的責難，我們必須認識到激情作用影響了學術研究。這種行爲減少了人們對科學方法的信任。我們也應記住一些科學的負面情緒反應，未必要反映在科學處理過程的完整性上，但要將這兩者分開也許又是不可能的。

我們每一個人，包括科學家在內，發現自己很容易被諸如同儕壓力，此類主觀因素所左右。所羅門艾許對123名大學生做了一次正統的研究。[17]他把這些學生分爲七組，讓他們比較放在他們面前大卡片上線的長度。他們必須口頭作答，這樣每個學生都能聽到其他人的答案。在每組中，有一名學生不知情，其他學生則事先就被告知，要報一些錯誤的答案。然後調查者記錄那位不知道別人正故意報錯答案的人所受到的壓力和影響。該實驗顯示，處於錯誤答案群體壓力之下，判斷線長度的錯誤，從1%上升到37%。這次實驗裏只有1/4的人，能不受外界壓力的影響。即使擺在離他們幾公尺遠的大卡片上的線長之間相差17公分，也會人云亦云。艾許認爲：「我們發現社會上一致性的傾向如此強烈，以致那些聰明且受過良好教育的年輕人，願意指鹿爲馬也不足爲怪了。這就讓我們不得不反省一下我們的教育方式，以及那指導我們行爲的價值觀了」。大量有關科學過程的研究，已經顯示了科學評估的主觀性。決定哪種觀點會被公衆接受或拒絕頗具爭議的同儕回顧過程，受以下幾種研究的支配。聖巴巴拉加州大學的馬哈尼[18]做了一實驗，將一篇文章的5種不同版本，分送給75位「評論家」評價。這些僅僅在資料和說明上不同的文章，旨在找出有關外來因素對孩子們自身興趣的影響。那些不知道該結果純屬捏造的評論者，在方法、資料呈現、推薦出版方面，給予傳統版本的評價，都比與之持相反觀點的版本的評價要高。顯而易見，如果你不隨「潮流」的話是很難出版的。在得知此項調查的實質後，所謂的評論家中約有1/4的人，對他們被騙參與此項實驗提出異議，甚至有三個人試圖解雇馬哈尼，或受到美國心理學會的嚴厲斥責。

社會學家麥頓[19]認爲成名科學家，對科學過程產生了更大的影響，因爲他們從自身的發明或發現中得到了過多的稱譽，而且也更容易獲得公諸於世的機會，這種情況會抑制公正的評價和所發現事物眞相的呈現。

有關外界對科學領域的壓力的另一事例是：法國物理學家布隆道特發現的所謂N射線，1902年，在研究X射線的極化作用時，布隆道特注意到了在一種不同於正常X射線的新輻射影響下產生的更爲明亮的火花。他把這種新射線命名爲N射線，以紀念他所在的法國南錫城及大學。他的整個證明和分析的基本體系，依賴於對那種更爲明亮的火花的觀察，而不是它的長度，而其長度可能會是更爲客觀的評價，布隆道特並不是唯一被「現象」所蒙蔽的人。不久「至少40人」對這個射線的效果提出報告，有「100位科學家和醫生，在1903到1906年之間，寫了300篇論文」，對此作了分析[20]。研究發現這種射線源於動物的肌肉、蛋白質的消化，以及黑暗中的植物。他們還觀察到，腦力活動通過神經系統助長了N射線的產生。這種新的輻射提高了視覺，並且有人用它來解釋超自然的現象。對N射線的研究很快成爲「一種新興產業」[21]，此外，1904年，法國科學學會，這個法國科學家的正式代言人，將令人垂涎的勒孔特獎授予了布隆道特。

然而，好幾位科學家卻不能複製這種假定的結果。而那些看到過該射線的人，常指責懷疑者對火花強度增加和該射線明顯發亮現象的不敏感性。很快，越來越多的科學家開始持懷疑態度。他們的懷疑傾向在1904年開始上升，那時約翰・霍布金斯大學的R. W.伍德以偵探的身分去視察南錫實驗室，以調查該射線的眞實性。當時布隆道特正在一間黑暗的房間裏，演示該射線的光譜性質，伍德秘密地從分光鏡中移去了一個重要的鋁製三棱鏡，然而布隆道特卻在沒有三棱鏡的情況下[22]，得出了完全相同的結果。在視察期間，伍德還發現了其他一些無法解釋的結論，這些結論表明資料極可能是早已設計好了的。雖然這一事件，在英、法、德科學界被報導了出來，但它並沒有馬上終止人們對N射線存在的捍衛與支持。雖然人們對此興趣大減，但關於這種影響的調查和討論，還是持續了好幾年。最後人們發現，根本就沒有N射線的存在。這個插曲現在只不過是一則歷史的笑談，它告訴我們，即使是許多科學家都贊同的事物，我們也要謹慎一些才是。

■ 科學領域內的騙局

保羅・凱默勒[23]的悲劇，也是用一種不尋常的方式告誡我們，在評估科學的解釋時要小心謹慎：本世紀初期生於維也納的凱默勒，就環境因素對兩棲動物的影響進行了研究，他的研究成果證實了他所偏好的拉馬克學說，他用協助孵卵的癩蛤蟆做實驗。這種動物的特別之處，在於雄蛙的腿上一直纏著雌蛙的卵，直到這些卵被孵化出來。在他迫使癩蛤蟆呆在水面下的過程中，他發現如此幾代以後的雄蛙，在拇指上生長出吸引雌蛙的爪墊，以此能幫助抓住水下的雌蛙。凱默勒的發現掀起軒然大波，榮譽隨之滾滾而來。特別是在英國，他的研究成果，被視爲「可能是本世紀最偉大的生態學發現」和「凱默勒延續了達爾文的研究」。[24]這給進化論提供了實驗證據。凱默勒的聲名他贏得了莫斯科國家大學的教授職位，但到1926年爲止，僅有一個樣品證實了凱默勒的聲明，有數十位科學家見到吸引雌蛙的爪墊。

一位來自美國自然歷史博物館的科學家諾貝爾，赴維也納檢測該雄性標本。由他和其他人員進行的徹底檢驗表明，吸引雌蛙的爪墊的產生，是因爲標本被注入了一種印度墨水，幾星期以後凱默勒自殺了。他寫遺書聲稱，他絕沒有像人們指責的那樣玩弄科學詭計。雖然他暗示也許已有人巧妙處置過這個樣本，但他還說他已疲於再重複這類實驗。他年僅46歲，他的死在這種情況下，似乎有些離奇。學者們就凱默勒是否眞正搞了這個惡作劇，進行了大量的討論。

其他科學家發現並更正了這一錯誤，是很值得讚賞的，而且這也反映了科學誠實的本質。但我們必須注意到其他相關問題。爲什麼有人要心懷不軌地將印度墨水，注入青蛙的拇指裏呢？如果該發現十分重要的話，爲什麼沒有其他人試圖去重複此項實驗呢？更特別的是，爲什麼在證據十分缺乏的前提下，科學界還能爲這一發現，戴上成功的皇冠？

科學領域內已報導了大量詐騙事例，某些書裏就描述了一些，這些書包括：《眞理的背叛者：科學殿堂裏的虛僞與欺詐》。[25]《眞理背叛者》的作者們暗示科學與想當然的傳統意識觀念迥然不同。該書描繪了一個長期以來處於激烈競爭，並故意調整資料的科學世界。作者們指出過去許多權威，也時常僞造資料以確保他們觀點的有效性。他們又提到了科學領域裏，存在有自欺欺人，易受騙以及惡作劇的問題，還詳述了科學研究領域內，近期的某些惡名昭彰的欺騙行爲。每個科學家都應該讀一下這本書。

幸運的是，儘管有以上事例的存在，但在科學領域內故意欺騙的行爲，還是十分稀少的。但我們不應該完全忽視它的存在。就每 35 － 40 秒即出版一篇的大量科學報導而言，被報導的僞造案例的數目還是寥寥可數的。

雖然如此，一個與科學事業相聯繫的相關問題更顯出其重要性，這個問題就是自欺欺人。IBM公司的副總裁兼權威科學家布蘭斯肯，其本人現正在哈佛，就這問題作了簡要論述。[26]簡單地說，科學家致力於實驗和研究，直至發現他所期望的結果，然後他們就停止。也許出版的壓力阻礙了他們繼續研究，以證實他們的實驗結果是否眞的有效。這就導致了所謂的「知識僵化」。這些科學家因其觀點與預期的一致，而倍感自信，這導致錯誤的長期存在。早先提到的贊同凱默勒有關吸引雌蛙的爪墊的事例，就說明了這一點，布隆道特說到：「對科學眞實性與可靠性的關注之興起，對於科學與我們服務的社會都有很大的好處」。雖然我們必須銘記在心，科學事業基本上是誠實可信的，但同時我們也必須意識到，那造成誠實錯誤之「知識僵化」問題，這是一個十分重要的問題，這種僵化狀態促成定論的持久存在。

■ 定論的優勢與變化

在第二章中我們談到那稱爲定論（paradigms）的主導思想。雖然定論觀念來自於科學研究，但我們有必要記住科學一點也不特別，因爲被看作樣本的定論能夠滲透到全部調查領域。在以後幾章中我們將看到那已被否定的定論是怎樣死灰復燃的。例如，科學家曾相信生命是自然發生的，而後他們否定這一思想，但後來他們又再次承認它。[27]對大災難的說法也是如此，首先科學承認它，然後否定，而後又接受。[28]

諸如此類的事例提醒我們要注意科學思想過程的群衆行爲，科學和其他人類活動一樣，是具有變化更替性的人類事業。雖然科學有時也會改變其定論，但科學家所具備的人性本質，也能抵制這種轉變。要放棄一種捍衛了數年的牢固思想是很不容易的。著名的德國物理學家馬克·卜朗克，曾公開提出「新的科學眞理，不可能經由使其對手信服，使他們看到光明而獲得成功，其成功往往是因爲它的對手最終去世，而對眞理熟悉的新一代成長起來的緣故。」[29] 有時定論的改變需要很長一段時間。

當我們試圖評價那些隨時都可能改變，而且對錯尙不確定的科學輿論之價值時，我們必須將所有因素考慮進去。

■ 結 論

科學過程與大量被大衆認識的問題纏鬥不休。(1)大量現實領域超出了科學的範疇。(2)歷史科學不容易被考證。(3)科學家在他們所涉獵的科學領域，投入了個人感情因素。(4)定論的接受影響著科學界。

雖然有些人認爲科學過分單純、有偏見、錯誤、有局限性，而拒絕接受一切科學資訊，但這種觀點是不正確的，我們不可以忘記科學曾有過的成功記錄，特別是在實驗領域。我們不應該用科學在某些領域內的局限和問題當作藉口，來否認科學在其正確領域內的價值。另一方面，我們拒絕對整個科學的盲目崇拜。科學給我們帶來了大量新資訊，但我們必須記住，有好的科學，也有拙劣的科學，我們需要學會區別這兩者。

■ 參考文獻：

1. Smith H. 1976. Forgotten truth: the primordial tradition. New York and London: Harper and Row, p. 16.
2. As quoted in: Durant W. 1932. On the meaning of life. New York: Ray Long and Richard R. Smith, Inc., p. 61.
3. Medawar PB. 1969. Induction and intuition in scientific thought. Jayne Lectures for 1968. Memoirs of the American Philosophical Society 75:11.
4. Bush V. 1967. Science is not enough. New York: William Morrow and Co., p. 27.
5. Eddington AS. 1929. Science and the unseen world. The Swarthmore Lecture, 1929. London: George Allen and Unwin, p. 33.

6. Quoted in: Sullivan JWN. 1933. The limitations of science. New York: Mentor Books, p. 126.
7. Holmes OW. 1892. The poet at the breakfast table. Boston and New York: Houghton Mifflin and Co., and Cambridge: Riverside Press, p. 120.
8. (a) Smith, p. 1 (note 1). For further discussion see: (b) Horgan J. 1996. The end of science: facing the limits of knowledge in the twilight of the scientific age. Reading, Mass., and New York: Helix Books, Addison-Wesley Pub. Co., Inc.
9. A few references include: (a) Appleyard B. 1992. Understanding the present: science and the soul of modern man. London: Picador, Pan Books; (b) Bowler PJ. 1993. Darwinism. Twayne's studies in intellectual and cultural history. New York: Twayne Publishers, pp. 8-13; (c) Bulger RE, Heitman E, Reiser SJ, editors. 1993. The ethical dimensions of the biological sciences. Cambridge: Cambridge University Press, pp. 1-63; (d) Mayr E. 1988. Toward a new philosophy of biology: observations of an evolutionist. Cambridge, Mass., and London: Belknap Press of Harvard University Press, pp. 75-91; (e) Proctor RN. 1991. Value-free science? Purity and power in modern knowledge. Cambridge, Mass., and London: Harvard University Press; (f) Rappaport RA. 1994. On the evolution of morality and religion: a response to Lee Cronk. Zygon 29:331-349; (g) Sorell T. 1991. Scientism: philosophy and the infatuation with science. International library of philosophy. London and New York: Routledge, pp. 74-97; (h) Stein GJ. 1988. Biological science and the roots of Nazism. American Scientist 76:50-58.
10. See Mayr (note 9d).
11. See chapter 20.
12. Chauvin R. 1989. Dieu des Fourmis Dieu des Étoiles. Paris: France Loisirs, p. 214. English translation mine.
13. For a discussion and references, see: (a) Bird WR. 1987, 1988, 1989. Philosophy of science, philosophy of religion, history, education, and constitutional issues. The origin of species revisited: the theories of evolution and of abrupt appearance, vol. 2. New York: Philosophical Library, pp. 109-111. Especially useful is: (b) Simpson GG. 1963. Historical science. In: Albritton CC, Jr., editor. The fabric of geology. Reading, Mass., and Palo Alto, Calif.: Addison-Wesley Pub. Co., pp. 24-48.
14. (a) Hallam A. 1989. Great geological controversies. 2nd ed. New York: Oxford University Press. A preponderance of disputed past events is also reported in: (b) Müller DW, McKenzie JA, Weissert H, editors. 1991. Controversies in modern geology: evolution of geological theories in sedimentology, Earth history and tectonics. London, San Diego, and New York: Academic Press.
15. See chapter 10 for a discussion of ecological zonation.
16. Montaigne M de. 1588, 1993. Essays, book 3, chapter 7. Of the incommodity of greatness. Fiorio J, translator. In: Andrews R, editor. Columbia dictionary of quotations. New York: Columbia University Press, p. 199.
17. Asch SE. 1955. Opinions and social pressure. Scientific American 193(5):31-35.
18. (a) Dickson D. 1986. Researchers found reluctant to test theories. Science 232:1333; (b) Mahoney MJ. 1977. Publication prejudices: an experimental study of confirmatory bias in the peer review system. Cognitive Therapy and Research 1:161-175.
19. Merton RK. 1968. The Matthew effect in science. Science 159:56-63.
20. Nye MJ. 1980. N-rays: an episode in the history and psychology of science. Historical Studies in the Physical Sciences 11:125-156.
21. Broad W, Wade N. 1982. Betrayers of the truth: fraud and deceit in the halls of science. New York: Simon & Schuster, p. 113.
22. Wood RW. 1904. The N-rays. Nature 70(1822):530, 531.
23. (a) Anonymous. 1926. Obituary: Dr. Paul Kammerer. Nature 118:635, 636; (b) Goran M. 1971. The future of science. New York and Washington, D.C.: Spartan Books, pp. 73-77; (c) Koestler A. 1971. The case of the midwife toad. London: Hutchinson and Co.; (d) Noble GK. 1926. Kammerer's Alytes, part 1. Nature 118:209, 210; (e) Przibram H. 1926a. Kammerer's Alytes, part 2. Nature 118:210, 211; (f) Przibram H. 1926b. Prof. Paul Kammerer. Nature 118:555; (g) Silverberg R. 1965. Scientists and scoundrels: a book of hoaxes. New York: Thomas Y. Crowell

Co., pp. 188-206; (h) Wendt H. 1956. In search of Adam: the story of man's quest for the truth about his earliest ancestors. Cleugh J, translator. Boston: Houghton, Mifflin Co., and Cambridge: Riverside Press, pp. 320-326. Translation of: Ich suchte Adam.

24. As quoted in Goran, p. 74 (note 23b).
25. (a) Broad and Wade (note 21); (b) Feder KL. 1990. Frauds, myths, and mysteries: science and pseudoscience in archaeology. Mountain View, Calif., and London: Mayfield Pub. Co.; (c) Kohn A. 1986. False prophets: fraud and error in science and medicine. Rev. ed. Oxford and Cambridge, Mass.: Basil Blackwell.
26. Branscomb LM. 1985. Integrity in science. American Scientist 73:421-423.
27. See chapter 4 for details.
28. See chapter 12 for details.
29. Planck M. 1949. Scientific autobiography and other papers. Gaynor F, translator. Westport, Conn.: Greenwood Press, pp. 33, 34. Translation of: Wissenschaftliche Selbstbiographie, mit Dokumentation zu ihrer Entstehungsgeschichte (1943-1948) ausgewahlt.

第十八章 非比尋常的聖經

獨自一個人的夜晚，
我多是捧著聖經，
而並非歐幾里得的幾何學。
——巴克南[1]

爭議頗多的德國哲學家尼采(1844-1900)曾說：「上帝死了。」尼采，這位頗具建樹、且吹毛求疵的作家，不僅用這種方式表達自己的心聲，而且反映了席捲而來的虛無主義思潮——否認眞理的客觀基礎——這一思潮，在那個時代的思想界中無孔不入。尼采嚴厲地批判基督教信仰，並且對它所造成的負面影響深表遺憾。[2]他毫無遲疑地挑戰聖經中最神聖的主題：基督被釘死在十字架上，所彰顯的上帝和基督的饒恕。談到基督，尼采直言不諱地 說：「他咎由自取。雖然他一再宣稱，他是爲罪人贖罪而死的，但無證可考。」[3]作爲一位哲學家，尼采的影響深遠，但我們也應意識到一個世紀以後，他的著名論斷「上帝死了」竟遭到質疑。這位哲學家似乎搶先上帝一步，進入我們稱爲死亡的終極世界。

許多世界聞名的學術界人士，對聖經和其中的寓意進行了言詞交鋒，然而聖經的盛名依然經久不衰。除了它是大批作者歷經數個世紀所著的外，其他原因之一就是它具有十分深刻的內涵。而另一原因是前面所提及的許多被歷史、考古學和地質學所證實了的事實。本章中，我們將驗證一些主要來自於外界的證據。這些證據證實並接納聖經的眞實性。

■ 接受聖經

當宗教和宗教信徒，還沒有明確定義的時候，十分明顯的一點是自從2000年前基督教開始以來，基督徒的數量就有了戲劇性的增長。最近一次估算：現在基督徒人數約爲十八億六千九百七十五萬一千人，約占世界人口的35%。回教徒占18%，非宗教人士占16%，印度教徒占14%，佛教徒占6%。而無神論者占4%[4]。在三年半的時日裏，基督展開了一場無與倫比的公開宣教活動。舉世基督徒都將聖經視爲生命的嚮導。

聖經的發行量令世人矚目。如前面所提到的[5]：長時間以來，聖經比其他書籍的需求量都大。聖經舊約或其中的某些部分，在基督誕生前的幾個世紀裏，就被翻譯成幾種語言。從那以後，整部聖經或至少其中的一「卷」書被翻譯成2,000多種語言。而列寧的著作被翻譯成222多種語言，《通向永生的眞理》一書被翻譯成100多種語言[6]。

■ 歷史的證明

許多人對聖經的眞實性提出質疑。他們的問題經常集中在整部聖經的可靠性，及基督教中心人物耶穌基督的眞實性上。在啓蒙運動期間，一些學者開始懷疑基督所說諺語之史實性。某些人甚至認爲歷史上根本不存有耶穌基督這麼一位人物。本世紀初期一些學者用「形式評論」，來評估記載基督生平的四部福音書。這種評審方法暗示這些福音只是道聽塗說，並非親眼目睹的實證。這種觀點削弱了福音的眞實性。這類爭論一直持續到今日[7]。

另有人批判說聖經的記載，不受利於歷史資訊的局限性開脫。許多人認爲聖經涉及的只是神學解釋，而不是事實。曼徹斯特大學聲名顯赫的聖經學者布魯斯，則否認這種說法。他說：「我們經常被告知，從四福音書中引用歷史資料是異想天開，不合情理。然而說這話的大多是神學家，而不是歷史學家。從福音書中引用歷史資料是否不宜，這該由歷史學家來告知；另外任何有自尊的歷史學家，都不會允許別人認爲他的研究是不合理的……」

「對於某些歷史人物，我們擁有的相關資料，不但缺乏而且有問題－

－甚至比耶穌生平的資料更少。但在這種情形下，沒有一個學者會像交警那樣舉手說：『重新構築歷史人物的生平資料不存在，並且這樣做也不合邏輯。這也不是那些可利用文獻的用途。如果有人敢說這樣的蠢話，我們應該這樣反擊：我們知道那不是可利用文獻的用途，但那些文獻還是可以充當歷史學家的資料來源。』[8]」

對此我們可以援引福音書某些作者自己的證詞。路加寫道：「這些事我既從起頭詳細考察了，就定意要按著次序寫給你，使你知道所學之道都是確實的。」[9]看來他並不認爲自己的著作只是一種解釋。

如果有人認爲聖經自身有偏見，那麼他就該好好看看，且支持聖經記錄眞實性的外部證據（即聖經以外的證據）。恰因有這一點，就很難說聖經或至少它所包含的歷史是無中生有的。

西元64年一場持續9天的大火摧毀了大半個羅馬城。那時的羅馬皇帝是聲名狼藉的尼祿。他謀害了他的同父異母兄弟和親生母親。人們認爲尼祿蓄意安排這場火災，以便更大規模地重建這座城市。

偉大的羅馬歷史學家之一坦茨特(Cornelius Tacitus 西元58-118)，在他的《編年史》一書中記載了這一史實，同時也證實了權威人士匹雷特，在四福音書中提到的基督的存在，以及祂在彼拉多任內受死的情景。坦茨特論到尼祿說：「所有人的努力，所有皇帝慷慨的賜與，所有神靈的安撫，都不能消除這種邪惡的信念，即這場大火乃受命而起。因此，爲從歷史中除去這一罪名，尼祿嫁禍於令人厭棄的基督徒，並對他們施加酷刑。耶穌的名字 Christus 正是基督徒Christian 一字的來源，在提比留執政期間，他在彼拉多手下受了極刑。」[10]

許多其他非聖經參考資料也證實了聖經的記載，史學家布魯斯和麥克多維就列舉了至少10個以上的事例。[11]

上兩個世紀，許多人試圖將基督視爲神話。然而，從聖經以外的有關基督的資料來看，目前這種說法還不十分被當眞。當今的神學思想集中在基督的意義上，而不是集中在祂是否存在的問題上。我們很難否認聖經以外的有關基督存在的證據。正如布魯斯指出的：「對不偏不倚的史學家而言，基督與凱撒一樣是歷史的眞實人物。並非歷史學家所傳達的『基督——神話』理論。」[12]

■ 考古學的證明

許多考古發現，也證明了聖經舊約的歷史眞實性。十八世紀的啓蒙運動，產生了懷疑一切的思潮，並一直延續到十九世紀。在這期間許多重要的史學家和神學家，紛紛對聖經歷史提出質疑。其中最著名的聖經學者也許當推威爾霍森(Julius Wellhausen，1844-1918)。他在發展和推廣聖經神話本質方面產生了重要影響。例如，在談到聖經最重要的記載時，他說到：「千眞萬確，我們得不到任何創始者的歷史資訊」。[13]從那以後，學術界的觀點發生了戲劇性的改變，以致於阿爾布萊特早在1933年就說：「實際上，所有歐美舊約聖經學者，支持這種相同或相似的觀點。然而，現在形勢發生了急劇變化，因爲威爾霍森的理論，已經不起考古學的驗證了。」[14]，因爲從威爾霍森時代以來的許多考古資料中發現在很大程度上，證實了聖經的眞實性。

一個世紀以前，許多人認爲聖經裏提到的大量古代城市是不存在的，因爲根本就找不到它們存在的蛛絲馬跡。否則像巴比倫和尼尼微這樣的大中心不會不爲人所知。但是現代考古學已發現並挖掘出了這些以及其他古城的遺址，因而沒有人可以繼續否認它們的存在。更有趣的是：聖經也曾預言到，這些城市的毀滅。[15]

1868年，德國傳道士克雷恩在死海的東部高原地區，發現了一塊極具考古價値的石碑（紀念碑）。該石碑是一塊現在人們稱之爲默阿布(Moabite)石雕，上面刻有文字的玄武岩石板。發現它以後，當地阿拉伯人出於商業目的，將它加熱後又潑上冷水，石碑裂成碎片。幸運的是在石碑碎裂之前，曾有人製造了粗糙的仿製品。因而這些碎片被復原了，現在這塊石碑被放在巴黎羅浮宮博物館。岩石上雕刻著34行有關西元前860年的史實，描敘了默阿布王梅沙(Mesha)「戰勝」了以色列人。[16]該記錄證實了聖經中記載的同一事件。[17]

考古發現已經證實「即使以前有相反的主張，但現在甚至連微不足道的收生婆的名字(《出埃及記》1：15)都在第二個千年的中世紀存在過。」[18]

另一個事例，隨著西元前18世紀亞述王薩貢二世皇宮的發現而眞相大白。座落在當今伊拉克境內皇宮的城牆上，刻有西元前722年薩貢二世，征服了以色列北方王朝撒馬利亞的事件，並俘虜了27,290名以色列人。二千多年來，這事件僅能從聖經中得以瞭解。[19]現在聖經以外的資料證實了聖經的記載。在評論這發現時，史學家兼政治家珀爾曼說到：「一瞬間，甚至那些平時懷疑舊約歷史眞實性的人，開始改變他們的觀點了」。[20]

聖經曾有40多處提到一群稱作赫人的民族。長時間以來，學者們從未獲知有關他們存在的任何其他資料，於是許多人紛紛批判聖經所做的評述。[21]而現在再也沒有人懷疑希提人的存在了。這曾活躍在現今土耳其境內的民族，留下了大量可考據的憑證，而且對這個民族的研究已經成爲一種小型的考古事業。

聖經的前面部分，論到其起源並對此特別注意，時常面臨非常的詰難。反對其眞實性的一種觀點認爲，在那麼早的時代尚沒有文字，因此聖經的編寫必然是大大晚於它所自稱的時代。一些人則認爲口頭流傳不可靠。但更早期文獻的發現反駁了這一觀點。[22]類似的，有人認爲創世記中多次提到的駱駝是不正確的。因爲有些學者認爲駱駝被馴養時間，要比聖經中記載的時間要晚幾個世紀，他們猜想聖經中記載的應該是驢而不是駱駝。這種錯誤的年代假設，已變得毫無價值。因爲較聖經更早時代的大量駱駝的雕像及記載的發現[23]，就已經否定了這種錯誤的假想。這樣的例子不勝枚舉。[24]在此只需說一個世紀以前，風靡大西洋兩岸的懷疑聖經眞實性的優勢神學思想，已經逐步趨向緩和。這並不意味著其他問題也在逐漸消失了——依然存在很多問題。但是前車之鑑，警告那些懷疑聖經事實的人要小心。本世紀初史學家修特威爾就曾說過：「如今，舊約遠比當初受宗教權力保護時的地位更高。」[25]

■ 洪水的故事

全世界都有古代毀滅性洪水的記載，即大洪水的記載。當我們把聖經與歷史事件聯繫起來的時候，這些記載引起了人們極大的興趣。大洪水非比尋常，這就爲聖經的眞實性提供了一個特殊的外在測試。 聖經以外的第一件洪水記載，出自古巴比倫傑出的文學著作，吉爾伽美什史詩。位於尼尼微城的考古學挖掘行動時，在西元前七世紀的亞述王亞瑟巴尼拔著名圖書館中被人發現。史詩用閃族阿卡德語的楔形文字（楔形狀）寫在12塊泥版上。史詩的主人翁吉爾伽美什在尋求長生不老時，發現了被賜予永生的烏那皮希廷（Utnapishtim），因爲他在大洪水中拯救了動物和人類的生命。[26]

第11塊石版上（圖18.1）的記載與創世紀洪水有著驚人的相似之處，學者們一般認爲這兩種記載相互關聯。例如，兩者均提到：（1）洪水是因地上惡貫滿盈而招致；（2）洪水是上天安排的；（3）主人翁受命造了方舟來保全人和動物；（4）被選中的人和動物進入方舟；（5）洪水是世

圖片 18.1

吉爾伽美什史詩中的第11塊石版，其上記載的洪水與聖經中的記載驚人的相似，這塊西元前七世紀的石版發現於尼尼微。

界性的；[27](6)洪水消退後，主人翁放出一隻烏鴉和一隻鴿子(吉爾伽美什記載中，也詳述了放出一隻燕子，只是順序不同) 要看看地乾了沒有；(7) 洪水結束時，有人宰牲獻祭，並爲神所悅納。

古希臘也有大洪水這一記載。[28]洪水的勇士遵父親之命建造方舟，躲避宙斯所發的洪水。在方舟裏積蓄了糧食後，丟卡利翁和妻子進入了方舟。宙斯降大雨在地上，九天內沖毀了大部分希臘。少數人逃到高山上免於一死，而大部人都死了。丟卡利翁也在方舟中得以倖存。這樣的故事還很多，但丟卡利翁的這個是最有名的。[29]

中美洲的阿茲特克也有一些大洪水的記載。這些故事吸引傳道士於16世紀來到這裏，並帶來了聖經裏的洪水故事。阿茲特克人關於起源的傳說[30]中有早期的地球，被雨神托多所發的大洪水毀壞的故事。有一種記載指出世界被造以後，一直到它被洪水和閃電毀壞之前，其間經歷了1716年的時間。[31]這段時間和聖經中的一些說法很接近。緊接著有嚴重的地震。特拉卓帖「在大洪水之前，是個有罪的女人，」而洪水勇士那塔和尼那，由於造了船而倖免遇難。其他人則躲避到洞穴或山頂而倖存下來。阿茲特克人深受洪水之害，據說他們向雨神(Tlaloc)進貢大量的孩童以求平息。

古代人們，不僅將這場大洪水視爲眞實的，他們更將之納入他們的思想體系。例如，他們通常將早期人類歷史分爲洪水前和洪水後兩部分。亞里士多德曾寫到有關杜凱里恩時代的大洪水。柏拉圖也提到了發生在杜凱里恩時代的洪水。[32]後來在西元二世紀，位於小亞細亞的阿帕米亞城[33]發現了刻有方舟、挪亞和他的妻子，以及鴿子等的硬幣。[34]雖然猶太人的聖經思想，可能開始影響希臘人，但發行紀念大洪水的硬幣，就足以證明該地區的人們對洪水的重視。

以上引用的記載，詳盡地陳述了大洪水的故事。我們將不再深究這一主題，而是集中來看一看，針對這些記載眞實性所持的反對意見。

其中一種較普遍的說法認爲無所不在的洪水故事，都是在各地發生的，可能是地區性的洪水，[35]而不是聖經中描敘的世界性大洪水。這種說法難以證明。一些記載具有地區性是有可能的。正如前面所列舉的，它們在細節上各有不同。但如果故事正如所說的那樣起源於小亞細亞，[36] 並且隨著人類遍佈世界各地，被一代代口頭流傳下來的話，我們允許有一些變異存在。[37] 另一方面，某些主題，世界性的大洪水，受喜愛的家庭獲救，放飛出去探試乾地的鳥兒，也流傳到全世界。而這種全球性的主題，向地區性洪水觀點提出了挑戰，因爲其中的相似性，也就暗示著共同的起源。

1929 年英國考古學家伍雷宣佈，他在美索不達米亞，迦勒底的吾珥，發現了聖經洪水的沈澱物。他的發現震驚了整個考古界。厚達3公尺的淤泥沙層下12公尺左右，伍雷無發現任何具有考古價值的手工品。該地層將人類的活動分成了兩部分。其他發掘者在可希城和其他幾個美索不達米亞古城也發現了類似的地層。伍雷將這一淤泥層，解釋爲挪亞洪水的開始。他認爲這一洪水是地區性而非世界性的。但這種觀點在仔細研討之後，便不攻自破。他的「大洪水」沈澱物年代太早，不符合聖經中描述的時間。此外，沈澱物的範圍甚至還不能包括整個吾珥城。[38] 這種高度地區化的沈澱物與洪水中提到的巨大變動相悖。[39]

另一種反對洪水眞實性的觀點認爲它們也許來自傳道士傳講聖經時留下的影響，他們肯定講到世界性大洪水。然而持這種說法的人只是少數。也許這一反對意見不太重要，因爲大多數的洪水記載都比傳道士傳道要早。 另一些人認爲聖經中的洪水記載來自巴比倫早期的神話傳說。[40] 毫無疑問巴比倫人與聖經記載是有關聯的，因爲彼此都存有類似的細節。甚至還存在這樣的說法，有人認爲巴比倫人的記載建立在聖經的基礎上。人們從後來的記載，如始於約在西元前七世紀的吉爾伽美什史詩中可以窺見這一點。但是這種觀點依然在最近的考察中站不住腳，因爲考古學家已發現蘇美人的正文要早於巴比倫的正文，以及所預測聖經最早的編寫時間。聖經創世記可能寫於西元前15世紀，而蘇美人的洪水記載大概出現在比這早許多世紀以前。[41] 蘇美人的手蹟是迄今爲止最古老的文獻，有趣的是我們在這些文獻中也發現了洪水的記載。

爲了證明聖經洪水記載源於巴比倫神話的觀點，一些學者試圖向人們展示巴比倫人對聖經內容的影響。這些努力導致了無益的口舌之爭，因爲意指二者關係的術語之相似性，並非爲這些文獻所獨有。聖經包含一些根本的獨到之處。[42]它面面俱到，極其詳盡，且信奉一神論（一位神），[43]而其他記載則強調多神崇拜（許多神）。這樣看來聖經並非起源於美索不達米亞神話。

海洛德的提議，對洪水故事的由來更爲重要：即所有的洪水傳說都有共同的由來，[44]海洛德是芝加哥大學東方學院德高望重的學者，他認爲雖然這一點並沒有被證實，但它提示了證明其他解釋錯誤的因素——即是：如果沒有共同的基礎，人們如何可以解釋大洪水故事，遍佈在世界各地？共同的由來[45]恰與聖經的歷史一致。洪水中少數倖存者在地上再次安居，從小亞細亞遷移到世界各地。

學者們從世界各地收集並記錄了270多個洪水故事。[46]討論它們的文獻數目非常龐大。[47]雖然它們的地理分佈不一，但基本上遍佈全世界。這些故事在亞洲、亞洲東南島嶼和新世界地區，從 Tierra del Fuego 到北極圈以北最常見。奇怪的是在非洲和歐洲並不普遍。它們出現的具體位置，包括埃及、希臘、波斯、敘利亞、義大利、威爾士、斯堪的納維亞、俄國、印度、中國、墨西哥、印尼、新幾內亞、美拉尼西亞、波利尼西亞、密克羅尼西亞及澳大利亞。

許多學者聲明關於洪水的記載，基本上與所有人類家族的記載共存。[48]更爲重要的是記載洪水的資料之多，是那些不相信世界性大洪水的人，都不得不承認的事實。艾爾布萊特談到「洪水故事驚人地遍佈全世界。」[49]蓋斯特說：「原始洪水的傳說……幾乎是所有上古神話的共同特徵」，[50]伍茲認爲這些記載「在遍佈在世界大部分地區的古代文學的民間傳說中異常頻繁。」[51]

湯普森將民間文學作品，編成六卷不朽的論著。[52]其中包括33,000多種主題，所有的都附有參考說明。這部與世界災難有關的文獻（除世界末日的傳說），表明洪水在主題和參考文獻中佔有明顯優勢。從湯普森的指數中（表18.1）推斷出，造成過去世界性災難具體原因的數量如下：洪水爲122次，火災爲19次，連年嚴冬爲16次，大石爲2次，怪物爲1次；日出爲12次；生死事件爲1次，蚯蚓爲1次。奇怪的是普通的

圖表 18.2

起　因	參考文獻數目
洪水（世界性）	122
火	19
連續嚴冬	6
大石	2
怪物	1
蚯蚓	1
事件（生死）	1
日出	1

民間文學作品中與世界災難有關的文獻

災難，如乾旱、鼠疫和地震沒有出現在列表中。這些資料證明對洪水普遍存在的傳統看法，從最早期出現文字的時代一直持續到現在，如果它們不是基於同一個確切的世界性事件，人們簡直難以相信世界各地主要災難的記錄中，就單一災難爲題目的記載，會如此傾向洪水這個主題。洪水事件的優勢超越了人們認爲所有記載，僅起源於當地的看法。如果傳說源自不同地區性事件，那麼人們應該認爲有更多其他如地震之類的原因。

雖然聖經洪水故事目前常被人否認，但它有充足的證據。而外在的證據，再一次證實了聖經的眞實性。

■ 預言未來

絕對權威的聖經同時也預言了未來。許多著述提到了聖經上的預言。有些聖經預言複雜而難懂，而有的則簡單、直接且它們的實現令人注目。給人印象深刻的是舊約對基督降臨的預言，其中許多都超出了人類能力所及，所以基督不可能自己實現這些預言，以證實祂的神性，事例如下：

1、祂是大衛王的後裔（《以賽亞書》中預言，並在《馬太福音》中應驗）。[53]

2、祂將降生在伯利恒城（《彌迦書》中預言，並在《路加福音》中應驗）。[54]

3、耶穌死時將被刺，一根骨頭也不折斷（《詩篇》和《撒迦利亞書》中預言，在《約翰福音》中應驗）。[55]

4、耶穌手腳將被刺穿，衣服也被被人依拈鬮方式而得（《詩篇》中預言，在《馬太福音》和《約翰福音》中應驗）。[56]

也許有人說這些事實只是巧合或者曲解，但所有這些預言，全都應驗在基督一人身上，就未必是一種巧合和曲解了吧！這也不可能是基督的門徒所可以捏造的騙局，因爲他們爲自己的信仰歷盡苦難，有的甚至被迫害致死。[57]我們難以相信有人會對這種騙局如此忠誠。

半個世紀以前有人爭論說是某些人杜撰了一系列有關基督的預言，或者扭曲了其中一部分，以使它更具有說服力，因爲聖經最古老重要的手稿，可追溯到基督時代後的一千年。1947年，在死海西北部的古蘭地區附近，牧童發現了第一部著名的死海古卷[58]。很快，古卷的古老及其價值，引起了基督徒和猶太學者的關注。在對該地區徹底的考察後，很快又發現了大量因該地區乾燥氣候而保存完好的其他手稿。這些手稿中包括除了《以斯帖書》以外的舊有部分。

起初這些手稿的眞實性和日期，引起了大量的爭論，但該地區的其他考古發現和進一步的時間鑑定，使學者們對這些手稿堅信不疑。專家普遍認爲這些手稿，是西元前3世紀到西元2世紀之間所著，這正是新約中的基督時代。這些新發現的手稿，只引起以更近代手稿爲基礎的前可蘭聖經版本一些小的變動。它們證明了幾個世紀以來手抄本聖經的眞實性，同時也證實了聖經對基督生平預言的確實性。

然而，正如聖經歷史事件一樣，人們不必只局限於從聖經來尋找它預言的證據。有一個例子特別適合本章的主題，並且與那時聖經預言的「末後的日子」的智識走勢有關。基督預言祂再臨之前，必有饑荒、戰爭、瘟疫和道德敗壞。[59]這些兆頭告知我們那個時代已經到來。基督的門徒彼得在《彼得後書》中也預言到智識走向。他說：「第一要緊的，該知道在末世必有好譏誚的人，隨從自己的私欲出來譏誚說：『主要降臨的應許在那裏呢？因爲從列祖睡了以來，萬物與起初創造的時候仍是一樣。』他們忘記，從太初憑神的命有了天地，天地從水而出藉水而成。而且，這個第一次的世界被洪水淹沒就消滅了。」[60]

彼得所寫末後日子中的智識特徵，是當今科學時代的特定趨向。他認爲在末後的世代裏，人們將忽略忘記創造和洪水。當科學選擇了進化論，文化界就已經遺忘了創造論；當地質時代長時期緩慢變化的觀點得到贊同，世界被世界性大洪水毀滅的觀點就消失了。早在2,000年前，門徒彼得就選擇了這兩個導致聖經與現代科學主要衝突的論題，這實在讓人吃驚不已。彼得完全可以選擇成百上千種其他觀點作爲「末後的日子」矛盾衝突的論點，但是他的選擇恰好建立在自然科學與聖經當前衝突的基礎上。所有這些表明了聖經是眞實可信的。

■ 結論

「非比尋常」這個詞語準確地說明了聖經的特徵。雖然它受到各方面的評判，但它仍是世界上最受歡迎的著作。給人印象最深的是考古學和歷史學的發現爲聖經的眞實性，提供了許多外在證據。我們也應認識到聖經，也爲我們展現了它讓人難忘的預言。任何對世界起源問題的調查研究，都應將聖經這本不尋常之書考慮在內。

■ 參考文獻：

1. Buchanan R. n.d. An old dominie's story. Quoted in: Mackay AL. 1991. A dictionary of scientific quotations. Bristol and Philadelphia: Institute of Physics Publishing, p. 43.

2. Jaspers K. 1965. Nietzsche: an introduction to the understanding of his philosophical activity. Wallraff CF, Schmitz FJ, translators. Chicago: Henry Regnery Co., pp. 242-247. Translation of: Nietzsche: einfuhrung in das Verstandnis seines Philosophierens.
3. Kaufmann W. 1974. Neitzsche: philosopher, psychologist, antichrist. 4th ed. Princeton, N.J.: Princeton University Press, p. 339.
4. Trumbull CP, editor. 1994. 1994 Britannica Book of the Year. Chicago: Encyclopedia Britannica, p. 271.
5. See chapter 1 for details.
6. Figures are from: (a) McFarlan D, editor. 1990. Guinness book of world records 1990. 29th ed. New York: Bantam Books, pp. 195, 197; (b) Young MC, editor. 1994. Guinness book of records 1995. 34th ed. New York: Facts on File, p. 142.
7. For an extreme case, see: (a) Funk RW, Hoover RW, The Jesus Seminar, translators and commentators. 1993. The five gospels: the search for the authentic words of Jesus. New York: Macmillan Pub. Co. For an opposing view, see: (b) Johnson LT. 1996. The real Jesus: the misguided quest for the historical Jesus and the truth of the traditional gospels. San Francisco: Harper-Collins.
8. Bruce FF. 1966. History and the gospel. In: Henry CFH, editor. Jesus of Nazareth: Saviour and Lord. Contemporary Evangelical Thought Series. Grand Rapids: Wm. B. Eerdmans Pub. Co., pp. 87-107.
9. Luke 1:3, 4, NEB.
10. Tacitus CP. 1952. The Annals, Book 15:44. Church AJ, Brodribb WJ, translators. In: Hutchins RM, editor. Tacitus. Great books of the Western world, vol. 15. Chicago: Encyclopedia Britannica. Translation of: Annales.
11. (a) Bruce FF. 1960. The New Testament documents: are they reliable? 5th rev. ed. Grand Rapids: Wm. B. Eerdmans Pub. Co., pp. 113-120; (b) McDowell J. 1979. Evidence that demands a verdict: historical evidences for the Christian faith. Rev. ed. San Bernardino, Calif.: Here's Life Publishers (a Campus Crusade for Christ book), pp. 81-87.
12. Bruce, p. 119 (note 11a).
13. Wellhausen J. 1957. Prolegomena to the history of ancient Israel. Menzies A, translator. Gloucester, Mass.: Peter Smith, pp. 318, 319. Translation of: Prolegomena zur Geschichte Israels.
14. Albright WF. 1932-1933. The archaeology of Palestine and the Bible. New York, London, and Edinburgh: Fleming H. Revell Co., p. 129.
15. Isa. 13:19-22; Nahum 3:7. For the role of prediction as authenticating Scripture, see the section "Predicting the Future" later in this chapter.
16. J. Frederic McCurdy's translation of the stele is found in: Singer I, editor. n.d. Moabite Stone. Jewish Encyclopedia 8:634-636.
17. 2 Kings 3:4-27.
18. Albright WF. 1960. The archaeology of Palestine. 3rd rev. ed. Baltimore: Penguin Books, p. 237.
19. 2 Kings 17:6; Isa. 20:1.
20. Pearlman M. 1980. Digging up the Bible. New York: William Morrow and Co., p. 85.
21. (a) Prescott WW. 1933. The spade and the Bible: archaeological discoveries support the old book. New York, Chicago, and London: Fleming H. Revell Co., pp. 65-73; (b) Wright W. 1884. The empire of the Hittites. London: James Nisbet and Co., pp. vii-ix.
22. Archer GL, Jr. 1974. A survey of Old Testament introduction. Rev. ed. Chicago: Moody Press, pp. 172, 173.
23. For several examples, see: (a) Dayan M. 1978. Living with the Bible. Philadelphia: Jewish Publication Society of America and New York: William Morrow and Co., p. 39; (b) Hasel GF. 1985. Biblical interpretation today. Washington, D.C.: Biblical Research Institute, p. 26.
24. See: Archer, "Archaeological evidence for the antiquity of the Pentateuch," pp. 170-182 (note 22).
25. Shotwell JT. 1922. An introduction to the history of history. Records of civilization: sources and studies. New York: Columbia University Press, p. 80.
26. For an English rendition, see: Heidel A. 1949. The Gilgamesh Epic and Old Testament parallels. 2nd ed. Chicago: University of Chicago Press, pp. 80-93.

27. *Ibid.*, p. 249.
28. Frazer JG. 1918. Folklore in the Old Testament: studies in comparative religion, legend, and law. Vol. 1. London: Macmillan and Co., pp. 146-174.
29. Frazer JG. [1975.] Folklore in the Old Testament: studies in comparative religion, legend, and law. New York: Hart Publishing Co., p. 70.
30. Sykes E, compiler. 1965. *Everyman's* dictionary of nonclassical mythology. 3rd ed. London: J. M. Dent and Sons, p. 24.
31. Vaillant GC. 1962. Aztecs of Mexico: origin, rise and fall of the Aztec nation. Rev. ed. Garden City, N.Y.: Doubleday and Co., p. 56.
32. Frazer, p. 67 (note 29).
33. Teeple HM. 1978. The Noah's ark nonsense. Evanston, Ill.: Religion and Ethics Institute, Inc., p. 39.
34. Nelson BC. 1968. The deluge story in stone: a history of the flood theory of geology. 2nd ed. Minneapolis: Bethany Fellowship, p. 176.
35. Woods FH. 1959. Deluge. In: Hastings J, editor. Encyclopedia of religion and ethics, vol. 4. New York: Charles Scribner's Sons, pp. 545-557.
36. Teeple, p. 40 (note 33).
37. See Nelson, p. 169, Figure 38 (note 34).
38. (a) Albright WF. 1946, 1955. Recent discoveries in Bible lands. Young's analytical concordance to the Bible: supplement. New York: Funk and Wagnalls Co., p. 30; (b) Filby FA. 1970. The flood reconsidered: a review of the evidences of geology, archaeology, ancient literature and the Bible. Grand Rapids: Zondervan Pub. House, pp. 28-30.
39. See chapter 12 for an evaluation of the local flood concept.
40. For a comparison of these with the biblical text, see: Shea WH. 1984. A comparison of narrative elements in ancient Mesopotamian creation-flood stories with Genesis 1-9. Origins 11:9-29.
41. Heidel, p. 261 (note 26).
42. *Ibid.*, p. 264.
43. See: Hayes JH, Prussner FC. 1985. Old Testament theology: its history and development. Atlanta: John Knox Press, pp. 175, 176.
44. Heidel, p. 267 (note 26).
45. Teeple, pp. 11-40 (note 33).
46. Vos HF. 1982. Flood (Genesis). In: Bromiley GW, editor. International Standard Bible Encyclopedia, vol. 2, 3rd rev. ed. Grand Rapids: Wm. B. Eerdmans Pub. Co., p. 319.
47. See for instance the references already cited above: (a) Frazer (note 28); (b) Nelson (note 34); (c) Sykes (note 30); and (d) Woods (note 35). See also: (e) Andree R. 1891. Die Flutsagen. Braunschweig, Germany: Friedrich Vieweg und Sohn; (f) Gaster TH. 1969. Myth, legend, and custom in the Old Testament. New York and Evanston: Harper and Row (based mainly on Frazer [note 28]); (g) Huggett R. 1989. Cataclysms and earth history: the development of diluvialism. Oxford: Clarendon Press, Oxford University Press; (h) Riem J. 1925. Die Sintflut in Sage und Wissenschaft. Hamburg: Agentur des Rauhen Hauses; (i) Thompson S. 1955. Motif index of folk literature, vol. 1. Rev. ed. Bloomington, Ind.: Indiana University Press. For information related to evidence of the Genesis creation account, see: (j) Nelson ER, Broadberry RE. 1994. Genesis and the mystery Confucius couldn't solve. St. Louis: Concordia Publishing House.
48. See references already cited above: (a) Albright 1936, 1966, p. 30 (note 38a); (b) Filby, p. 41 (note 38b); (c) Frazer, vol. 1, p. 105 (note 29); (d) Gaster, p. xxix (note 47f); (e) Nelson, p. 165 (note 34); (f) Vos, p. 321 (note 46); (g) Woods, p. 545 (note 35). See also: (h) Rehwinkel AM. 1951. The flood in the light of the Bible, geology, and archaeology. St. Louis: Concordia Publishing House, p. 136; (i) Rudhardt J. 1987. The flood. Meltzer E, translator. In: Eliade M, editor. The encyclopedia of religion, vol. 5. New York: Macmillan Pub. Co., p. 356.
49. Albright 1936, 1955, p. 30 (note 38a).
50. Gaster, p. xxix (note 47f).
51. Woods, p. 545 (note 35).

52. Thompson (note 47i).
53. Isa. 9:6, 7; Matt. 1:2-16.
54. Micah 5:2; Luke 2:1-4.
55. Ps. 34:20 and Zech. 12:10; John 19:33-37.
56. Ps. 22:16-18; Matt. 27:35; John 20:25-27.
57. Acts 12:2.
58. Cross FM, Jr. 1961. The ancient library of Qumran and modern biblical studies. Rev. ed. Grand Rapids: Baker Book House.
59. Matt. 24:3-12.
60. 2 Peter 3:3-6, REB.

第十九章 與聖經有關的疑問

大自然的巧奪天工
彰顯它本是上帝的形象，
而瑕疵表明它僅僅只是上帝的影子。

——巴斯卡[1]

數不勝數的文章和書籍，都對聖經中的一些問題作了研究。我們對此實不必感到驚訝，因爲聖經是世上最受歡迎的書。本章中，我們會特別關注聖經中與起源有關的問題，尤其是自然界的災難，創造週，創造的起始和洪水。前面我們已經探討一些與聖經洪水記錄有關的問題[2]。

■ 天災人禍的質疑

一位慈愛善良的上帝，怎麼會創造一個充滿天災人禍的世界呢？達爾文在給他的朋友，植物學家格雷的一封信中，吐露了自己的心聲：「世界對我來說，似乎有太多災難，我難以說服自己相信一位仁慈萬能的上帝，會設計讓姬蜂在毛蟲體內有吃的意圖，或讓貓玩弄老鼠」[3]。

更有甚者，以道德犯罪、恐懼、痛苦和其他災難來證明上帝不存在。爲什麼鱷魚和鯊魚要吃人？爲什麼蜘蛛織網捕獲昆蟲並吃了它們？難道上帝創造了絛蟲和瘧疾原蟲？更何況那些畸形嬰兒和癌症呢？雖然我們有充分的證據來證明大自然錯綜複雜的設計、美麗和愛，但事情似乎不盡如人意。上帝的慈愛與自然界的災禍一直被廣泛討論[4]。聖經也簡明扼要地談到了這一問題，並且指出災難，是由那些有自由意志被造的人，錯誤選擇的結果，並非由上帝一手造成。因爲自由的選擇，我們不得不面對並應付善與惡。聖經指出人類選擇罪惡招來了上帝對自然的詛咒[5]，此後人類就面臨了災難與不幸。如果自由選擇存在的話，那麼災難的出現就與上帝的無所不能和愛心無關。我們大多數人認識到了這種自由，眞正的自由容許選擇邪惡的自由。每個人都可以選擇扣動左輪手槍的板機。當上帝賜予受造物以選擇的自由時，祂就不再對錯誤選擇的後果負責任，就如房主要燒毀房子，我們就不該譴責房子的建造者一樣。如果上帝爲了避免邪惡，而創造低級、毫無選擇自由的人類，那必將枯燥乏味，大受禁錮。

有些人認爲災難和不幸對磨練塑造良好的品格大有裨益。這一觀點建立在我們牢記後天培養的美德，比天生的美德更好的前提之下。我們對淒風苦雨往往刻骨銘心，這激勵我們不斷改善自我。有時似乎眞的是不經一事，就不長一智，聖經暗示磨難是對我們有益的[6]。

但仍有人反駁：自然界並非如我們想像的那麼不幸。例如：疼痛可以教導我們將手遠離灼燒。反過來說，當植物和簡單的動物被捕食的時候，也許根本不會遭受痛苦。它們也許只是原始的，上帝創造的食物鏈中的一部分。同樣，在理想的伊甸園裏，大象腳下的螞蟻，也不會感到痛苦！一些生物學家認爲達爾文所關注的像蜜蜂般的姬蜂，它的幼蟲以毛蟲爲食物「是控制害蟲的主要因素，是毛蟲過度繁殖的最大天敵」。[7]上帝也許已經爲自然界創造了某種相互制衡的制度。

當人們討論苦難這一問題時，條蟲和蛔蟲一類的寄生蟲一直是歷久不衰被談論的生物。我們可以將許多寄生蟲，特別是蛔蟲，解釋爲一種自由生物形式的退化。但是一些有複雜生命周期的變形蟲則不僅僅只代表一種退化。我們實是對此一無所知。生物極容易適應狹小環境的限制，我們不能忽視這種可能，即有害的寄生蟲（共生體），也許是起初創造的一部分。上帝也許創造了一些生物共生共存。地衣是一種常見的、生長在岩石和樹上的灰綠色皮狀植物，它是藻類和菌類共同生活在一起，且互相幫助的一種結合體。如果有微小植物寄生在珊瑚體內，那麼形成大型珊瑚礁珊瑚就會長得更好。我們每個人必須意識到，在出生前的九個月，直率的說，我們都是母體內的寄生蟲。從某種角度來說，寄生狀態已成爲上帝起初創造的一部分。

某些災難或許代表了行爲的退化和修正。這不是那需要遠見以形成複雜生物的創造性進化發展，它是一種簡單的退化。從生物學角度來說，退化比進化成新的複雜的結構要容易得多，同樣的道理，毀壞一隻手錶比製造一隻手錶更容易。行爲的修正不必太戲劇化。貓會玩球，因而玩弄老鼠，也不是什麼大的變化，這一點卻使達爾文百思不得其解。在中國也發現了一種吃植物的鱷魚化石。[8] 這讓我聯想到這種可怕的動物，在食物方面的改變。我提供的所有這些解釋僅作參考。

總而言之，我們發現我們大可不必用上帝不存在，這樣的論調來解釋苦難的存在。苦難是在自由意志的基礎上，善與惡爭鬥的結果，同時對教育和保護我們也是有益的。我們所認爲的動物的苦難，經歷未必如此，或許只是退化的結果。這種退化可以包括行爲的改變在內。

■ 創造週的事件

1925年，著名的司科普斯「猿猴案」開庭，[9]布萊恩，美國總統的三次候選人，創造論的辯護人，和丹諾（圖1.1），著名的芝加哥律師，進化論的辯護人在法庭上針鋒相對。布萊恩邀請當時正在英國的著名創造論辯護專家普賴斯。出席此次審判。普賴斯婉言拒絕，並表示他不想捲入科學的爭論！[10]法庭上，丹諾向布賴恩提問有關聖經中記載的創造，這眞是一段扣人心弦的插曲。因爲根據聖經原文，直到第四天上帝才創造了太陽，那麼前四天怎麼會有早晨，有晚上呢？布賴恩答道，也許創造的日子是漫長的時間。他的辯護並沒有解釋這種奇特現象。

根據創世記中記載的順序，在太陽被造出來的第四天以前就有了早晨和夜晚看來很不協調。但是，創世記表明上帝在第一天創造了光。類似這樣的問題很多，有的甚至對聖經記載的眞實性提出異議。[11]而創世記的作者，只是簡明扼要地記載了這些事實。（讀者將發現閱讀聖經的前兩章是有用的）。

學者們已經提出了幾種創造週的模式。其中主要的差異是上帝什麼時候創造了宇宙的不同部分，以及創造週的前三天當中光的來源。爲簡單起見，我將簡述一下三種主要模式。

1、上帝在創造週創造了萬物。

第一天上帝創造了天地，第三天、第五天和第六天創造了生命，第四天創造了太陽、月亮和宇宙的其餘部分。創造者以一種未知的方式，爲前三天提供了光線，然後太陽成了光源。整個宇宙只有幾千年的歷史。

2、上帝在創造週創造了太陽系；卻在很久以前創造了宇宙的其他部分。

幾百萬年前上帝創造了衆星和銀河系，但太陽系只有幾千年的歷史。第一天天地形成，第三天、第五天和第六天生命出現，第四天才有了太陽、月亮和行星。上帝用一種特殊方式，爲前三天提供了光線，然後明媚的陽光照亮了地球。有人對此模式進行更正，認爲上帝在第一天創造了太陽，提供了一些光線，但直到第四天才完全可見，下一種模型也提到了這一點。

3、上帝在創造週創造了生命；包括太陽系在內的宇宙其他部分，則是很久以前創造的。

很久以前，上帝創造了宇宙，包括太陽系和空虛混沌，空曠黑暗的地球。幾千年前，上帝爲衆生預備了地球，並在其上創造了生命。創造週期間的光線來自早已存在的太陽，創造週的第一天撥開了部分厚密的雲層照亮了地球，而早已存在太陽、月亮和星星，從地球表面仍然看不見。光線與陰雲遮蔽的日子一樣暗淡。第四天雲層完全分開，那早已存在的太陽、月亮和衆星可以在地面上看到。[12]聖經記載它們是在那一天才出現的。如果您確確實實讀創世記，您就會清楚地發現創造週的每一天都接近24小時。布賴恩的建議——創造的日子經歷了漫長時間，在聖經原文中並未出現。因爲作者清楚寫明創造的每一天都有早晨，有晚上。

爭論更多的是前三天光線的來源，因爲聖經中直到第四天才談到太陽。如上所述，創世記記載了第一天和第四天光的誕生。[13]但聖經沒有描述前三天光線的來源，也有可能是上帝創造了有衆星的宇宙爲這三天提供了光。如果光線是局部的，或如果地球已經運轉，那麼早晨和夜晚就會按慣例出現。也有些人認為上帝自己可能是光源，因為聖經的其他地方記載上帝是令人眩目的光，[14] 是新耶路撒冷的光源，不用日光照耀。[15]

光線從遙遠的星際到達地球，所需時間的長短是一個經常提及的，與創造週有關的問題。在一個晴朗的夜晚，甚至不用望遠鏡我們都能看到仙女座微弱的星雲(圖20.1)。它的光射入我們的視線需要兩百萬年。如果上帝是在幾千年前的第四天[16]創造了眾星，那麼我們怎能看到閃爍的繁星呢？更何況有些需要上百億年光線才能到達我們的眼中？上帝在創造週以先，就創造了星星的這種說法自有它的道理。另一種說法是上帝不久前創造了星星，完成時它們放射的光線已到達地球，因此人類從一開始就能看到並享受光明。

另一個與創世記記載有關的問題是對創世記頭兩節的解釋。在說完上帝創造了天地之後，接著描敘了被水覆蓋的黑暗空虛的地球。這種描述適合在創造週之前就早已存在的地球，還是指第一天最先形成的地球？許多聖經譯本都是模糊不清的，因為希伯來聖經手稿包含了幾種不同的解釋。一些翻譯贊同創造日之前地球是空虛混沌的，並以此作為創世記的開始：「起初，上帝創造天地，地是空虛混沌，淵面黑暗；上帝的靈運行在水面上——上帝說：『要有光』。」[17]這種解釋直接說明地球出現於創造週之前。

被水覆蓋黑暗空虛的地球[18]顯然已歷時長久，才值得這樣描述。想到聖經其他章節中類似的描述時，比如起初地球被雲彩裹在「幽暗」[19]中，地「從水而出」[20]，這種觀點更確定了。這三處經文意味著創造週之前存在一些事物。原始的、被水覆蓋的黑暗地球，暗示它在創造週之前就可能存在了很長時間。聖經並未特別提到水的創造，但在其他地方卻清楚地提到了它的被造[21]。

以上三種關於創造日的模式，沒有一個就字面上的六天創造和上帝在第七天安息日休息的觀點提出挑戰，這三者全都回答了在太陽第四天出現之前三天，有早晨和有夜晚的明顯不協調。

自然地，創世記中對起源如此簡明的記載，將留下許多無法回答的問題，和多種可能的解釋。我們對此不必咬文嚼字。

文獻的假說

在美國的公立學校，爲了是否應該教授創造論而爭論不休時，我時常聽到科學家和神學家都認爲聖經開始部分的記載，從幾種不同的資料來源編纂而成。既然假設的來源數目衆說紛紜，我對這些結論的客觀性也存疑慮。但是這意味著聖經融合了編輯們所編纂的古代神話傳說。這與衆先知在上帝的默示下寫出聖經的觀點相去甚遠。

新教改革家仍堅持聖經的起源模式。但是在啓蒙運動早期，有人提出聖經中的某些部分有多種來源，而以前卻認爲只有一位作者。提出這種觀點的學者將每種來源視爲獨立的「文獻」，聖經的編者把這些文獻同其他的彙編在一起，就編成了聖經。這是將聖經來源模式稱作「文獻假說」的基礎。

下面這個例子與創世記前兩章記載的起源不無關係。這是一個在最後涉及到人與上帝關係的、特殊而唯一的記載，還是由編者放在一起兩個分離的記載？爲了方便起見，有時聖經的起源記載被分成創世記1和創世記2，儘管這兩者的分隔，通常被放在創世記2章4節結束的地方。

在古聖經手稿中創世記1通常稱呼上帝爲「以勒希姆」(Elohim)，而在創世記2中通常稱爲「耶和華」這種區別是提出兩種獨立的創造記載的重要基礎。有些人說在這兩種記載中，創造順序是不同的，[22]因爲第一種記載中植物先於人類被創造出來，而在第二種中，某些看法認爲植物出現在人類之後。第二種記載也證明在人類之前有些植物並不存在。贊同前兩章的順序，乃代表了一個創造記載，其解釋包括：

1、因爲第一部分(創世記1)比第二部分(創世記2)，時間順序性更強。後者更強調了人類的創造，以及人與上帝的關係，並未特別關注順序問題。

2、在創世記2中提到的人類之前不存在的植物，也許僅指農作物和其他一些植物，因爲聖經原文似乎只提到了特殊植物，並說「沒有人耕地[23]。」我們很容易推斷出這種情況，因爲直到秋天以後，人類才需要耕地。到了秋天上帝告訴亞當：「你必汗流滿面才得糊口。」[24]第二部分提到的在人類之前，沒有植物的假設，也許只是獨立的，而不屬於創造敘述的一部分，之所以把它放到這裏，是爲了與起初的創造和人類墮落後不得不耕地時的環境作對比。[25]

3、第二部分提到在人類之後被創造的植物，只出現在伊甸園，而不是創世記1中提到起初被造的植物。 學者們特別將文獻假說，運用於聖經的前五卷書（律法書）。類似的討論則把焦點放在以賽亞書[26]和四部福音書[27]的作者上。聖經學者海琴及其他學者回顧了該假說的一些問題。[28]對於被利用的不同文獻，學者們就提出各樣的組織安排，來源和時代。最後有人將創世記一書分爲39部分。最權威的劃分方案是由格萊佛、昆嫩、威爾霍森(與前章提到的霍森是同一個人，他也許是19世紀最權威的聖經學者)共同提出的。那些提倡文獻假說的人，通常認爲聖經的第一卷書有四種主要來源（J、E、D、P）：一個是J來源，即「Jahwist」，代表上帝的名字耶和華以勒希姆；一個是E來源，將「Elohim」作爲上帝的名字；一個是D來源它是《申命記》；(Deuteronomy)申命記的來源；一個是P來源，建立在由神職人員彙編在一起的假定文獻基礎上。

每種來源的一致性，因學者而異。有時耶和華或以勒希姆會在錯誤的文獻中出現，E來源被分成兩部分，而且一部分轉變成了P來源；J被分成兩部分，而D分成了三部分。不同來源的分界點也各有不同。學者們也提出了其他的來源，並且不同來源假定的順序和年代也是不一樣的。 許多建設性的劃分方案，都因缺乏依據不能形成確定的模式。因此赫塞稱文獻假說爲「想像的主觀運用」[29]，聖經學者阿切（Gleason Archer 也修過法律）指出：「威爾霍森假說，是否有資格獲得科學界的尊敬，十分令人懷疑。在沒有被證明的前提下，出現了如此多的特殊辯護、迂迴的推論、可疑的演繹。毫無疑問，這些方法論在法庭上無立身之地。文獻假說的始作俑者，竟然對法律程序上受尊重的證據法律置若罔聞。任何評論摩西五經的律師試圖以古怪又不負責任的方式來解釋遺囑、法令、轉讓產權時，他將會發現他的案子，會毫不耽擱的被拋出法庭。」[30]

根據聖經的內證，摩西是大部分律法書的作者，因爲大量經文提到了他。[31]基督本人指出摩西至少是部分律法書的作者，[32]因此沒有證據顯示基督本人相信文獻假說。

聖經中沒有直接提到 JEDP 爲編輯者，也沒有任何嚴肅的客觀證明。一些學者把文獻觀點批判得體無完膚。耶路撒冷希伯來大學的卡書托多方面寫到支撐文獻假說的「支柱」，並說：「我沒有證明這些支柱脆弱不堪，或者每個都不能作出決定性支持，但我堅信它們根本不是什麼支柱，它們根本不存在，純屬虛構。據此，認爲文獻假說屬子虛烏有，這是公正的。」[33] 而且這種觀點得到了美國和英國人的支持，但還未得到歐洲大陸學者的支持。[34]

其他人指出兩部分創造記載有相似之處，兩者有如出自同一位作者之手。聖經學者夏威廉、卡書脫和加瑞特認爲，兩種創世記載的平行寫作形式，在古代創作中是很普通的，顯然沒有必要這麼多作者。[35]道克翰和其他人強調第二種創造記載，僅僅是創世記故事的自然延續，[36]因爲第二部分著重於人與上帝的關係。並且其中上帝更爲複雜的名字強調了這一方面。這樣這兩部分互爲補充，並不相互矛盾。我們在創世記 1 和 2 章以及創世記 6-11 章中，[37] 對洪水的記載找到了很多文風相似之處，而大洪水則被文獻假說分成許多部分。[38]

夏威廉提出一個挑戰性的問題：即爲什麼亞述研究者沒有像其他人對待聖經那樣，將艾利許記載的創造論和吉爾伽美什史詩的洪水，分成不同的出處。[39]文獻假說的成功是啓蒙運動倡導的宗教解放，反應過度的結果嗎？還是對聖經廣泛流行及被接受的強烈反應？我們將提供其他建議。

■ 結論

大量的問題對聖經的可靠性提出疑問。但是，科學也面臨相同的情形。我們能夠從不同方面來解釋仁慈的上帝和我們所經歷，或耳聞目睹的苦難之間的關係。特別重要的是自由選擇的存在。只要存在有自由選擇，那麼把一切都歸咎於上帝是不合情理的。但是有人對聖經所記載的創造提出置疑，因爲幾種模式調整了潛在的不一致性。那種認爲聖經，特別是創造和洪水記載是由不同文獻彙編的，這個觀點並沒有確鑿眞實的依據。聖經吸引了非比尋常的注意，正因爲它是一本非比尋常的書。

■ 參考文獻：

1. Pascal B. 1670. Pensées. As quoted in: Tripp RT, compiler. 1970. The international thesaurus of quotations. New York, Cambridge, and Philadelphia: Harper and Row, p. 616.
2. See chapter 12.
3. Darwin F, editor. 1888. The life and letters of Charles Darwin, vol. 2. London: John Murray, p. 312.
4. A few meaningful references include: (a) Emberger G. 1994. Theological and scientific explanations for the origin and purpose of natural evil. Perspectives on Science and Christian Faith 46:150-158; (b) Hick J. 1977. Evil and the God of love. 2nd ed. London: Macmillan Press,

Ltd.; (c) Lewis CS. 1957. The problem of pain. New York: Macmillan Co.; (d) Lewis CS. 1961. A grief observed. New York: Seabury Press; (e) Wilder-Smith P, translator. Costa Mesa, Calif.: TWFT, Publishers. Translation of the 6th German edition.

5. Gen. 3:14-19; Rom. 5:12-19; 8:18-23.
6. Rom. 5:3; 2 Cor. 4:17; Heb. 12:9-11.
7. Caullery M. 1952. Parasitism and symbiosis. Lysaght AM, translator. London: Sidgwick and Jackson, Ltd., p. 120. Translation of: Le parasitisme et la symbiose.
8. Wu X-C, Sues H-D, Sun A. 1995. A plant-eating crocodyliform reptile from the Cretaceous of China. Nature 376:678-680.
9. See chapter 1 for a discussion of the legal issues involved. For more details about the Scopes trial, see: (a) Allen LH, editor. 1925. Bryan and Darrow at Dayton: the record and documents of the "Bible-Evolution Trial." New York: Russell and Russell; (b) Cornelius RM. 1991. World's most famous court trial. Reprinted from: Broyles BJ, compiler. History of Rhea County, Tennessee. Dayton: Rhea County Historical and Geneological Society, pp. 66-70; (c) Ginger R. 1958. Six days or forever? Tennessee versus John Thomas Scopes. Boston: Beacon Press.
10. Numbers RL. 1992. The creationists. New York: Alfred A. Knopf, p. 98.
11. E.g.: (a) Skinner J. 1930. A critical and exegetical commentary on Genesis. 2nd ed. In: Driver SR, Plummer A, Briggs CA, editors. The international critical commentary on the Holy Scriptures of the Old and New Testaments, vol. 1. Edinburgh: T. and T. Clark, p. 1; (b) Van Till HJ. 1986. The fourth day. Grand Rapids: Wm. B. Eerdmans Pub. Co., p. 80.
12. For further details, see: Hoen RE. 1951. The Creator and His workshop. Mountain View, Calif.: Pacific Press Pub. Assn., pp. 17-21.
13. Gen. 1:3, 15.
14. Ps. 104:2; Eze. 1:27, 28; Dan. 7:9, 10; 1 Tim. 6:16.
15. Rev. 21:23; 22:5
16. Gen. 1:16-19.
17. Gen. 1:1-3, Anchor. See also verses 103, Goodspeed.
18. Gen. 1:2.
19. Job 38:9, NIV.
20. 2 Peter 3:5, NIV.
21. John 1:3; Col. 1:16; Rev. 14:7.
22. E.g., (a) Bailey LR. 1993. Genesis, creation, and creationism. New York and Mahwah, N.J.: Paulist Press, pp. 82-85; (b) Cuthbert AS, Bowie WR. 1952. Genesis. Interpreter's Bible, vol. 1. New York and Nashville: Abingdon Press, pp. 437-827 (see p. 465).
23. Gen. 2:5.
24. Gen. 3:19, NIV.
25. Cassuto U. 1989. A commentary on the book of Genesis. Abrahans I, translator. Part I: from Adam to Noah: Genesis I-V18. Jerusalem: Magnes Press, Hebrew University, pp. 100-103. Translation of: Perush 'al Bereshit.
26. For a succinct review of the developments, see: Hasel GF. 1985. Biblical interpretation today. Washington, D.C.: Biblical Research Institute, pp. 28-36.
27. Funk RW, Hoover TW, The Jesus Seminar. 1993. The five gospels: the search for the authentic words of Jesus. New York: Macmillan Pub. Co.
28. Hasel, pp. 7-28 (note 26); see also note 36.
29. Hasel, p. 16 (note 26).
30. Archer GL, Jr. 1974. A survey of Old Testament introduction. Rev. ed. Chicago: Moody Press, pp. 112, 113.
31. See Hasel, pp. 27, 28 (note 26).
32. Matt. 19:8.
33. Cassuto U. 1961. The documentary hypothesis and the composition of the Pentateuch: eight lectures. Abrahams I, translator. Jerusalem: Magnes Press, the Hebrew University, pp. 100, 101. Translation of: Torat ha-te'udot vesiduram shel sifre ha-Torah (transliterated; 1941 ed.).
34. Archer, p. 91 (note 30).

35. See: (a) Cassuto, pp. 90-92 (note 25); (b) Garrett DA. 1991. Rethinking Genesis: the sources and authorship of the first book of the Pentateuch. Grand Rapids: Baker Book House, pp. 22-25; (c) Shea WH. 1978. The unity of the creation account. Origins 5:9-38; (d) Shea WH. 1990. Genesis 1 and 2 paralleled in an Ancient Near Eastern source. Adventist Perspectives 4(3):30-35.
36. This and other aspects supporting the unity of the two parts of the creation account can be found in: (a) Doukhan JB. 1978. The Genesis creation story: its literary structure. Andrews University Seminary Doctoral Dissertation Series, Vol. V. Berrien Springs, Mich.: Andrews University Press; (b) Doukhan J. 1995. La Création de L'Univers et de L'Homme. In: Meyer R, editor. Cheminer avec Dieu. Lausanne: Editions Belle Reviére, pp. 7-17; (c) Garrett, pp. 13-31, 187-241 (note 35b); (d) Shea (note 35c).
37. Shea WH. 1989. Literary structural parallels between Genesis 1 and 2. Origins 16:49-68.
38. Shea WH. 1979. The structure of the Genesis flood narrative and its implications. Origins 6:8-29.
39. Shea WH. 1984. A comparison of narrative elements in ancient Mesopotamian creation-flood stories with Genesis 1-9. Origins 11:9-29.

第六部　總　結

第二十章　科學陷入困境了嗎？

人往往用自己的經驗、知識和偏見，
而不是用存在的證據去評定幾乎所有的一切。
因此新的觀念都是按照
流行的信念來評判的。

——比佛利居[1]

兩個世紀前，法國數學家、天文學家拉普拉斯提出了星雲假說。這一假說認爲太陽系源自氣狀物質的凝結物。在當時已是一位著名學者的拉普拉斯，決心要把他一本書的副本送給拿破崙國王。拿破崙事先就被告知這本書裏沒有提到上帝，於是他問拉普拉斯爲什麼他的書裏，連世界的創始者都沒有提一下。拉普拉斯簡潔地回答：「他不需要那種特別的假設」。[2]

科學常常顯示出一種排斥性，這種態度就使它與其他研究領域隔絕。拉普拉斯的話透露了他的自信。科學家往往給人們留下這樣一種印象：科學是高於其他一切研究領域。他們把一切與科學相背離的力量與現實，視爲下等而不合理的。[3]科學承認其他的領域中有宗教和學識的存在，但是它不願意把它們與自己的理論聯繫起來。[4]科學所崇尚的科學主義，可能是有限制的。

雖然科學威力無窮，且從實際的觀點來看也是極其成功的，但一些重大的問題，對科學界內部或外部的成功提出了挑戰，這一章的主題就是：科學一直太具排他性了。如果科學意識到自身的局限性，且對其他學科的正確性更接納一些的話，它就會爲我們知識的累積做更多的貢獻。如前所述，[5]科學有種種不同的觀點與定義，在本章中，我們將一再涉及到其中的某些部份。如上所述，我們將用到人們通常所理解的「科學」這個術語——即尋找有關自然的資訊與解釋。我們會不時地用到「自然科學」一詞，來表示那將「設計者」這一概念，排斥在其解釋之外的科學，在過去的兩個世紀中科學一直趨向自然的定義，而近來則有一些逆轉的跡象。[6]這種逆轉，包括一些與聖經沒什麼關係的半神秘概念。

一些哲學上的看法

幾條有關科學的哲學史的評論，可能有助於我們試圖去弄清楚科學目前所面臨的困難。許多人認爲，西元前五世紀的愛奧尼亞哲學學校，是將人的思想從古代神話中解放出來，進入一個自然哲學世界的發祥地。雖然這所學校用一種反映了現代科學的哲學，來探討生物學和宇宙學的論題，但它並不適合我們常用的經驗主義科學（以感官知覺和試驗爲依據的科學）概念。

古希臘人（西元前四、三世紀）集多家哲學思想之大成，其中某些思想與現代科學很相投。但是自然主義的趨勢，在它們當中並不突出。亞里士多德堅信上帝爲一種領導力量，蘇格拉底也不是歷史所描繪的一位「無信仰者」。事實上，他對愛奧尼亞學校的一些自然主義觀點曾表示反對。

經驗主義科學隨著8－15世紀的伊斯蘭教科學，而越來越盛行。宗教的刺激推動了它的發展，一個人要瞭解上帝，就必須研究他的創世之舉。然而，有些人曾討論過眞理是存在於神的啓示還是理性。

與猶太教——基督教傳統有密切關係的現代方法論科學，[7]在16到17世紀時萌芽。促成進化論的思想也在這個時候出現——不是在科學界，而是在神學界[8]和哲學界當中，比如說培根、笛卡爾、萊比尼茲、康德等。[9]而那個時代的科學先驅們諸如克卜勒、帕斯卡、林奈、波以耳、牛頓等，卻極其贊成上帝創世說。

這個時期經歷了廣泛的思維騷動。新教徒的宗教改革和天主教徒的反宗教改革運動，在思想界掀起了軒然大波。18世紀的「啓蒙運動」尤爲重要。狄德羅、伏爾泰、休漠、康德以及歌德這些著名的思想家們主宰了這個時期。理性自由的思想，幾乎成爲一切的解決方式，而宗教事務位則退居次要。法國革命緊接在這個急進時期之後。後來恐怖統治下的大屠殺，就把好幾千人送上斷頭臺，包括路易十六和馬利安托尼特——因而抑制了啓蒙運動。隨之而來的是一場宗教信仰復興。然而，學術界則繼續向世俗主義發展。

隨著自然科學解釋得到一般人們的接受，上帝與起源無關的說法被進一步接納。法國海洋動物學家杜西斯（1821－1901）在他的實驗室裏掛了這麼一個牌子：「科學中沒有宗教也沒有政治」。[10] 本世紀後期，哈佛的物理學家弗蘭克提出：「『科學家們』把一切出於道德、宗教、政治的考量，而造成對接受某一理論的影響視爲是『不合理的』」。[11] 更近期，諾貝爾獎得主，杜瓦在談到生命自然起源，令人煩惱的問題時表示：「必須避免任何有目的之暗示。」[12] 這一陳述闡明了科學作爲一種自然哲學所具有的強烈排他性。許多的科學家信仰上帝，信奉一些支配人精神的教義或教規，但他們在出版的科學作品中對這些概念隻字不提，因爲這些觀念被認爲是不科學的。

20世紀早期，許多人認定科學是有著幾乎無限潛力而可靠的資訊來源。維也納學會的工作進一步起了推波助瀾的作用。這個組織是由一群哲學家，科學家和數學家所組成，並在20世紀的20年代到30年代之間，定期在奧地利的維也納進行會晤。另一個相關的組織在柏林會晤。然而第二次世界大戰的爆發，扼殺了這兩個組織的推展工作。

維也納學會強調的是實證主義，這種哲學以其最爲極端的形式規定：唯一正確的知識是合乎科學的（即，只有自然科學）。他們著名的「宣言」聲明：「我們爲次序和明辨而奮鬥。我們拒絕所有模稜兩可和深奧難解的觀點。科學中沒有深不可測的奧秘；萬事萬物都呈現在其表面上。」[13]

他們的宣言表明了形而上學（哲學上更爲抽象的領域，例如根本起源、宗教、倫理和審美等）是無法接受的。隨著越來越多的人信奉自然科學的完美，其實踐者更試圖使一切重要的概念都適應於自然座標，比如說時間和空間。他們把物理數學等資訊視爲絕對的眞理。

即使諸如量子力學和「測不準原理」，這些惱人的挑戰在更早時期就出現了，這些觀念仍控制著科學思想，長達好幾十年直至20世紀中葉以後。數學和邏輯學的一些方面，也陷入了困境。1931年維也納大學的數學家哥第耳發表了一篇不受歡迎的短篇論文，它表示，「任何大得足以引起人們興趣的系統，都有一些不可證實的元素」。其他的一些學者，則依照被稱爲限定性原理的相同體系提出了其他的原理。這一切打破了人們尋求一套完全一致眞理的願望。甚至是數學這樣不受判斷限制，不受科學其他方面約束的學科也缺乏確定性。可見信奉數學的一致性是出於一種信仰，而不是邏輯證明。同樣的，一般的科學聲明都不能擺脫不確定性這一特點。所有這些都與維也納學會的預期背道而馳，「不管維也納學會中的科學哲學家們是如何稱呼現代事物，更確切地說他們是啓蒙運動的最後發言人。」[14]

後來，其他的學者更直接地提出了科學明顯毫無根據的一面。最直言不諱的評論家之一，就是反對科學解釋簡化（過分簡化）趨勢的羅札克。他大力抨擊，科學過分簡化了現實「把人與自然變爲純粹而毫無價值的東西」。[15]據他所說，科學認爲人類不過是機器而已。

加州柏克萊大學著名而善辯的科學哲學家費洛斑，對科學發表了諸多的評論。[16]他曾把科學解釋爲一場無政府主義者的運動，並提出既然沒有一種科學的方法存在，那麼科學就沒有一致性，科學的成功，不僅有賴於邏輯，還得依靠信仰、宣傳、手段和誇張。[17]他說，因爲科學的主觀性，所以它應該與占星術和巫術受到同樣的待遇。對人們通常所給予科學和科學家們的信任和尊敬，他感到惋惜，他曾說過：「他們的領域中最愚蠢的程序和最可笑的結果，都被傑出的光環所環繞。是恢復他們眞實面目的時候了，給他們一個更適中的社會定位。」[18]雖然這些極端的觀點難以評判，但它們卻也強調了由於科學的自負與排他性所造成的負面反應。

所有的這些都證明實證哲學正日落西山。20世紀著名的科學哲學家波珀已指出「可見epis tē mē——完全肯定、可論證的知識——這個陳舊的科學理想，只不過是無稽之談罷了。」對科學客觀性的要求，使科學聲明不可避免地必須永遠保持爲試驗性的。它可能實際上是確定的，但是每一個確證，都與其他試驗性的說法有關。只有在我們的主觀信念經歷中，在我們的主觀信仰中，我們才能「完全肯定」……

「科學從不去追求得到最終答案的虛幻目標，甚至連這種可能也不去想。」[19]

另一方面，波珀本人曾透過強調一種已在很大程度上，被人們所接受的科學研究方法來幫助科學重樹威信。他認爲科學不應該試圖經由歸納法或結論的證實，或經由駁倒對方的概念來建立眞理的聲望，而應該運用更嚴格的憑經驗的試驗來證明假設虛妄的，而且一個假說在我們把它視爲是科學的之前，應該基於經驗主義加以反證。我們往往意識不到，這一觀念會把科學限制爲現實中極小的部份。

■ 較新的趨勢

1962年，庫恩首次發表的科學範式觀點[20]提出了許多的問題，並引起了其本身的一種革命。直到那時，上個世紀的哲學思想都一直被科學哲學所主宰著。現在它的影響日益減弱。一些人因爲對客觀失去了信心和實證哲學的崩潰，它有時被描繪爲「死寂」，而把科學和哲學描述成是處於一個「危機時期」。[21]甚至連經驗主義，也不那麼倍受尊敬了。

現在學者更加把科學視爲一種人類的活動，某些人把所謂的客觀事實與形而上學之間的矛盾，視爲「過去科學哲學的殘餘」。[22]比方說，有人提出這樣的問題：爲什麼宇宙論不應該像聯合的科學、哲學和宗教領域一樣重獲昔日的尊榮。現在越來越多的人，從社會學的範疇把科學解釋爲一種活動。人們所關注的焦點越來越集中在決定科學問題的起因和公式等因素上，而不是集中在這些問題的答案上。複雜而全面性的方法，正在取代簡化的方法。當然，對科學信任度減輕，主要與一些科學家有關。不幸的是他們之中有許多人，都沒有意識到發生在他們學科中的哲學變化及其造成的影響。不過，曾在學術界享有權威地位的科學，正面臨著強大的挑戰，兩名英國科學家爲此表示擔憂：「科學家在喪失了創造知識專利權的同時，也喪失了他們在社會中的特殊地位。」[23]這些作者爲科學的衰退和諸如創世說的這些觀念的湧起，而感到惋惜！他們在關注著，透過解除科學對眞理的壟斷，科學的運作可能會被縮減爲無意義的遊戲。

沒有人知道科學哲學路在何方。在過去的一些年，它的變動已大大超過庫恩起初提到的社會學範疇，並呈現向不同方面發展的趨勢。[24]一些哲學家只是換湯不換藥，而有的則從經驗主義的觀念，完全轉變爲更爲主觀。總之，科學哲學似乎在摒棄這種科學能夠給我們提供完整知識的觀點。它已開始把其他的因素（社會學的、心理學的等）納爲決定科學問題及其答案的重要因素。雖然唯科學主義（將科學視爲一種宗教形式）依然存在一些科學家中，但其他的一些科學家則把科學視爲許多令人信服的調查途徑之一。

雖然科學哲學日新月異，科學實踐卻依然保持著，首要性和排他性的趨勢。過去占支配地位的一些影響，仍然發揮著巨大的效力，儘管科學家一再地改變他們的觀點，儘管今日的教條往往是明日的異端邪說，人們仍然普遍有這樣的感覺：「我們現在所持的觀點是對的，現在我們就要擁有一個完備的科學，我們幾乎清楚了所有的一切的一切。」[25]這些態度實爲科學設置了重重障礙。

■ 進化論：一個混亂的理論

科學界的大部分人依然在積極地維護著進化論。世界主要的遺傳學家，且爲現代進化論體系的建構者之一的朶布贊斯基曾說到：「生態學中，沒有什麼是讓人弄得明白的，除非以進化論的觀點去看。」[26]他的話表明：在人們接受進化論之前，數世紀以來所進行的細緻生態研究顯然都是無意義的！許多人不再把進化論的一般理論視爲一種理論。赫胥黎在達爾文的《物種起源》出版後宣稱，「進化論已成既定事實，不再需要進一步的證明了。」[27]許多權威進化論學者，已將進化論定義爲一種事實；[28]然而這一「事實」正是用來證明一個佔主要地位的科學概念，目前正處於困境的絕好例子。毫無疑問過去幾個十年裏的科學發現對進化論是不利的。可能進化論所面臨的最嚴峻的挑戰，就是生命本身起源的問題。如果自然科學沒有意識到其自身的自負，並無法提供大部分答案的話，那麼沒有充分的解釋，它就無法令人信服。其他諸如化石記錄下的缺環，時間的丟失及可行的進化機制之缺乏等有關進化論的其他問題，繼續在對這一概念提出挑戰。[29]爲了這一點，我們可以添加一些有關生命和起源意義的問題，及我們的意識之含意。位於紐約紀念斯隆・凱特林的癌症中心負責人托馬斯，生動地描述了這種進退維谷的境地：「我無法與這種隨意性的學說達到和解；我無法忍受自然界中毫無意義的概念，及不可捉摸的偶然。然而我不知道怎樣才能使我的心得到安寧。當我們看到眼前的一個地方，生存著幾億種本身極其完美的生命結構，當所有的這些結構都被聯繫在一起，對局外人來說，構成巨大的球形有機體時，要說像這樣的一個地方是荒謬的，那就太荒謬了。我們談到——至少我們中的一些人——人類處境的荒謬，然而我們這麼做是因爲我們不清楚我們要怎樣適應環境，我們又是爲了什麼而存在的。過去我們編造來解釋我們自己的故事已毫無意義，我們暫時沒有了的新故事。」[30]

這種混亂表明進化論缺少一種可行的模式，也表明了自然哲學有限的解釋價值。儘管如此，科學思想還是避開了創造論，因爲神的概念，在自然科學解說中是不被接納的。

另外一些人不明白爲什麼進化論並沒有什麼可靠的論據，卻爲人們所堅信。加州柏克萊大學的法學教授約翰遜，從一個出庭律師的觀點來研究進化論的原理時，回應了這些觀點。[31]當他得到一些有關進化論的不可靠案例時，他不明白專家爲什麼會這麼的盲目。

受到大衆歡迎的作家，基督教護教學專家穆格利居，強調了一些相同的觀點：「我個人堅信進化論學說，尤其是它所涉及到的範圍，在將來的歷史書中將是最大笑話之一。子孫後代將爲此感到驚訝，人們竟然會如此輕信一個不足信而又不確定的假設，眞是令人難以置信。」[32]

進化論學說通常是在缺乏證據支持的情況下，也要堅持佔有定論的主導地位的主要例子。這種堅持，尤其指出了科學並非完美無缺。科學常常以公開客觀而自詡，但進化論卻給這公開與客觀性帶來了問題。科學是怎樣，竟爲了維護一個幾乎沒有什麼證據，並能從其中發現許多科學疑問的觀點，而被捲入這樣的一個大難題中呢？

■ 當科學犯下最大的錯誤

科學在實驗領域中是頗具權威的，然而，這種科學在下結論的時候，卻常對自然主義的解釋體系自滿自足，而忽視了其他的現實領域。這種排他性，使自然科學在面對過分簡化的理解之非難時，顯得脆弱無力。較之自然科學的簡單因果體系，許多人反而對現實更能理解一些。正如一個科學家所說：「是在科學與心靈之間，重建平衡的時候了，讓人類在這個宇宙中重新發現一個領域吧！」[33]

問題不僅在進化論。在某種意義上說，進化論只是一個更爲根深蒂固問題的重要徵兆。眞正更大的難題在於：自然科學是否堅持要在其封閉的解釋體系下，給所有的問題尋找到答案。科學是怎麼陷入這種理性的束縛呢？

科學在拒絕接受上帝，以及除了機械論解釋以外的一切解釋時，犯下了最大的錯誤。科學沒有意識到自身的局限性，並企圖在純粹的自然主義哲學範疇中，回答絕大部分的問題。於是進化論成麼討論生命起源中、似乎最爲合理的一個模式。如果科學沒有接受如此排他的自然主義態度，那麼它現在也就不會面臨那針對進化論，顯然難以克服的挑戰。生命創造說依然會給人們提供一個可能的解釋，如同它們曾爲現代科學的先驅者提供解釋一般。

相反的，聖經卻表現出比自然科學要大得多的包容性，雖然它爲後者所否認。聖經提出了科學性的資訊，比方說大洪水比山高過十五肘、[34]日晷向後退10度。[35]它也提出了一種科學的方法論，告訴我們「要凡事察驗，善美的要持守」。[36]聖經鼓勵人們去調查研究。[37]經文也運用自然作爲證據，提醒我們「諸天述說上帝的榮耀，穹蒼傳揚他的手段。」[38]（圖20.1）表明，當我們能夠清楚地看到上帝所創造的萬物時，[39]我們沒有理由不相信祂的力量。雖然自然科學拒絕接受聖經，但聖經並不排斥以科學的方法論，作爲尋求大自然眞相的一種手段。聖經還包含了宗教、道德、終極目的、歷史以及存在的意義。它展現了一個更爲寬闊的探討，超過了我們所見的現實。其本身似乎更適於提出有關起源及意義的大問題。

圖片 20.1

仙女座星系景觀，那是肉眼所能見到的少數星系之一。該星系據估測直徑，達20萬光年。距離地球約兩百萬光年之遠。許多的星星、星雲、新星、星團，都可在這一星系中辨別出來。在聖經中所發現的一個有關入口寬度的小例子，促使我們不僅要關注聖經，還要看到自然，另一方面，科學卻似乎只接受它自己。

科學的排他性是逐步發展起來的，自相矛盾的是：它根植於18世紀啓蒙運動所倡導的，開放自由思想模式。自然科學原本是一種有限的哲學，它在19世紀隨著諸如拉普拉斯、胡頓、賴爾、錢伯斯、達爾文等學者的努力爲人們所接受。

人們也只能推測有關這種排他性的原因。我在此將只提到兩種可能性。倍受尊敬的科學哲學家波蓋依提出了對中世紀思想壓制過分強烈的反應，他說：「這就是我所看到的問題癥結所在，是科學與所有其他文化之間，根深蒂固的混亂所在。我相信這種混亂，最初起源於現代科學對中世紀思想的解放，並且這種混亂，僅僅是在後來才變得病態的。

「科學是反權威。它拒絕根據第一原因的演繹法（基於前提的推理），而贊成經驗主義（感官知覺）的歸納法。它的終極理想是宇宙的機械論。」[40]

另一個原因可能根源於實驗性科學的成功。科學涉及到諸如物質與能量這些穩定因素，並成功地解釋了天體力學與遺傳學。與成功的實例辯駁是很困難的，甚而當科學在一些領域是相當成功的話，那麼當科學全盤接受了自然哲學時，它不應該也是成功的嗎？不幸的是，獨裁主義的一個特點，就是不認識自己。科學在某些領域的成功，促使科學家甚至大衆都認爲科學是全能的，是眞理的唯一正確來源。那種成功會遮掩住其他比較不明確，但對現實更爲重要的解釋，這些解釋賦予人類和自然根本的意義和目的。科學的成就能夠使我們滿足於那些可能，沒有完全反映現實，較易察覺，又較簡單的解釋。

我們可以爲自然主義，在科學中的牢固地位提出大量的其他原因，無疑有大量的原因，導致了這一現象。

■ 結論與建議

雖然科學已登峰造極，然而科學過程有其固有的局限性。近來，在其他問題中，自然科學的進化模式顯然面臨著嚴峻的科學障礙。然而，科學難以從這種困境中擺脫出來，因爲它已經採取了如此強硬的自然主義態度，並且不接受創造論這樣的選擇。「在生物學家眼中，談論意圖是根本的科學之罪。」[41] 進化論是自然科學所能給的最好模式。另一方面，在科學界內部，[42] 向進化論提出挑戰，他們對實證主義和經驗主義的貶抑，給了人們這樣一種希望：科學可能會把它自己從受局限的解釋方式中解放出來。

我希望自然科學，能夠對其他的研究領域採取兼容並蓄的態度，並且把更廣泛的可能性融合到它的思想體系中去。科學應該努力地回轉到西方文明奠定科學根基時，所持有的哲學。在那時，方法論科學，自視爲去發現上帝創世時所設立的自然原則。這種觀點有助於自然科學，解決它現在所面臨的一些問題，並爲抵達眞理，提供更廣闊的基礎，並爲科學樹立思想更開闊、更能理解的形象。

■ 參考文獻：

1. Beveridge WIB. 1957. The art of scientific investigation. Rev. ed. New York: W. W. Norton and Co., p. 107.
2. As reported in: Dampier WC. 1949. A history of science and its relations with philosophy and religion. 4th ed., rev. Cambridge: Cambridge University Press; New York: Macmillan Co., p. 181.
3. Proudfoot W. 1989. Religion and science. In: Lotz DW, Shriver DW, Jr., Wilson JF, editors. Altered landscapes: Christianity in America, 1935-1985. Grand Rapids: Wm. B. Eerdmans Pub. Co., pp. 268-279.
4. Gibson RE. 1964. Our heritage from Galileo Galilei. Science 145:1271-1281.
5. See chapter 17.
6. See chapter 3.
7. *Ibid.*
8. Mayr E. 1982. The growth of biological thought: diversity, evolution, and inheritance. Cambridge, Mass., and London: Belknap Press of Harvard University Press, p. 309.
9. Dampier, p. 273 (note 2).
10. Quoted in: Nordenskiöld E. 1928. The history of biology: a survey. Eyre LB, translator. New York: Alfred A. Knopf, p. 426. Translation of: Biologins Historia.
11. Quoted in: Barber B. 1961. Resistance by scientists to scientific discovery. Science 134:596-602.
12. De Duve C. 1995. The beginnings of life on earth. American Scientist 83:428-437.
13. Quoted in: Zycinski JM. 1988. The structure of the metascientific revolution: an essay on the growth of modern science. Heller M, Zycinski J, editors. Philosophy in science library. Tucson, Ariz.: Pachart Pub. House, p. 49.
14. Toulmin S. 1989. The historicization of natural science: its implications for theology. In: Küng H, Tracy D, editors. Paradigm change in theology: a symposium for the future. Köhl M, translator. New York: Crossroad Pub. Co., pp. 233-241. Translation of: Theologie—Wohin? and Das Neue Paradigma von Theologie.
15. Roszak T. 1972. Where the wasteland ends: politics and transcendence in postindustrial society. Garden City, N.Y.: Doubleday and Co., p. 252.
16. Feyerabend P. 1988. Against method. Rev. ed. London and New York: Verso.
17. For examples of the use of rhetoric in science, see: Pera M, Shen WR, editors. 1991. Persuading science: the art of scientific rhetoric. Canton, Mass.: Science History Publications.
18. Feyerabend P. 1975. Against method: outline of an anarchistic theory of knowledge. London: New Left Books; Atlantic Highlands: Humanities Press, p. 304.
19. Popper KR. 1959. The logic of scientific discovery. New York: Basic Books, pp. 280, 281.
20. See chapters 2 and 17.
21. (a) Blackwell RJ. 1981. A new direction in the philosophy of science. The Modern Schoolman 59:55-59; (b) Durbin PT. 1986. Ferment in philosophy of science: a review discussion. Thomist 50:690-700.
22. Zycinski, p. 178 (note 13).
23. Theocharis T, Psimopoulos M. 1987. Where science has gone wrong. Nature 329:595, 598.
24. (a) Durbin (note 21b); (b) Gillies D. 1993. Philosophy of science in the twentieth century: four central themes. Oxford and Cambridge: Blackwell Publishers; (c) Smith H. 1982. Beyond the post-modern mind. New York: Crossroad Pub. Co., pp. 16-27.
25. Thomas L. 1980. On the uncertainty of science. Harvard Magazine 83(1):19-22.
26. Dobzhansky T. 1973. Nothing in biology makes sense except in the light of evolution. The American Biology Teacher 35:125-129.
27. Huxley J. 1958. Introduction to the Mentor edition of Charles Darwin: the origin of species by

means of natural selection, or the preservation of favoured races in the struggle for life. New York: New American Library of World Literature, p. xv.

28. For six other examples, see: Bird WR. 1987, 1988, 1989. Philosophy of science, philosophy of religion, history, education, and constitutional issues. The origin of species revisited: the theories of evolution and of abrupt appearance, vol. 2. New York: Philosophical Library, pp. 129, 159, 160.
29. See chapters 4-8, 11.
30. Thomas (note 25).
31. (a) Johnson PE. 1993. Darwin on trial. 2nd ed. Downers Grove, Ill.: InterVarsity Press; (b) Johnson PE. 1995. Reason in the balance: the case against naturalism in science, law, and education. Downers Grove, Ill.: InterVarsity Press.
32. Muggeridge M. 1980. The end of Christendom. Grand Rapids: Wm. B. Eerdmans Pub. Co., p. 59.
33. Mousseau N. 1994. Searching for science criticism's sources: letters. Physics Today 47:13, 15.
34. Gen. 7:19-21.
35. 2 Kings 20:10.
36. 1 Thess. 5:21, RSV.
37. Eccl. 1:13; Dan. 1:11-16.
38. Ps. 19:1.
39. Rom. 1:20.
40. Grene M, editor. 1969. Knowing and being: essays by Michael Polanyi. Chicago: University of Chicago Press, p. 41.
41. Hoyle F, Wickramasinghe NC. 1981. Evolution from space: a theory of cosmic creationism. New York: Simon and Schuster, p. 32.
42. See chapter 8.

第二十一章 創造論與進化論之間的選擇

我的民，
因無知而滅亡

——何西阿書4：6

英國著名的赫胥黎是達爾文最有力的捍衛者，他曾經斷言，沒有人「能兼爲教堂忠實的子民和科學忠誠的衛士」。[1]且不管赫胥黎在1871年發表的演說是否正確，學術界人士並沒有聽從他的告誡，反而堅持不懈試圖協調聖經的創造論和科學的進化論之間的關係，以達到某種和解。[2]赫胥黎的言論，流露出他對宗教的強烈反感。他在美國約翰・霍普金斯大學開幕式發表的演說後，一位評論家激憤地說：「邀請赫胥黎是再壞不過的了。最好是邀請上帝出席。而如果邀請他們兩位都出席，那是多麼荒謬。」[3]

前面章節，我們的討論通常是集中在科學和聖經孰對孰錯這一問題上，這也一直是這場鬥爭最激烈之所在，因爲在這兒我們發現這兩種極具權威的資訊來源之間，實存在有尖銳的衝突。在本章中，我們將對那些試圖融合創造論和進化論的觀點進行思考和判斷。此類有趣的觀點，在基督教界的學者中十分盛行，但它們模糊不清，不能給我們提供任何可以付諸試驗模式的重要綜合觀點。這種對自然科學和聖經持折衷態度的中間觀點，幾乎得不到什麼支持。這樣的作法使我們對分類[4]和術語[5]產生困惑。而且許多人從中看到了融入宗教或聖經的，以及同時代科學解釋的可能性。人們在這些觀點上花費了大量的時間、精力和筆墨，正如在創造論與進化論之爭上所耗費的那樣。[6]

■ 諸多的模式

下面我簡要列舉了八種主要有關進化論和創造論的折衷觀點，及每一模式所提出的相關問題。包括遠古生命化石之地質堆積柱，[7]這是每種觀點形成的基本因素。圖21.1列出了這八種模式的大致圖解，並且表明每種模式與地質堆積柱的關係。如模式1左邊的箭頭所示，時間是從下往上延伸的（沒必要標明線的刻度）。在每個矩形框中，靠左的粗直線代表地質堆積柱。埋藏較低、年代較久遠的地質岩層處於底部。這些模式以一種大致的順序被編上了號——雖然這是可疑的——這種順序顯示出越來越多的人傾向於純自然解釋，而遠離創世紀起源說的趨勢。

1、創造論（也稱作近代創造論，特殊創造論，年輕的地球創造論，或命令創造論）

內容——這一模式是聖經最直接的呈現。[8]上帝在整整六天時間裏，創造了萬物，每一天都有晚上和早晨。[9]創造活動發生在幾千年前。創造之後，世界上罪惡滿盈，上帝不得不藉洪水來控制，這場大災難導致了地球表面大部分化石沈澱物的形成。創世記記載的洪水，使化石記錄與六天的創造活動相吻合。[10]

圖表 21.1

1 創造論	2 缺口理論	3 漸進式創造論	4 有神進化論
TIME FOSSIL RECORDF 被創世記洪水埋葬 上帝創世（6天）	上帝創世（6天） 缺口 上帝創世（長久年代）	上帝創世（長久年代）	上帝支配進化（長久年代）
5 自然神進化論	**6 多神進化論**	**7 宇宙世系**	**8 進化論**
自然進化（長久年代） 上帝	上帝進化（長久年代）	來自地球以外生物體（長久年代）	沒有上帝（長久年代）

地質堆積柱八種解釋的圖示。每個矩形框左邊的粗體直線，代表地質堆積柱。模式1的箭頭，標明所有模式的時間走向，底端代表年代最久遠的沈澱物。

這種模式與科學觀察十分吻合，如：缺乏過渡期的化石，設計創世的證據，以及表明沈澱物快速沈積的資料。

該模式的另一說法，主張上帝在適當的地方創造了岩石中的化石。[11]目前很少有人接受這種觀點。它遭拒絕的原因之一是：聖經中所描述仁慈信實的上帝，與有製造爲化石之嫌的欺騙手段之間所產生的矛盾。還有一種說法是上帝在遠古就創造了地球，但是上帝僅僅在幾千年前的六天裏爲地球預備和創造了生命。[12]這種有時被稱爲軟缺口的理論模式，被廣泛接受。

問題——這種模式不符合那些在前面章節中所討論過的，具體說明了化石層長期沈積的科學解釋，以及有關化石順序的進化論解釋。[13]

爲了試圖保持創造論記錄的完整性，有人提出了比聖經中所暗示的幾千年前，要早得多的創造週。當我們將化石詳細記錄與聖經比對時，這種古老創造週的觀點無法自圓其說。創造週包括了所有主要有機物的起源。如果那一週出現在很長時間以前，在化石記錄與各種生命形式化石，逐漸產生的漫長過程的開始階段，那麼從化石記錄的底部到頂部，其主要生物形態應該被完好保存才對。但是，正如我們在圖10.1中所見到的，在不同的層次上的許多群體，都是獨一無二的。按生態順序生成或來自大洪水不同來源的化石沈澱物，[14]似乎是一種將創造週與化石順序層的獨特性，統整起來的更好的方式。

2、缺口理論[15]（也稱爲毀滅和恢復，或硬缺口）

內容——上帝在遙遠的過去創造了地球上的生命。後來，出於對撒旦的懲罰，上帝毀滅了生命。隨後發生了創世記第1和第2章所描敘的創造活動。斯科費爾德的聖經參考書，通過對創世記和以賽亞書的詳細比較支持這一解釋，前者認爲地球是一片空虛混沌（被毀的），而後者卻宣稱上帝並未把地創造爲荒涼之地。[16]因此，地球一定在聖經未記載的古老創造之前，已經變成了一片荒涼之地。

問題——對這一觀點本身，我們沒有任何直接的、科學的、聖經的、或其他的依據。化石記錄並未顯示出任何在化石上的改變（再創造）

和缺口。如果存有缺口，那麼我們會想到在後來的再創造之前，存在一個世界性的明顯空白時期（缺口）。

諸如此類模式的觀點令人難以信服，因爲它們缺少客觀依據。例如，我們可以說我們全部是在15分鐘前，在一個十分成熟的環境下被創造出來的，這個環境擁有發達的思維和過去的記憶。雖然我們能用這種模式回答許多問題，但卻要被拒之於門外，這是因爲它們帶有很強的主觀性。經驗告訴我們現實並不是那麼反復無常，可試驗性的部分卻並非如此。我們應該尋求更好的、牢固的觀點。

一個在某種程度上相關的觀念是化石記錄和一些活物，是撒但在創造週之前的很長時期內，在地球進行實驗的結果。這種模式也提出了幾種問題。它具有高度的主觀色彩，科學資料沒有直接顯示出這樣的場景曾發生過，也沒有顯示出聖經有其他的起源模式。創世記中描繪了在創造週之初的一個既空蕩、又黑暗的原始地球，[17]然而對那些成爲化石的生命來說光線是必須的。聖經並不支持創造週之前存有生命。聖經也再三把上帝——而不是撒但——描述爲創造者。[18]

3、漸進式創造論[19]（一日如年的觀點和啓示日的觀點符合這種分類）

內容——上帝在長時間內進行了大量的創造活動。我們從化石記錄的底部到頂部，所發現的進度反映了連續不斷的創造行爲。這種模式既符合化石記錄中缺少連接部分，它能支持創造論，也符合地質堆積柱，對生命產生所需的長期性科學解釋。

一日如年的觀點認爲創世記中記載的每一個創造日，都代表一個漫長的時期。啓示日的觀點表明，創造需要一個很長的時期，但上帝給創世記的作者所啓示的創世時間僅爲七天。

問題——科學資料和聖經都未表明創造是以這種方式發生的。基本觀點無據可依。它否認如創世記和十誡所記載的爲期6天，創造萬物的這種聖經觀念。在這種漸進式創造論模式中，化石記錄表明兇猛的捕食動物（如食肉恐龍）要先於人類出現，這說明在人類出現之前，就已存在掠食的罪惡。這就否定了創世記中有關美好的創世者與完美的創世記載，以及墮落和由此產生的罪惡發生在創世之後的說法。[20]《新約》中門徒保羅也證實了因人類悖逆，而引起的罪惡根源。[21]漸進式創造論也顯示出上帝在災難降臨前的很長一段時期內，所犯的錯誤或失敗。化石記錄不同地層中的千萬種重要的植物和動物群，在地球上不復存在。遺傳學家朶布贊斯基[22]在批判創造論信仰時，強調了滅絕這個神學問題：「然而對上帝來說，無中生有地創造出大量物種，又讓它們中的大部分滅亡，這是實在是愚蠢至極的行爲！」再者，對於創造論模式而言，這是發生在人類產生，走向墮落及對大自然犯下滔天罪惡之前。漸進式創造論在提出這一問題時，並沒有提出好的解釋。我們可以假定一位以這種模式進行創造的神，但他不是聖經中那位無所不能的上帝——因爲創世記描繪的上帝的創造「是好的」，[23]創世記用人類的罪惡，招致世界性大洪水這一說法，解釋了這些生物滅絕的原因。

一日如年的觀點和啓示日的觀點，沒有提供任何進展，因爲創世記中列舉被造物的種類及順序，與化石記錄的順序並不相符。創世記中提到上帝在第三天創造了植物，而第五天，第六天才是動物，但化石順序中多數動物群體，卻出現在大部分植物群體的下面(圖10.1)。如果創造諸日代表了幾百萬年，那麼在第三天創造出來的植物，它們需要昆蟲爲它們傳播花粉，這幾百萬年時間裏它們如何生存下，等待那在第五、六天才被造的動物呢？

啓示日的思想與《創世記》和《出埃及記》[24]中的十誡更加不和諧，經文中談到上帝是在深思熟慮的幾天裏，進行了創世，而不僅僅是要給人類啓示。[25]

4、有神進化論[26]（有時也指神學進化論、進化的創造論和聖經進化論）

內容——上帝在由簡單到複雜，互相連續不斷的進化過程中起了指導作用，這種觀點，多半與進化論一般理論中的許多觀點相符，並且還承認上帝的創造活動。上帝能夠解答進化論所面臨的一些難題，例如，生命的起源問題，複雜而完整的生物系統發展；以及人類更高智慧的起源。

問題——化石記錄中的缺環，表明了一個並不連續的進化過程。與聖經中描述的全能的創造者相比較，這種模式似乎貶低了上帝的身分，在這裏上帝依靠進化論的支撐，來製造了高等的形式。已滅絕的群體所表現出的大量創造錯誤(見模式3)，以及由進化模式所表現出來的緩慢進展和競爭，向上帝的創造力量、智慧和慈愛提出了挑戰。優勝劣敗，適者生存的現實，似乎與聖經中顧念罪人[27]、養活麻雀[28]、使獅子和羔羊和睦相處[29]的上帝十分不符。正如漸進式創造論一樣(模式3)，我們也面臨著在人類墮落之前，自然界中就出現了罪惡，這一在邏輯上無法解釋的難題。

5、自然神進化論[30]

內容——這種模糊不清的觀點否認聖經的啓示，但承認有位神在起初很活躍。一位通常不具人格的上帝，祂現在並不介入凡夫俗事中，只是充當了創世的首要原因，這位神也許解決了進化論面對生命起源所遇到的最大難題，某些觀點上認爲上帝可能引導了一些複雜生物系統的形成。

問題——這種模式如進化論一樣面臨許多問題。人們不得不否認聖經中特別的自然界證據。[31]因爲它否認了有人性的上帝這一角色，所以更難以表明那種建立在人與人關係之上的人類更高層次的特徵，如愛、道德和憂慮等。我們簡直找不到科學上或聖經上的事例來直接證明這一模型。

6、多神進化論[32]

此模式之內容——上帝就是一切，一切就是上帝，上帝依然存在。自然界是特別的，上帝自身推動了進化。有人將一些東方文化、新世代運動、和蓋亞假說與這種觀點聯繫起來。

問題——這種模式面臨許多與前一模式相似的問題。除此之外，在謀求生存的進化過程中上帝既是破壞者，又是破壞的受害者，這就大大貶低了聖經中描繪的偉大的上帝。聖經和自然界卻未提供任何直接的論據，來表明這是上帝過去的歷史。

7、宇宙世系[33]（也被認作宇宙創造論和受引導的生物發生說）

內容——本題中我們能夠大量總結出近年來十分流行的觀點。基本上它們假定地球外的生命形式，是地球生命的起源，或者說它修改了地球的生命。其中一些觀點假想簡單的生命，有可能由隕石被動地運載到地球上。其他觀點則推測是宇宙生物，有意將它們帶到地球上，或者說生命是被宇宙旅行者，留在地球上垃圾中的污染物。後一種觀點即所謂的「垃圾理論」。有人甚至提出「超生物」與地球上的有機物雜交，從而產生了更多高級的生命形式。這些模式透過從外太空尋求解決自然進化論的一些問題，特別是有關地球生命起源的問題。我們不再受限於地球。

問題——也許這種模式最嚴重的問題，與上面提到的其他多種模式相似——即這種觀點本身缺乏有力的證據。雖然它們能夠解答一些問題，但所提出的高度推想，使它們失去了吸引力，而且那些未受保護的生物，在行星間宇宙行程中能否存活，也令人懷疑。這種將複雜生命的起源，轉移到宇宙中遙不可及處的觀點，並不能爲它的原始起源，提供適當的自然解釋。

8、進化論[34]（也稱機械進化論或自然進化論）

內容——進化論的觀點迎合那些將現實局限於機械原因的人。不同生命形式的發展，是自然法則作用的結果。它不涉及任何智慧設計。生命最先起源於適當分子的組合，而後才發展。發達的生命形式歸因於偶然的突變，或與自然選擇互相結合的結果。

問題——這種模式沒有回答以下問題：[35]在沒有創造者的情況下，複雜的生命系統是怎樣起源的？那些不合適的，不完善的，仍處在發展中的生命形式，是怎樣在自然進化的競爭中存活下來的？人們怎麼能夠跨越缺損的過度期化石形式？我們怎麼能夠使快速地質活動的證據，與極不可能的進化活動所需的漫長時期達成一致？人類高層次的特徵，如意識、自由意願和愛，是如何根源於純粹的機械體系中的？

以上所列的八種模式中還有其他觀點，以及其他折衷的觀點。但是，這兒所列舉出的事例，用以說明人們深思熟慮中的各種觀念。

■ 科學資訊不同解釋之間的關係

在前面章節中，我們討論了大量與這些模式相關的科學資訊，在此無需再浪費筆墨。因爲我們舉出如此多的觀點，納入考慮當中，所以很難做出一種總括性的結論。一些科學資料，有助於我們鑑別這些模式。化石記錄中缺損的中間過度物，相對於模式4-8來說似乎更支持模式1-3的觀點(圖21.1的模式)。而認爲生命是長期逐漸發展而成的科學結論，則偏向於模式2-8而不是模式1。如果我們要絕對堅持科學的自然解釋，那麼我們只能接受模式8和模式7中的某些觀點。經由比較，有位格的上帝這個觀念，使人們更有可能接受模式1-4和模式5中的少部分解釋。

■ 對聖經的不同解釋之間的關係

以上討論的關於生命起源的八種解釋，除了創造論模式(模式1)以外，沒有一個能從聖經中找到有力支援。模式2-8表明了前進的進化，而聖經提到了自創世以來自然界的退化。[36]對幾種模式(4-6)來說，上帝這一概念是聯繫它們與聖經之間唯一重要的橋梁。聖經記載地球是一個黑暗的蠻荒之地。[37]既然光線對植物來說十分必要，並且動物的生存又需要植物，那麼光的缺乏似乎排除了認爲創造週之前就出現正常生命的任何模式。

有人認爲聖經支援每個創造日，即爲一個長時期的觀點。他們引用《詩篇》和《彼得後書》[38]中的經文作爲證據。這些經文中曾提到上帝看一日如千年。但是，這些經文眞正探討的是人類存在的短暫性和上帝的忍耐，而並非創造週。[39]正如前面所指出的，聖經描寫每一創造日，都有早晨和夜晚，這與幾百萬年很難相一致的。

那些選擇折衷觀點的人，往往臆測創世記的第一部分是寓意。[40]這是斷章取義，因爲聖經直接或間接地提到《創世記》的前11章，記載的都是眞實的歷史。而歷史的證詞更證實了聖經所記載的起源之眞實性。

門徒彼得相信《創世記》前11章都眞實可信。他說，那些末日好譏誚的人，故意忘記神的創造和洪水滅世。[41]彼得也證實了洪水時在方舟上得救挪亞的記載。[42]

門徒彼得不認爲《創世記》前11章只是某種寓言的。他曾幾次提到亞當和夏娃的被造，或是亞當是首位男人。[43] 他也極力證實洪水是眞的，以及在創造與洪水之間的亞伯、該隱、以諾和挪亞[44]的存在也是眞的。

基督談到創世記前11章的記載都是眞實的。他援引聖經中有關上帝創造了男人和女人的話，[45]提到了挪亞時代的罪惡，並特別談到了挪亞進入方舟的那一天。[46]毫無疑問基督對創造論和創世記中描述的洪水是深信不疑的。

上帝自己證實了創世和大洪水事件。在《以賽亞書》中，上帝重複了祂的誓言：「我怎樣起誓不再使挪亞的洪水漫過遍地。」[47]祂又在「十誡」[48]中證實《創世記》中有關起源的記載。所有這些恰與那些認爲生命的發展，延續了幾百萬年的模式背道而馳。用上帝自己的話來說，他是在「6天」內完成了創造的大工。如果說每一天代表幾百萬年的話，那麼這樣的事情幾乎是不可能的。這一切證明了六天內創造萬物的聖經模式，聖經中並沒有表示生命創造，是一段延續漫長的時期。

如果你相信聖經對起源的記載，那麼你就與彼得、保羅、基督和上帝並肩而行。要是上帝在幾百萬年前就創造了萬物，然後讓人類將第七天，作爲神聖的安息日以此來紀念他在六天裏所造的一切，那麼他是令人莫名其妙的。聖經反覆告訴我們上帝總是信實的，祂憎惡謊言。[49]作爲上帝，祂能夠決定安息日是出於其他各種原因而設立。上帝親自頒佈的「十誡」說到上帝在六天中的創造，也表達了上帝與人類最威嚴的相通。我們很難否定它們。要是上帝讓祂的代言人，在起源這個重要問題上受騙達千載，而僅僅爲了等待賴爾和達爾文來揭曉答案的話，那麼祂又讓人摸不著頭腦了。看來使聖經中的起源記載與漫長的地質時代達成一致，只是枉費心機。

科學與聖經的連接，並不等於這兩種觀點的折衷。我們必須認識聖經，並不願做出太多讓步。它要就如它所宣稱上帝的話語，要麼就是冒充上帝話語的人類智慧的結晶。而在後者中，我們遇到了作者是否完整一致的重要問題。比起科學而言，聖經更是一個「全部是——或——全然否」的模式。因此，否定進化論是對整個科學的否定，對聖經「近期創造論」模式的否認，更傾向於否認聖經的整體性。科學既然聲稱是可以修正的，科學至少在原則上更易於變化。

■ 神學的走向

自由神學思想視聖經中的創世和洪水爲寓言，並且普遍在不同程度上，屈從當代科學的解釋。他們的做法正隨從了科學最薄弱的部份，即涉及過去的、難以評估的歷史科學。[50]自由神學可能一直深受實驗科學成功的影響，以致意識不到歷史科學的局限性。也許神學家在接受自己不熟悉的學科時，應當更加小心謹慎。西北大學和芝加哥大學的科學哲學家斯蒂溫告誡神學家不要亦步亦趨，這樣做在過去曾使他們陷入困境。例如，他指出中世紀時期牧師們是如何滿腔熱情地推崇亞里士多德，並將他的見解視爲「權威，超過了它們的眞實力量。」同樣，在後來談及宇宙哲學時，他們又接受了笛卡爾和牛頓的機械論。他進一步闡明：「這兩起事例，結果都是不幸的，因爲太深地陷入到原始科學理論的束縛之中，這些神學家未能預見亞里士多德和牛頓的定律，也許不會永遠是『最後的定論』，並且，當自然科學發生翻天覆地的變化時，他們還沒做好應變的準備。」

他也警示說，繼續推崇新科學理論，「只會爲神學的發展帶來一個或兩個世紀的新麻煩，因爲當科學家重新認識到自己定理中存在著的問題，並試做出徹底改變時，神學家將會再手忙腳亂……如果他們遠離科學思想，而不是過分系統地、毫無批判地接受它們的話，那將會更好。」[51]

由對聖經的信賴轉向對科學的崇拜，至少對所涉及的自然界的解釋方面，自由神學發現其本身教義基礎十分薄弱。聖經不再是眞實可靠的，對於自由神學家來說，有關起源的觀點已轉向了自然進化論（模式2-8）。一旦我們放棄了對聖經的信賴，我們發現自己將會失去依靠，而毫無目標地滑向深淵。同時當我們接觸純自然哲學時，我們發現許多重要問題依然懸而未決。那些擁護中間觀點（模式2-7）的人們，所面臨的挑戰是：要提出一個比聖經或科學所提出的更好模式。他們尤其需要爲自己的模式，找到權威的資訊來源。但是當代神學並未對我們認識起源這一重要問題做出多大貢獻。福音派神學家保守的亨利院長，將權力的優先問題置於不同的焦點上，他說：「神學不依靠有秩序的宇宙，有秩序的宇宙卻依靠上帝。」[52]

德克薩斯大學的物理學家兼諾貝爾獎得主溫伯格進一步洞悉，並闡述了他對自由神學思想的見解，他說：「與正統派信徒和其他保守的宗教信仰者相比，宗教自由派在某種程度上，其精神境界與科學的距離要更遠一些。至少像科學家一類的保守派會告訴你，他們之所以相信他們所相信的一切是因爲它是眞實的，而不是因爲它使他們高尚或快樂。今天許多宗教自由者，似乎認爲不同的人可以相信互相排斥的不同東西，他們沒有人是錯的，只要他們的信仰能『爲他們效力』。這個人相信轉世，那個人相信天堂和地獄；另一個相信死亡後靈魂就消失。無論怎樣，只要每個人都能從自己的信仰中得到心靈的昇華，那麼就不能說誰對誰錯。借用桑代克的一個短語，我們被『虛空的信仰』所包圍……」

「鮑利曾被人問及一篇很難理解的物理論文，是否有錯。他回答說，這種說法太客氣了——這篇論文實際是沒有錯。我偶然想到宗教保守者的信仰或許是錯誤的，但至少他們沒有忘記相信一件事是甚麼回事。信仰自由對我來說，似乎並沒有錯」。[53]

這表明現代和後現代神學走勢，將因回到對聖經的信仰中而大獲裨益。

■ 流向問題

以上我們所討論的中間觀點，對許多基督教會的信仰產生了強烈影響。自從一個多世紀以前，進化論普及以來，許多宗教教派在某種程度上，接納了生命是在長時期內進化發展的不同思想。我們很失望地看到曾對聖經深信不疑的牧師及信徒們，最終改變了他們的信仰；當然這也是緩慢而隱蔽的。[54]信徒的流失通常伴隨著信仰的削弱。[55]近年來美國的主流教會不再相信聖經中創世的記載，以及其他的傳統聖經觀點——因而失去了上百萬的信徒，但是更多的保守派新教會卻紛紛湧現。許多人認爲聖經是錯誤的，尤其涉及到有關起源的重大問題方面，這樣一來，要讓人們相信聖經的正確性就極爲困難。

神學社會學家尼布林[56]概括了宗教團體的傳統歷史。在這一組織形成之後，新一代的誕生，很快改變了這一宗派的角色，新派並不怎麼贊同其前輩，這些前輩使他們的「信仰處於鬥爭的熱浪中，並冒著殉道的危險」。後來的幾代發現，要脫離世俗更難。

當最初目的的妥協帶來更調和的信仰和行爲時，財富和文化就產生了。很快新的一代成爲傳統的教會，它不再是想要改革的機構，而是個社會性組織。管理的要求提高了，而神職人員慢慢放鬆對宗教追求的努力。

就如聖經歷史中多處所記載的，遠離聖經和上帝，是一個普遍的社會傾向。上帝不得不再三使用某種激烈的方式來改變這種趨勢，諸如創世記洪水，以色列人在曠野中長期漂蕩，作巴比倫人的俘虜這類悲劇，描述要抵制這種壓力是多麼困難又多麼重要！

現代教育機構也初露轉變端倪。[57]美國大批高等學府（例如奧本大學、波士頓大學、布朗、達特茅斯、哈佛、普林斯頓、費特格、塔夫特、南加州大學、衛斯理大學、威奇托州立大學和耶魯）是以宗教機構來開始，但已經轉到世俗化的方向，並且與教會劃清界限。沒有哪一個團體，由非宗教轉向宗教（至少以作者所知），這一點是重要的。此外也有了遠離上帝的跡象，這並不完全令人費解。只要學術追求的大氣候是非宗教的，那麼這一點就不可避免。公立和許多私立的教育機構很少進行提倡宗教事宜。

遠離上帝的走向發生在現代的教會、聖經的歷史和教育機構裏，我認爲這是一件不幸的事情。前面列舉的關於化石記錄解釋的八種模式，和我們能夠放入其間的大量中間解釋，說明了一個人，是多麼容易且渾然不覺地就從近期上帝創造論的信仰中，轉向了沒有上帝存在的自然進化論。

■ 結論

創造論和進化論之間的許多觀點，都模稜兩可。有些模式既無聖經基礎又無自然界的證據，而且不能從這兩種資訊來源得到支持。我們可以提出無窮無盡的模式，但是在這些模式被證實之前，它們不應奢求從它們得到任何有力的支持。

我們可以利用一些科學資料，間接支持我們思考過的各種不同模式。因爲對有些模式來說，證據異常匱乏。另一方面，聖經證實只有創造論觀點。聖經僅有一個關於起源的模式。用上帝自己的話來說，祂在六天裏創造了一切。其他主要聖經人物，也提到創世記中創世的眞實性。我描述到一些中間性的觀點，提供了一種由創造論信仰逐漸轉向自然進化論的渠道。這種轉向會導致逐漸排除上帝的結果。有許多傳統教會在向這個方向轉向，我希望他們能盡力朝相反的方向挺進：朝向著極具解釋價值的聖經，朝向上帝的方向。

■ 參考文獻：

1. Huxley TH. 1893. Darwiniana: essays. New York and London: D. Appleton and Co., p. 149.
2. See chapter 3 for some examples.
3. (a) Bibby C. 1959. T. H. Huxley: scientist, humanist, and educator. New York: Horizon Press, p. 236; (b) Bibby C. 1972. Scientist extraordinary: the life and scientific work of Thomas Henry Huxley 1825-1895. New York: St. Martin's Press, p. 97.
4. For a sample of the definitions and/or classification schemas of these various views, see: (a) Bailey LR. 1993. Genesis, creation, and creationism. New York and Mahwah, N.J.: Paulist Press, pp. 121-130; (b) Baldwin JT. 1994. Inspiration, the natural sciences, and a window of opportunity. Journal of the Adventist Theological Society 5(1):131-154; (c) Ecker RL. 1990. Dictionary of science and creationism. Buffalo: Prometheus Books, pp. 71, 208; (d) Johns WH. 1981. Strategies for origins. Ministry 54(May):26-28; (e) Key TDS. 1960. The influence of Darwin on biology. In: Mixter RL, editor. Evolution and Christian thought today. 2nd ed. Grand Rapids: Wm. B. Eerdmans Pub. Co., pp. 11-32; (f) Lewis JP. 1989. The days of creation: an historical survey of interpretation. Journal of the Evangelical Theological Society 32:433-455; (g) Maatman R. 1993. The impact of evolutionary theory: a Christian view. Sioux Center, Iowa: Dordt College Press, pp. 162-185; (h) Marsh FL. 1950. Studies in creationism. Washington, D.C.: Review and Herald Pub. Assn., pp. 22-55, 69-78; (i) McIver TA. 1989. Creationism: intellectual origins, cultural context, and theoretical diversity. Ph.D. dissertation, Department of Anthropology. Los Angeles: University of California at Los Angeles, pp. 403-541. Available from: Ann Arbor, Mich.: University Microfilms; (j) Mitchell C. 1994. The case for creationism. Grantham, England: Autumn House, Ltd., pp. 191-202; (k) Pinnock CH. 1989. Climbing out of a swamp: the evangelical struggle to understand the creation texts. Interpretation 43(2):143-155; (l) Roth AA. 1980. Implications of various interpretations of the

fossil record. Origins 7:71-86; (m) Thompson B. 1995. Creation compromises. Montgomery, Ala.: Apologetics Press, Inc.; (n) Wilcox DL. 1986. A taxonomy of creation. Journal of the American Scientific Affiliation 38:244-250; (o) Young DA. 1987. Scripture in the hands of geologists (parts 1 and 2). The Westminster Theological Journal 49:(Spring) 1-34, (Fall) 257-304.

5. For instance: (a) M. A. Corey's (1994. Back to Darwin: the scientific case for deistic evolution. Lanham, Md., New York, and London: University Press of America) use of "deistic evolution" seems to fit better with theistic evolution as used in this chapter, while (b) J. W. Klotz (1970. Genes, Genesis and evolution. 2nd ed., rev. St. Louis: Concordia Pub. House, p. 477) employs the expression "theistic evolution" for what appears to be deistic evolution.
6. For a review of some views, see: Young DA. 1995. The biblical flood: a case study of the church's response to extrabiblical evidence. Grand Rapids: Wm. B. Eerdmans Pub. Co., and Carlisle: Paternoster Press.
7. See chapter 9 for details.
8. Gen. 1 and 2. See also Ex. 20:11; 31:17. Some also consider Isaiah 45 and Job 38, 39, but they seem more concerned with God's attributes than creation.
9. For a comprehensive discussion of the evidence that they were ordinary 24-hour days, see: Hasel GF. 1994. The "days" of creation in Genesis 1: literal "days" or figurative "periods/epochs" of time? Origins 21:5-38.
10. For further discussion, see chapter 12.
11. See: McIver, pp. 461-473 (note 4i).
12. For a discussion of this alternative and related models, see chapter 19.
13. See chapters 9, 10, 14.
14. See chapters 10 and 12 for details.
15. See references in note 4, especially: (a) McIver, pp. 474-502 (note 4i). See also: (b) Fields WW. 1976. Unformed and unfilled: the gap theory. Nutley, N.J.: Presbyterian and Reformed Pub. Co.
16. Compare Gen. 1:2 with Isa. 45:18.
17. Gen. 1:2.
18. Gen. 1; 2; Ex. 20:11; 31:17; Neh. 9:6; Ps. 146:6; Isa. 40:26, 28; John 1:3; Acts 4:24; and Col. 1:16.
19. See references in note 4; also: (a) Baldwin JT. 1991. Progressive creation and biblical revelation: some theological implications. Origins 18:53-65; (b) Gedney EK. 1950. Geology and the Bible. In: American Scientific Affiliation, editors. Modern science and Christian faith: a symposium on the relationship of the Bible to modern science. Wheaton, Ill.: Scripture Press Foundation, pp. 23-57; (c) Pun PPT. 1987. A theology of progressive creationism. Perspectives on Science and Christian Faith 39:9-19; (d) Ramm B. 1954. The Christian view of science and Scripture. Grand Rapids: Wm. B. Eerdmans Pub. Co.; (e) Ross H. 1994. Creation and time: a biblical and scientific perspective on the creation-date controversy. Colorado Springs, Colo.: NavPress; (f) Spradley JL. 1992. Changing views of science and Scripture: Bernard Ramm and the ASA. Perspectives on Science and Christian Faith 44:2-9.
20. Gen. 3:14-19.
21. Rom. 5:12-19.
22. Dobzhansky T. 1973. Nothing in biology makes sense except in the light of evolution. The American Biology Teacher 35:125-129.
23. Gen. 1:31.
24. Gen. 1; Ex. 20:11.
25. See also Hasel (note 9).
26. See references in note 4. Also: (a) Bube RH. 1971. Biblical evolutionism? Journal of the American Scientific Affiliation 23:140-144; (b) Gibson LJ. 1992. Theistic evolution: is it for Adventists? Ministry 65(1):22-25; (c) Miller KB. 1993. Theological implications of an evolving creation. Perspectives on Science and Christian Faith 45(3):150-160; (d) Ramm, pp. 113, 280-293 (note 19d); (e) Teilhard de Chardin P. 1966. Man's place in nature: the human zoological group. Hague R, translator. New York: Harper and Row, pp. 61-63. Translation of: La place de l'homme dans la nature (possibly his views fit here); (f) Van Dyke F. 1986. Theological problems of theistic evolution. Journal of the American Scientific Affiliation 38:11-18.

27. Isa. 44:21, 22.
28. Luke 12:6.
29. Isa. 11:6; 65:25.
30. (a) Key, pp. 20, 21 (note 4e). Many varieties of deism exist. For a summary, see: (b) Aldridge AO. 1985. Deism. In: Stein G, editor. The encyclopedia of unbelief, vol. 1. Buffalo: Prometheus Books, pp. 134-137.
31. See chapter 18 for details.
32. (a) Key, p. 22 (note 4e); (b) Morris HM. 1992. Pantheistic evolution. Impact Series No. 234. El Cajon, Calif.: Institute for Creation Research.
33. (a) Arrhenius S. 1908. Worlds in the making. Borns H, translator. New York: Harper and Row. Translation of: Varldarnas ulveckling and Manniskan infor varldsgatan; (b) Brooks J, Shaw G. 1973. Origin and development of living systems. London and New York: Academic Press, pp. 354, 355; (c) Crick F. 1981. Life itself: its origin and nature. New York: Simon and Schuster; (d) Crick FHC, Orgel LE. 1973. Directed panspermia. Icarus 19:341-346; (e) Hoyle F, Wickramasinghe NC. 1981. Evolution from space: a theory of cosmic creationism. New York: Simon and Schuster; (f) von Däniken E. 1969. Chariots of the gods? Unsolved mysteries of the past. 2nd ed. Heron M, translator. Toronto, New York, and London: Bantam Books. Translation of: Erinnerungen an die Zukunft.
34. (a) Key, p. 20 (note 4e); (b) Marsh, p. 53 (note 4h); (c) Ramm, p. 113 (note 19d).
35. See chapters 4-8, 11.
36. Compare Romans 8:22, which speaks of degeneration in nature since the introduction of sin, contrasted with the very good, original creation described in Genesis 1:31.
37. Gen. 1:2.
38. Ps. 90:4; 2 Peter 3:8.
39. Hasel (note 9).
40. For some recent views, not all of which fit the allegory concept, see: (a) Bailey (note 4a); (b) Ross (note 19e); (c) Van Till HJ, Snow RE, Stek JH, Young DA. 1990. Portraits of creation: biblical and scientific perspectives on the world's formation. Grand Rapids: Wm. B. Eerdmans Pub. Co.
41. 2 Peter 3:3-6. See chapter 18 for further details of this prediction.
42. 1 Peter 3:20; 2 Peter 2:5.
43. Rom. 5:12-14; 1 Cor. 11:8; 15:22, 45; 1 Tim. 2:13, 14.
44. Heb. 11:4-7. That Paul is the author of Hebrews has been disputed for centuries, but he is the most likely candidate. We know of no other church leader of his time that could have set forth the profound arguments employed here.
45. Matt. 19:4-6; Mark 10:6.
46. Matt. 24:37, 38; Luke 17:26, 27.
47. Isa. 54:9.
48. Ex. 20:11; 31:17.
49. Num. 23:19; Ps. 119:163; Prov. 12:22; Isa. 45:19; Titus 1:2; Heb. 6:18; Rev. 21:8.
50. See chapter 17.
51. Toulmin S. 1989. The historicization of natural science: its implications for theology. In: Küng H, Tracy D, editors. Paradigm change in theology: a symposium for the future. Köhl M, translator. New York: Crossroad Pub. Co., pp. 233-241. Translation of: Theologie—Wohin? and Das Neue Paradigma von Theologie.
52. Spring B. 1985. A conversation with Carl Henry about the new physics. Christianity Today (1 February):26.
53. Weinberg S. 1992. Dreams of a final theory. New York: Pantheon Books, Random House, pp. 257, 258.
54. For an account of this in the United Methodist Church, see: Ching K. 1991. The practice of theological pluralism. Adventist Perspectives 5(1):6-11.
55. Kelley DM. 1972, 1977. Why conservative churches are growing: a study in sociology of religion. 2nd ed. San Francisco, New York, and Hagerstown, Md.: Harper and Row.
56. Niebuhr HR. 1957. The social sources of denominationalism. New York: Meridian Books, pp. 19, 20.

57. For instance, see: (a) Marsden GM. 1994. The soul of the American university: from Protestant establishment to established nonbelief. New York and Oxford: Oxford University Press; (b) Marsden GM, Longfield BJ, editors. 1992. The secularization of the academy. New York and Oxford: Oxford University Press; (c) Sloan D. 1994. Faith and knowledge: mainline Protestantism and American higher education. Louisville, Ky.: Westminster John Knox Press.

第二十二章 最後的結語

真理常被掩蓋起來，
但從不會被毀滅。

——李維[1]

我們爲什麼在這兒？

這個問題與我們在第一章中所提到的，遲遲不得解決的問題息息相關：科學和聖經，孰對孰錯？科學以其自然主義的態度向人們表達：人類沒有生存目的。聖經則告之，生存是有意義的，並且人類是有生存目的的，幫助他人便是其中一部分。在前面的章節裏，我們已看到了創世論、進化論及介於兩者之間的一些觀點，所面臨的難題。當我們綜合地來評估這些問題時，簡要概括一下，前面所做過的總結將是很有益的。

■ 重述重點[2]

許多人在苦思冥想：自然科學與聖經哪一個是正確的呢？在我們尋找答案時，切記這一點：人類的思維方式，趨於服從盛行的「輿論」。因此我們有必要謹慎地把自己最堅實的世界觀，建立在最確鑿的資料之上。在我們尋求眞理時，應該儘可能廣泛地利用一些依據，包括自然科學與聖經，從根本上說這二者之間的區別並不像許多人所猜測的那樣大。一個更爲重要的問題是：在我們看科學（作爲一種方法論）與聖經這二者時，我們發現了什麼眞理？

自然科學極力贊成起源的進化模式。大概那種模式面臨最嚴峻的挑戰，就是生命起源的問題。最簡單的生命形式，包含成百個各式各樣、極其複雜，富含資訊、特殊化微妙的分子，這些分子無法靠自已產生，尤其無法在形成任何一種生命系統所需要的濃縮液中的產生。進化論學者在兩個多世紀的猜測之後，還是無法爲他們的模式，找到一種滿意的機制。在我們考察高級生命結構時，爲生命起源所做的解釋就更難以表達了。這些高級生物有著極爲發達、複雜而獨立的生理系統，除非所有的基本部分都存在，否則這些系統是不會起作用的。如果說這些系統，能夠隨著無法預見變化方向的各種隨機突變而突然全部產生，那似乎是荒誕可笑的。同樣，如果這些系統是逐漸形成的，那麼其他那些無功能的發展部分，又能夠經得住進化過程中適者生存的壓力，這似乎也是不合理的。那種過程勢必會淘汰一切無用的部分。另外，當前我們似乎無法看到現代生物體中有新的器官形成。說到人類的起源，機械論的解釋，無法輕易地回答有關我們特殊智慧的問題，比方說，道德意識和自由意志。

隨著諸如遺傳密碼，複雜的基因控制系統，以及 DNA 複製校正系統，這些「程式」系統的發現，令起源的問題變得更加複雜。就我們所掌握的知識來看，這種種複雜的程式，並不是自發生成的——它們看起來代表了智慧的設計，正如我們能從上帝身上想到的那樣。

在沈積岩層中發現的化石，呈現出一個由簡單到複雜的、模糊的大致趨勢。進化論學者把這解釋爲逐步進化發展的結果。然而，所發現的化石模式，暗示著極不穩定的進化率，有很多主要族群突然出現。創造論者把這從簡單到複雜的大致趨勢，視爲創世記大洪水期間許多因素作用的結果，以及洪災前生物體分佈的結果。現今生命有機體的分佈，也大都遵循一個由簡單到複雜的模式，就好像一個生命體在水下誕生，然後向地殼海拔較高的地帶移動。我們期望在洪災時逐漸上漲的水勢，所侵蝕的沈積層中找到一種相近的順序。「寒武紀生命大爆發」中的基本動物種類，出現在洪水前的淺海中。生命體主要種類間大量化石中間過度物（缺環）的缺少，表明並沒有發生什麼進化。如果進化論是眞的，那麼我們在動植物主要種類（動物門和植物類）之間，就一定能夠發現大量中間過度物，但事實並非如此。

地質界再次接受了對地球歷史災變說的解釋。創造論者則提出《創世記》中所描繪的世界性大洪水，造成了一大部分地球沈積岩。這表明了洪水期間的迅速沈積現象。以下證據可以證明：我們可以想像到從一場大洪水中，沈積物的分佈廣泛的程度肯定有些非比尋常；地下水異常廣泛的在地上活動；不完整的生態系統；許多地質柱的主要岩層之間，缺少證明地層相差幾百萬年的證據。在這些缺環中，侵蝕現象應該極其明顯，但實地考察的結果，侵蝕現象卻很少或缺少。

人們把珊瑚礁的緩慢生長率，視為對近代創世說的挑戰，但是有時活礁生長非常迅速，而且許多假的化石礁已經被重新解釋。地球的化石層包含了生物活動的玄機，比方行進方向的痕跡或爬蟲的隧道。非創造論者則把它們視為長時期的證據，而創造論者，則把它們看作是洪水期間生命體活動的結果。

放射性測年法，被認為是對聖經中所描述的近代創世說的一個嚴峻挑戰。然而，無論創造者，還是非創造論者，都用碳-14法來鑑定，調整他們所認為的眞實的時間，但創造論者，提出的時間調整要大一些。許多放射性測年法，測出的時間都是不合理的，但也有許多不是。創造論者，提出創世洪水時期發生的各種狀況，會改變放射法測出的時間。很難想像一場如創世記洪水，那樣的世界性災難，不會影響到這些年代的測定系統。除此之外，近來發生的諸如侵蝕，火山活動和山脈的上升等大量地質變化頻率，表明過去的地質時間遠比地質時標所表明的時間要少得多。

近來運用的實驗科學，是發掘大自然眞相一種極其成功的方法。但是科學在處理無法重現的過去事件（歷史科學）時，就不那麼成功了。而且它對於道德、生存意義或是宗教領域，幾乎毫無貢獻。另一方面，聖經卻涵蓋了這些領域，並且還包含了的一 些科學資訊。地理學、歷史學、考古學和一些不尋常的預言能力，其中包括預測當前人對創世說和洪水的爭執，都為聖經提供了確切的證據。[3]聖經認為大自然中的災難，是那些擁有選擇自由的被造物，錯誤抉擇所招致的結果。雖然針對聖經記載的起源，已提出了不少的問題，但有一些答案還是令人滿意的。

隨著越來越多的證據，向進化論提出了許多難以克服的問題，自然科學面臨進退兩難的境地。進化論是科學在自然哲學束縛下，所能提出的最好模式。科學永不願放棄這一觀點而去選擇其他的，比方說能夠解決這一困境的創世說。

有人提出上帝可能是花了好長的時間來創造世界，或者祂只是創造了最初的生命，或者祂是運用進化過程來創造的，除了上面提到的一些問題，那些介於創造論和進化論之間的中間觀點，苦於找不到證據。無論是科學資料還是聖經都沒有直接提到這些。它們缺乏有力證據的事實，還表現在它們缺乏明確性。這些觀點十分有趣，但猜測性太強。

對本書作者而言，創造論模式是最講得通的，下面我將進一步討論。

■ 盛行觀念的優勢

1712年倫敦議會的兩名議員——漢密爾頓和上議院議員莫漢——發生了一次不幸的衝突。他們遭到長達11年之久的訴訟，結果分道揚鑣。在與一名法院的官員討論他們的案子時，漢密爾頓公爵提到，此案中幫助莫漢的一名證人對他既不公平也不眞誠。莫漢議員對這一誹謗性的言論反駁道，這位證人的公正與可信度，並不比漢密爾頓公爵少。公爵對這種諷刺並沒有作出任何回應，並且在離開時，還十分禮貌地向這位議員致敬。誰都沒有覺察到兩者間的仇恨有多麼深。那天晚上，莫漢議員派來的送信者，兩度企圖找到公爵，向他提出決鬥的挑戰。這個人最後在一家旅店裏找到了公爵並告之決鬥的挑戰。公爵接受了，並且把見面定在兩天後的7點，那是11月15日，一個星期天，地點在海德公園，依照慣例，他們在決鬥中委派了助手（決鬥中的助手）。

決鬥者在約定的時間見面了，地點在公園裏一處叫苗圃的地方，並爲決鬥做著準備。當萬事俱備時，爲首的兩位對手拔出劍，拼命地向對方進攻。莫漢議員當場死亡，漢密爾頓公爵則在被僕人抬走時斷了氣[4]。爭端就這樣解決了。

這種行爲聽來似乎有些離奇，但是用決鬥的方式來維護一個人的榮譽，這種做法曾經風靡一時。中世紀時期處於重要地位的人爲榮譽而決鬥，是解決個人恩怨的方法之一。雖然決鬥並不總是以某方的死亡而告終，但絕大多數時候是這樣的。貴族們習慣把劍每天都帶在身上的做法，激發出這種對抗。諸如玩牌和鬥狗中產生的爭執，這一類最小的藉口也能挑起決鬥的理由。這種習俗在法國十分盛行，在義大利、德國、俄國、英格蘭和愛爾蘭也很普遍。據史料記載，愛爾蘭平均每天有23場決鬥。[5]它們是如此的普遍，以致在決鬥的一方或雙方死亡時，才會引起人們的注意。在亨利四世時期，有4,000多名法國「紳士」，在18年的時間裏喪命於決鬥。[6]據說在路易十三統治時期，人們在早上的家常話就是：「你知道昨天誰決鬥了嗎？」晚飯之後則是「你知道今天早上誰決鬥了嗎？」在20年的時間裏，官方赦免與決鬥有關的殺人犯，達8,000人。[7]

這種風尚的心態並不複雜，但卻令人難以苟同。個人榮譽、自尊和復仇，淩駕於其他價值之上，甚而包括生命本身。正如愛迪生評論的那樣：「死亡不足以阻礙那些視死如歸的人。」[8]在太多人的心目中，面對公然侮辱時，自尊與復仇是淩駕於任何價值之上的。

這種駭人聽聞的風尚，並不為人人所喜愛，許多帝王都表示極力反對，雖然他們中的一些人不得不參與其中。在英格蘭，培根覺察到了這個問題的困難時，他指出「這種罪行根深蒂固：因為它鄙視死亡，這個最大的刑罰。」[9]培根指出，社會抨擊的是那些導致決鬥的因素，而不是決鬥本身，然而習俗仍在繼續。

各國政府通過了許多禁止決鬥的法令，包括波蘭、慕尼黑和那不勒斯的死刑。法國君主尤其反對決鬥，並且處決了許多在路易十四統治時期，參於決鬥的生還者。在美國這一習俗，直到19世紀初才開始盛行，那時一度風靡，尤其是在南方。[10]

同時，決鬥開始失去人們的歡迎和尊崇。對參於決鬥者，進行的諷刺、尷尬的刑罰，開始削弱了這種習俗，比方說，把那些在決鬥中戰死的屍體懸掛起來。人們已寫過許多有關決鬥的事。比方說斯威夫特曾提到：惡漢與傻子之間的相互廝殺，是沒有害處的；[11]其他的人則把它稱為野獸行徑、謀殺或是自殺。值得慶幸的是，這種號稱為榮譽而決鬥的風氣已不再盛行。這種摧殘生命的方式也已然消失。

決鬥充分地說明定論是多麼頑固不化，可以拋棄邏輯，罔顧可怕的後果。這一風俗持續了好幾世紀。早先我們提到了地球的縮小，巫師的大搜捕以及煉金術，這些瞬間即逝的主流觀念。[12]這一切應該警示我們不要讓自己的世界觀，僅僅建立在「輿論」的基礎上，這些「輿論」很可能今存明亡。

■ 評估生命起源的各種模式

主要的定論提出創造論和進化論，是否只是持續變化觀念中暫時流行的學說？我說不是！縱觀全局，眞理是存在的，我們也希望眞理能夠戰勝謬誤。創造論源遠流長，但持久性，未必就是檢驗眞理的最終標準。我們可以列舉出支持創造論的論據和支持進化論的依據，以此比較哪一方歷時更久。一些證明折衷觀點的論據，例如有神進化論的漸進式創造論，都很快被歷史的長河所淘汰。但是證據的多寡並非決定因素，因爲有些論據要比其他的要好得多。我們最好同時注重論據的質和量。

上面扼要的重述，包括了大量有利於聖經所記載的起源模式的科學論據。我們能夠找到用以證實聖經的生物學、歷史學、考古學、古生物學和地質學資料，尤爲重要。也許更重要的是這樣的事實，即使千千萬萬的科學家，都以進化論的模式來解釋起源，而只有一小部分科學家遵循創造論的模式，我們仍然找到不計其數的證據來證明聖經。如果與科學家勢均力敵，那又會怎麼樣呢？我敢說那些有關起源的資料及結論，一定會與目前佔優勢地位的進化論截然不同。適合聖經模式的資訊是不難發現的。

然而，我們仍然面臨著另一個尚未解決的問題：在實驗領域所向無敵的科學，在回答起源的問題時會如此不正確嗎？成功容易使我們盲目。科學在實驗領域的成功，使它在其他的領域容易傾向於過分自負，譬如對歷史科學。

儘管大批的科學家下了一番功夫，有關普遍進化論的確鑿證據，依然是鳳毛麟角。哲學家史密斯在提到進化論時說：「我個人的評價是：我們對這樣一個證據少之又少的理論的信賴，是其他任何理論所不及的；說到證據，也就是建立人不願信服的理論所需的證據數量，其比率是少了些。」[13]物理學家史密斯也擔憂，那些用以證明進化論的科學資料的品質：「然而，問題的關鍵是進化論的教義已經遍佈世界，而這並不是憑藉其科學的功勞，確切地說，是在於一種神秘主義神話的能力。實際上，它所斷言的無生源論，實質上是一種形而上學的聲明。然而，進化論本身又表明，這個理論在科學上是無法證實的（順便說一句，這是科學哲學家經常指出的一個事實）。因此，歸根究底來分析，進化論主義事實上是一種披著科學外衣的形而上學教條。」[14]

進化論是一種注定要湮沒的暫時性模式嗎？我將會思索下去。但是我要說，除非進化論能提供更爲重要的證據，否則它就會搖搖欲墜。分子生態學較近期的一些科學發展，更使之處於風雨飄搖之中。[15]然而，諸如煉丹術和榮譽的決鬥，這些毫無根據的觀點，卻能夠風靡好些世紀。

在我們評估綜合情況時，有必要提到一個更深的層次。創世行爲本身是個神蹟，是很難從科學的角度來評估的，雖然在錯綜複雜的自然界中，所見到的所造之物並非難以評估。創世記大洪水對地質層的影響，在某種程度上，是更加容易分析的，但是我們還是要在這兒討論歷史科學。難道這意味著創造論不合理嗎？我要說不是。分子生態學的確切資料，以及表明迅速沈積跡象的岩石特徵，證實了創造論的合理性。然而，創造論證據的重要性，並不在於直接觀察，而在於諸如進化論無法提供合理的機制。這些觀點都切中起源問題的要害。間接證據所帶來的快樂，可能不及直接觀察帶來的快樂，但是有時它就是我們所有的一切，我們應該充分利用一切我們可獲得的資訊。

■ 結 論

我個人認爲：我不能接受上帝不存在的觀點。對我而言自然界太複雜了，其存在也太富有意義了，我不能想像，周圍所見的一切錯綜複雜的事物及微妙的平衡狀態，只是偶然造成的。必定有一位奇妙的設計者。如果設計者存在，我期望得到從祂而來，意義豐富的交流。祂創造了我們的思想和意識，卻從不與我們交流，這不合乎情理。我渴望交流，我也尋求那種相通。聖經是最好的選擇。這本由20多位號稱得到特別啓示的作者所寫，其內部有一致性且與歷史、考古、自然有非比尋常的外部一致性。不是所有的問題都找到了答案，[16]但是在所有考慮到的模式中，聖經裏所描述的創世說最合理。它解答了最多的問題。

在我長期以來研究上帝開創的起源模式，諸如自然神進化論，有神進化論，或是漸進式創造論等模式，都不能像《創世記》中所描述的創造論那樣令我信服。這些模式都太缺乏證據了。讓我相信創造論的一個理由就是：有關地質層迅速沈積的證據。[17]另一個則是聖經這部不尋常的書。[18]如果上帝存在，那麼聖經就是祂的話語，要把清楚表明近期創世說的話語與其他觀點達成一致，並非輕而易舉。如果有人要像許多持中間觀點的人那樣，把上帝當作創造者，那麼這個人有必要記住：聖經中所描述的上帝，可以很快地在近期創造，一如祂可以在長期歷史中創造那樣容易。上帝並沒有必要在漫長的歷史時期中，去完成一個創造。最後上帝祂自己也說，他是在6天裏創造了世界。[19]

許多接受中間觀點的人，也樂於接受由基督耶穌所賜予的永恒救贖的希望，然而事實上他們卻不接受他所認可的聖經所載的創世和洪水。[20]一個人在實質上竟能接受基督對創世和洪水的認可，卻又不承認祂的救世主身分！當基督把創造和洪水當作事實時，祂是不是在欺騙我們呢？人們也應該坦誠地面對這個問題：基督耶穌是上帝之子呢，還是一個假冒上帝之子的騙子呢？如果祂冒名頂替的話，那麼基督教的救世以及聖經及其解說，都變得毫無價值。讓我們回到自然主義的進化論及其存在的諸多問題上。如果基督耶穌眞是上帝之子，那麼我們就不擔心祂會在有關起源的重要問題上誤導我們。

令我驚訝的是，進化論的概念在缺乏有力證據的情況之下，卻生生不息。[21]我們對這種生命力的最好解釋，大概是基於社會學角度的，它與其他定論或趨勢類似，雖然缺乏證據的支持，卻存在了好幾世紀。所向披靡的科學，試圖在其有限的自然主義解釋體系中，回答有關存在的許多問題，這一行爲，激勵著人們對進化論的信仰。進化論是科學所能提出的對起源的最好解釋，但就我看來，它敗在缺乏合理性。科學可能會提出威脅創造論的新解釋，但是除非它能夠提出一個對自然的複雜性和存在意義的更好解釋，否則它就無法回答一些我們提出的最深奧的問題。科學在尋求知識時，應該更加認識到它在專門知識方面的局限性，納人所長，相容並蓄，在方法論立場上，意識到其他領域在尋求眞理時，也作出了可靠的貢獻。那時，也只有到那時，科學與眞理才能琴瑟和諧，相得益彰。本章以「我們爲什麼在這兒」拉開序幕。我個人的意見是：創造論對這個問題的回答，比其他任何觀點所做的回答都要好。創造論對有關眞理、存在意義、目的、責任及我們的命運問題的回答，做出了重大、合理而令人滿意的貢獻。

有些人僅以科學爲依據，來樹立世界觀。雖然科學值得人們崇敬，但它的世界觀尙不完備。另一些人則僅僅依靠聖經來樹立世界觀。但這個看法也是有限的，而且聖經鼓勵我們從上帝所創造的一切去學習。[22] 對我而言，一個更令人滿意的方式，就是把科學和聖經結合起來。

■ 參考文獻：

1. Livy. *c* 10. History of Rome, XXII. Quoted in: Mencken HL, editor. 1942. A new dictionary of quotations on historical principles from ancient and modern sources. New York: Alfred A. Knopf, p. 1220.
2. This review is based on the material presented in the previous chapters. Supporting documentation appears in sequence in chapters 1-21.
3. 2 Peter 3:3-6.
4. As reported in: Mackay C. [1852.] 1932. Extraordinary popular delusions and the madness of crowds. New York: Farrar, Straus and Giroux, p. 681.
5. (a) Mackay, p. 686 (note 4). Other references on the historical development of dueling include: (b) Basnage M. 1740. Dissertation historique sur les Duels et les ordres de Chevaliere. Rev. ed. Basel: Jean Christ, p. 4; (c) Bataillard PC. 1829. Du duel, considéré sous le rapport de la morale, de l'histoire, de la législation et de l'opportunité d'une loi répressive. Paris, p. 14.
6. Mackay, p. 666 (note 4).
7. *Ibid.*, p. 668.
8. Addison J. [n.d.]. The spectator: religious, moral, humorous, satirical, and critical essays, vol. 2. New York: Hurst and Co., p. 210.
9. Bacon F. 1614. The charge of Sir Francis Bacon Knight. London: Robert Wilson, p. 18.
10. Kane HT. 1951. Gentlemen, swords, and pistols. New York: William Morrow and Co., p. x.
11. As reported in Mackay, p. 679 (note 4).
12. See chapter 2.
13. Smith H. 1976. Forgotten truth: the primordial tradition. New York, Hagerstown, Md., and San Francisco: Harper and Row, p. 132.
14. Smith W. 1988. Teilhardism and the new religion: a thorough analysis of the teachings of Pierre Teilhard de Chardin. Rockford, Ill.: Tan Books and Publishers, p. 242.
15. See chapter 8.
16. See chapters 10 and 14.
17. See chapters 13 and 15.
18. See chapters 1 and 18.
19. Ex. 20:11.
20. Matt. 19:4-6; 24:37, 38; Mark 10:6; Luke 17:26, 27. Chapter 21 discusses this and the endorsement by other authors of the Bible.

21. See chapters 4-8, 11.
22. E.g., Ps. 19:1-4; Rom. 1:19, 20.